Infancias trans

Manual para familias y profesionales que apoyan
a infancias transgénero y no binarias

Stephanie Brill
y Rachel Pepper

Edición revisada y actualizada

INFANCIAS TRANS

Título original: *The Transgender Child. A Handbook for Parents and Professionals Supporting Transgender and Nonbinary Children*

Edición original en inglés publicada por Start Midnight LLC 221 River Street, 9th Floor, Hoboken NJ 07030, USA, publicada en español por acuerdo con DropCap Inc.

Portada: Julieta Bracho-estudio Jamaica
Traducción: Gabriela Vallejo Cervantes

Primera edición en Terracota: junio 2023
Primera reimpresión: febrero 2024

© 2022, 2024 Stephanie Brill, Rachel Pepper
© 2024, Editorial Terracota bajo el sello Editorial Pax

ISBN: 978-607-713-570-8

EDITORIAL
TERRACOTA ET

DR © 2024, Editorial Terracota, SA de CV
Av. Cuauhtémoc 1430
Col. Santa Cruz Atoyac
03310 Ciudad de México

Tel. +52 55 5335 0090
www.terradelibros.com

2028   2027   2026   2025   2024
  6   5   4   3   2

Índice

Presentación

La primera pregunta que me hicieron cuando anuncié que estaba embarazada fue: "¿Y qué quieres tener, niño o niña?".

Al parecer, toda nuestra vida se desenvuelve alrededor de nuestro sexo o, mejor dicho, de nuestro género. Sin embargo, ¿qué sucede cuando esa personita empieza a manifestarnos que su identidad de género no es la misma que el sexo que le fue asignado al nacer? ¿Qué hacer cuando tu hijo te dice, con lágrimas en los ojos, que sabe que nació con cuerpo de niño, pero que realmente es una niña por dentro? ¿Qué pasa cuando tu hijo muestra preferencia por las muñecas y los vestidos de princesa? ¿O cuando tu hija te pide que le corten el pelo como "niño"?

A lo largo de poco más de diez años, he sido afortunada al conocer y escuchar las historias de muchas familias de distintos países, razas y clases sociales, historias que, si bien se repiten, también son únicas. Muchas madres y padres no se explican qué es lo que está sucediendo, o bien lo confunden con etapas de la infancia u orientación sexual. La realidad es que a muchos de nosotros nunca se nos explicó la diferencia entre el sexo, la identidad de género y la orientación sexual.

Además de ser una excelente herramienta para profesionales, el propósito de esta obra es decirles a aquellas familias con hijas o hijos transgénero, o de género no binario, que no están solas; que su niña o niño no está enfermo, y que no hicieron nada para que él o ella fuera así. También es un recordatorio de que, con el apoyo y amor de casa, serán felices.

Es de vital importancia comprender que la identidad de género es uno de los tantos atributos que vuelven al ser humano único y especial. Desde el inicio de los tiempos, la diversidad es lo que distingue la realidad del mundo donde vivimos.

Este libro es para todas, todos y todes aquellos que nos han enseñado a comprender lo que realmente es el amor incondicional de una madre o un padre, ese amor que juramos dar cuando tenemos hijos y que pone a prueba todas las preconcepciones y los prejuicios que hemos cargado por generaciones.

A todas las "Katias" y "Agustines", a las "Sofías" y los "Matías", que, con su resiliencia y valentía, con su ternura y paciencia, han venido a abrir mentes con el corazón… A todas, todos y todes… gracias.

Isolda Atayde

Prólogo

En 2008, cuando se publicó la primera edición de *Infancias trans*, el doctor Norman Spack completó su prólogo con las siguientes palabras: "Hasta la fecha no ha habido ningún manual de atención escrito específicamente para los padres del niño transgénero por personas que tengan experiencia personal y profesional. Ahora por fin tenemos un libro así". En los años transcurridos, aquella singular y entonces única en su tipo clínica pediátrica de género en Estados Unidos, dirigida por el doctor Spack, ha dado lugar a más de cincuenta programas de este tipo. El doctor Spack nos ha pasado la batuta a muchos de nosotros, incluidos los dos que escribimos este prólogo, para que continuemos llevando a cabo su innovador trabajo con los niños y jóvenes de género expansivo y transgénero. Stephanie Brill y Rachel Pepper, las autoras de *Infancias trans*, han sido fundamentales para dirigirnos a todos en el trabajo con todas estas familias.

Por primera vez, Brill y Pepper dieron a las familias y a los profesionales de la salud un GPS innovador, compasivo y completo para ofrecer comprensión, amor y apoyo a los jóvenes de género expansivo y transgénero. Ahora ambas autoras nos regalan una edición actualizada de su libro, que recoge todo el aprendizaje y los cambios que se han producido en los casi quince años transcurridos desde la publicación de la primera edición.

En los últimos diez años ha evolucionado un nuevo modelo de atención a las niñas y niños identificados en *Infancias trans*: el modelo afirmativo de género. La premisa básica es que todo individuo tiene derecho a vivir en el género que le resulte más auténtico. Con ese fin, cada vez se acepta más que los niños tengan caminos de género individualizados. Abundan las investigaciones basadas en la evidencia para apoyarlos a ellos y a sus familias a lo largo del camino. Los profesionales de la salud pueden recibir ahora una formación especializada para garantizar que los niños y sus familias dispongan de una atención interdisciplinar sensible y que afirme el género, según las directrices de la práctica clínica basadas en la evidencia y las normas de atención. En todo el mundo han florecido organizaciones que ofrecen educación, comunidad y defensa a un número cada vez mayor de familias que apoyan a sus hijas e hijos en su género auténtico. A medida que el modelo afirmativo de género se ha convertido en la norma de atención a los niños transgénero y sus familias, hemos llegado a reconocer las maravillosas complejidades de las variaciones de género en la infancia y las metafóricas rosas con espinas que cada familia encuentra en los caminos de apoyo a sus hijos en un mundo que no siempre los entiende.

Aunque este modelo de atención está basado en pruebas, hay quienes se sienten perturbados por las prácticas afirmativas de género y por el creciente número de familias que apoyan el ser de sus hijas e hijos en su auténtico género. Tengan la seguridad de que la posición de todas las organizaciones profesionales importantes en la atención y el apoyo a los niños y adolescentes transgénero y de género expansivo es coherente y está basada en la ciencia. No nos cabe duda de que las madres y padres que apoyan a sus hijos y los ayudan a acceder a la atención de salud esencial para la afirmación del género, en colaboración con profesionales médicos y de salud mental experimentados y bien formados, están haciendo lo mejor para sus hijos.

Infancias trans, en su edición revisada, llega en un momento oportuno de la historia en el que las madres, padres, familias y médicos tratantes necesitan una voz fiable y de confianza que los guíe a través de una cuestión profundamente personal que se ha visto envuelta en la política. Necesitamos más que nunca el GPS actualizado de Brill y Pepper para guiar a las familias y a los especialistas en el apoyo a todos y cada uno de los niños para que sean ellos mismos.

Como dos de los fundadores del Centro de Género para Niños y Adolescentes, asociado con la universidad y la comunidad de la Universidad de California en San Francisco, te invitamos ahora a adentrarte en las páginas de la edición revisada de *Infancias trans*.

Diane Ehrensaft
Directora de Salud Mental del Centro de Género
para Niños y Adolescentes de la UCSF

Stephen Rosenthal
Director médico del Centro de Género
para Niños y Adolescentes de la UCSF

Prólogo a la edición en español

Apreciable lectora, lector, lectore:

Tienes en tus manos —aunque sea un cliché mencionarlo— este libro que marcará un hito en la literatura científica y humanista en español sobre las infancias transgénero, transexuales, con identidades no binarias y de género fluido.

En este texto de Stephanie Brill y Rachel Pepper hallarás un magnífico compendio actualizado y revisado para familias, madres, padres, tutores y diversos profesionales que apoyan el bienestar integral de niñas y niños con identidades de género no binario y trans.

Las personas transgénero se identifican con un género diferente al sexo que les fue asignado al nacer. Al ser un hecho que contemporáneamente se ha visibilizado más, la atención profesional de la condición trans también va en marcado aumento. Cada vez las y los profesionales de la sexología y otros especialistas atendemos a mayor cantidad de familias con niñas, niños o adolescentes transgénero. Se sabe que la incidencia de depresión, auto-agresiones, uso de drogas nocivas, intentos y logros de suicidio son más frecuentes en las infancias y adolescencias trans que no disponen del apoyo de sus familias.

Lo anterior corresponde a una consecuencia de la así llamada disforia de género, que fundamentalmente consiste en un malestar emocional profundo por no vivir acorde a la identidad de género que reivindican y a la expresión plena del rol de género correspondiente.

Al revés, se ha documentado que el apoyo incondicional y amoroso a niñas, niños y juventudes trans propicia bienestar físico y emocional en contextos de cobijo amoroso.

Para ello, en este libro se describe con claridad y profusión el modelo afirmativo del género, también conocido como "reasignación integral para la concordancia sexo-genérica".

Infancias trans es un texto oportunísimo y bien documentado, basado en evidencias, experiencias clínicas y, sobre todo, en la observación de vivencias concretas y emotivas en las que el amor está en el centro.

Encontrarás en estas páginas los aspectos que destacan en el abordaje personal y profesional para acompañar, brindar normas de cuidado y seguridad, y criar de manera solidaria y comprensiva a las niñas, niños y niñes transgénero, de identidades no binarias o de género fluido. Descubrirás la riqueza de la extensa gama del género, la cual es un gran llamado a nuestra apertura, empatía y comprensión para entender cabalmente que el género no es —nunca ha sido— estrictamente binario.

Las autoras, tomando como punto de apoyo su vasta experiencia en el estudio e intervención en las familias que crían infancias y adolescencias no circunscritas a la binariedad de género, hacen aportes esenciales de enorme utilidad para familias, personas aliadas y profesionales de los campos de la psicología, docencia, pediatría, psicoterapia, sexología clínica, terapia familiar, trabajo social y otras disciplinas.

Una de las secciones más afortunadas de este texto es aquella en la que hay una respuesta concreta a la pregunta: "¿Mi hija o hijo es una persona transgénero?".

Las familias y los profesionales debemos estar conscientes y atentos al hecho de que no forma parte de las expectativas de la crianza tener en casa una hija o hijo transgénero o con identidad no binaria. No obstante, el primer impacto emocional podrá convertirse en una postura amorosa, creativa y solidaria que apoye a la persona trans o no binaria en sus legítimos afanes de derrotar la disforia y alcanzar en el *aquí* y *ahora* la felicidad a la que tiene derecho.

La disconformidad de género, así como una expresión congruente con esta, frecuentemente desencadena discriminación, transfobia, *bullying* y agresiones actitudinales, verbales y aun físicas. Los familiares, profesionales y comunidades escolares deberán prepararse con educación integral para afrontar esta problemática que en muchas sociedades todavía es común. Con su trabajo, nuestras autoras corroboran una afirmación no patologizante ya citada que expresamos en una publicación de 2008: "La transexualidad no es una enfermedad, sino una condición humana. El problema no es, pues, la condición humana, sino la transfobia".[1]

---

[1] David Barrios Martínez y María Antonieta García Ramos. (2008). *Transexualidad: la paradoja del cambio*. Ciudad de México: Alfil.

En mi opinión, el aporte más sólido y consistente del presente texto es la importancia capital que tiene el apoyo amoroso de las familias a sus hijas e hijos trans o con disconformidad de género.

Como lo expresé, el libro *Infancias trans* de Stephanie Brill y Rachel Pepper es un tratado lúcido y aleccionador que nos inscribe de manera brillante y didáctica en uno de los aspectos principales de la imprescindible y urgente cultura de respeto a la diversidad sexual. Celebro su edición en español por sus invaluables aportaciones a las familias y a los profesionales de la salud sexual y general.

David Barrios Martínez
Director general del Centro Integral
de Sexualidad y Educación Sexual (CISES)
Coordinador de Sexualia Academia

Introducción

"¡Mamá, ya te lo he dicho, soy una chica, así que deja de decir ÉL!". Alejandro había intentado decirles a su madre y a su padre, desde que apenas podía hablar, que en realidad era una niña. Se metía en el armario de su hermana mayor para ponerse sus vestidos. Se envolvía el pelo con bufandas y toallas. Siempre llevaba el maquillaje y los zapatos de su madre. A los tres años, solía llorar hasta quedarse dormido preguntando a Dios por qué se había equivocado. A los cuatro, seguía repitiendo la frase anterior: "¡Mamá, ya te lo he dicho, soy una chica, así que deja de decir ÉL!", cuando se dirigían a él como niño, para gran confusión de sus padres. A los cinco, hablaba abiertamente de querer suicidarse, de no pertenecer a este mundo, de querer desaparecer. Sus padres pensaron al principio que se trataba de una fase, algo por lo que todos los niños pasan en algún momento. Pero cuando no terminó, la única explicación que se les ocurrió fue que probablemente era gay. Pidieron ayuda, preocupados por su hijo. Su pediatra les recomendó un terapeuta, y ese terapeuta ha sugerido desde entonces que Alejandro puede ser transgénero.

Los padres de Nina tardaron varios años en darse cuenta de que su hija siempre respondía de la misma manera a la pregunta "¿Eres un chico o una chica?". Decía: "Soy Nina". Al principio, la gente pensaba que su respuesta era bonita, pero a medida que crecía empezaron a sentir que estaba jugando con ellos al no responder a la pregunta. Además, sus padres empezaron a enfadarse con ella por ser grosera. Nina intentó explicar que no se sentía ni niña ni niño. ¿Por qué importaba? ¿Por qué no podía ser ella misma? Sus padres le dijeron con firmeza que era una niña, pensando que así se arreglaría el asunto. Por desgracia, a Nina no le resultó tan fácil. Cada vez que tenía que elegir un género, como cuando se ponía en fila por niños y niñas en clase, se sentía angustiada y le costaba seguir las instrucciones. Finalmente, un profesor perceptivo hizo la conexión cuando Nina empezó a mojar los pantalones y a quedarse en el guardarropa justo antes de la hora de la fila. Un psiquiatra infantil ha planteado la idea de que Nina puede sentirse no binaria, o agénero, o ser de género fluido.

¿Te suenan estas historias? A lo largo del tiempo, ha habido niñas y niños que han desafiado las definiciones tradicionales de género, pero las prácticas de crianza y las expectativas sociales han hecho que oculten su identidad a los demás y, a veces, incluso a sí mismos.

El terreno del género se amplía a medida que los tiempos cambian. Hoy en día, es mucho más difícil justificar decirle a tu hijo quién es o no es cuando el daño causado por la negación de su verdad personal es tan dolorosamente obvio. Más que nunca, la gente está comprendiendo que los límites estrechos que hemos dado al género son en muchos aspectos arbitrarios. La ciencia está investigando qué es exactamente innato y qué es culturalmente formado, apoyado y reforzado. Las madres y padres se enfrentan ahora a la emocionante y desalentadora tarea de criar a sus hijos en un mundo que está ampliando rápidamente su comprensión del género.

Hoy en día, el género ya no puede considerarse una categoría de dos opciones. Esa forma de pensar es anticuada. Se puede comparar con intentar ver el mundo en categorías raciales distintas sin comprender que un porcentaje cada vez mayor de la población es maravillosamente multirracial y multiétnica. El género es muy similar. A la mayoría de nosotros nos enseñaron el concepto de que solo hay dos categorías distintas de género, masculino y femenino, y la mayoría todavía se adhiere a este firmemente. Pero en realidad, la historia nos muestra que se trata de una construcción artificial y que sigue habiendo muchas más variaciones de género de las que se suelen enseñar.

Sin embargo, permitir que los niños sigan lo que es natural para ellos puede ser desconcertante y aterrador para una madre o un padre cuando significa desviarse del camino conocido y de confianza. Nosotras, como especialistas de género, autoras y madres, somos conscientes de las dificultades a las que se enfrentan los padres cuando intentan comprender y apoyar por primera vez a un niño transgénero, no binario o de género expansivo. También sabemos que, al final, todos los padres quieren lo mejor para sus hijos. Esperamos que este libro proporcione a las familias herramientas útiles para criar a sus hijos con diversidad de género, de manera que se sientan más cómodos tanto en sus cuerpos como en el mundo.

¿Tienes los ojos y los oídos abiertos? ¿Estás preparado para aprender? Entonces verás que los niños y los adolescentes no pueden evitar mostrarnos que el género es realmente un espectro. Si observáramos cómo se desenvuelven los niños de forma natural sin el refuerzo externo —tanto consciente como subconsciente— de los roles y expectativas de género, nos llevaríamos una sorpresa. Muchos de los rasgos que atribuimos a la masculinidad o a la feminidad se enseñan y se aprenden. De hecho, muchos aspectos del género no son innatos en absoluto, sino que se construyen socialmente. Como dirían muchos activistas de género, puedes comprar tu género en la tienda de ropa más cercana.

Entonces, ¿cómo pueden las madres y padres amorosos criar, apoyar y afirmar a niños "sanos desde el punto de vista del género"? Es una tarea complicada y a menudo confusa. En *Infancias trans* esperamos comenzar esta tarea profundizando en la comprensión de lo que es exactamente el género. Te mostraremos lo que todos podemos hacer para fomentar un sentido de género saludable en los niños, en sus propios corazones y mentes, en sus familias, en sus escuelas y en sus comunidades. No podemos entender términos como *transgénero*, *no binario* y *de género expansivo* si no estudiamos qué es el género.

Hay que dar dos pasos importantes y necesarios para apoyar, cuidar y criar eficazmente a las infancias de género expansivo, no binarios y transgénero. Lo primero es explorar a fondo lo que se sabe y se entiende actualmente acerca del género. Una vez que nos hayamos informado sobre el pensamiento actual en torno al género en sí, el siguiente paso es liberarnos de nuestras creencias heredadas y así permitirnos ver el hermoso espectro que el género realmente es. Este aprendizaje y desaprendizaje es importante para todas las madres y padres, no solo para los que tienen hijos con diversidad de género.

Queremos que todas las familias que luchan contra los problemas de género sepan que no están solas. Sabemos que hay miles que se enfrentan cada día a los mismos retos. Para todos los que se ahogan en la confusión, este libro puede servir de balsa salvavidas, enseñándoles métodos para mantenerse a flote. Y para aquellos que ya tienen más confianza en su forma de criar a sus hijos, este libro les servirá para validar que están en el camino correcto, y esperamos que les proporcione nuevas ideas y una nueva perspectiva.

En *Infancias trans* comenzamos ayudándote a descubrir si es probable que tu hijo sea transgénero o de género expansivo, introduciendo los términos para que puedas entender mejor el lenguaje utilizado para hablar de infancias con diversidad de género. Para una mayor referencia hemos incluido un glosario de términos al final de este libro. A continuación, exploramos cómo criar a un niño así y cómo tu familia puede interactuar mejor con el mundo. Este libro incluye la información más detallada y actualizada jamás recopilada en un solo recurso, para que las familias de niños y adolescentes transgénero puedan tratar con el sistema escolar público y el sistema médico, incluida la información sobre terapia y hormonas. También se incluye un capítulo sobre cuestiones legales con referencias a Estados Unidos y algunos países de Hispanoamérica.

Para ofrecerte la información más fiable, hemos sintetizado nuestros conocimientos de tres maneras diferentes. En primer lugar, *Infancias trans* se inspira en nuestros años de experiencia personal interviniendo y escribiendo sobre una amplia variedad de familias que crían a niños y adolescentes de género expansivo, no binario y transgénero. Ambas hemos escrito mucho sobre temas como los problemas de los adolescentes transgénero, el desarrollo de la identidad de género en los niños pequeños y temas más generales sobre el embarazo y la crianza. Entre las dos hemos escrito ocho libros, y hemos sido publicadas y citadas ampliamente.

En segundo lugar, este libro se basa en los años de investigación profesional que ambas hemos realizado sobre temas como la construcción social del género y cómo las prácticas religiosas y de crianza afectan a la salud y al bienestar de los niños y adultos de género expansivo. Parte de esa investigación se explora aquí en forma de resúmenes y entrevistas, con citas de expertos en este campo, como el doctor A. J. Eckert, la doctora Jen Hastings, la doctora Diane Ehrensaft, la doctora Karisa Barrow, la doctora Kellen Grayson, el doctor Norman Spack, la trabajadora social con especialidad clínica Amy Boillot, el consultor Tony Ferraiolo, la abogada Shannon Price Minter y el abogado de la NCLR Asaf Orr, y la doctora Caitlin Ryan del Proyecto de Aceptación Familiar (FAP) del Centro Nacional para los Derechos de las Lesbianas. Para nuestra versión en español, contamos gratamente con citas y entrevistas de expertos en Latinoamérica como los sexólogos Vicenta Hernández Haddad y Fernando Álvarez Vázquez, de México; Elizabeth Torres y los doctores Mario Angulo y Angélica Restrepo, de Colombia; Juan Carlos Tapia y el doctor Gabriel Díaz, de Chile; la doctora Ma. Fernanda Castilla Peón, el licenciado Víctor Hugo Flores Ramírez y la defensora de derechos humanos Jacqueline L'Hoist, también de México.

Agradecemos a estos expertos de vanguardia su participación en este proyecto y su confianza en él. También enviamos un agradecimiento especial al doctor Stephen M. Rosenthal, director del Centro de Género Infantil y Adolescente de la Universidad de California en San Francisco (UCSF), y a la doctora Diane Ehrensaft, autora de varios títulos innovadores sobre la diversidad de género en la infancia, así como fundadora y actual directora de salud mental del Centro de Género Infantil y Adolescente de la UCSF, por su amable prólogo para esta segunda edición.

Para la edición en español, también nos gustaría agradecer a los proveedores y familias que entrevistamos de América Latina por permitirnos hacer este libro lo más cultural y geográficamente relevante posible. Sin su voluntad de compartir sus conocimientos y experiencias, este libro sería simplemente una traducción, con sus voces se ha convertido en una nueva edición. Nos gustaría honrar a David Barrios Martínez e Isolda Atayde por escribir prólogos tan reflexivos. También nos gustaría extender nuestro agradecimiento al equipo en Editorial Terracota por estar dispuestos a asumir este importante proyecto y manejarlo con tanto cuidado. Paulina Chavira, quien nos guio con su experiencia profesional como asesora lingüística y sensibilidad en el tema trans. Y lo más importante, queremos expresar nuestra infinita gratitud a Isolda Atayde: sin su trabajo durante los últimos diez años, no tendrías este libro en tus manos. Su dedicación para llevar este libro al mundo de habla hispana es apreciada más allá de las palabras. Estamos por siempre en deuda con ella.

Queremos agradecer a las madres, padres y familias que respondieron a nuestra llamada para participar en esta edición actualizada. Sus voces enriquecieron este proyecto, ya que no hay nada que sustituya su sabiduría, amor y defensa en conjunto. Esperamos que vean lo mucho que sus voces marcan la diferencia en nuestros esfuerzos conjuntos por cambiar el mundo para todas las niñas y niños. Esperamos que los hayamos hecho sentir orgullosos.

En tercer lugar, este libro se ha enriquecido con nuestra experiencia profesional. Las innumerables presentaciones de Stephanie a familias, trabajadores sociales, terapeutas, pediatras, instituciones de atención pediátrica, instituciones de salud pública, centros de preescolar, escuelas primarias y escuelas secundarias, clases universitarias y facultades de medicina han reafirmado y ahondado en muchos de los temas de este libro.

Stephanie ha realizado este trabajo por su cuenta y a través de la organización que fundó, Gender Spectrum. La experiencia de Rachel como terapeuta especializada en el trabajo con jóvenes transgénero y no binarios y sus familias ha aportado un conjunto diferente de credenciales profesionales a este texto. En resumen, se trata de un recurso en el que puedes confiar.

Por último, este libro también está escrito para educadores y profesionales que trabajan con niños. No olvides nunca el impacto positivo que un adulto afectuoso y afirmativo puede tener en la vida de un niño. Tu papel a la hora de escuchar, validar y apoyar a estos niños es monumental. Esperamos que la información aquí contenida pueda ayudarte a profundizar en tu comprensión de las infancias de género expansivo, no binario y transgénero, a la vez que te enseña las mejores prácticas en tu profesión para satisfacer las necesidades de todas las niñas, niños y sus familias.

Mientras te dejamos explorar el libro, recuerda: Todos los niños son personas increíbles y maravillosas que merecen amor y apoyo incondicionales. Esperamos que estés de acuerdo.

Stephanie Brill
Rachel Pepper

UNA NOTA SOBRE EL LENGUAJE

El vocabulario del género está siempre en evolución. Sabemos que los términos utilizados en este escrito pueden quedar desfasados o adquirir nuevos significados, pero los temas siguen siendo los mismos. Aclara siempre con tu hijo las expresiones que utiliza para hablar de género y lo que esas palabras significan para ella o él.

En nuestra traducción al español hemos tratado de usar un lenguaje inclusivo de género donde es pertinente hacerlo y, al mismo tiempo, permitir que la lectura siga siendo fluida. Reconocemos que el idioma español está cambiando para responder a la necesidad de ser más incluyente y que este es un trabajo continuo y perfectible.

Las citas y testimonios mantienen las palabras utilizadas por cada familia, lo que demuestra algunas de las diversas formas en que las personas emplean el lenguaje para expresar una mayor inclusión y manifestar su género.

Por otro lado, en los distintos países de habla hispana se emplean diferentes términos para referirse a la misma persona o condición y, en este sentido, hemos decidido utilizar la palabra *transgénero*. Sabemos que en algunos lugares los términos *transexual* o *travesti* son los más utilizados, pero optamos por aplicar transgénero en todo el texto porque describe con mayor precisión lo que queremos comunicar. Para conocer más sobre estas y otras expresiones y conceptos puedes consultar el glosario al final del libro.

Capítulo 1
¿Es mi hija/hijo transgénero?

Es tan gracioso cuando la gente me pregunta cómo sé que soy un chico. Simplemente les pregunto: "¿Cómo sabes tú que eres un chico?". Es una pregunta tan tonta. Simplemente sabes esas cosas. ¡Lo he sabido toda mi vida!

TOMMY, NIÑO TRANSGÉNERO DE 7 AÑOS

Como padres, nos hemos enfrentado a dos opciones: podíamos optar por permitirle expresarse o podíamos enseñarle a reprimir su verdadero yo, lo que posiblemente la llevaría a la depresión y a una baja autoestima. Hemos tomado la decisión de apoyar plenamente a Bella para que exprese exactamente quién es, sea cual sea el camino que lleve.

PADRE DE UNA HIJA TRANSGÉNERO DE 6 AÑOS

Mi hijo ha sido de género expansivo desde que pudo comunicar sus intereses, alrededor de los dos años. Ojalá hubiera sabido entonces que todo estaría bien, y que conocería a muchas personas que querrían y aceptarían a mi hijo exactamente como es. Mi consejo sería que no dejes que el miedo te impida experimentar las partes maravillosas de tu hijo. Desarrolla también una buena red de apoyo para ti y para tu hijo, porque criar a un niño con diversidad de género es difícil.

MADRE DE UN NIÑO DE 9 AÑOS DE GÉNERO EXPANSIVO

Mi hijo me informó que era transgénero cuando estaba en el primero de preparatoria. Me sorprendió, como mínimo. Pero yo deseaba que supiera que lo quería y que lo apoyaría al 100%. A lo largo de los años he aprendido mucho y me ha animado su fuerza. Siento que toda nuestra familia ha hecho la transición junto con él y que todos estamos en un lugar diferente al de la primera vez que mi hijo nos habló de su verdadera identidad.

MADRE DE UN HIJO TRANSGÉNERO DE 18 AÑOS

Hay una razón por la que has escogido este libro. Lo más probable es que seas una madre o un padre que está criando a un niño o niña de género expansivo, no binario o transgénero, o que conozcas a alguien que lo está haciendo. Si es así, tienes preguntas sobre cómo criar a tu hijo, cómo defenderlo y apoyarlo, y qué futuro les espera.

O tal vez seas un profesor, un médico o un terapeuta que trabaja con un niño que insiste en no ser del género que le han asignado, o un niño que se siente incómodo con su género, o un niño que ya se ha afirmado como transgénero. Puede que necesites más información sobre la mejor manera de entender y trabajar con este niño. Tal vez no estés seguro de lo que significan estos términos de género ni de las diferencias que pueden existir entre ellos y estés dispuesto a aprender.

En cualquier caso, es probable que te hayas preguntado recientemente si tu propio hijo, o el de otra persona, es transgénero, y estás preparado para obtener algunas respuestas. Esperamos poder ayudarte a encontrar algunas, mientras caminamos juntos a lo largo de este libro.

¿Qué tan comunes son las infancias transgénero?

Nadie sabe cuán común son las infancias transgénero. Hay estudios emergentes sobre estudiantes de secundaria que pueden darnos una idea más clara de lo que se sabía hasta ahora. Según los Centros de Control de Enfermedades (CDC, por sus siglas en ingles) en 2018, 1.8% de los estudiantes de secundaria se identifican como transgénero. Es decir, uno de cada cincuenta adolescentes. Esta cifra es mucho más alta de lo que se estimaba anteriormente. Sin embargo, en un estudio de 2021 publicado en *Pediatrics*, la revista oficial de la Academia Americana de Pediatría se sugiere que la prevalencia de estudiantes de secundaria con diversidad de género, no solo los que utilizan la palabra *transgénero* para describirse a sí mismos, puede estar más cerca de uno de cada diez.

No todos los jóvenes utilizan los mismos términos para expresar su género, y el estudio más reciente formuló una pregunta sobre la identidad de género en dos partes para tratar de abordar esto. Lo que encontraron fue muy interesante. De esos adolescentes con diversidad de género, alrededor de 30% tenían identidades trans masculinas, alrededor de 39% tenían identidades trans femeninas y alrededor de 31% tenían identidades no binarias. Las identidades de género diversas abarcan todas las categorías de raza y etnia.

Este estudio de 2021 sobre estudiantes de secundaria descubrió que 7.1% de los jóvenes blancos se identificaban como de género diverso, 9.9% de los jóvenes negros se identificaban como de género diverso, 14.4% de los jóvenes hispanos se identificaban como de género diverso, 8.7% de los jóvenes multirraciales se identificaban como de género diverso y 13.4% de los jóvenes de otra raza se identificaban como de género diverso.

Sin embargo, antes de que dejes este libro pensando que estamos afirmando que uno de cada diez niños es transgénero, sigue leyendo, porque no es eso lo que estamos diciendo. Las definiciones de género cambian constantemente, al igual que el vocabulario utilizado para describirlo. Con regularidad se está creando un nuevo lenguaje, y a veces los propios términos pueden parecer tan intimidantes y variados que es difícil ver que lo que una vez pudo parecer tan sencillo sobre el género —el binario— y que ahora parece obsoleto y complicado. Y no hay duda de que existe una brecha generacional a la hora de pensar en el género. Para salvar esta brecha, los que nos hemos criado con una visión binaria del género podemos aprovechar esta oportunidad para explorar el tema con nuevos ojos y comprender mejor su complejidad. Sean cuales sean tus reacciones cuando se te pide que pienses más allá del género binario, es importante tener en cuenta que la cambiante concepción del género que experimentan los jóvenes de hoy ha llegado para quedarse. Aunque esto resulte incómodo, la buena noticia es que los cambios también son empoderadores y liberadores para todos, no solo para las personas con diversidad de género.

Cuando un niño dice que no se identifica como el chico o la chica que cree que es, o expresa alguna otra identidad, como no ser de ningún género, o de ambos, o no binario, es importante detenerse a escuchar y a aprender qué es lo que está tratando de comunicarte. Como madre, padre, tutor, profesor, médico o profesional de la salud mental, eres el adulto de primera línea en el mundo de este niño para que experimente la aceptación y la comprensión, la consideración positiva incondicional y el amor. Nada es más importante para un niño que esto.

¿Cómo se puede saber que un niño es transgénero?

Sabemos que puedes estar esperando una respuesta rápida a la pregunta: "¿Es mi hijo transgénero?". Pero, como ocurre con muchas otras situaciones de la vida, la respuesta puede ser complicada o puede irse revelando solo con el tiempo. Por suerte, la mayoría de los niños son muy claros en este tema. Cuando se les da dos opciones —niño o niña—, la mayoría de los niños siente firmemente que son uno u otro. Pero siempre hay niños que no se sienten como ninguno de los dos o que se sienten como ambos, y si les ofreces más opciones, obtendrás una gama mucho más amplia de respuestas. De hecho, un número cada vez mayor de jóvenes se da cuenta de que un sistema con solo dos opciones no funciona para ellos.

Cuando las primeras palabras de tu niña de 18 meses son "yo niño", o tu hijo de 4 años insiste en que es una niña, y estas respuestas no varían ni cambian a lo largo de los años siguientes, a pesar de tener una mayor comprensión del género, puedes estar bastante seguro de que es transgénero. No estamos diciendo que porque tu hijo pequeño haya dicho algo bonito o confuso debas asumir inmediatamente que es transgénero. Pero si un niño pequeño pasa por una fase en la que insiste en ser del sexo opuesto al suyo de nacimiento, y si esta "fase" no termina, entonces no es una fase. A menudo compartimos esto con las familias: busquen un niño que sea persistente, insistente y consistente en esta identidad expresada.

Normalmente ha habido varios marcadores tradicionales para identificar a los niños que probablemente sean transgénero. Se han documentado en libros como el *Manual diagnóstico y estadístico de los trastornos mentales* (DSM, por sus siglas en inglés) y la *Clasificación internacional de enfermedades* de la Organización Mundial de la Salud (ICD, por sus siglas en inglés), que utilizan los profesionales de la medicina y la salud mental. Los criterios de diagnóstico para identificar a los niños transgénero han incluido factores como un intenso deseo de ser del género opuesto, un comportamiento de vestirse como el género opuesto y una aversión a la ropa típica del género, un rechazo a jugar con juguetes o compañeros de juego alineados con el género y angustia por su propia anatomía natal. Otros marcadores suelen incluir una fuerte aversión a la ropa interior y a los trajes de baño típicos de su género, y a veces orinar de la forma de su género afirmado. Una evaluación exhaustiva, realizada por un terapeuta o un profesional médico formado como especialista en género, preguntará acerca de todos estos factores, y muchos más, a menudo con gran detalle, para ayudar a determinar lo que un niño está experimentando en relación con su género.

No estamos describiendo simplemente a una niña a la que le gusta jugar con coches, o a un niño que ocasionalmente prefiere una camisa brillante. Más bien nos referimos a un patrón general y continuo de autoidentificación, comportamiento y preferencias que no disminuye con los años, sino que se intensifica y puede incluir sentimientos de disforia y angustia. Como señaló el doctor Norman Spack, experto en este campo y fundador de la pionera clínica GeMS del Hospital Infantil de Boston, cuando se alinean varios indicadores importantes, es una fuerte señal de que un niño puede ser transgénero. En sus palabras, "estos niños hacen una declaración con cada uno de sus movimientos y palabras".

Algunos de estos comportamientos pueden también describir a un niño que es de género expansivo, pero no transgénero. De hecho, la gran mayoría de niños de género diverso no son transgénero, simplemente son no conformes con el género —conocidos de otra manera como de género expansivo o de género diverso— en su manera de expresarse a sí mismos. Las familias de estos niños, en su intento por hacerles un bien, investigan sobre los niños transgénero, ya que piensan que tienen un niño transgénero. Esto no siempre es el caso, ni siquiera lo es con frecuencia. Discutiremos cómo diferenciar entre la expresión de género y la identidad de género a lo largo del libro.

Sabemos que ya hemos utilizado mucho vocabulario específico de género que puede ser nuevo para ti. Puedes consultar el glosario al final del libro para ayudarte a entender estos términos de un vistazo.

¿Lo he provocado yo? ¿Puedo evitarlo?

La crianza no es la causa de que una persona sea transgénero o de género expansivo. Tener una identidad transgénero o no binaria o un estilo de expresión de género expansivo no es algo que tú hayas causado. No es el resultado de un divorcio, de un abuso infantil, de una decepción por el sexo del niño o de ser una madre o un padre autoritario, indulgente o ausente. Nada de lo que haga o deje de hacer un padre o tutor puede provocar que un niño se convierta en no binario o transgénero.

Todos los estudios que en su día implicaron la paternidad en el hecho de que una persona se convierta en transgénero han sido muy discutidos. Se basaban en un pensamiento que en la actualidad ya no se acepta ni en el sistema de salud mental ni en la práctica médica. Si te encuentras con esta forma de pensar por parte de alguno de tus profesionales, es hora de buscar nuevos terapeutas clínicos con una práctica más actual, afirmativa y basada en la evidencia. Si un profesional te dice que puedes cambiar a tu hijo para que tenga una identidad de género diferente, se equivoca, y este enfoque se considera perjudicial. De hecho, la mayoría de las organizaciones médicas y de salud mental más respetadas, como la Academia Americana de Pediatría y la Academia Americana de Psiquiatría Infantil y Adolescente, han denunciado cualquier terapia centrada en cambiar el género de una persona. Más aún, es ilegal intentar hacerlo en al menos veinticuatro estados de la Unión Americana al momento de escribir este texto. No hay nada que pueda hacer nadie para cambiar la identidad de género de un niño. Es una parte esencial del ser. Sin embargo, la forma de criar a tu hijo puede influir en cómo se siente él mismo en relación con su identidad de género.

¿Qué es el género?

Ojalá hubiera entrado en la maternidad con un reconocimiento y una comprensión más profundos del género como un espectro. Mirando ahora hacia atrás, me surgen tantas preguntas sobre mi propia educación e identidad. Hay tantos mensajes, sutiles y no tan sutiles, que enviamos a nuestros hijos sobre el género que pueden moldearlos para siempre, y a menudo los enviamos desde la ignorancia.

MADRE DE UNA NIÑA TRANS DE 5 AÑOS

Una comprensión fundamental del género es importante para criar a las niñas y niños de género expansivo, transgénero y no binario de forma solidaria. Las actitudes hacia el género y lo que se considera un comportamiento "apropiado según el género" se forman en la primera infancia. Estas opiniones formativas pueden cambiar, pero influyen en las elecciones y decisiones que se toman a lo largo de la vida. En otras palabras, la forma en que aprendiste e interactuaste con el género cuando eras pequeño influye directamente en tu visión del mundo actual. También significa que tu forma de ser padre o madre está directamente influida por lo que aprendiste sobre el género. Parte de lo que tenemos que compartir sobre el género puede parecer radical inicialmente, debido a la lente a través de la cual lo percibes hoy. Puede que salgas de este libro preguntándote cuál es realmente la esencia de ser hombre o mujer y por qué nadie ha hablado nunca realmente de género contigo.

El género es algo que nos rodea y nos lo enseñan desde el momento en que nacemos. Hablar y leer sobre niños y adolescentes con género diverso, no binario y transgénero, así como criarlos e interactuar con ellos, cambia tu experiencia personal sobre este tema. A medida que profundices en la comprensión del género, también se facilitará tu capacidad de hablar sobre ello. Esa mayor capacidad y comodidad para hablar de esta cuestión con tu hijo o hija hará que los demás también se sientan más cómodos. Esto ayuda enormemente a reducir los miedos, la confusión y el juicio de los demás.

Hay una curva de aprendizaje para todos los que interactúan con personas de género expansivo y transgénero. Esto es comprensible. La significativa no conformidad con un género determinado confunde los fundamentos del orden social de los géneros, por lo tanto, confunde el sentido interno de una persona de lo que se siente como natural. Puede hacer aflorar sentimientos de juicio y homofobia enterrados desde hace tiempo. Nuestro propósito es ayudarte a navegar por este nuevo terreno, para que te muevas sin problemas a través de las etapas de aceptación de las madres, padres y familias, que pueden incluir desde la negación y el dolor hasta llegar a la meta de la integración.

Entonces, ¿qué es el *género*? Empecemos con un breve ejercicio. Toma lápiz y papel y escribe tus respuestas a las siguientes preguntas:

- ¿Qué es una niña?
- ¿Qué es un niño?
- ¿Cómo lo supiste?
- ¿Cuándo sabe una persona que es un chico o una chica?
- ¿Cuándo lo has sabido tú?
- ¿Eres un hombre? ¿Eres una mujer? ¿Cómo lo sabes?
- ¿Eres tú, o parte de ti, ambas cosas? ¿Cómo lo sabes?
- ¿Ha cambiado tu género a lo largo del tiempo?
- ¿Ha cambiado la expresión de tu género a lo largo del tiempo?
- Si tu anatomía cambiara de la noche a la mañana al sexo opuesto, ¿cambiaría lo que sientes que eres?
- ¿Cuál es el primer recuerdo que tienes del género en tu vida?
- ¿Cómo pensabas sobre el género mientras crecías? ¿Ha cambiado?
- Piensa en los mensajes sobre el género que recibiste mientras crecías. ¿Tenían sentido para ti? ¿Son los mismos mensajes que quieres que reciba tu hija o hijo?

Deja de lado tus respuestas por ahora, pero tenlas en cuenta cuando sigas leyendo este capítulo. Es útil hacer este ejercicio periódicamente, ya que tus respuestas pueden cambiar con el tiempo.

Nuestra sociedad solo reconoce dos categorías de género: niño/hombre o niña/mujer. Esta visión binaria del género está cargada de expectativas y normas para cada una de ellas, las cuales dictan códigos de vestimenta, actividades y comportamientos, aunque, como te habrá revelado el ejercicio anterior, el estilo de vestimenta, la elección de actividades o los modos de comportamiento de cada uno pueden no encajar exclusivamente con los estereotipos. Prácticamente cada cosa tiene un género. Los juguetes, los colores, la ropa e incluso el lenguaje son algunos de los ejemplos más evidentes. Las expectativas relativas al género se comunican a través de todos los aspectos de nuestra vida, como la familia, la cultura, los compañeros, las escuelas, la comunidad, los deportes, el trabajo, los medios de comunicación y la religión. Los roles y las expectativas de género están tan arraigados que es difícil imaginar las cosas de otra manera.

Presiones sociales de los roles de género para poder encajar

Los niños están muy influidos por las lecciones de género que les enseñan sus familias y la sociedad. Las madres y padres, activa y pasivamente, consciente e inconscientemente, participan en enseñarles a los niños cómo ser niños y a las niñas cómo ser niñas.

Los niños imitan lo que ven a su alrededor. A través de nuestras interacciones con ellos, aprenden el comportamiento apropiado en función del género y absorben los roles contextuales de poder y los patrones de deseo aceptables. Atienden e imitan selectivamente los modelos de su mismo género. La forma en que un niño percibe el género puede cambiar con el tiempo y está directamente influida por la clase, la etnia, la edad, la religión y la cultura. Incluso los niños más pequeños están en sintonía con las versiones idealizadas de hombres y mujeres de su cultura.

Las interacciones de género comienzan tan pronto como madres y padres conocen el sexo de su bebé. Los estudios han demostrado que incluso antes del nacimiento, y ciertamente después, los adultos hablan de forma diferente en tono y contenido a un recién nacido en función del género percibido del bebé. Con los bebés anatómicamente femeninos o de los que no saben el sexo, los adultos utilizan un tono más cantarín, y se les abraza y consuela más. A los bebés anatómicamente masculinos se les habla en un tono más grave, se les abraza y se les consuela menos. La mayoría de los adultos desconocen por completo estas diferencias en sus interacciones con los bebés. No es sorprendente, pues, que por una combinación de condicionamiento social y preferencia personal, a los 3 años la mayoría de los niños prefieran las actividades y los comportamientos típicamente asociados a su sexo de nacimiento.

Los roles sociales de género aceptados y las expectativas de expresión de género están tan arraigadas, tanto en la cultura dominante como en nuestras subculturas y comunidades personales, que la mayoría de la gente no puede imaginar una sociedad civilizada sin ellos. Dado que el género es una parte tan inherente al tejido social, la mayoría de las personas de género típico (también conocidas como cisgénero) nunca se han cuestionado qué es exactamente el género. Nunca han tenido que hacerlo porque el sistema ha funcionado para ellos.

El sistema binario de género actualmente aceptado afecta negativamente a niñas y niños no conformes con el género. El primer paso para comprender y apoyar en la diversidad de género es comprender el concepto de que el género y la anatomía no son lo mismo.

Antes de entrar en lo que es el género, empecemos por lo que no lo es, ya que esta suele ser la principal fuente de confusión. La gente tiende a utilizar los términos "sexo" y "género" indistintamente; pero, aunque estén relacionados, ambos términos no son equivalentes. Los genitales externos se utilizan para asignar el sexo al nacer.

El sexo asignado se utiliza luego para asignar el género y determinar si una familia criará a ese bebé como niño o niña. Para la mayoría de las personas, esto es motivo de poca o ninguna reflexión, porque su género se ajusta a los roles y atributos asociados a su sexo. Pero para otros, esto se convierte en un área de estrés e incluso de angustia, porque estas partes distintas del yo no se alinean claramente. En realidad, el género de cada persona es una compleja interrelación entre tres dimensiones: su cuerpo, su estilo de comportamiento o expresión de género y su identidad de género.

Cómo aprenden las niñas/niños los roles de género

A una edad temprana, las niños y niños aprenden que hay expectativas distintas para ellos y ellas, y empiezan a aprender estos roles de su familia y de los valores, creencias y actitudes sociales de su entorno cultural y del mundo más amplio que los rodea.

Aunque las normas en torno al género cambian en todas las sociedades y a lo largo del tiempo, lo que esperamos de un hombre o una mujer lo crea en su mayor parte la cultura. Los roles de género han proporcionado una estructura a nuestra sociedad, estableciendo formas de funcionamiento e interacción comúnmente entendidas.

Los niños pequeños aprenden a procesar el mundo basándose en estos roles de género. Una vez que se comprende este proceso de socialización, es fácil ver cómo todos llegamos a pensar que ser una chica significa tener un aspecto determinado, comportarse de cierta manera y gustar de cosas específicas, mientras que ser un chico significa inherentemente hacer y preferir otras cosas.

Las niñas/niños interiorizan lo que aprenden a través del refuerzo

Nuestra comprensión de los roles de género inicialmente se establece en nuestros años de formación (de 0 a 5 años) y está influida por muchas cosas: la ropa que se nos compra, la decoración de nuestra habitación, los juguetes que se nos dan, las actividades en las que se nos anima a participar, las emociones que se nos apoya para que expresemos, el estilo de corte de pelo. También influyen el refuerzo positivo y el negativo que recibimos. Imagina que un niño es criado como un chico. Este niño puede recibir un refuerzo negativo si se pone el vestido de su hermana o si quiere comprar una muñeca en la juguetería. Es posible que se le diga que esas cosas son solo para las niñas y que se le menosprecie por pedirlas. Con el tiempo, este niño, y cualquier otro que observe estos momentos de instrucción, empezará a desarrollar una comprensión de los roles de género e integrará en sí la información sobre cómo ser un niño o una niña, así como las consecuencias de no seguir estas reglas.

Mediante los refuerzos positivo y negativo, los niños aprenden qué comportamientos se recompensan y cuáles están mal vistos. Entonces interiorizan estos roles y expectativas de género y se ven motivados a actuar de acuerdo con lo que han entendido que es apropiado para su género. Se trata de una interiorización de los estereotipos y expectativas de su cultura, su familia y su entorno. Con el tiempo, los círculos de retroalimentación externos crean un marco interno de lo que es correcto e incorrecto, y los niños se sienten naturalmente mejor consigo mismos cuando actúan como se les ha mostrado.

Esto conduce tanto a la autorregulación como al deseo de compartir lo que saben que es correcto e incorrecto con los demás, de modo que el ciclo de refuerzo continúa, incluso entre los niños de preescolar.

Desarrollo de la identidad básica

Los psicólogos creen que la identidad básica de una persona tiene tres componentes principales. Se cree que estas partes distintas del yo se establecen durante la infancia alrededor de los 6 años y luego se revisan en la adolescencia. En el caso de la orientación sexual, aunque algunos de los niños más pequeños pueden tener un indicio temprano de hacia quién se sienten atraídos de este modo, la atracción sexual *per se* no suele desarrollarse plenamente hasta pasada la fase de latencia en el desarrollo, en torno a los 11 o 13 años.

Los tres componentes de la identidad básica de una persona son:

1. *Identidad de género*. El sentimiento interno de género, independientemente de la anatomía.
2. *Estilo de comportamiento o expresión de género*. Tus inclinaciones y expresiones naturales.
3. *Orientación sexual*. Por quién te sientes atraído.

Es esencial entender que estas tres partes de la identidad básica están separadas y son distintas entre sí, pero están interrelacionadas. Cada uno de estos componentes puede variar enormemente en función de las distintas posibilidades.

En la mayoría de las personas, los tres componentes de la identidad se alinean en un patrón predecible. Esta configuración dominante es el contexto social a partir del cual se construyen los roles de género y el sistema de género y sexualidad, y en la cultura occidental ha llegado a ser la expectativa estándar. Pero, en realidad, muchas personas varían en uno o varios de estos aspectos de la identidad básica. Todos conocemos a adultos bien adaptados que tienen una mezcla de identidades. Por ejemplo:

• Probablemente conozcas a un hombre (identidad de género) que es amable y emocional (estilo de comportamiento o expresión de género) y que es heterosexual (orientación sexual).

- Puede que conozcas a una mujer (identidad de género) con el cabello muy corto que trabaja en la construcción (estilo de comportamiento) y es lesbiana (orientación sexual).
- Puedes conocer a una persona que percibes como mujer, pero que en realidad se percibe a sí misma como no binaria (identidad de género), que tiene el pelo largo, lleva tacones, es una ejecutiva de alto nivel (estilo de comportamiento/expresión de género) y es pansexual (orientación sexual).

Por supuesto, cada niño forma su identidad social en un contexto amplio que incluye etnicidad, clase, cultura y religión. Estos elementos adicionales de identidad pueden tener una fuerte influencia en el sentido de sí mismo del niño y, sobre todo, en el sentimiento interno del niño de ser "malo" o "estar equivocado" si alguna parte de su identidad central no se ajusta a las expectativas de su comunidad.

Identidad de género

Uno de los componentes de la identidad básica de una persona es su identidad de género. La identidad de género es el sentido interno y la experiencia personal de una persona en relación con su género. La identidad de género puede corresponder o diferir del sexo que se le designó a una persona al nacer.

Las identidades suelen ser binarias (por ejemplo, niño/hombre, niña/mujer) y no binarias (por ejemplo, agénero, género fluido, no binario). El significado asociado a una identidad concreta puede variar entre las personas que utilizan el mismo término. La mayoría de las personas tiene un sentido temprano de su identidad de género y, si este no es congruente con su sexo, puede empezar a expresarlo muy pronto. Sin embargo, dado que los niños disponen de un lenguaje muy limitado para referirse al género, pueden tardar bastante tiempo en descubrir el lenguaje que mejor comunica su experiencia interna.

Asimismo, a medida que el lenguaje evoluciona, los términos que una persona utiliza para describir su género también pueden modificarse. Esto no significa que su género haya cambiado, sino que las palabras para designarlo están cambiando, por lo tanto, el término que alguien utiliza para comunicar su identidad de género puede cambiar con el tiempo.

Esta idea de que solo hay dos géneros —y de que todo el mundo debe ser uno u otro— se llama *binariedad de género*. Sin embargo, a lo largo de la historia, muchas sociedades han visto, y siguen viendo, el género como un espectro no limitado a solo dos posibilidades.

¿Qué hace que una persona sea transgénero?

Quiero que el mundo vea que mi hija realmente es así. Todos los libros, teorías e investigaciones del mundo palidecen ante esta sencilla realidad: ver a mi hija como quien es y saber que han visto a la verdadera. No es una actuación, ni una disfunción, ni una enfermedad. Se trata de una niña en todo su esplendor que encuentra su verdadero camino en este mundo.

PADRE DE UNA NIÑA TRANSGÉNERO DE 6 AÑOS

Las personas que desafían las normas de género de forma notable —y que hoy podrían identificarse como transgénero— han existido a lo largo de la historia de la humanidad en todas las culturas. Hoy en día, las niñas y niños transgénero son de todas las etnias, razas y religiones. Son criados por todo tipo de madres, padres, en todo tipo de entornos.

DIVERSIDAD DE GÉNERO EN TODO EL MUNDO

Hay pruebas irrefutables de que las personas transgénero y con diversidad de género han existido en la mayoría de las culturas del mundo —si no en todas— a lo largo de la historia, e incluso hoy en día en algunas hay sistemas de género totalmente diferentes y muy amplios. Estos tienen distintas categorías de género, así como diferentes normas y expectativas en torno a lo que podemos considerar típicamente como "género".

Muchos de nosotros fuimos educados pensando que las categorías de género de hombre y mujer son fijas e inmutables, y damos por sentado que todo el mundo experimenta y aprende sobre el género de la misma manera que nosotros.

Puede parecer que en los últimos tiempos ha cambiado mucho la forma de definir el género, pasando de ser algo sencillo a algo artificialmente complicado. Pero el género nunca ha sido sencillo.

El sistema de género binario dominante de hoy en día, y sus roles de género asociados, de hecho era originario en su mayor parte de Europa. Se impuso a gran parte del resto del mundo a través del proceso de colonización. Esto no fue un efecto "natural", sino, más bien, los colonizadores europeos impusieron una y otra vez sus normas de género rígidas y binarias, a menudo mediante la violencia y otras formas de castigo punitivo. Muchos, si no la mayoría, de los sistemas de género indígenas eran (y en los casos en los que permanecen intactos aún lo son) mucho más complejos que el sistema binario europeo. Esto aplica para las culturas nativas americanas en toda América, así como en África, las islas del Pacífico, la India, Irán y más allá.

Ser transgénero es una parte normal de la expresión humana. No sirve intentar buscar una causa, pues eso indicaría que hay un "problema". Cuando estés luchando por aceptar a tu hija o hijo, es importante que te des cuenta de que siempre ha habido personas con diversidad de género y transgénero.

Estilo de comportamiento o expresión de género

Los psicólogos han identificado el estilo de comportamiento como otro componente de la identidad básica de una persona. El estilo de comportamiento refleja sus inclinaciones y expresiones naturales, y la sociedad etiqueta estas preferencias según el género. Por tanto, la parte central de nuestra identidad que se refleja en nuestro estilo de comportamiento único también puede considerarse como expresión de género o género social.

Las personas que se expresan al margen de las expectativas sociales suelen tener una experiencia difícil. Cuanto mayor sea la inclinación y la preferencia por un comportamiento considerado de y para el "otro" género, mayor será la variante percibida. Como las expectativas y los roles en torno al género son tan rígidos, a menudo suponemos que lo que alguien lleva, o cómo se mueve, habla o se expresa, nos dice algo sobre su identidad de género. Pero la expresión es distinta de la identidad: no siempre podemos asumir la identidad de género de una persona basándonos en su estilo de comportamiento o expresión de género. Los marcadores del estilo de comportamiento suelen incluir los peinados, el lenguaje corporal, las formas de caminar, las preferencias de ropa, el sentido de la moda y los estilos de juego.

Por ejemplo, a un chico puede gustarle llevar faldas o vestidos, pero su elección de ropa no define su identidad de género; simplemente significa que prefiere (al menos una parte del tiempo) llevar la ropa que la sociedad ha asociado típicamente a las chicas. De hecho, la forma en que interpretamos el género de otra persona y las suposiciones que hacemos sobre ella en función de su estilo de comportamiento y de su autoexpresión están relacionadas con nuestra propia comprensión personal del género; no se trata realmente de la otra persona.

Tanto las madres y padres como los hijos son juzgados cuando un niño expresa preferencias que se consideran propias del otro género. En la cultura dominante, esto es especialmente cierto cuando un niño expresa intereses o comportamientos tradicionalmente considerados femeninos. Sin embargo, en muchas culturas y comunidades, las niñas están igualmente limitadas en sus estilos de comportamiento aceptados.

Esta presión social al conformarse no solo afecta al niño, sino también a sus progenitores. En el caso de los niños, como las expresiones de masculinidad están tan controladas, los padres suelen tener más dificultades para aceptar la expansión de género en sus hijos. Además, mucha gente ve a los hijos como el reflejo de sus padres; así, un niño más femenino puede ser percibido como una amenaza para la propia masculinidad de su padre. En culturas y comunidades donde las expresiones de feminidad están muy controladas, una niña con tendencias masculinas, andróginas o de expansión de género puede considerarse una vergüenza para la familia. Por eso llamamos "de género expansivo" a un niño que tiene preferencias personales que se salen de las expectativas de género. Como todos los aspectos de la identidad de una persona están entrelazados, no podemos separarlos del todo. Los elementos sociales y personales del estilo de comportamiento o expresión de género forman una mezcla rica y llena de matices. Para estar al corriente del momento presente, debemos revisar nuestras suposiciones sobre quién creemos que es una persona basándonos solo en su estilo de comportamiento desde que entra por la puerta.

Orientación sexual

La orientación sexual, el tercer componente de la identidad básica, se refiere a las personas por las que nos sentimos atraídos, romántica o sexualmente. Es una parte inherente a la identidad de una persona. Los estudios demuestran, sin lugar a dudas, que la orientación sexual no es una elección. Absolutamente nada de lo que hagan los padres o cualquier otra persona hará que un niño sea gay o evitará que sea lesbiana, bisexual o pansexual o cualquier otra identidad sexual. Por desgracia, mucha gente no se da cuenta de esto; hay mucha desinformación sobre la orientación sexual. El género y la orientación sexual son dos aspectos distintos pero relacionados del ser. El género es personal (cómo nos vemos a nosotros mismos), mientras que la orientación sexual es interpersonal (por quién nos sentimos atraídos física, emocional o románticamente). Aunque se trata de dos aspectos diferentes de lo que somos, nuestra orientación sexual está relacionada con el género, porque se define por éste y por el de las personas que nos atraen.

Muchas personas equiparan el estilo de comportamiento o la expresión de género de un niño con la orientación sexual percibida. Tanto la expresión como la expansión de género pueden ser o no un indicador de la orientación sexual. Así, un porcentaje mayor de niños con expansión de género que de niños cisgénero crecerá como homosexual. Sin embargo, la expansión de género no es un indicador de la orientación sexual: muchos niños de género expansivo no crecen siendo gays, y muchos niños que no son expansivos de género serán gays.

La comodidad de un joven dentro de sí mismo está relacionada con el grado en que cada uno de estos aspectos centrales de la identidad (la identidad de género, el estilo de comportamiento o expresión de género y, cuando sea mayor, la orientación sexual) estén en armonía. El proceso de encontrar la armonía dentro del propio género se denomina búsqueda de la congruencia de género.

Congruencia de género

Todos buscamos la congruencia de género. Aunque esto puede parecer difícil de alcanzar si nunca has tenido que pensar mucho en tu género, puedes considerarlo así: seguramente has tenido la experiencia de llevar algo que no te sienta bien o con lo que simplemente no te sientes tú mismo. Algo como que te has cortado el pelo demasiado corto y, de algún modo, ahora no eres tú, lo cual puede ser angustioso. Llamamos "congruentes" a los tipos de experiencias que se sienten bien, y cuando no se siente bien, decimos que hay una falta de congruencia, o bien una incongruencia.

La congruencia de género se ve reflejada en:

- La comodidad que sientes con tu cuerpo en relación con tu género.
- Nombrar tu género para que se corresponda con tu sentido interno de quién eres.

- Tener un nombre y utilizar pronombres que reflejen tu género.
- Expresarte a través de tu ropa, gestos, intereses y actividades.
- Ser visto por los demás como te ves a ti mismo.

La congruencia de género muestra la compleja interrelación para encontrar la armonía entre el cuerpo de una persona, su identidad de género, su expresión de género y los roles de género de la sociedad. Para las niñas y niños de género expansivo, no binario y transgénero, existe un sentimiento de incongruencia, una sensación de que algo no funciona en relación con su género. Como todos nosotros, esas infancias de género expansivo, no binario y transgénero tratan de encontrar un sentimiento de armonía interna para sentirse "bien" dentro de sí mismos. Para algunos, el sentimiento de incongruencia es tan "incorrecto" que provoca disforia y angustia. El único tratamiento reconocido para la disforia y la angustia de género es identificar y perseguir lo necesario para alcanzar la congruencia.

Si mi hija/hijo es realmente transgénero, ¿qué debo hacer?

Confía en tu hijo, plena y completamente.

MADRE DE UNA HIJA TRANSGÉNERO DE 7 AÑOS

Antes de que mi hijo me dijera que era no binario, yo era muy nueva en el aprendizaje de las cuestiones transgénero. Desde entonces, he buscado muchos libros, podcasts y he empezado a seguir a personas no binarias en Instagram para aprender de ellas.

MADRE DE UN NIÑO DE 14 AÑOS NO BINARIO

La parte más increíble de este camino ha sido ser testigo de una personita que está tan segura de sí misma y de quién es. Siento que todavía lo estoy descubriendo por mí misma, pero ella me ha dado la confianza para abrazar cada parte de lo que soy.

MADRE DE UNA HIJA TRANSGÉNERO DE 8 AÑOS

Únete a un grupo de apoyo para padres y encuentra un buen terapeuta de género. Y ten en cuenta que no hay que forzar ni precipitar nada. También les diría a otros padres que confíen en sus hijos para que los guíen en este camino.

PADRE DE UNA NIÑA TRANS DE 13 AÑOS

Primero, respira profundamente. Tómate tu tiempo. Escucha a tu hijo. Busca apoyo para ti y para tu familia. Lee este libro y otros materiales que puedas encontrar. Como se trata de un campo emergente, puede que no haya profesionales locales formados todavía en tu zona. Tus mejores vías de apoyo pueden ser inicialmente en línea, conectando con otras familias.

Las niñas y niños que son de género expansivo, no binario y transgénero necesitan mucho apoyo. También sus madres, padres, sus hermanos y, a menudo, sus demás familiares. En los siguientes capítulos, te ayudaremos a pasar por las etapas de aceptación y a aprender prácticas de crianza afirmativas basadas en estudios. Tal y como documenta un importante conjunto de investigaciones, las respuestas a tu hijo y el apoyo que le muestras —o la falta de este— tienen un mayor efecto en la perspectiva futura de su vida que cualquier otro factor.

No siempre será un camino fácil, pero no tienes que recorrerlo solo. No eres la primer madre o padre que descubre aspectos de su propia trayectoria paterna diferentes de lo que esperaba. Tendrás que aprender, cuestionar, descubrir y defender. Tendrás que desarrollar nuevas habilidades y cavar hondo dentro de ti para encontrar la fuerza necesaria para mantener a tu hijo sano y seguro.

Si eres profesor, consejero, entrenador, profesional de la salud mental o médico, te pedimos que des un paso al frente en apoyo de las niñas y niños de género expansivo, no binario y transgénero de todo el mundo. Como dice la doctora Karisa Barrow, una psicóloga y especialista en cuestiones de género con sede en California: "Quiero que los profesores, los directores y el público en general sepan que ser amable y apoyar la expresión de género de un joven puede proporcionarle una línea de vida, de fe y esperanza en que hay una comunidad acogedora para ellos, de modo que puedan poner su energía para aprender, jugar y soñar. También quiero hacer un llamado a los legisladores y a los políticos para que eviten vigilar la expresión, el papel o la identidad de género de nadie, escuchando de primera mano a los jóvenes y a las familias sobre los que toman esas decisiones, decisiones que están fuera de su ámbito de competencia. Debemos rechazar los actos legislativos que amenazan los derechos humanos básicos de nuestros hijos. Las nociones estrechas de la diversidad humana en todas sus formas son opresivas y perjudiciales para nuestra sociedad en su conjunto, no solo para los jóvenes transgénero".

Somos conscientes de que en algunas comunidades esto es una gran petición. Pero creemos en ustedes y, especialmente, creemos en sus hijas e hijos. Ustedes pueden hacerlo. Les ayudaremos mostrándoles cómo.

Capítulo 2

La aceptación de la familia: de la crisis al empoderamiento

Llegar a conocer la identidad y la expresión de género de tu hijo —ya sea porque un día te anuncie que es transgénero, o veas cómo desde pequeño se desarrolla hasta convertirse en una persona transgénero o no binaria o de género expansivo— a menudo puede desencadenar una prolongada crisis parental. Las respuestas emocionales de madres y padres al darse cuenta de que su hijo es no binario o transgénero varían de unos a otros, y de una familia a otra. Al principio, la mayoría siente que su mundo se desmorona. Hay una profunda sensación de devastación, pérdida, *shock*, confusión, ira, miedo, vergüenza y dolor.

Esta crisis personal e interna, para algunos padres, puede tardar años en resolverse. Para otros no es tan difícil al principio, pero puede haber momentos más adelante en los que las cosas se vuelvan más complicadas. No todas las respuestas ayudarán a todos de igual manera, pero imaginamos que aquí se verán reflejados.

Como escribió el padre de una hija transgénero de 17 años cuando se le pidió que definiera este momento: "Cuando te enteras de que tu hijo se identifica de forma diferente a su sexo de nacimiento y lucha contra la disforia de género, tu dolor y tu pena son normales, tus sudores fríos en mitad de la noche son normales, tus sentimientos de arrepentimiento y autoculpabilidad son normales. Solo tienes que saber que esto es un camino, no una especie de sentencia de muerte. La situación mejora. Mejorará".

Las primeras respuestas emocionales suelen estar marcadas por la lucha para comprender lo que le ocurre a tu hijo, los sentimientos de desasosiego y posiblemente de pena, y luego por la angustia de cómo transmitirlo a los demás. Para la mayoría de las familias también hay una fase de confusión, preocupación y, a veces, escepticismo antes de la aceptación. Al mismo tiempo que ocurre la revolución personal interna, la mayoría busca información para entender lo que su hijo está experimentando y cómo responder mejor ante eso. En los casos óptimos, intentan apoyar a su hijo, ocultar su trastorno interno y luchar por adaptarse, todo ello simultáneamente.

Con el tiempo, mediante un duro trabajo emocional, la educación y la dedicación a sus hijos, las familias pueden adquirir una nueva perspectiva sobre el género y avanzar de forma natural hacia una mayor comprensión y apoyo. Algunas personas sienten la aceptación como un cambio completo que se produce en su interior. Para otras, es un proceso gradual que ocurre con el tiempo y que a menudo coincide con la comprensión de que cualquier cosa que no sea amar y aceptar a su hijo por lo que es, aumentará el estrés y la angustia que este ya experimenta. Llegar a la plena aceptación de tu hijo no binario o transgénero suele llevar algunos años. La doctora Karisa Barrow nos recuerda que

> la crianza de un niño de género diverso no viene con un manual de talla única para todos. No hay un camino concreto para un niño transgénero o no binario. El desarrollo saludable surge de una crianza empática e incondicional. Sin embargo, diré que la crianza de un niño transgénero requiere una curva de aprendizaje constante, dejando a un lado la angustia y las preocupaciones emocionales inmediatas. Empieza por aprender e informarte sobre el género como fenómeno cultural y sobre cómo afecta a los niños con diversidad de género y a su desarrollo. En segundo lugar, los cuidadores tienen que hacer su propio trabajo de género.

Las familias pueden reaccionar inicialmente de forma diferente entre sí

Sinceramente, hubo un momento en el que no estaba segura de que mi marido lo entendería, y no estaba segura de lo que eso significaría para nuestra familia. ¿Me vería obligada a elegir entre mi marido y apoyar a mi hijo? Afortunadamente, no hemos llegado a eso, y en realidad todo esto ha unido más a nuestra familia.

MADRE DE UN ADOLESCENTE NO BINARIO DE 16 AÑOS

Mi marido me apoyó inmediatamente y fue comprensivo, pero también sintió que nuestro hijo estaba confundido y que cambiaría de opinión. Mi mundo se acabó y sentí que me acababan de decir que mi bebé había muerto. Tras asistir a grupos de apoyo y a terapia, estoy saliendo de la depresión. Ha sido un largo duelo por el hijo que he perdido.

MADRE DE UNA CHICA TRANS DE 17 AÑOS

Es bastante común que uno de los progenitores tenga más facilidad para reconocer la expansión de género de su hijo y que otro atraviese más dificultades. Los sentimientos de decepción, pérdida, tristeza y confusión pueden afectar más a la madre o al padre y la resistencia a reconocer el género declarado de su hijo puede también ser más fuerte para esa persona. A menudo, aunque no siempre, las madres tienen más dificultades con sus hijas que en realidad son hijos no binarios o transgénero, y los padres tienen más dificultades con sus hijos que en realidad son hijas no binarias o transgénero. Algunos progenitores dicen estar avergonzados por sus hijos y sentirse incómodos, incluso cuando están cerca de ellos. A menudo culpan al otro cónyuge por "permitir" o "fomentar" esta condición. Naturalmente, esto puede llevar a que tengan diferentes enfoques sobre cómo manejar el deseo de su hijo de ser afirmado en su identidad o expresión de género.

Los roles establecidos en cada familia para saber qué cónyuge acepta más y cuál es más cauto son en algunos casos rígidos, y a veces se van rotando entre ellos. Esto parece ser cierto tanto si los progenitores viven juntos como en hogares separados. La mayoría se siente inicialmente como si su vida se deslizara por una pendiente cuando se da cuenta de que su hijo es transgénero o tiene una expansión de género considerable. Esta crisis emocional de los padres puede desestabilizar la unidad familiar justo en el momento en que el niño necesita más su apoyo.

Con el tiempo, y con una comprensión más profunda, todas las familias pueden llegar a respetar y apoyar a sus hijos. Esto también incluye a los cuidadores que lo pudieran haber pasado muy mal en el primer periodo de adaptación.

Conflicto dentro de la familia

Al principio, mi marido se asustó y dijo cosas muy desagradables, como que yo estaba provocando que nuestro hijo fuera así. También fue un momento en el que pasé mucho miedo. Al final, es un alivio poder decir que su amor por nuestro hijo fue suficiente para cambiar su forma de pensar y ahora lo ayuda a afirmarse.

MADRE DE UN NIÑO TRANSGÉNERO DE 8 AÑOS

Entre la madre y el padre suelen culparse el uno al otro (u otros) de la variación de género del hijo. Teniendo en cuenta las creencias arraigadas sobre el género y la inmensa presión de la sociedad, es fácil entender por qué se producen conflictos entre los miembros de la familia cuando esta se enfrenta a un niño que significativamente está disconforme con su género asignado o es transgénero. Los progenitores no alcanzan a comprender y aceptar la diversidad de género de la noche a la mañana, y pueden experimentar un estrés considerable frente a la identidad o la expresión de género de su hijo. Cada madre y padre debe tomarse el tiempo que necesite para llegar a la aceptación.

Cuando hay una disparidad entre ellos en el ritmo de aceptación, esto puede aumentar el estrés en la familia. Es habitual sentirse incómodo, ansioso, avergonzado, enfadado, devastado, nervioso o temeroso durante este tiempo. Una experiencia frecuente es sentirse desesperado por encontrar y asirse a respuestas "sólidas". El malestar de los padres afecta a toda la familia, lo cual a veces provoca graves rupturas en el equilibrio familiar. Dependiendo de la familia y de la situación, pueden pasar meses o incluso años hasta que la armonía se recupere.

Esperamos que, a pesar de los recelos que puedas sentir, seas capaz de separar tu proceso emocional de tu trabajo como progenitor. En otras palabras, está bien que te sientas abrumado, desconcertado, enfadado, triste y descorazonado; es necesario que te permitas sentir estos sentimientos, pero cambiarán con el tiempo.

Recuerda que sigues siendo madre o padre y que la crianza de tu hijo no espera a que te pongas al día emocionalmente. Tu trabajo sigue siendo crear un hogar lleno de amor, apoyo, seguridad y cariño. Esperamos que la documentación que se ofrece más adelante en este libro te sea útil para guiarte a la hora de tomar decisiones de crianza sanas para tu hijo mientras avanzas en tu propio periodo de adaptación.

No podía dejar de llorar. Mi marido se ponía nervioso al volver a casa por la noche porque sabía que, una vez que los niños estuvieran en la cama, me pasaría toda la noche llorando. Pero no podía evitarlo. Mi tristeza se desbordaba. Ambos queremos y apoyamos incondicionalmente a nuestro hijo, pero yo estaba terriblemente triste. No podía controlar mis emociones. Las contenía todo el día y creo que mi hijo no lo sabía. Estaba tan contento con su ropa nueva y sus zapatos brillantes, mientras yo me preguntaba si me moriría por todos los sentimientos que tenía dentro.

MADRE DE UN NIÑO DE 10 AÑOS DE GÉNERO EXPANSIVO

Cuando ya tienes una comprensión de la diversidad de género

Tanto mi marido como yo tenemos una formación en educación para la justicia social. Pero incluso con dos títulos de estudios de género entre los dos, nos dimos cuenta de que nadie es más experto en nada de esto que nuestra hija. No damos por sentada nuestra responsabilidad de aprender de ella y con ella.

MADRE DE UNA NIÑA TRANSGÉNERO DE 8 AÑOS

Algunas familias están más abiertas o ya están habituadas a la idea de la diversidad de género. Tal vez tengan un compañero de trabajo transgénero, o vivan en un sitio más liberal con una comunidad LGBTQ+ visible, o simplemente formen parte de un grupo más fluido de amigos de género expansivo. Podrían identificarse ellos mismos como LGBTQ+. Estas madres y padres pueden afrontar más fácilmente el hecho de la diversidad de género de su hijo y pueden saltarse partes de lo que, para la mayoría, es una gran crisis personal, centrándose más en su temor por la seguridad actual y futura de su hijo.

Sin embargo, aunque una mayor comodidad con la diversidad de género o incluso una experiencia personal con ella puede mitigar la profundidad de la crisis, sigue existiendo un periodo natural de adaptación que acarrea una buena cantidad de preguntas y exploración. El hecho de que tengas un conocimiento personal o intelectual de la diversidad de género no significa que te resulte más fácil cuando se trate de tu propio hijo. Hemos comprobado que incluso los especialistas en estudios de género y las personas que conocen y apoyan el concepto de infancias transgénero se sorprenden profundamente de su proceso interno cuando se trata de su propio hijo. A menudo, la propia experiencia emocional no es directamente paralela a la comprensión intelectual de un tema.

Al principio apenas podía hablar con nadie sobre el tema. Lo entendía intelectualmente. Entendía los temas LGBTQ+ y sabíamos que siempre aceptaríamos a quien nuestro hijo eligiera amar. Pero, aunque entendía intelectualmente que la gente tenía identidades no binarias, una enorme respuesta emocional me sobrepasaba. Quería una vida más fácil para mi hijo. Lo más difícil era saber que su vida sería más complicada. Me estaba volviendo loco por dentro, mientras todo el mundo en mi vida me decía que lo estaba llevando muy bien. Creo que no dormí durante meses. No sé cómo superé esa parte ni, mirando atrás, comprendo del todo por qué fue tan duro para mí.

PADRE DE UN ADOLESCENTE NO BINARIO DE 14 AÑOS

Hay que tener en cuenta que los cuidadores que son gays y lesbianas no se sienten necesariamente más cómodos criando a un niño de género expansivo, no binario o transgénero. De hecho, a menudo están sometidos a mucha presión autoinfligida para ser "perfectos"; incluso cuando se trata de niños con un género normativo, pueden sentirse aún más sorprendidos al darse cuenta de que el género de su hijo está fuera de su control. No solo eso, a este tipo de madres o padres se les acusa con frecuencia de haber "provocado" que su hijo sea transgénero, de género expansivo, lesbiana u homosexual, y deben estar preparados para esos comentarios. Los progenitores transgénero o no binarios deben estar más preparados aún para las preguntas insensibles y desinformadas, e incluso para las acusaciones sobre la expresión de género, la identidad de género y la sexualidad de sus hijos. Es importante que digamos que, aunque tener progenitores gays, lesbianas, bisexuales, no binarios o transgénero puede ayudar a un niño a entender que hay más posibilidades de expresión de género y orientación sexual propias, esto no "provoca" que un niño se afirme en ninguna de esas identidades. Al igual que ocurre con los niños criados por familias heterosexuales, la mayoría de los niños criados en hogares encabezados por personas LGBTQ+ suelen identificarse como heterosexuales y cisgénero. A diferencia de lo que algunos defienden, si el género y la sexualidad fueran tan fácilmente moldeables, las parejas heterosexuales nunca tendrían un hijo gay, y solo los progenitores transgénero tendrían hijos transgénero. Sencillamente, esto no funciona así.

Respuestas emocionales comunes

Cuando las madres y padres se enfrentan a un hijo que pide alinearse con su verdadero género —ya sea a los 4 o a los 17 años—, estos pueden sentir que simultáneamente afloran en ellos muchos sentimientos increíblemente fuertes, lo cual da lugar a un tremendo agobio emocional. El agobio es un estado que se produce al sentir demasiadas cosas a la vez. Es difícil de manejar y puede afectar tu capacidad para pensar, funcionar e incluso comer y dormir.

Llevo dos meses y cada día sigue pareciendo que una inundación ha golpeado mi vida. O quizá un tornado.

PADRE DE UN NIÑO NO BINARIO O TAL VEZ TRANSGÉNERO DE 10 AÑOS

Durante el primer año, las cosas cambiaban tan rápidamente, los nombres, los pronombres, la ropa que mi hijo quería llevar. Apenas podía seguir el ritmo. Sentía que me ahogaba.

PADRE DE UN NIÑO NO BINARIO DE 15 AÑOS

Me sentí como si me hubieran dejado en otro país donde no hablaba el idioma.

PADRE DE UN NIÑO TRANSGÉNERO DE 14 AÑOS

Sorpresa, miedo, angustia y ahora solo felicidad de verlo crecer siendo quien realmente siempre fue. Igual para el resto de la flía [familia].

PADRE DE UN NIÑO TRANSGÉNERO, URUGUAY

Mi hijo es un chico transgénero. Mi primera reacción fue de angustia, me preocupaba lo que él pudiera sufrir por la discriminación. Yo no quería que le hicieran daño. Con el tiempo he entendido que son otros tiempos y que, a pesar de que aún exista gente que no lo acepta, hay muchas asociaciones que nos apoyan y nos muestran el camino; y aunque estoy más tranquila, todavía me da un poco de miedo pensar en el futuro, cuando haga su transición y no esté yo para acompañarlo.

MADRE DE UN NIÑO TRANSGÉNERO, CHILE

Mi primera reacción fue de compasión porque sentí que era difícil para ella contarnos. Le hice saber que la apoyábamos completamente. Luego fue mucha confusión y miedo por mi parte. A medida que leía y me enteraba de este tema tan nuevo, me daba mucho miedo saber del futuro que le esperaba y la discriminación tan arraigada hacia las personas transgénero. Seguí educándome y me siento más segura y decidida de apoyar, ayudar y estar al lado de mi hija.

MADRE DE UNA CHICA TRANSGÉNERO DE COLOMBIA,
RESIDENTE EN ESTADOS UNIDOS

Combatir el desasosiego emocional es difícil. Una herramienta para gestionar el agobio es separar y nombrar tus sentimientos. Una vez que tengas una idea más clara de lo que sientes, podrás hacer una lluvia de ideas sobre cómo gestionar esas emociones.

Dedicaremos algún tiempo a algunas de las emociones más comunes, pero esto es simplemente un punto de partida para que empieces a reconocer tus propias reacciones. Una cosa que hay que tener en cuenta sobre este proceso es que, cada vez que tu hijo se enfrente a una nueva encrucijada, como un cambio de pronombre, un nuevo peinado, medicamentos que afirmen su género, un cambio de nombre legal o cualquier momento en el que sufra discriminación, puedes encontrarte de nuevo en este lugar de desasosiego. Los sentimientos vienen en oleadas, pero con el tiempo tu conjunto de habilidades para manejarlos se desarrollará y perfeccionará. Las cosas no se sentirán tan agobiantes como durante el periodo de adaptación inicial.

Miedo por la seguridad y bienestar de tu hija/hijo

Hoy en día soy un poco más protector con mi hijo. Ya no me atrevo a invitar a otros niños, a menos que los conozca de verdad, ya que algunos se han burlado de él al ver sus cosas de "chica". También me preocupa su futuro, ya que sé lo cruel que puede ser la gente, y me preocupa su seguridad.

PADRE DE UN NIÑO DE GÉNERO EXPANSIVO DE 6 AÑOS

Como padre, por supuesto que tienes que pensar en la seguridad de tu hijo, y yo intento no pensar demasiado en esto. Pero ha habido historias de horror sobre personas que han resultado heridas o algo peor por los fanáticos que hay. Solo rezo para que el mundo empiece a educarse más sobre todo este asunto del género y, con el conocimiento, mi miedo se disipará.

PADRE DE UN ADOLESCENTE TRANS DE 18 AÑOS

La parte más complicada de todo esto ha sido preocuparme por cómo será aceptado mi hijo por la sociedad. Siempre tengo miedo de lo que alguien le va a decir o de cómo lo van a tratar, simplemente por cómo se expresa. Algunas veces el miedo puede consumirme por completo y me hace perder de vista todas las partes buenas de que sea de género expansivo.

MADRE DE UN NIÑO DE GÉNERO EXPANSIVO DE 7 AÑOS

El miedo es constante, el miedo por su seguridad, especialmente por su seguridad futura. Hay días en los que el miedo me domina completamente.

PADRE DE UN CHICO TRANS DE 16 AÑOS

Conocía los peligros que acechaban a mi hijo negro, pero como mujer negra trans temo que los peligros sean aún peores. Algunos días el miedo me paraliza.

PADRE DE UNA CHICA TRANS DE 13 AÑOS

La parte más desafiante para mí como madre es terminar con mis expectativas; hacer a un lado mis miedos y enfocarme totalmente en ella. Por supuesto, trabajar en lo que a mí me afecta, pero sin que esto impida que ella se sienta acompañada.

MADRE DE UNA NIÑA TRANSGÉNERO, MÉXICO

Todas las familias con hijos transgénero y con expansión de género expresan estos temores, una y otra vez: "¿Hará mi hijo amigos de verdad? ¿Será víctima de crímenes de odio? ¿Sufrirá violencia física o psicológica? ¿Sufrirá mi hijo violencia sexual? ¿Se suicidará? ¿Será asesinado? ¿Será discriminado cuando sea adulto en cuanto a empleo, salud y vivienda? ¿Quién querrá a mi hijo?".

Estos miedos a veces pueden resultar absolutamente debilitantes. Son una de las causas fundamentales por las que las familias se resisten a afirmar la identidad no binaria o transgénero de su hijo o hija. Temen por ellos. Si integras algunas técnicas de reducción del estrés en tu rutina diaria, probablemente podrás calmar algunos de tus pensamientos acelerados, aliviar tu estrés y tus miedos, y ser capaz de estar más presente.

Miedo a la condena

Evita los conflictos con tu hijo que tengan origen en tu miedo a cómo lo percibirán los demás.

PADRE DE UN CHICO NO BINARIO DE 16 AÑOS

El reto de este camino es lo desconocido. ¿Qué ocurrirá? ¿Cómo se enfrentará a los momentos difíciles? ¿Sobrevivirá emocional, psicológica y físicamente? Uno quiere proteger a sus hijos. Quieres tener la seguridad de que el mundo no se los tragará enteros, los despojará de su espíritu y los escupirá. Pero esta seguridad no es posible. Creo que la ansiedad está siempre ahí, justo debajo de la superficie, y requiere que estés en un estado constante de anticipación, iniciativa, planificación, investigación, decisión, cuestionamiento, pensamiento, etcétera. Aunque tu hijo nunca vea esta faceta tuya como padre, siempre está ahí. La vigilancia es agotadora.

MADRE DE UNA NIÑA TRANSGÉNERO DE 7 AÑOS

Las familias de niños con diversidad de género no eligen ser examinadas. Simplemente están criando a un niño de género expansivo, no binario o transgénero. Pero, con razón, muchos temen las respuestas de los demás a sus opciones de crianza. Las personas que no saben nada de la verdad de tu hijo pueden ser muy críticas y puede darte miedo no saber si vas a ser rechazado por eso dentro de las comunidades que más te importan. El resultado más frecuente es una interiorización de la vergüenza: la sensación de que has hecho algo malo como madre o padre al transgredir normas o códigos de comportamiento que se dan por sentados.

> *Teníamos mucho miedo de que nuestros amigos o vecinos llamaran a los Servicios de Protección a la Infancia si permitíamos que nuestro hijo cambiara de pronombre. Teníamos miedo de que alguien intentara llevarse a nuestro hijo por el mero hecho de apoyarlo. Al final decidimos que, para poder cambiar su pronombre, como tanto necesitaba que hiciéramos, teníamos que encontrar un terapeuta respetado que apoyara nuestras decisiones de crianza, por si alguna vez requeríamos una constancia de las necesidades de nuestro hijo y de las respuestas que habíamos dado a ellas.*
>
> PADRES DE UN NIÑO TRANSGÉNERO DE 5 AÑOS

Este miedo al juicio de los demás puede llevar a la sensación muy incómoda de sentirte avergonzado por tu hijo, especialmente en público. Además, estos sentimientos a menudo se mezclan con la sensación de "proteger" a tu hijo. En otras palabras, muchas familias no quieren admitir que su hijo los avergüenza en público. No quieren aceptar que tienen miedo de la percepción de los demás acerca de ellos y de su hijo o hija. Así que se dicen a sí mismos: "Creo que estaría mucho más seguro si no llevara ese vestido". Pero tal vez la verdad sea esta: "Creo que me sentiría mucho más cómodo si no llevara ese vestido". Sabemos que la seguridad es una preocupación muy real, y no le restamos importancia, pero descubrirás que, con el tiempo, la forma de gestionar los riesgos de seguridad es diferente de cómo enmarcas estas preocupaciones al principio.

Para aceptar los sentimientos de vergüenza y de pena que puedas tener, es importante que primero los reconozcas por lo que son.

Duelo

El dolor que experimentan las familias que crían a niñas y niños de género expansivo, no binario y transgénero se divide en dos categorías distintas.

La primera es el dolor por los sueños perdidos de su hijo. La segunda es el dolor por el hijo que se va para que surja uno nuevo. Mientras que madres y padres de niños de género expansivo experimentan la pérdida de sueños, los progenitores de niños transgénero viven más agudamente la pérdida del niño que conocían. Y todos experimentan la perforación de una burbuja de seguridad y normalidad en torno a su hijo. No importa cuántas identidades marginadas tuviera tu hijo antes, esta puede resultar exponencialmente devastadora.

> *¿Pero qué pasa con mis sueños para mi hijo? Siento cierta sensación de pérdida por la infancia que nunca pude compartir con mi hija y un gran agujero donde antes pensaba que había un niño.*
>
> PADRE DE UNA CHICA TRANS DE 17 AÑOS

Quizá la parte más dolorosa del proceso de aceptación de tu hijo sea dejar de lado las fantasías que tenías sobre él, y también las fantasías sobre lo que iban a compartir juntos en el futuro. Unas cuantas madres de hijos transgénero han expresado a Stephanie su tristeza por dejar de lado su visión de compartir el día de la boda de su hija y el nacimiento de su primer hijo. Se sentían terriblemente tristes de que esto no fuera a suceder ahora que tenían un hijo en lugar de una hija.

Por muy dolorosos que sean estos momentos, puede ser útil recordar que todas las madres y padres deben reconfigurar los sueños que tienen para sus hijos en algún momento. Porque, a medida que los niños crecen y se individualizan, a menudo toman caminos diferentes de los que sus familias imaginaron o planearon para ellos.

Algunos incluso esperan que sus hijos vivan los sueños que nunca realizaron en sus años de juventud. En circunstancias normales, esto suele provocar estrés en el niño y decepción en la familia, por lo que añadir las diferencias de género a la mezcla complica aún más las cosas.

> *Me rompí la rodilla en la preparatoria. Había sido jugador de futbol. Sabía que cualquier hijo mío sería un gran jugador de futbol. Una de las cosas más duras para mí cuando mi hijo me dijo que era una chica fue que mi sueño se desvaneció ante mis ojos. No quería dejarlo ir. Estaba muy enfadado con él porque no le gustaba el futbol.*
>
> *Un día me di cuenta de que lo estaba castigando por no ser yo. Lo miré bien y vi que me tenía miedo; se estaba acercando bastante a que me odiara. Solo tenía 6 años, pero ese día supe que tenía que tomar*

una decisión. Dejar ir mis viejos sueños, que estaban matando mi rela-
ción con mi hijo, o perder a mi hijo para siempre.
   Todavía no estoy preparado para dejar que mi hijo sea mi hija. Es
mucho pedir. Pero estoy preparado para anteponer mi amor por él a
la ira que siento. Rezo cada día para ser un hombre lo suficientemente
fuerte como para amar a mi hijo lo suficiente, como para dejarlo ser
exactamente quien es, incluso si eso significa que realmente es una
niña.

PADRE DE UNA NIÑA DE GÉNERO EXPANSIVO DE 8 AÑOS

No podemos elegir por nuestros hijos quiénes son y quiénes serán. Cuando las familias dejan de lado los sueños que tenían para su hijo en particular, a menudo se dan cuenta de que sus esperanzas y sueños más auténticos
en realidad siguen siendo los mismos. Quieren que sea feliz, que ame y sea
amado, que tenga la alegría de una familia y quizá incluso hijos.

   Muchos libros sobre el duelo documentan las etapas de aceptación de
la pérdida. Las familias con un hijo que busca la congruencia de género
informan fases similares de respuesta emocional. Los periodos intensos y
variados de negación, tristeza, ira y duelo son comunes a la hora de afrontar
y aceptar esta nueva identidad emergente.

   Según las personas que estudian la pena y la pérdida, debes esperar un
duelo activo por una pérdida grave durante al menos un año; sin embargo,
este duelo se hace mucho más difícil porque el objeto de este —tu hijo—
es un poco como un fantasma: en realidad sigue aquí y necesita tu apoyo
más que nunca. No ha muerto, sino que está floreciendo en sí mismo. Sin
embargo, para la familia, tanto madres y padres como hermanos, existe la
sensación de que "perdieron" o están "perdiendo" a su hijo o hija, hermano o hermana. Aunque el niño esté vivo y sano, el cambio de género
puede provocar fuertes sentimientos de pérdida. De hecho, la mayoría de
las familias lo comparan con la muerte de su hijo, que, en cierto sentido,
se convierte en uno nuevo, pero aún trae consigo los recuerdos y las experiencias del anterior.

   Solo con el paso del tiempo comprendí hasta qué punto estaba su-
   friendo la pérdida de mi hija y tratando de conocer a mi hijo. Es difícil
   hacerse a la idea de que tu hijo es la misma persona que siempre ha
   sido y que las normas sociales sobre niños y niñas no se aplican a la for-
   ma en que le demuestras amor, independientemente de su identidad
   de género.

MADRE DE UN CHICO TRANS DE 14 AÑOS

Este duelo es único, porque a diferencia de otras formas de pérdida que se reconocen y se asumen dentro de la sociedad, el duelo conectado con conciliar que tu hijo es de género diverso no se entiende culturalmente. No solo los demás no entienden el dolor relacionado con la aceptación de tu hijo con diversidad de género, e incluso pueden juzgarte por ello, sino que el dolor en sí mismo también puede ser confuso para ti. Muchas familias se preguntan qué derecho tienen a sentir que su hijo ha muerto, cuando lo tienen delante.

> *¿Cómo enfrentar la culpa que se siente por estar triste en un momento en el que se supone que debes apoyar incondicionalmente?*
>
> PADRE DE UNA CHICA TRANS DE 13 AÑOS

El dolor se ve agravado por las respuestas emocionales ya comentadas, entre ellas la vergüenza. Si ocultas la expresividad de género de tu hijo y te avergüenzas de él, es probable que te aísles en tu dolor y el aislamiento en el duelo puede derivar fácilmente en depresión.

Ira

La ira es una parte normal del ciclo de duelo y es de esperarse que forme parte de la aceptación del género de tu hijo. Puede que te encuentres enojado con el mundo por no facilitarle las cosas. Puede que te enfades con él, aunque no quieras. Puede que te enojes con Dios. Puede que estés enfadado por sentir que te enfrentas a una elección entre tu comunidad de fe y tu hijo. Puede que estés enfadado con la forma en que se nos enseña el género por excluir la diversidad. A veces, el enojo puede ser una emoción útil. Tu miedo o tu dolor pueden transformarse en ira, y la ira puede aprovecharse para cambiar el mundo. Sal y lucha por el derecho de tu hijo y de todas las niñas y niños a estar seguros.

> *Me gustaría decir a los que no lo entienden: cuidado, yo protegeré a mi hijo.*
>
> PADRE DE UN NIÑO TRANSGÉNERO DE 7 AÑOS

Estaba enojado con mi hija. Pensaba que se estaba portando mal y que nos estaba haciendo pasar por todo esto para nada. Estaba enojado, pensaba que por qué elegía un camino tan difícil. Tuve que cambiar mi forma de pensar. Una vez que me di cuenta de que quien es no es su elección. Es él. Es quien es. No está eligiendo hacer su vida más difícil.

Me siento como un imbécil. Pero ahora me centro en cómo puedo hacerle la vida más fácil.

PADRE DE UN CHICO TRANS DE 14 AÑOS

Solía enfadarme mucho con la gente que decía cosas o miraba de reojo a mi hijo. Digamos que mi estilo era educarlos agresivamente. Ahora intento dar el ejemplo no resolviendo todo con los puños.

PADRE DE UN CHICO DE GÉNERO EXPANSIVO Y TRANSGÉNERO DE 17 AÑOS

Cuando les conté a mis amigos y familiares que nuestro hijo de 11 años estaba en transición, mi marido y yo recibimos muchos elogios por haberlo apoyado. Pero eso era porque yo ocultaba mi dolor, mi ira y mi tristeza. No saben que mi primera reacción no fue de celebración. No saben que mi pena fue tremenda y que, justo cuando se desvaneció, surgió mi ira y, después, una profunda tristeza. Cómo van a saberlo, si yo he apoyado plenamente a mi hijo. Pero hay algo que no es justo en esto. No solo necesitaba, por supuesto, ocultar mis sentimientos a mi hijo, sino que sentía que para allanar el camino de la aceptación tenía que ocultar mis sentimientos a todo el mundo. No sé qué habría hecho si no hubiera encontrado mi grupo de apoyo para padres.

MADRE DE UN NIÑO TRANS DE 12 AÑOS

Arrepentimiento y culpabilidad

Nuestra hija intentó decirnos que era transgénero cuando tenía 12 años. Le dijimos que era lesbiana y que solo estaba confundida. No volvió a sacar el tema, así que pensamos que habíamos acertado. Pero tras ser hospitalizada por tercera vez por un grave trastorno alimenticio, su nuevo equipo nos ayudó a comprender que nuestra hija es en realidad un chico, no una chica. Y que nuestro rechazo a que compartiera eso con nosotros provocó una espiral de vergüenza que, junto con la disforia corporal de género, había conducido al trastorno alimentario y a la hospitalización.

Fue una píldora difícil de tragar. Nosotros éramos la razón por la que nuestra hija estaba sufriendo. Ese golpe fue el más duro de todos. Le habíamos causado años de dolor y sufrimiento cuando creíamos que la estábamos apoyando.

PADRE DE UN NIÑO TRANS DE 15 AÑOS

Todavía me siento culpable por lo que hice mal.

PADRE DE UN NIÑO NO BINARIO DE 10 AÑOS

Suele haber un momento, durante la progresión hacia la verdadera aceptación, en el que el progenitor mira hacia atrás con remordimiento por
algunas de sus decisiones educativas pasadas. Esto es natural. Si tienes otros
hijos, recuerda que también puedes mirar hacia atrás en sus vidas y sentir
cierto remordimiento por las decisiones que tomaste con ellos. Sé amable
contigo mismo cuando mires atrás. Todos hacemos lo mejor que podemos
como madres y padres. La mayoría se siente algo culpable por las ocasiones
en que no escucharon a su hijo. Mirando hacia atrás, pueden darse cuenta
de que siempre hubo señales. Algunos recuerdan conversaciones en las que
rechazaron rotundamente que su hijo hablara sobre su género. Otros también sienten remordimientos por haberlo presionado para que expresara
su género de una forma más típica. Una nueva y única forma de remordimiento es la que sienten las familias que obligaron a sus hijos transgénero
a "salir del armario" ante los demás, en lugar de permitirles elegir a quién
querían decírselo.

AMOR INCONDICIONAL

No hay fuente de mayor amor en tu vida que tus hijos. Tus hijos basan su
mundo en tu amor y tu aceptación de ellos. El amor incondicional puede ser la clave para devolverte al momento presente. Puedes utilizarlo
como una perspectiva para la crianza: ¿Cómo debo crecer para permi-
tirme amar incondicionalmente a mi hijo, incluso cuando no es como yo
esperaba que fuera? ¿Qué tiene que cambiar en mí para que mi enfoque
pueda ayudar a allanarle el camino, para minimizar el trauma que experimenta, para que su vida sea lo más fácil y alegre posible?

¿Hay algo que haga más fácil esta crisis personal?

Vuelve a tus creencias como madre o padre

Cuando te enfrentas a un gran reto en la crianza, ayuda volver a tus fundamentos filosóficos. Estas son tus creencias esenciales sobre la crianza parental. Cuando te enfrentas a las luchas en torno al género de tu hijo
recordando que el amor, el apoyo, la compasión, la empatía y la protección
de los hijos constituyen la responsabilidad solemne de madres y padres,
es más fácil saber cuál es el siguiente paso. Esta técnica de recordar tus

creencias fundamentales de paternidad no pone fin a tu crisis personal. Tus sentimientos son tuyos: debes pasar por ellos y salir del otro lado. Pero si a menudo vuelves a la piedra de toque de tus creencias fundamentales podrás centrarte en superar la crisis, en lugar de aferrarte a viejas creencias que te mantienen alejado de tu hijo. Tal vez incluso quieras poner por escrito lo que significa ser padre o madre para ti y sacarla y releerla en momentos especialmente dolorosos.

Toma decisiones desde el amor, no desde el miedo

> Estoy aquí. Me presento. No tengo ninguna preparación. No estoy preparado en absoluto, pero me presento para apoyar a mi hijo. En la cultura de mi familia (japonesa) esto no se entiende y se juzga. No juzgaré a mi hijo, lo querré y trataré de entender cómo apoyarlo.
>
> PADRE DE UN CHICO NO BINARIO DE 15 AÑOS

Cuando tengas dudas o te invada el miedo, elige intencionadamente el amor. Cuando te sientas atascado en el camino de criar a tu hijo, vuelve a él como lugar de referencia una y otra vez. Pregúntate a ti mismo: "Si tuviera que tomar una decisión ahora mismo en apoyo de mi hijo, desde el lugar del amor incondicional, en lugar del miedo, ¿qué elegiría?". También puede ser útil encontrar tus *puntos de contacto* para guiarte en los momentos difíciles. Estos son los más comunes que hemos utilizado con un gran número de familias:

- Todo el mundo merece ser amado.
- Todo el mundo merece vivir una vida plena.
- Todo el mundo merece ser él mismo sin sentir vergüenza.

Considera que el amor es más importante que las costumbres sociales y las expectativas de la sociedad

Los estudios realizados con familias de niños transgénero de todas las edades han demostrado que aquellas que dan prioridad al amor son las que mejor aceptan a sus hijos. Así que siempre vuelve al amor como guía. Puede ayudarte a tomar las decisiones correctas. A veces las familias les enseñan a sus hijos a resistirse a la presión de sus compañeros; a madres y padres les corresponde hacer lo mismo. Los cuidadores de niños con diversidad de género tienen repetidas oportunidades de elegir el amor.

Es duro tener que enfrentarte a los prejuicios de la sociedad solo por querer, apoyar y afirmar a tu hijo. Pero puede ser útil preguntarte quién es el responsable de la crianza de tu hijo: ¿Tú o el mundo exterior? Cuando utilices el amor como punto de referencia, descubrirás que es más fácil hacer lo que es mejor para él o ella que ceder a una obligación percibida para no agitar el barco de la sociedad. Aunque es un cambio de enfoque difícil de hacer, te recomendamos que lo intentes.

Cambia el tono en tu casa

Muchas familias no se dan cuenta de que sus constantes preocupaciones sobre el futuro de su hijo y las preguntas con las que a menudo lo bombardean establecen un tono muy sombrío.

Las interrogantes y preocupaciones más comunes y que se repiten con mayor frecuencia son: "¿Estás seguro? ¿Cómo lo sabes? Tu vida va a ser mucho más complicada. La gente no te entenderá. La gente no nos aceptará. Le harás la vida difícil a nuestra familia. Te discriminarán. La gente solo verá tu género y no lo maravillosa e inteligente que eres. ¿Con quién saldrás o te casarás? Tendrás dificultades para conseguir un trabajo. Podrás ser víctima de la violencia. Estarás inseguro en el mundo".

Muchas familias se centran en toda la terrible cobertura informativa de las cuestiones transgénero como una forma de confirmar el difícil camino que le espera a su hijo.

Aunque no siempre dijéramos estas cosas en voz alta a nuestro hijo, el miedo y la desesperación impregnaban todas nuestras conversaciones. El tono en nuestra casa era realmente catastrofista. Conversaciones susurradas sobre el suicidio y el asesinato. Mirando en retrospectiva, todo fue muy intenso.

El momento de despertar para nosotros fue cuando encontramos a nuestros dos hijos, de 5 y 7 años, jugando a disfrazarse. Estaban fingiendo que estaban en el funeral de nuestro hijo trans. Dijeron que lo había matado un compañero de clase que no entendía a las personas transgénero. Nos miramos horrorizados al darnos cuenta de que era culpa nuestra.

PADRES DE UN NIÑO TRANSGÉNERO DE 9 AÑOS

Ojalá hubiera afrontado mi miedo por mi cuenta y no en nuestras conversaciones.

PADRE DE UN CHICO TRANS DE 14 AÑOS

Céntrate en la felicidad de tu hija/hijo

Familias de distintos países nos han informado que cuando permiten a sus hijos y adolescentes expresarse de la forma que les resulta más natural, para vivir de acuerdo con su verdadera identidad de género, la mejoría es sorprendente. Los niños deprimidos, ansiosos, hostiles o retraídos se vuelven visiblemente más felices. Parecen tener una mayor sensación de paz interior.

> *No sabía qué hacer. Nuestro hijo nos pedía una y otra vez que lo llamáramos "ella". No me atrevía a hacerlo. Finalmente, nuestro terapeuta familiar me preguntó: "¿Hace feliz a tu hijo que insistas en llamarlo niño?". Por supuesto, la respuesta fue no. Pero cuando el terapeuta me preguntó si haría feliz a mi hijo si lo llamaba ella, la respuesta fue un claro sí. El terapeuta me preguntó entonces qué era más importante para mí que la felicidad de mi hijo. Esa fue una pregunta difícil. Me puse a llorar. Me di cuenta de que mi miedo al ridículo, junto con mi miedo al ridículo que él sufriría, me estaba haciendo negarle a mi hijo la verdadera felicidad.*
>
> PADRE DE UNA NIÑA TRANS DE 12 AÑOS

Mantén la cercanía y la conexión continua con tu hija/hijo

Esfuérzate cada día por estar cerca de tu hijo, incluso en medio del remolino de tus propios sentimientos. Recuerda que las familias y los hijos tienen el potencial de las relaciones más significativas, pero estas relaciones requieren trabajo y dedicación. Sigue volviéndote hacia tu hijo: míralo a los ojos. Sé valiente y sigue volviendo a tu amor. Intenta mirar a tu hijo con admiración y curiosidad.

Pregúntate: "¿Qué me aporta esta persona en mi vida? ¿Cuál es el regalo que tiene?". Cuenta las bendiciones con tu hijo.

Si actualmente estás alejado de él o ella, no pierdas la esperanza. Los hijos siempre están dispuestos a que sus madres y padres vuelvan a su vida. Desean su amor y cercanía más que nada. Ve hacia tu hijo. ¿Qué tienes que perder? Puede ser humillante, pero acercarte a él le devolverá la alegría y el sentido a tu vida.

Edúcate

> *A medida que iba sabiendo más, era un padre mucho mejor.*
>
> PADRE DE UN NIÑO DE GÉNERO EXPANSIVO DE 7 AÑOS

He consultado a una clínica de género muy respetada, a todos los profesionales médicos y de salud mental, he recibido formación para trabajar con jóvenes trans y, en última instancia, he confiado en mi instinto, en lo que sé de mi hijo y en lo que es correcto para él y para nuestra familia.

MADRE DE UN CHICO NO BINARIO DE 14 AÑOS

Nunca más optaré por asumir que conozco el género de un niño.

MADRE DE UNA NIÑA TRANSGÉNERO DE 5 AÑOS

Aprender sobre el género binario ha sido increíblemente revelador y me ha roto los esquemas, y estoy muy agradecida de estar en este camino de aprendizaje. Como mujer blanca, cisgénero, heterosexual, de clase media y sana, tengo bastantes privilegios en el mundo. He conseguido apreciar mejor las formas en que las personas con menos privilegios tienen que navegar por el mundo.

MADRE DE UN NIÑO NO BINARIO DE 6 AÑOS

He aprendido todo lo que necesitaba saber de mi hijo.

MADRE DE UN NIÑO TRANSGÉNERO DE 10 AÑOS

No me había dado cuenta de que había otras personas de mi fe que decidían apoyar a sus hijos transgénero. Investigar sobre la aceptación de familias religiosas me permitió dar la bienvenida a nuestro hijo a casa.

MADRE DE UNA CHICA TRANS DE 16 AÑOS

La parte más difícil fue al principio, ya que desconocíamos totalmente el tema. Nos dedicamos a aprender, a conocer cuál era la situación de vida de las personas trans en nuestro país y la importancia de luchar y defender sus derechos.

MADRE DE UNA NIÑA TRANSGÉNERO, MÉXICO

Desearía haber entendido más claramente la diferencia entre identidad de género, orientación sexual y presentación de género, y haber conocido experiencias de personas trans de todas las edades para comprender que se puede ser trans y una persona sana, feliz, con una vida plena. También desearía haber entendido mejor que el género no es binario sino un espectro, esto me parece clave, y que las combinaciones entre identidad, orientación y presentación son múltiples y todas válidas. El consejo que les daría a otras madres y padres es que se informen y que conozcan las historias de personas reales y, sobre todo, de familias con hijes trans menores de edad.

MADRE DE UNA NIÑA TRANSGÉNERO, MÉXICO

Conocer más del tema es lo que aconsejo a los padres. Es informarse por los canales de verdad, porque en redes e·internet corren muchos mitos.

PADRE DE UN NIÑO DE 12 AÑOS, JALISCO, MÉXICO

Una parte desafiante es reeducarme en cuanto al género humano, y sinceramente entenderlo para así ayudar incondicionalmente a nuestra hija.

MADRE DE UNA ADOLESCENTE QUE ERA NO BINARIA,
PERO QUE AHORA SE ASUME TRANSGÉNERO, COLOMBIA

Las madres y padres que aceptan la expansión de género de su hijo suelen empezar por aprender sobre el género y la diversidad de género. Hay mucho que aprender sobre el tema, pero averiguar exactamente qué información quieres obtener y dónde conseguirla puede ser abrumador. Algunas familias se resisten a aprender sobre el género y la política de género, prefiriendo centrarse en su hijo, mientras que otros parecen encontrar la serenidad personal leyendo y viendo todo lo que puedan sobre este tema. Encontrar el equilibrio es importante. La revolución interna que supone educarse sobre la diversidad de género e integrar tu experiencia personal es una transformación que enriquecerá tu vida y profundizará tu respeto por la diversidad en sus múltiples formas.

Conoce a otras familias con hijas/hijos con diversidad de género

Pensaba que estábamos criando a un niño en una minoría muy, muy pequeña. Pero, tras asistir a una reunión en nuestro estado, me sorprendió darme cuenta de que no es tan pequeña. No estamos tan solos como creemos. Eso realmente cambió las cosas para mí.

PADRE DE UN ADOLESCENTE NO BINARIO DE 13 AÑOS

La parte más sorprendente de este viaje ha sido conocer a la gente de la comunidad transgénero. Hay tantas personas y familias en un camino de género, y solo las pudimos encontrar una vez que logramos ser más abiertos sobre nuestra propia experiencia familiar.

MADRE DE UN NIÑO TRANSGÉNERO DE 11 AÑOS

La mayoría de los padres no se enfrenta a las mismas cosas que nosotros, así que no podemos pedir consejo o intercambiar historias de la misma manera que podemos hacerlo con los padres de niños no conformes con el género. Nos hemos unido a grupos locales de LGBTQ+ y participamos en reuniones periódicas con familias con niños de género no conforme, lo que ha sido un soplo de aire fresco. Nuestra hija no podía creer que hubiera otros niños como ella.

MADRE DE UNA NIÑA TRANSGÉNERO DE 7 AÑOS

Mi mamá y yo asistimos al grupo de apoyo para padres de habla hispana. Esto me permitió decir cosas que no me habría sentido cómoda planteando en un grupo mixto. El hecho de que fuera en español nos permitió hablar libremente y sentirnos comprendidas y bienvenidas.

MADRE DE UN NIÑO NO BINARIO DE 11 AÑOS

La parte increíble ha sido abrirme a toda la diversidad; aprender más sobre estos temas y conocer personas trans y familias con hijes trans, aunque sea de manera virtual. También ha sido increíble ver cómo mi hijo se va convirtiendo en su propia persona, incluyendo la parte que tiene que ver con su identidad de género y su expresión.

MADRE DE UNA NIÑA TRANSGÉNERO, MÉXICO

También tuvimos oportunidad de acudir a la Convención de Gender Spectrum en 2019. Es una de las mejores experiencias que vivimos como familia; nos alimentó el corazón.

MADRE DE UNA NIÑA TRANSGÉNERO, MÉXICO

Mi consejo es que hay que hacer el esfuerzo para comprender que el mundo de nuestros hijos, y ahora el nuestro, ya no es binario: el que mi hija sea una chica trans, no implica que ahora es una mujer del mundo binario, que debe lavar los trastes y ser virgen… Lo que más nos libera es entender que este es un tercer género, o cuarto o quinto… Entender que su mundo no es blanco y negro, es multicolor, y que nosotros como padres y seres humanos podemos acceder a él también.

MADRE DE UNA ADOLESCENTE TRANSGÉNERO, MÉXICO

Aunque aceptar el género de tu hijo suele ser un camino difícil de recorrer, no es necesario que lo hagas solo. El apoyo es tan importante para madres y padres como para los niños. Ponerse en contacto con otras familias que tienen un hijo de género expansivo, transgénero o no binario puede contribuir a disminuir los sentimientos de aislamiento y la vergüenza que puedas experimentar. Aunque los grupos de apoyo en línea son muy valiosos para muchas familias de todo el país, nada es comparable a conocer en persona a otras familias y a sus hijos con diversidad de género. Si no hay un grupo de apoyo en tu zona, puedes solicitar la ayuda de tu hospital infantil local para crear uno, o puedes colocar folletos entre los pediatras locales para difundir tu intención de crearlo.

Asistir a una conferencia nacional (o internacional) con madres y padres de otros niños y adolescentes transgénero y de género expansivo te permitirá establecer contactos, conocer las últimas investigaciones e información pertinente, así como participar activamente en el movimiento de concientización y defensa del género. Las conferencias son una de las formas más poderosas de apoyo que tienes a tu disposición. Todas las familias deberían tener la experiencia de estar en un entorno en el que su tipo de familia sea la norma.

Siéntete cómodo con la diversidad de género

Conocía a las personas transgénero y me sentía bien con ello. Pero ni siquiera sabía que existían las personas no binarias. Esto ha ampliado mi zona de confort, pero ahora comprendo que todo el mundo quiere un espacio para ser ellos mismos y, aunque no tenga sentido para mí, lo respeto.

PADRE DE UN CHICO NO BINARIO DE 14 AÑOS

ENTREVISTA A UN PADRE DE UNA ADOLESCENTE
TRANSGÉNERO DE 15 AÑOS, MÉXICO

¿Qué edad tenía su hijx cuando se dio cuenta por primera vez de que era de género expansivo o transgénero, o no era binario, y cómo lo descubrió?
Tenía 2 años y medio o 3 cuando empezó a mostrarnos cómo se sentía y cómo se identificaba. Nos lo mostraba en términos generales en todos los aspectos de su vida diaria, como los personajes de la televisión con los que se identificaba, la ropa que le gustaba usar, los juguetes, sus expresiones, sus amistades, sus comentarios, etcétera.

¿Cuál fue su reacción y cómo ha cambiado con el tiempo?
Inicialmente pensé que era una fase, etapa o, incluso, incorrectamente, que era un tema de orientación sexual, pero, gracias a profesionales y a tener acceso a información, pude entender lo que estaba pasando. El tiempo ha confirmado lo que desde los 2 años y medio decía.

¿Cuál ha sido la parte más desafiante de esta experiencia y cuál ha sido la más increíble y por qué?
La parte más desafiante como padre fue dejar que nuestra hija de 3-4

años nos guiara y liderara el camino, y nosotros buscar apoyarla y dejar que fuera quien es sin tratar de imponernos. Una parte increíble es ver y disfrutar la mujer que nuestra hija es ahora y lo valiente que siempre ha sido. Asimismo, algo increíble es cómo nos ha unido como familia y que nos ha hecho ver quiénes realmente nos quieren.

¿Algo que desearía haber sabido al comienzo de esta experiencia? ¿Algún consejo que le daría a otros padres ahora?
Información. Haber tenido la información que tengo hoy hubiera hecho la parte inicial de esta experiencia mucho menos complicada. El consejo que daría es que busquen la mayor cantidad de información que puedan y no antepongan sus prejuicios, ideas, a la voluntad e identidad de sus hijos.

¿Ha tenido su familia alguna discusión sobre a quién revelarlo y por qué?
No, se lo revelamos a toda la familia sin esperar nada de regreso, pero dejando muy claro que no aceptaríamos ningún maltrato hacia nuestra hija. Afortunadamente, la respuesta fue excelente.

¿Qué trabajo ha tenido que hacer su familia para comprender mejor a su hijx y qué participantes externos han ayudado, si los hubo, y cómo?
Grupos de apoyo, libros, terapeuta y organizaciones sin fines de lucro.

¿Cómo ha trabajado con la escuela de su hijx para ayudarlx mejor y qué desafíos y apoyos ha enfrentado su hijx en su entorno escolar?
Inicialmente la escuela accedió a que se dieran pláticas para informar del tema. No específicamente del caso particular, sino en general. Tomaron medidas y ajustaron reglamentos internos para asegurarse de que no hubiera discriminación y que nuestra hija tuviera los menores desafíos posibles.

¿Cómo ha atravesado su familia la transición social o la toma de decisiones médicas, si es que esto ha sucedido?
Con mucha información y, sobre todo, escuchando a nuestra hija. Siempre buscando tomar decisiones informadas.

¿Hay alguna protección legal que haya buscado, utilizado o deseado poder usar? ¿Alguien ha ayudado con esto y, si es así, cómo?
Sí, en su momento [pusimos una] queja en el Conapred [Consejo Nacional para Prevenir y Eliminar la Discriminación] contra una escuela que discriminó a nuestra hija. Desafortunadamente, el resultado no fue el esperado debido a la falta de consecuencias por no acatar las recomendaciones.

¿Ha podido cambiar el nombre legal o el certificado de nacimiento de su hijx? ¿Qué consejos les daría a otras familias sobre esto?
Sí. El consejo que les daría es que hay que hacerlo en el momento adecuado y no precipitarse o, incluso, tenerle miedo al cambio legal. Cada caso o circunstancias son diferentes.

¿Cómo ha impactado su cultura o práctica espiritual o religiosa en la experiencia de su familia y su hijx con el género?
En nuestro caso, el impacto de la cultura ha sido fuerte al ser una cultura machista. Es poco entendido, especialmente para el caso de mujeres transgénero. Igual con el tema religioso, que ha hecho que nos hayamos alejado de la iglesia y de la religión.

Es fundamental que tu hijo y tú se sientan cómodos con la diversidad de género. Una forma de hacerlo es conociendo y conviviendo con otras personas transgénero y de género expansivo. Hay grupos de apoyo y conferencias. En muchos países conmemoran ahora el Día de la Memoria Transgénero en noviembre y a veces celebran programas abiertos al público. Hay más figuras públicas abiertamente transgénero y no binarias que nunca antes, como actores, escritores, oradores, músicos, estrellas de televisión y atletas. Por no hablar de las personalidades de las redes sociales, incluidas las estrellas de YouTube.

Al participar en actividades con personas de diversas identidades de género, incluso con tus hijos, es probable que conozcas a personas transgénero de todas edades y tipos. Esto es importante para ti como padre o madre de un niño de género diverso, y es esencial si sospechas o sabes que tu hijo o hija es transgénero. Sin embargo, como con todos los desconocidos, el hecho de que un adulto sea transgénero, no binario o de género diverso no significa necesariamente que sea alguien a quien te gustaría que tu hijo conociera. Como padre o madre, primero debes conocer por tu cuenta a nuevos adultos con diversidad de género. Una vez que hayas encontrado personas que te gustaría que él o ella conociera, puedes facilitar esas conexiones. Haz el esfuerzo, por mucho que te asuste. Pide a un amigo que te acompañe y, cuando sea apropiado, lleva a tu hijo.

Al principio, a algunas familias les preocupa que si su hijo conoce a otros jóvenes de género expansivo, no binario o transgénero se les termine de "pegar" de algún modo y los "anime". En realidad, la variación de género no es contagiosa. En todo caso, tu hijo puede ser inicialmente muy tímido en ese entorno, al no creer que pueda haber otros que se sientan como él o ella. Con el tiempo, saber que hay otros chicos que llevan falda o chicas que saben que son realmente chicos, o niños que no se sienten ni chico ni chica, será un gran consuelo para tu hijo, pero no lo convertirá en alguien que no es ya.

Utiliza tus emociones como combustible

Muchas madres y padres han compartido con nosotras que la mejor manera de salir del interminable ciclo de desesperación, miedo, ira o pena es dar un buen uso a todas esas emociones. Ellos mismos nos compartieron estas ideas sobre cómo utilizar el miedo de una forma más productiva y empoderadora:

- Utiliza el miedo como fuente de energía. Utilízalo para ser el guerrero que necesitas ser para tu hijo. Yo utilicé mi ansiedad para poder pasar por los médicos, la cirugía y el seguro médico.
- Utiliza tu terror de mitad de la noche y considéralo como el intenso amor que sientes por tu hijo. Deja que sea instructivo y energético en lugar de limitante.
- Intenté pensar en formas prácticas de abordar las cosas que me daban miedo sin limitar a mi hijo. Temía que, por ser ella una niña negra transgénero, fuera molestada por la policía. Así que me puse en contacto con un abogado de derechos humanos de la zona y tenía su número en todos nuestros teléfonos.
- Hice una lista de cada uno de mis miedos e hice algo práctico para abordarlos. Fui bajando por la lista uno a uno, convirtiendo el pánico en algo práctico.
- Tenía miedo por su seguridad física, así que todos tomamos una clase de defensa personal en familia. Tomé mi pánico y lo convertí en empoderamiento.
- Hay trabajo que hacer, así que ¡utiliza todas esas emociones de miedo para hacer del mundo un lugar mejor!

Apoya a tus otros hijos

Hay muchas formas en las que tus otros hijos pueden necesitar apoyo para aceptar y comprender el cambio de género de su hermano. Cada uno de tus otros hijos puede responder de forma diferente. Algunos lo aceptarán fácilmente. Los niños más pequeños suelen tener más facilidad porque no están tan inmersos en las expectativas sociales sobre el género y en la idea errónea de que el sexo biológico y el género son lo mismo. Asimismo, a veces un hermano mayor lo aceptará porque siempre ha sabido esto de su hermano y puede ver que reconocerlo externamente tiene sentido. Por el contrario, algunos otros se sienten traicionados o confundidos por el cambio que se está produciendo y les cuesta mucho entenderlo o respetarlo.

Dinámicas familiares comunes

Hay algunos roles familiares típicos que tus otros hijos pueden adoptar en la constelación familiar mientras todos aceptan el género de su hermano. Ten en cuenta que cuantos más hijos haya en la familia, más posibilidades habrá de dar un giro a estos temas comunes.

Sentirse especial

Un hermano puede sentirse especial porque no hace que su madre y su padre se preocupen tanto porque es "normal". Debido a tu incomodidad con la identidad o expresión de género de tu hijo transgénero o de género expansivo, puede que te vincules incondicionalmente con tus otros hijos más que con él o ella. Al hacer esto, colocas inadvertidamente a los hermanos en la posición de tener que elegir entre la lealtad a sus progenitores o a su hermano. Si madre y padre no están alineados entre sí, aún hay más problemas de lealtad en juego y más oportunidades para la ruptura emocional. Estos niños a menudo se sienten culpables por ser el hijo favorito o sienten que están traicionando a su hermano o al otro progenitor al elegir un bando.

> *Mi padre siempre quería jugar conmigo. Era divertido, pero me hacía sentir mal por dentro porque nunca le pedía a mi hermano que jugara con nosotros y nunca decía que sí a los juegos que mi hermano quería jugar. Me alegro mucho de que mi padre esté cambiando. Eso fue muy duro para mí.*
>
> HERMANO DE 10 AÑOS DE UN NIÑO TRANSGÉNERO DE 11 AÑOS

Sentirse como el segundo mejor

Lo contrario también es frecuente; algunas familias se centran demasiado en el niño disconforme con el género —con atención positiva o negativa—

y los hermanos pueden acabar sintiéndose desatendidos. En los primeros años es fácil que dediques tanto tiempo preocupándote por tu hijo de género diverso, a aprender sobre el género, a procesar con los amigos y a investigar temas relacionados con el género que, en consecuencia, tus otros hijos reciban menos tiempo y atención, y por lo tanto se sientan menos importantes.

Puede serte útil leer libros sobre los hermanos de los niños con necesidades especiales. En las bibliotecas y librerías hay libros escritos para hermanos y libros de crianza para adultos. Estos recursos pueden proporcionarte consejos para que tus otros hijos no crezcan sintiéndose en segundo lugar.

Sentirse atrapado en el medio

Un hermano también puede sentirse atrapado en el medio por una madre y un padre que no están de acuerdo en cómo apoyar mejor al hijo con diversidad de género, así que pueden sentir que deben ir con cuidado para no tomar partido. Del mismo modo, si este hijo se siente más tolerante con el género de su hermano que su familia, también puede sentirse inseguro sobre cómo apoyar a su hermano y al mismo tiempo mantener su propio estatus.

> No entendía a qué venía tanto alboroto. Ahmed quería llamarse Aleena. ¿Era realmente una sorpresa? Siempre había sido la misma, solo quería que usáramos un nombre y un pronombre diferentes. Seguía siendo la misma persona. Pero no dejaban de pedirme que intentara hacerla cambiar de opinión. No quería que se enfadaran, pero pensaba que lo que me pedían estaba totalmente equivocado.
>
> HERMANO DE UNA NIÑA TRANSGÉNERO

Ayuda a tus otros hijos a procesar sus propios sentimientos y a desarrollar las herramientas necesarias

La mejor manera de acercarte a tus otros hijos y sus sentimientos es pasar tiempo con ellos y averiguar cómo se sienten. La comunicación abierta es siempre lo mejor. Crea espacios alejados de su hermano o hermana con el género diverso para que expresen sus sentimientos, todos juntos o por separado. Invita a tus otros hijos a expresar sus preocupaciones y luchas, y a hacer las preguntas que tengan. Es importante que los hermanos se sientan tan apoyados como el niño transgénero o de género expansivo. Madres y padres pueden educar y apoyar a los hermanos de forma adecuada a su edad sobre lo que ocurre en la familia. Es conveniente dar cabida tanto a los sentimientos que tengan como darles orientación. Por ejemplo, puedes recordar a tus hijos que la amabilidad y el respeto son cualidades que tu familia valora, especialmente en la forma de tratarse unos a otros. Que las preguntas están bien, pero las burlas o el intercambio de información privada no. Expresar que tu familia y tu casa serán siempre un lugar seguro para todos los miembros de la familia es un excelente mensaje para todos tus hijos.

La comunicación es fundamental, y la mayoría de las familias necesita apoyo adicional para superar algunos de estos obstáculos comunicativos. La terapia familiar puede ayudar. La terapia individual para los hermanos a veces también es útil, pues puede servir como un lugar seguro en el que el foco de atención se centre solo en ellos. Es posible que necesiten apoyo profesional para trabajar sus sentimientos y obtener herramientas para afrontar cómo actuar y reaccionar en la escuela y en el mundo debido al género de su hermano.

A menudo, en las organizaciones de familias que apoyan a sus miembros transgénero, como Gender Spectrum, presentes ya en varios países, tienen talleres o grupos de apoyo para que los hermanos de los niños transgénero asistan, o para que las familias aprendan más sobre cómo afecta a sus otros hijos el hecho de tener un hermano transgénero.

A continuación, se ofrecen más detalles sobre las consideraciones especiales para los hermanos.

El estrés de los hermanos

Nuestra hija de 14 años tuvo algunos problemas al principio, pero ahora está muy contenta porque tiene un hermano pequeño estupendo.
PADRE DE UN NIÑO TRANSGÉNERO DE 7 AÑOS

Algunas familias con hijos de género expansivo o transgénero se encuentran en un estado perpetuo de crisis durante varios años que afecta a todos los miembros de la familia.

Los hermanos pueden responder a este periodo de adaptación familiar de varias maneras. Pueden actuar para llamar la atención; pueden burlarse o rechazar a su hermano; pueden retraerse, o pueden volverse celosos o resentidos. Ten cuidado de no pasar por alto el estrés que muestran los otros niños de la familia y asegúrate de buscar terapia —individual o para toda la familia— si el estrés parece convertirse en angustia.

Algunas familias han establecido algunos momentos de "tiempo libre de temas transgénero". Son momentos en los que nadie habla de género durante un día, una comida o una salida. Puede parecer una tontería tener que decretar momentos así, pero los otros hermanos lo agradecerán mucho. Puede ser un acuerdo privado de los adultos; los niños no tienen por qué saberlo. Si pruebas esto y ves que es difícil llevarlo a cabo, sabrás que han pasado demasiado tiempo en familia hablando de género.

Las burlas de los hermanos

Nuestro hijo mayor luchaba contra las preferencias naturales de su hermano pequeño. Seguía el ejemplo de su padre, lo insultaba e intentaba hacerlo cambiar. Le decía cosas como "deja de comportarte como una niña" y le quitaba los juguetes. Hizo falta que su padre viera el daño que se estaba haciendo a la autoestima de nuestro hijo menor para que esta dinámica familiar cambiara. Una vez que mi marido defendió a nuestro hijo de género expansivo, su hermano empezó a defenderlo también.

MADRE DE UN NIÑO PEQUEÑO DE GÉNERO EXPANSIVO

Los niños no conformes con el género pueden desencadenar burlas e intimidaciones no deseadas, incluso por parte de sus propios hermanos. Los hermanos pueden participar en estas dinámicas porque se sienten presionados por sus compañeros, para aislar o ser críticos de su hermano de género expansivo, no binario o transgénero. Aunque hay que permitir a los hermanos toda su gama de sentimientos, debes poner límites absolutos a su libertad de ridiculizar al hermano de género expansivo. Cada miembro de la familia tiene derecho a un espacio libre de burlas en su propia casa. No toleres burlas o mofas basadas en la identidad de género o la expresión de género ni de los hermanos ni de sus amigos.

Asimismo, debes enseñar a tus hijos a defenderse unos a otros, proporcionándoles el lenguaje y las estrategias para hacerlo. Juntos pueden practicar respuestas para los amigos burlones como: "No quiero jugar contigo si sigues burlándote de mi hermana". Podrían añadir algo como: "Ella es quien es, y yo la quiero".

A veces se burlan de los hermanos simplemente porque tienen una hermana o un hermano de género expansivo o transgénero. Sé sensible al impacto que la no conformidad de género de tu hijo tiene en tus otros hijos. Prepárate para apoyar a todos en el aprendizaje de habilidades para resistir el acoso y habla con la escuela en su nombre, si es necesario.

Contarle a los demás la existencia del hermano con género expansivo

> Se ha corrido la voz y muchos de los amigos de mi hijo menor le han preguntado por su hermano mayor. Dice que esto le molesta porque no quiere hablar de ello muy a menudo.
>
> PADRE DE UNA CHICA TRANS DE 19 AÑOS

Los hermanos pueden actuar en un esfuerzo por ganar atención, posiblemente de forma hiriente para su hermano de género diverso. Una forma habitual de actuar así es que un hermano "destape" o revele información personal sobre el niño no conforme con el género en momentos inadecuados o de forma desagradable. Aunque se trata de una llamada de atención, puede resultar contraproducente al generar una atención negativa o castigo por parte de las familias, así como un sermón o el alejamiento del hermano transgénero o de género expansivo. Si el hermano sigue hablando de forma inapropiada a los demás, intenta averiguar qué está pasando en el fondo. Es probable que tu hijo esté intentando decirte algo; tómate el tiempo de escucharlo. Probablemente necesita que le asegures que es perfecto tal y como es, y que también es especial. Esfuérzate en pasar tiempo de calidad juntos y recuérdale con suavidad y a diario tu amor. Al mismo tiempo, deja claro que los miembros de la familia no deben revelar información privada sobre otros miembros de la familia. Hablen de lo que son los límites saludables y refuercen el respeto como un valor importante.

El duelo de los hermanos

Los hermanos de niños transgénero pueden pasar por un proceso de duelo similar al de su madre y padre. Para algunos, el duelo es incluso más fuerte que el de las madres y padres. El dolor puede ser confuso para el niño y puede ser prolongado; puede convertirse fácilmente en depresión, por lo que debes vigilar a tus otros hijos. El apoyo profesional puede ser útil durante este periodo de transición.

Cuando a un niño se le permite llevar a cabo una transición de género y vivir exteriormente de acuerdo con su identidad de género interna, suele volverse más social y extrovertido. Esto puede dar lugar a nuevas oportunidades sociales que hagan que el hermano cisgénero (de género típico) se sienta abandonado o descartado.

Mi hermana tenía 3 años cuando nos dijo que era un chico. Yo tenía 11. Estaba muy triste. Estaba enojada con ella: ¿Por qué tenía que ser un chico? ¿Por qué no podía seguir siendo mi hermana? Había esperado tanto tiempo para tener una hermana, y ahora ni siquiera iba a tener una.

Me negué a llamarla por su nuevo nombre durante mucho tiempo. Ahora, por supuesto, no puedo imaginarlo como una chica. Eso fue hace mucho tiempo. No pienso mucho en la hermana que tenía. Pero cuando miro fotos suyas de cuando aún era una niña, me entristece por dentro.

HERMANA MAYOR DE UN NIÑO TRANSGÉNERO

Con el tiempo, tus otros hijos pueden convertirse en el mayor aliado de tu hijo con diversidad de género. Su vínculo de hermanos puede llevarlos por la vida como un apoyo con el que siempre pueden contar. Como padre o madre, intenta fomentar estos valiosos lazos tanto como puedas.

Empoderamiento parental

Llega un momento en el proceso de aceptación de la expresión o la identidad de género de tu hijo cuando finalmente dejas atrás la crisis y experimentas una sensación de poder. Para algunas familias, esta revelación es un momento que siempre recordarán.

Para la mayoría, sin embargo, es una constatación gradual la que los hace sentirse de nuevo cómodos con su vida. Se sienten preparados para afrontar los retos de la crianza de su hijo. Hay una mayor sensación de paz interior.

La aceptación plena lleva tiempo

Apoyar a nuestro hijo transgénero nos ha proporcionado un terreno común en el cual conectar y apoyarnos como familia.

MADRE DE UN ADOLESCENTE TRANS DE 16 AÑOS

Siento que ahora veo a mi hijo con claridad. Siento que me ha tocado una persona única y grandiosa que me está cambiando como nadie jamás lo hará. Quiero mucho a todos mis hijos y estoy muy impresionada por el amor y los vínculos que se han creado, porque hay un tema que todos compartimos y en el que todos tomamos parte.

PADRE DE UN NIÑO TRANSGÉNERO DE 7 AÑOS

Lo único que tengo que decir al respecto es que amo profundamente a mi hija y que siempre la voy a apoyar, para mí no es importante la identidad que tenga, sino lo que lleva en su corazón.

MADRE DE UNA NIÑA TRANSGÉNERO, MÉXICO

A los padres que inician este camino les diría que no tengan miedo, que el amor a nuestres hijes es lo más importante y que nos corresponde apoyarlos y acompañarlos en este camino.

MADRE DE UN NIÑO TRANSGÉNERO, MÉXICO

La confianza de parte de nosotros para que él sienta que puede contar incondicionalmente con nosotros, y pensar y sentir que el amor por nuestro hijo no depende del género, solo es amor. Ha sido un camino de aprendizaje diario, de aceptación y también de enseñanza.

PADRE DE UN NIÑO NO BINARIO, COSTA RICA

Es esencial que tanto la madre como el padre, y otros miembros de la familia, se den cuenta de que la aceptación no es un proceso lineal. Es lento y requiere tiempo, dedicación, determinación y esfuerzo. Es muy importante para el futuro de la relación con tu hijo que no detengas tu proceso de crecimiento en la aceptación parcial. Cada paso hacia la aceptación plena es vital y no debe infravalorarse.

No hay un plazo establecido para la verdadera aceptación de tu hijo; pero la perseverancia y la dedicación personal te servirán en este camino. Continúa abierto a crecer, paso a paso, hasta que alcances la verdadera aceptación. Solo en ese momento tu vida volverá a ser armoniosa y equilibrada. El equilibrio llega cuando la cuestión del género de tu hijo ya no es lo más importante en tu mente, sino que es simplemente una pequeña parte de lo que es él o ella.

Si eres alguien que, debido a tus creencias religiosas o culturales, está en la fase de reconocer y posiblemente aceptar a su hijo, pero aún no has llegado al punto de apoyarlo o afirmarlo, debes saber que en el capítulo 5 cubrimos un modelo de crianza que te permitirá (a ti, a tu familia extensa y a tu comunidad) comprender cuáles de tus comportamientos pueden estar causando daño a tu hijo y cómo minimizarlos, sin importar cuál sea tu punto final de aceptación.

Verdadera aceptación

Como madre, haré mi parte para allanar el camino hacia un mundo mejor para mi hija y para todas las demás como ella. Esto significa hablar abiertamente con los demás y no tratar de ocultar a nuestra hija. Significa ser políticamente activa para tratar de impulsar en mi propio estado la legislación que pretende acabar con la discriminación de género. Significa tratar de encontrar lugares para hablar y donde se pueda educar. Mi hija sabe que puede contar con su madre para arrojar luz sobre la verdad, educar a los demás y trabajar para hacer del mundo un lugar mejor, persona a persona. Ahora lo veo con claridad.

MADRE DE UNA CHICA TRANS DE 19 AÑOS

La verdadera aceptación de un niño transgénero o con expansión de género se manifiesta como una serie de cualidades que, combinadas, conducen a un sentimiento de equilibrio y a una sensación de reequilibrio en la familia. Esta actitud está marcada por la sensación de haber establecido un apoyo para tus opciones de crianza, conociendo a otras personas en persona o en línea, uniéndote o formando un grupo de apoyo, y encontrando profesionales médicos y de salud mental respetuosos para atender a tu hijo.

La verdadera aceptación también está marcada por el entendimiento de la diferencia entre secreto y privacidad: la capacidad de sentirte cómodo sabiendo cuándo y con quién revelar información sobre el género de tu hijo, y cuándo es simplemente innecesario. Esto es algo que exploraremos más a fondo en los siguientes capítulos.

Me he dado cuenta de que algo dentro de mí ha cambiado. En lugar de defender agresivamente a mi hijo y suponer lo peor de todo el mundo, ahora hablo de mi hijo no binario de forma más natural, y eso atrae a la gente. En lugar de la confrontación, me encuentro con momentos de enseñanza a donde vaya. Son frecuentes porque vivimos en una ciudad pequeña, conservadora y rural. Pero la respuesta es abrumadoramente positiva ahora que ven a un padre igual que ellos, que quiere y apoya a su hijo no binario sin cuestionarlo.

PADRE DE UN CHICO NO BINARIO DE 15 AÑOS

La verdadera aceptación está marcada por la comprensión de la complejidad del género. Esta comprensión combina tu propia experiencia familiar con el sistema mayor de género obligatorio de nuestra sociedad. Abarca una comprensión más profunda de las injusticias tanto de la homofobia como de la transfobia. Con esta comprensión enriquecida del género se produce una transformación en la forma de ver el mundo, y las familias a menudo se comprometen con el activismo de género como resultado.

> *Ahora me he convertido en la patrocinadora ejecutiva del nuevo grupo de recursos humanos para empleados LGBTQ+ de mi empresa. Mi marido incluye ahora sus pronombres en su firma de correo electrónico y educa a otros sobre este tema en el trabajo.*
>
> MADRE DE UN ADOLESCENTE NO BINARIO DE 16 AÑOS

Madres y padres abordan la idea del activismo de género de diferentes maneras. Algunos escriben, otros se comunican de forma diferente con sus amigos y familiares, otros cuestionan las formas empresariales utilizadas en su lugar de trabajo, algunos se comprometen con la reforma educativa y otros dedican su vida al activismo de género. Pero hay un desbordamiento natural en su vida cotidiana cuando se dan cuenta de que no hay nada malo en su hijo. Si el problema reside en el sistema, trabajas para cambiar el sistema que discrimina a tu hijo.

Por último, y a la vez lo más importante, la verdadera aceptación se alcanza cuando puedes tener una visión positiva del futuro de tu hijo y el miedo deja de dominar esa visión. Cuando puedas imaginar a tu hijo como un adulto feliz y amado, sabrás que has alcanzado la autonomía parental.

Capítulo 3

¿Cómo puedo estar seguro?

Mi reacción ha sido de confusión y escepticismo, pero también de aceptación y profundo amor.

MADRE DE UN CHICO TRANS DE 14 AÑOS

Nos preocupamos mucho y, en el fondo, esperamos que todavía haya una posibilidad de que desaparezca. No porque no lo apoyemos, sino porque no queremos esta vida tan dura para él.

MADRE DE UN CHICO TRANS DE 14 AÑOS

Ser testigo de su fuerza, autenticidad, alegría, orgullo, confianza y verdad es una de las cosas más increíbles que he visto en mi vida. Saber que se siente segura conmigo es mi mayor logro.

MADRE DE UNA NIÑA TRANSGÉNERO DE 7 AÑOS

Cuando se trata de saber cuál es la mejor forma de actuar en la crianza de una niña o un niño con diversidad de género, una de las preguntas urgentes es: "¿Cómo puedo estar seguro?".

Las familias quieren hacer lo correcto para su hijo. No quieren cometer un error y causarle un daño. Pueden prever un futuro que podría ser difícil si su hijo es realmente no binario, de género expansivo o transgénero. También quieren apoyar a su hijo para que sea exactamente quién es, pero se preguntan a qué precio.

El deseo de tener una bola de cristal y ver el futuro es grande, especialmente cuando tu hijo o tú están en las primeras fases de aceptación de su identidad de género. La verdad es que se trata de un proceso que requiere tiempo para que surja la claridad.

Abordemos dos de las preocupaciones más comunes que escuchamos, antes de adentrarnos en una discusión sobre cómo estar seguros.

¿Por qué hay más niñas/niños de género diverso ahora?

Hasta hace poco, los niños transgénero no tenían forma de saber que existían otras personas como ellos y, desde luego, recibían poco reconocimiento positivo de sus propios sentimientos transgénero o de expansión de género. En cambio, muchos niños transgénero y no binarios están hoy expuestos a expresiones de género más amplias a su alrededor, tanto en los medios de comunicación como en la vida real. También es probable que conozcan la terminología inclusiva a una edad más temprana y, por tanto, encuentren un vocabulario para expresar sus sentimientos también a una edad más temprana. Asimismo, la concientización de madres y padres ha cambiado; en lugar de responder siempre con castigos o con terapias "reparativas" perjudiciales, los comportamientos y la expresión no conformes con el género de un niño se atienden más a menudo con compasión. En lugar de considerar que se trata de una faceta vergonzosa de la vida familiar que debe ser erradicada, los progenitores de hoy son más propensos a buscar información y a acceder a las redes existentes de familias con hijos transgénero y de género expansivo. Las familias y sus hijos transgénero ya no están en las sombras, sino que hablan públicamente, escriben en sus blogs sobre su vida y abogan por el cambio social y político. Este es un cambio estelar y monumental.

Por lo tanto, deducimos que no es que haya más niños transgénero y no binarios hoy que en el pasado, sino que hay más niños y adolescentes que reciben apoyo para expresarse, y a edades más tempranas, que en el pasado. Es cierto que, debido a que el modelo afirmativo de atención médica y de salud mental reconoce la disforia de género como una condición que requiere un tratamiento especializado, así como la creciente aceptación por parte de la familia y compañeros, los jóvenes con disforia de género pueden buscar una congruencia de género más plena a edades más tempranas que antes. Así, aunque haya un mayor reconocimiento de los niños transgénero, la presencia de estos no es nueva. Es solo que hoy son mucho más visibles.

¿Se está fomentando más esta presencia a través de los amigos, los medios o las redes sociales?

Las familias con un niño, preadolescente o adolescente que expresa, aparentemente de la nada, que es transgénero o no binario a menudo manifiestan la preocupación de que su hijo haya sido influido por amigos o por las redes sociales, o bien por los contenidos de una clase en la escuela. De hecho, comparten esta preocupación con nosotras con bastante frecuencia. Como resumió una madre: "Es difícil que la gente reconozca la influencia real de los medios de comunicación y de las redes sociales en la identidad de género de mi hijo". Comprendemos que puedas tener temores en torno a esto y que no sean fáciles de discutir con tu hijo; ¡pero por favor ten en cuenta que ser transgénero o no binario *no* es contagioso!

Hay otros escenarios mucho más probables que están en juego. Por ejemplo, algunos niños y adolescentes han estado guardando sus sentimientos durante bastante tiempo —incluso años— antes de hablar contigo de eso. Puede que hayan estado luchando por ponerle palabras o simplemente esperando que desaparezca. Puede que hayan estado sufriendo en silencio. Otros sienten que deben intentar superar su auténtico género hasta que se dan cuenta de que el estrés de no compartirlo con la familia es mayor que el riesgo de vivir abiertamente. Para muchos otros, la experiencia positiva de ver expuesta una gama más amplia de identidades y expresiones de género es lo que les ayuda a afirmar quiénes son. Puede ser a través de sus compañeros, de los medios de comunicación o de internet como encuentren tanto el lenguaje para entenderse a sí mismos como el valor para hablar de ello. En lugar de ser una influencia negativa, tener comunidades en línea o en persona que afirmen y no juzguen quienes son puede salvarles la vida y ser un sello distintivo de la resiliencia. Las familias preocupadas por el hecho de que sus hijos adolescentes pasen demasiado tiempo en internet deberían asegurarse de que pueden apoyar a sus hijos para que asistan a actividades comunitarias en persona; por ejemplo, buscar un grupo de compañeros adolescentes en un centro comunitario LGBTQ+.

También pueden ayudar a equilibrar la necesidad y el deseo de sus hijos de asistir a grupos y actividades enfocadas en el género y en el tema transgénero (tanto en línea como fuera de ella) proponiendo una variedad de otros tipos de experiencias. Las investigaciones demuestran que los adolescentes se desenvuelven mejor cuando no están aislados en casa o en internet, sino que participan en diversas actividades familiares y comunitarias. Esto podría incluir trabajos de voluntariado, empleos de tiempo parcial, clases de arte o música, practicar deportes, pasar tiempo en la naturaleza y disfrutar de una serie de aficiones. Todo esto expondrá a tu hijo adolescente a nuevas personas y experiencias no solo centradas en el género, sino también con comunidades en línea.

Si lo que tu hijo expresa está relacionado con influencias externas, esto se disipará con el tiempo, sin angustia. Como en todas estas cosas, la paciencia, el buen humor y la escucha activa te servirán aquí. Por ejemplo, puede que tu hijo utilice los pronombres elle/elles durante un tiempo y luego vuelva a sus pronombres originales y se sienta cómodo con ellos. Sin embargo, no asumas que el cambio de términos de identidad o de pronombres es una fase. A veces se necesitan unos cuantos intentos para determinar qué es exactamente lo que no se siente bien y qué se necesita para corregir la sensación de que "algo está mal".

¿Qué parte de la identidad básica se está expresando?

Es fundamental que tu hijo comprenda qué parte de su identidad básica no se siente bien. Esto puede resultar engañoso: deben averiguar si el problema está en su identidad de género, su expresión de género o, si es mayor, en su orientación sexual. O si se trata de una combinación de todas ellas. A menudo esto es difícil de resolver.

Los niños pueden beneficiarse de mucho apoyo durante este proceso. Poner en tela de juicio las suposiciones básicas sobre uno mismo puede hacer que un niño se pregunte si puede ser amado o si será rechazado por los que más quiere. Algunos son naturalmente más introspectivos, y quieren descubrirlo por sí mismos. Es posible que deseen procesar sus sentimientos al respecto, y aceptarlos, antes de revelar esta parte de sí mismos a los demás. Estos niños pueden sufrir profundamente durante este tiempo de introspección aislada. Otros procesan su exploración de género de forma más externa y pueden compartirla más cómodamente. Sin importar el estilo de procesamiento, o de lo que puedan elegir, puede ser necesario que juntos experimenten y prueben diferentes etiquetas y nombres hasta encontrar el que se ajuste de manera más adecuada.

La pubertad es una sopa de desarrollo única para la consolidación de la orientación sexual y el desarrollo de la identidad de género. Esta época de la vida, difícil para todos, es aún más compleja y multidimensional para los adolescentes que exploran su género o su sexualidad. Para los adolescentes que tienen tanto una orientación sexual minoritaria como una identidad o expresión de género minoritaria, los niveles de discriminación, victimización y marginación potenciales se magnifican. Si a esto le añadimos otros aspectos de su vida en los que ya pueden estarse enfrentando a la estigmatización y la discriminación, por factores como la raza, la religión y el origen étnico, puedes ver cómo se trata de un momento muy difícil. También puedes entender por qué el reconocimiento de estas partes de uno mismo puede ser abrumador para algunos. Así que no es de extrañar que se necesite tiempo para determinar qué elemento de la identidad nuclear de tu hijo se está expresando. Todos los miembros del equipo (familia, amigos, profesores, consejeros y profesionales de la salud) deben estar dispuestos a enfrentar la complejidad y la ambigüedad que esta puede tener. Ahora daremos más detalles sobre cómo se manifiestan estos factores.

¿Se trata de una expresión de género o de una orientación sexual?

Separar e identificar los distintos elementos de la identidad básica es difícil. Así que vamos a explorar la relación social entre la orientación sexual percibida y la expresión de género o estilo de comportamiento. ¿Por qué es tan importante distinguir entre estos dos conceptos? Cuando confundimos el género con la orientación sexual, es probable que hagamos suposiciones sobre alguien que no tienen nada que ver con lo que es. El estilo de comportamiento de una persona de género expansivo suele interpretarse erróneamente como un reflejo de su orientación sexual. Ejemplos típicos son el chico al que le encanta jugar a las princesas y se presupone que es gay, o la chica preadolescente deportista que prefiere la ropa de la sección de chicos y que a menudo es etiquetada como "marimacho", porque se supone que es lesbiana. Como puedes imaginar, estas pueden ser conclusiones erróneas. La forma como alguien viste o actúa tiene que ver con la expresión de género y su estilo individual de comportamiento, así que no siempre se puede saber con exactitud la orientación sexual de una persona por lo que lleva puesto, ni por sus gestos o comportamientos.

Aceptar la orientación sexual para aceptar la expansión de género

Aceptar la orientación sexual como parte fundamental de la identidad de cada persona es un componente crítico para aceptar la expansión de género. Esto no se debe a que todos los niños y niñas con expansión de género vayan a ser homosexuales; de hecho, no lo serán. Se debe a que la homofobia se basa en la percepción de que alguien puede ser gay. Esta percepción es la que provoca el miedo, el asco y, a menudo, la ira de quienes no pueden aceptar la posibilidad del género expansivo.

En la infancia, dicha percepción se basa en los comportamientos, expresiones o preferencias del niño que no se consideran típicos al sexo que se le ha asignado, por eso, la mayoría de los niños y adolescentes con diversidad de género son víctimas de la homofobia, independientemente de su orientación sexual real o futura.

Los niños transgénero y de género expansivo de tan solo 2 o 3 años sufren homofobia, a menudo a diario. El rechazo, el ridículo y la presión para ajustarse a las normas de género esperadas se intensifican a medida que crecen.

Una de las formas más eficaces de apoyarlos es resistirse a la homofobia. Al hacerlo, aceptas la posibilidad de que tu hijo sea gay y lo ayudas a sentirse bien consigo mismo. Si eliminas la exposición a la homofobia, y la abordas cuando la encuentras, ayudas a que niñas y niños crezcan en entornos en los que no se tolera la discriminación.

Asimismo, una de las formas más concretas de dar cabida a los niños y adolescentes de género expansivo, y los adultos que pueden llegar a ser, es examinar cuidadosamente los mensajes de homofobia que proporcionamos a los niños y ponerles fin. Se trata de una cuestión de prejuicios e intolerancia. De hecho, los crímenes de odio y el lenguaje de odio van en contra de la ley. Sin embargo, en nuestros propios hogares, iglesias y comunidades, la homofobia está muy extendida. Si visualizamos esta cuestión y trabajamos para identificarla y luego ponerle fin, podemos dar más espacio a la expresión natural de los niños con expansión de género, sean gays o lesbianas o no, o tengan una orientación sexual fuera del género binario, como la pansexualidad. Se trata, pues, de una cuestión que puede salvar vidas, posiblemente la de tu propio hijo.

Entré en el instituto por primera vez esperando que me hicieran comentarios transfóbicos, porque nadie había visto mi nuevo yo. La última vez que estuve en el instituto fue antes de la pandemia y era una chica con un nombre diferente. Ahora tenía un aspecto totalmente diferente y un nombre masculino. Me sentía acomplejada por mi cuerpo, así que llevaba ropa holgada por si mi binder no ocultaba mi pecho. Caminando por el pasillo, definitivamente recibí insultos, pero no los que esperaba. Los chicos no paraban de llamarme "maricón" y de empujarme a los casilleros. Me sentí fatal. No tenía ni idea de lo mucho que se ataca a los gays. Pero yo no soy gay. Aunque me estaban llamando correctamente por mi género, seguía siendo un objetivo de su odio.

CHICO TRANSGÉNERO DE 14 AÑOS

Examinando tu propia homofobia

Muchas personas ya han examinado sus propias actitudes y han empezado a comprender y a aceptar la diversidad sexual y de género. Sin embargo, todos hemos sido instruidos en un sistema de género opresivo, y nuestra reacción ante la expresión "gay" en los niños puede desencadenar algunas emociones inesperadas. Puede ser muy doloroso presenciar en ti mismo o en otros el miedo y la repulsión visceral de una madre o un padre hacia su propio hijo. Esta respuesta se presenta en familias que ni siquiera se han considerado homofóbicas. Por desgracia, la formación en materia de género que todos hemos recibido en la sociedad incluye no solo la exaltación del valor de la heterosexualidad, sino también la interrelación de los valores y el modelo del hombre ideal con la heterosexualidad. Así, el mensaje que se nos comunica a todos, pero especialmente a hombres y niños, es que la homosexualidad percibida o real es un insulto a la "verdadera" masculinidad.

La idea de que la homosexualidad perceptible es una ofensa a la verdadera masculinidad es tan fuerte que, de hecho, un chico significativamente expansivo desde el punto de vista del género puede hacer que un padre sienta que ni siquiera puede estar cerca de su propio hijo. Algunos padres describen que les da náuseas ser testigos de los intereses naturales de su hijo, incluyendo cómo prefiere vestirse, qué juguetes le atraen, cómo habla o cómo camina de forma natural. Puede ser horrible darse cuenta de que te sientes así con tu propio hijo. Ten compasión de ti mismo si tu reacción inicial ante tu hijo de género expansivo es de repulsión. En los próximos capítulos, hablaremos de esta reacción y de algunas formas de superarla. Debes saber que no eres el único en reaccionar así, aunque sea de forma indeseada, no solicitada y posiblemente sorprendente. Ten la seguridad de que podrás volver a sentir un amor sin límites por tu hijo.

Para algunos, el valor de la heterosexualidad, los roles de género y los estilos de comportamiento asociados son fundamentales en sus creencias políticas, culturales o religiosas. Por tanto, aceptar que algunas personas son gays o lesbianas va en contra de los estrictos fundamentos de su sistema de creencias. Muchos de los que lean este libro se enfrentarán a esta cuestión de frente: cómo aceptar a su hijo manteniendo su relación con su comunidad religiosa. En lugar de entablar un conflicto sobre política o religión, o incluso de diseccionar prácticas religiosas concretas, iremos directamente al grano. Muchas familias que conocemos han decidido cambiarse a una iglesia más acogedora, a una sinagoga progresista o a otra práctica espiritual, con el fin de proporcionar una experiencia diferente a su familia sin dejar de contar con una vida basada en la fe. Cuando lo han hecho, han sentido un enorme alivio. Si experimentas estrés sobre cómo conciliar tus creencias religiosas con el amor instintivo por tu hijo, hablaremos de eso en el capítulo 5.

> *Escucharnos a nosotros, nosotras mismas, cuando nos referimos a personas LGBTTTIQA+ y cuestionarnos desde dónde lanzamos esos comentarios: ¿Desde el miedo? ¿La ignorancia? ¿Prejuicios? ¿O la falsa creencia de que de esa forma mi hijo, mi hija "no pasará por eso"? ¿Me estoy dando cuenta de la violencia que ejerzo con esos comentarios? ¿La represión que puedo estar generando en una persona querida?*
>
> VICENTA HERNÁNDEZ HADDAD, PSICÓLOGA Y EDUCADORA SEXUAL, MÉXICO

¿Ser gay es una fase?

Para la mayoría de las personas, ser gay o lesbiana, bisexual o pansexual —o cualquier otra orientación sexual— no es una fase. Más bien, es una parte fundamental de lo que son. Sin embargo, debido en parte a que nuestra sociedad confunde la expresión de género con la orientación sexual, algunos adolescentes en proceso de descubrir su identidad de género pueden experimentar confusión mientras luchan por comprender su orientación sexual. Por ejemplo, no es raro que un preadolescente o adolescente no binario o transgénero piense primero que es gay o lesbiana (o cualquier otra identidad no heterosexual) antes de llegar a reconocer su identidad de género. En este sentido, para algunos adolescentes transgénero y no binarios, ser gay es realmente una fase. Es algo que se revelará cuando el adolescente madure.

Ayudar a niñas y niños a comprender que la identidad de género tiene que ver con uno mismo y que la orientación sexual tiene que ver con la atracción hacia los demás puede ayudarlos a tomar conciencia de sí mismos.

Las niñas/niños no heterosexuales pueden pensar erróneamente que son transgénero

Algunos niños han sido criados con tanta homofobia y una formación de género tan estricta que, en lugar de reconocer su atracción romántica por el mismo sexo, asumen que realmente deben ser transgénero. Sienten que no hay forma de que puedan ser homosexuales; eso no es posible, no sería correcto. Sin embargo, si fueran realmente transgénero, todo tendría sentido. En lugar de ser homosexuales y experimentar una atracción por el mismo sexo, su atracción sería por el sexo "opuesto". Por muy descabellada que suene esta racionalización, así puede formarse en la mente de un niño que quiere seguir siendo amado y aceptado por su familia y su comunidad. Una vez más, acudir a un terapeuta familiarizado tanto con la orientación sexual como con la identidad de género puede ayudar a tu hijo a aclarar qué parte de su identidad tiene que salir a la luz. Asimismo, asistir a una conferencia con personas de todo el espectro del género puede aportar en este proceso.

Si mi hija/hijo es transgénero, ¿podría ser también gay?

Las personas transgénero tienen una gama tan amplia de orientaciones sexuales como cualquier otra persona. Algunas son heterosexuales, otras son homosexuales, otras son bisexuales, otras son pansexuales, etcétera. Esto resulta confuso, porque se nos enseña a entender cómo se relacionan las personas en función de su sexo anatómico.

Puedo aceptar que mi hijo se sienta una chica. Me ha costado mucho tiempo, pero creo que lo entiendo. Pero si luego se casa con un hombre, no veo cómo puedes decirme que no es gay. No lo entiendo. Es decir, si se somete a cirugía de reasignación de sexo, entonces obviamente ya no es gay, pero si no lo hace, entonces es gay. Por supuesto, si se enamora de una chica, entonces todo el mundo pensará que es lesbiana, de todos modos, ya que vive tiempo completo como una mujer.

PADRE DE UNA CHICA TRANS DE 18 AÑOS

Me di cuenta a los 3 años de que era transgénero. Todo en mi interior es masculino y he pensado y me he sentido así desde que tengo uso de razón. Ahora me identifico como hombre trans heterosexual.

HOMBRE TRANSGÉNERO DE 18 AÑOS

Si tienes un hijo pequeño con expansión de género, resiste cualquier impulso tuyo (o de otros) de etiquetar a tu hijo como gay o lesbiana. En su lugar, recuerda a todos, incluido tú mismo, que lo único que están presenciando a esta edad es su estilo de comportamiento y expresión de género. Cuando llegue la adolescencia, su identidad y orientación sexual surgirán con mayor claridad.

Los adolescentes están inmersos en un proceso continuo de desarrollo sexual. Esta es una de las tareas atribuidas a la adolescencia. Muchos no están seguros de su orientación sexual, mientras que otros la tienen clara desde la infancia. Los impulsos sexuales e intereses románticos nuevos que encuentran pueden ser confusos, intensos e incluso abrumadores. Reconocer su orientación sexual y distinguirla de su género forma parte de ese proceso.

¿Expresión de género o identidad de género?

Ten en cuenta que no todos los niños con diversidad de género expresan su identidad de género. Muchos jóvenes hoy no se sienten cómodos con las categorías binarias tradicionales de "chico" o "chica", sino que perciben muchas más facetas de sí mismos que las que abarcan estas definiciones y también están dispuestos a expresarse más libremente que en el pasado reciente. Están creando un lenguaje que abarque los matices, la complejidad y la ambigüedad de sus experiencias de género. Muchos están cuestionando todo el sistema de género.

> Me identifico como yo mismo, no utilizo ningún término específico para nombrar mi género; pero me siento más cómoda con los pronombres masculinos y me siento muy disfórica con mis pechos. Tomo un medicamento para interrumpir la menstruación. Preferiría que la gente no intentara asignarme un género, pero si lo necesitan, me siento más cómodo si me ven como varón.
>
> ADOLESCENTE DE 16 AÑOS

> Creo que la noción de género es mucho más grande de lo que la gente nos dice. Es más bien una galaxia o un universo de género. Sus posibilidades son infinitas.
>
> Esto se debe a que todos intentamos ser nosotros mismos. Si todos viviéramos la vida en la que nos sentimos más cómodos, ¡nos sentiríamos muy bien con que todo el mundo fuera diferente!
>
> ADOLESCENTE DE 14 AÑOS

Existe una importante distinción entre tener una identidad de género no dominante, o un estilo de comportamiento o expresión de género no dominante, y tener disforia de género, como veremos a continuación. Pero puede ser difícil distinguir si es la identidad de género de un niño, el estilo de comportamiento o expresión de género, o ambos, los que se sienten incongruentes.

Antes de seguir explorando la expresión de género frente a la identidad de género, dediquemos algún tiempo a comprender mejor qué es la disforia y algunas formas en que se manifiesta.

Todo sobre la disforia de género

La disforia de género es la angustia que experimenta una persona de cualquier edad porque su género no coincide con el sexo que se le asignó al nacer. Desglosado un poco más, la disforia de género es cuando alguien se siente muy infeliz, incómodo o insatisfecho en relación con su género. Puede manifestarse como una tensión entre lo que la persona siente por su cuerpo y lo que la sociedad le asigna a su cuerpo, o un conflicto en torno a su propio sentido interno de sí mismo y las expectativas externas en torno a los roles de género. La disforia puede variar mucho de una persona a otra y puede abarcar una amplia gama de sentimientos que van desde una leve incomodidad hasta una angustia insoportable. A menudo, se necesitan medidas de congruencia para que la vida sea más manejable. El sentimiento de disforia de una persona disminuye a medida que se consigue una mayor congruencia.

Sin embargo, no siempre es el hecho de ser transgénero o no binario en sí mismo lo que provoca la disforia. Más bien es el impacto de fuerzas externas, como el rechazo familiar, el acoso escolar o los mensajes sociales negativos, lo que provoca la angustia. Ya sea que la angustia se genere internamente o no, esta puede afectar negativamente el rendimiento escolar, la vida social y las relaciones familiares del niño, así como su salud física y mental.

Además, no todos los niños transgénero, no binarios o con expansión de género tienen disforia de género. Algunos se sienten cómodos identificándose como un género diferente al que se les asignó al nacer, o con un estilo de comportamiento diferente al esperado. Estos niños siguen necesitando buscar la congruencia para alinear su género de la forma más adecuada para ellos, pero pueden tener la suerte de que esto no les cause una angustia significativa. Sin embargo, esto es matizable, porque para muchos de estos niños podría sobrevenir la angustia si no se les permitiera buscar algunas formas de congruencia. Por ejemplo, si la escuela de un niño apoya una autopresentación de género expansiva, el niño podría no recibir mucha atención negativa por su expresión de género; pero si ese mismo niño asistiera a una escuela diferente, en la que fuera acosado o rechazado, probablemente experimentaría una angustia importante. Así que, como en todas las cosas, el que alguien experimente dificultades o no puede ser ciertamente contextual. Es fundamental que las familias comprendan que, aunque un niño con diversidad de género no demuestre una angustia activa, deben permanecer atentos para asegurarse de que la calidad de vida del niño no se vea afectada negativamente, sea cual sea su entorno.

La doctora Karisa Barrow, psicóloga clínica especializada en la atención afirmativa del género, nos recuerda que hay una diferencia entre el sentido más general y no agudo de la disforia de género, que es una leve incomodidad entre el género asumido al nacer y la experiencia interna, y la disforia de género (DG) como padecimiento médico, que es más aguda, diagnosticada y clínica. En esencia, dice que los jóvenes que luchan con más síntomas de DG "pueden estar luchando internamente con sus características sexuales secundarias, así como con la representación del yo en relación con el otro". Barrow afirma que las típicas intervenciones terapéuticas que se ofrecen durante esta época incluyen abordar la ansiedad social o los síntomas depresivos, los cuales suelen empeorar hasta que se toman medidas de congruencia. En otras circunstancias, afirma, los terapeutas "pueden mitigar la disforia corporal, los trastornos alimentarios emergentes o los problemas de comportamiento", pero solo cuando se les da la oportunidad de buscar la congruencia médica, dice, el joven "experimentará un alivio de los síntomas y empezará a moverse con más confianza y socialmente en su mundo".

Infantes: signos de disforia de género

Tenía 3 años cuando empezó a mostrar interés por llevar vestidos después de jugar a disfrazarse con una vecina. Estaba tan obsesionada con el vestido que la familia de su amiga la envió a casa con él. A partir de entonces, era lo único que quería llevar.

MADRE DE UNA NIÑA TRANSGÉNERO DE 8 AÑOS

Cuando salíamos, no era raro que la gente utilizara el pronombre "ella" o se refiriera a nuestro hijo como "hija". Yo los corregía amablemente. Un día, mi hija me pidió que dejara de corregir a la gente. Le pedí que me ayudara a entender, y me dijo "porque saben lo que es correcto, saben lo que soy".

MADRE DE UNA NIÑA TRANSGÉNERO DE 5 AÑOS

Mi hijo tenía 11 años cuando empezó a pedir a los demás que lo llamaran con un nombre de chico en lugar de su nombre de nacimiento. Lo descubrí porque todo el mundo en el barrio lo llamaba de otra manera. En esa época, también empezó a vestirse de forma más masculina y pidió un corte de pelo de chico.

MADRE DE UN CHICO TRANSGÉNERO DE 14 AÑOS

Nosotros notamos que el comportamiento de nuestro hijo asignado varón al nacer no correspondía a lo esperado o aprendido cuando tenía 3 años, y conforme fue creciendo era cada vez más evidente que algo era diferente. Pensábamos que sería un niño gay hasta que a sus 7 años nos expresó que se sentía como una niña.

MADRE DE UNA NIÑA TRANSGÉNERO, MÉXICO

Signos de disforia de género de 2 a 11 años

Aquí tienes algunos signos comunes de disforia de género a los que puedes prestar atención entre los 2 y los 11 años. Ten en cuenta que esto es un punto de partida, no una lista exhaustiva.

Tu hijo puede:

- Pedirte que lo llames por otro nombre.
- Insistir en que su género difiere de su sexo asignado; por ejemplo, puede decir "soy un niño, no una niña".
- Referirse a sí mismo con pronombres diferentes para él o pedirte que los utilices.
- Enojarse o ponerse nervioso si te refieres a él con un término específico de género que no le parece correcto, como hermana o hermano, hijo o hija.
- Insistir en que le compres ropa, ropa interior y trajes de baño diferentes.
- Utilizar el baño de una forma asociada con alguien con genitales diferentes, como ponerse de pie para orinar.

- Hablar de acontecimientos futuros que no parecen coincidir con su sexo asignado (por ejemplo, quedarse embarazada o ser papá o mamá).
- Hacer declaraciones sobre el deseo de que su cuerpo sea diferente.
- Afirmar que no le gustan los genitales que tiene, o hacer declaraciones sobre cambiarlos (a veces de forma alarmante). Puede que no quiera verse desnudo o que invente historias sobre por qué sus genitales son como son: "Mi pene es tan pequeño que no se ve", "Dios me quitará pronto el pene".
- Desarrollar una ansiedad que se acentúa en contextos de género como los deportes, el campamento o la escuela.
- Tener problemas de comportamiento, como negarse a ir a los sitios, hacer berrinches, no querer participar en las actividades habituales o incluso ir al colegio.
- Negarse a usar una ropa determinada o a cortarse el pelo.
- Incluso hablar de querer morir antes que ser del sexo que se le asignó al nacer.

Adolescentes: signos de disforia de género

Aquí tienes algunos signos comunes de disforia de género a los que puedes prestar atención en chicos de 12 a 19 años. De nuevo, no se trata de una lista exhaustiva.

Tu adolescente podría:

- Utilizar un nombre diferente y negarse a responder a menos que lo llames por él.
- Utilizar pronombres diferentes y enojarse si no los empleas.
- Expresar que su identidad de género difiere de su sexo asignado al nacer o decirte que se siente inseguro sobre su género.
- Llevar ropa que oculte su cuerpo.
- Desarrollar un sentido del estilo que se asocia típicamente con el "otro sexo" o es andrógino.
- Desarrollar signos de ansiedad, sobre todo fuera de casa, o signos de depresión, como aislarse en su habitación y alejarse de las actividades familiares y de sus compañeros.
- Negarse a ir a la escuela.

- Negarse a hacer cosas que antes le gustaban, como practicar deportes de equipo o ponerse el traje de baño para ir a nadar.
- Rehusar bañarse.
- Autolesionarse con cortes, quemaduras, pellizcos o puñetazos. Además de los lugares más comunes de las autolesiones (que incluyen las muñecas, los brazos y los muslos), los pechos y los genitales también son comunes en la disforia corporal relacionada con el género. Ten en cuenta que tu hijo adolescente será muy hábil a la hora de asegurarse de que no se vean estas marcas llevando mangas o pantalones largos, así que tendrás que prestar mucha atención a las señales de este comportamiento y mantener una comunicación continua y abierta sobre este tema, de ser posible antes de que ocurra. No tengas miedo de pedirle amablemente que te muestre las zonas en las que se ha autolesionado, ya que puede ser necesaria la atención médica.
- Desarrollar un trastorno de la alimentación, los cuales son cada vez más frecuentes en los adolescentes transgénero; cuando están estimulados por la disforia de género, el comportamiento suele estar dirigido a cambiar su forma para alinearse con las características deseadas de la forma del género.
- Tener dificultades con la menstruación y, en consecuencia, no utilizar productos de higiene por negar su necesidad, así como el aumento de la depresión o de las autolesiones durante la menstruación.
- Querer desarrollar la apariencia de un sexo diferente. Puede pedir el uso de hormonas de afirmación o someterse a procedimientos médicos como cirugías para alinear su cuerpo.
- Declarar que son suicidas, o mostrar signos de serlo.

Las medidas de congruencia son necesarias para abordar la disforia y aliviar la angustia que provoca. No hay un enfoque único para la congruencia de género, por lo que no todos los chicos con diversidad de género necesitan las mismas medidas para sentirse a gusto consigo mismos. Algunos experimentarán una disforia que requerirá tratamientos médicos de alineación y otros no. Algunos requerirán un cambio de nombre o pronombre para sentirse en armonía con su género y otros no. Habrá aquellos que necesitarán un cambio legal de sus documentos y credenciales de identidad para sentirse congruentes, mientras que otros no.

El camino hacia la congruencia de género es algo muy personal y debe ser respetado.

No presiones a tu hija/hijo a adoptar una identidad transgénero

La ambigüedad de género y la visible inconformidad con el género destacan entre la multitud, especialmente en las comunidades más pequeñas o conservadoras. La expresión de género no conforme, independientemente de la identidad de género, es la fuente de la discriminación y de la homofobia. La discriminación se desencadena cuando alguien se sale de las expectativas sociales. Cuanto mayor sea la variación, mayor será la discriminación.

A veces las familias desean que su hijo no sea siempre tan evidente en su expansión de género. Otras veces, estos se encuentran deseando que su hijo sea transgénero para que, con el tiempo, pueda pasar desapercibido. No es apropiado elegir la identidad de género de un niño por propia comodidad. Por favor, busca asesoramiento, para gestionar tu malestar personal con la expansión de la expresión y las preferencias de tu hijo. Vivir una vida transgénero no es algo a lo que una madre o un padre deba empujar a su hijo. Tampoco es algo que deba temerse si es la vida que él o ella elige vivir. Sin embargo, una vida transgénero es diferente a la de un chico no binario, de género expansivo o de género fluido, al que le gusta expresar su feminidad, o a la de una chica no binaria, de género expansivo o de género fluido, a la que le gusta expresar su masculinidad.

Expresión de género expansivo

Algunos niños no son los típicos niños o niñas. Tampoco son transgénero. Puede que un día les gusten cosas que se consideran de chicos y otro día cosas que se consideran de chicas. Pueden querer llevar ropa de "chico" un día y ropa de "chica" al siguiente. Pueden preferir peinados andróginos. Estos niños son simplemente más fluidos en su naturaleza. No se sienten cómodos ajustándose perfectamente a las cajas establecidas de comportamiento o de expresión. Pueden pasar de una caja a otra y viceversa o decir que ninguna de ellas les parece bien.

Libertad de expresión de género

En general, es más habitual conocer a chicas con el pelo corto, o a las que les gustan los deportes más duros, como el futbol, o que prefieren llevar pantalones cortos holgados de patinadora en lugar de faldas. Estas chicas son socialmente aceptadas o toleradas como "masculinas" y no se las considera especialmente expansivas en cuanto al género, a menos que se aparten completamente de las normas sociales femeninas esperadas. Por supuesto, la libertad de expresión de género no se concede a las chicas en todas las comunidades ni en muchos lugares del mundo. Pero los chicos tienen aún menos aceptación cuando su estilo de comportamiento o apariencia se sale de las normas de género esperadas para los hombres.

Chicos rosados

A los chicos jóvenes que prefieren la ropa y los peinados tradicionalmente femeninos se les llama a veces "chicos rosados". No son homosexuales o transgénero necesariamente, pero tienen un comportamiento más suave. Por ello, pueden sufrir mucha discriminación. Lo que se considera "género expansivo" para los chicos abarca mucho más territorio que para las chicas y en general resulta más problemático para las convenciones sociales. Por suerte, cada vez hay más libros y otros recursos disponibles, así como comunidades en línea para apoyarlos a ellos y a sus familias.

La expansión de género no es lo mismo que ser transgénero

Si lo que un niño expresa se centra sobre la apariencia y el estilo de comportamiento y no incluye la identidad de género, entonces se llama "de género expansivo". Si lo que expresa incluye su identidad, entonces suele entrar en la categoría de "no binario" o "transgénero". Esto aplica para personas de todas las edades e identidades. Tener un estilo de comportamiento o expresión de género expansivo no es lo mismo que ser transgénero. Los comportamientos y expresiones de género de una persona expansiva pueden pasar por etapas y fases a lo largo de la vida, tenga o no esa persona una identidad de género trans, no binaria o cisgénero.

Anima a tu hija/hijo a probar cosas nuevas

A menudo, para determinar si tu hijo se siente incongruente con su expresión, en su identidad o ambas, será necesario que pruebe algunas cosas para ver si le quedan bien. Por ejemplo, puedes sugerirle que se deje crecer el pelo, que se lo peine de forma diferente o que se lo corte para ver si se siente más alineado con quien es. Podrías sugerirle que elija la ropa que quiera probarse en la tienda. Podrías recordarles con frecuencia a los niños más pequeños que los colores son solo colores, que los juguetes son solamente juguetes, y que tú puedes seguir siendo un niño y jugar a disfrazarte, llevar mallas de colores y tener una habitación llena de chispas. O que puede seguir siendo una chica y comprar solo en la sección de "chicos", llevar un traje a una boda o casarse con una chica. Cuando un niño está únicamente expuesto a una gama limitada de expresión de género y no ve a nadie de su sexo asignado con el aspecto que desea, puede sentir que no pertenece a ese género y desconocer a cuál sí (de ser el caso). Si tu hijo expresa que es transgénero, es muy posible que lo sea; pero puede deberse a una evaluación inexacta de la parte de su ser que aún está naciendo.

Proporciona a tu hija/hijo ejemplos reales de la vida de la diversidad de género

Para los niños que empiezan a afirmar su identidad transgénero o no binaria en la adolescencia, hay otras consideraciones. Algunos adolescentes trans nunca han estado expuestos a la expresión natural de la expansión de género común en las comunidades gay o *queer*, por tanto, es posible que nunca hayan visto la expresión de género que coincide con sus propias inclinaciones naturales reflejada en otra persona de su mismo sexo. En otras palabras, es posible que tu hijo no sea transgénero en sí mismo, pero que tenga un deseo natural de expresarse de forma más transversal. Su identidad de género (interna) puede permanecer alineada con su sexo biológico, mientras que su expresión de género (externa) puede no hacerlo.

> *No sabía que las mujeres podían parecer hombres y seguir sintiéndose mujeres. Fui a Seattle y vi a dos hombres homosexuales cogidos de la mano. Me quedé alucinada, ya que nunca había visto a personas homosexuales en público. Justo antes de dejar de mirar, se volvieron hacia mí y vi que no eran hombres, sino dos mujeres que parecían hombres cogidas de la mano. Eran lesbianas. No asimilé tanto que fueran lesbianas, sino que mi corazón dio un salto y me dije: "¡Esa soy yo!". Había estado luchando con la idea de que era transgénero. En el instante en que vi a las mujeres vestidas con la ropa que a mí me gusta, con calzoncillos, jeans sueltos, camisas de hombre, pelo corto y caminando de esa manera que yo creía que solo era para los chicos, me di cuenta de que no era un chico en absoluto. Yo era una de ellas. Todo mi mundo cambió ese día. No sé si soy lesbiana o no, pero sí sé que soy una mujer como esas mujeres.*
>
> CHICA DE 16 AÑOS

Cuando las madres y padres de adolescentes transgénero que acaban de salir del armario llaman a Stephanie, una de las primeras cosas que les pregunta es si sus hijos han estado expuestos a adolescentes o adultos de género expansivo. En otras palabras, si su hijo de sexo masculino asignado al nacer ha conocido y pasado tiempo con hombres de apariencia o presentación más femenina, o si su adolescente de sexo femenino asignado al nacer ha conocido y pasado tiempo con mujeres de apariencia o presentación más masculina. Si no es así, Stephanie sugiere que pongan en contacto rápidamente a su hijo con algunos adultos de género expansivo o no binario, así como con distintos tipos de gays y lesbianas, especialmente con personas que compartan tantas identidades coincidentes como puedan encontrar. Esto puede dotar a ese niño de información sobre la vida más allá de lo binario, ya que puede que no conozca todas las opciones de las que dispone para expresar su sentido innato del género, aparte de ser transgénero. Tanto si acaban afirmando su identidad como transgénero como si no, es importante presentarles una gama más amplia de diversidad de género, ya que el mero hecho de conocer a una persona transgénero o de género expansivo no representa la amplitud suficiente de experiencia, identidad o presentación. Las familias y cuidadores también deberían encontrar a otros adolescentes con diversidad de género como parte de esta exposición. Todo esto puede requerir ponerse en contacto con el centro comunitario gay del área metropolitana más cercana, o con un centro de recursos LGBTQ+ que forme parte de una escuela o universidad. Esto puede significar contactar a tu organización de familiares y amigos de lesbianas, gays, bisexuales y transexuales (PFLAG) o grupo de apoyo para padres local o a una alianza entre personas gays y heterosexuales para que te den sugerencias. La familia podría asistir a una Conferencias Anual de Familias de Gender Spectrum para que puedan conocer a otros adultos y adolescentes que están a lo largo del espectro del género.

Permitir que tu hijo tenga la oportunidad de conocer a adultos de género expansivo, no binario y transgénero, y ver reflejos de sí mismo en los demás, lo ayudará a aclarar quién es. Si no encuentras personas en tu comunidad, sugiérele que vea películas y busque contenidos en las redes sociales, como TikTok y YouTube, que reflejen las diferencias de género y su expresión.

Debido a la complejidad de la adolescencia, no siempre es evidente lo que ocurre cuando un adolescente empieza a cuestionar su identidad de género. Determinar si lo que sienten es una necesidad de alinear su identidad o su expresión de género, o ambas cosas, es fundamental. Ofrecer esta oportunidad de claridad, sin dejar de apoyarlos en este proceso de autodescubrimiento, será uno de los mayores regalos que puedes darle a tu hijo. Tú también podrás estar más tranquilo sabiendo que él o ella no está tomando una decisión sobre su género por capricho o como reacción a una experiencia negativa. Si sigue sintiéndose transgénero o no binario después de haber estado expuesto a muchas formas de expansión de género a lo largo del tiempo, entonces es probable que lo sea.

A todo esto, ¿en qué consiste lo no binario?

"No binario" puede ser un término paraguas que incluye tanto la identidad como la expresión de género. También es un término utilizado específicamente como identidad de género. Es pues un término que puede englobar muchas de las otras identidades de género que no encajan en el esquema binario convencional de masculino y femenino, incluyendo a los que se sienten como una mezcla de ambos géneros, los que sienten no tener un género y los que tienen un género fluido. Algunas personas que caen bajo el paraguas no binario se identifican en el espectro transfemenino o transmasculino, mientras que otras no se relacionan con ese concepto en absoluto. La terminología está evolucionando incluso mientras escribimos esto y se mueve rápidamente. También puede significar cosas diferentes para distintas personas, así que, sea cual sea la etiqueta de identidad que utilice tu hijo, es mejor preguntarle qué significa para él, ella o elle.

¿Podría ser una fase el hecho de sentirse transgénero o no binario?

Para algunos niños, expresar una identidad transgénero o no binaria puede ser una fase de exploración; para otros, no. Cuanto más tiempo lleve un niño identificado como transgénero o no binario, más fácil será para madres y padres responder a esta pregunta. Independientemente del resultado final, la autoestima, el bienestar mental y la salud general de un niño con identidad de género diversa dependen en gran medida de que reciba amor, apoyo y compasión de su familia. En el caso de los niños cuya identidad de género ha permanecido estable y sin cambios a lo largo del tiempo, incluso durante muchos años, sus progenitores pueden esperar que esto continúe y se profundice a lo largo de su vida. Por ejemplo, un niño de 12 años con una designación sexual masculina que ha afirmado sistemáticamente que es una niña desde los 3 años lo más probable es que siga siendo transgénero durante toda su vida.

Actualmente no hay suficientes investigaciones sobre el número de niños que "cambian de opinión", pero es muy bajo. Un estudio comúnmente citado ha indicado que menos de 2% de los niños que se identifican como transgénero antes de la pubertad, y que luego empiezan a tomar suplementos hormonales, deciden abandonar el tratamiento.

La identidad de género no es una elección

Nadie elige ser transgénero, no binario o agénero. No es fácil. Por eso, cuando un niño o un adolescente afirma que es transgénero, debes escuchar. Como madre o padre, prepárate para recabar más información y escucha de verdad lo que te dice tu hijo. Si te lo ha dicho y has respondido con una negación, o asumiendo que es una fase, no es demasiado tarde. Vuelve a él con los brazos y el corazón abiertos, y pídele una aclaración. Mantén las líneas de comunicación abiertas. Hablaremos mucho más de esto en lo que sigue del libro.

Entonces... ¿puedo estar seguro?

Al fin y al cabo, las personas son lo que son. No podemos controlar el género, la orientación sexual o cualquier otro aspecto de la identidad básica de nuestros hijos; pero lo que madres y padres pueden hacer es amarlos, aceptarlos y apoyarlos incondicionalmente.

Aunque no estés seguro al 100% de que tu hijo sea transgénero, no binario o que tenga otro tipo de género, reflexiona, ¿cuándo podemos estar 100% seguros de algo? Todo lo que puedes hacer es hacerlo lo mejor posible, siguiendo tu corazón, la opinión de tu hijo y la investigación sobre la afirmación del género. Aunque en los próximos años se publicará más sobre este tema, los resultados más importantes de las investigaciones afirman sistemáticamente que el factor fundamental para el bienestar de un niño de género expansivo, transgénero o no binario es el apoyo de su familia. Y de eso sí puedes estar seguro.

Capítulo 4

Etapas de desarrollo de infancias transgénero y no binarias

Si eres madre, padre o cuidador de un niño no binario o transgénero, sin duda te habrás sentido frustrado por la falta de información sobre el desarrollo del género en la mayoría de los libros sobre crianza. Aquí presentamos los peldaños específicos del desarrollo del género de acuerdo con cada etapa del niño y las edades típicas en las que los niños transgénero adquieren conciencia de sí mismos. Por supuesto, como ocurre con todas las etapas de desarrollo, variarán de un niño a otro. Esperamos que lo que leas en este capítulo retome lo que necesitas saber a partir de ahí donde los otros libros se han quedado.

Desarrollo y conciencia de la identidad de género

Existe una idea errónea de que las personas solo pueden ser transgénero si lo saben desde una edad muy temprana. Aunque esto es cierto para algunos, el camino hacia la autoidentificación y la afirmación de la identidad de género es más largo para muchos otros. Para algunos, comprender, encontrar un nombre para ello y aceptar su identidad de género son procesos complejos que pueden durar hasta el final de la adolescencia, la juventud o hasta bien entrada la edad adulta.

Aunque la primera infancia es un momento común para que los niños nombren su género, no es el único. Otro es el inicio de la pubertad y el tercero más común es el final de la adolescencia. Muchos niños transgénero y no binarios sienten que son "diferentes", pero no relacionan ese sentimiento con su género hasta que están expuestos a un nuevo lenguaje o a representaciones diversas de la diversidad de género. Incluso una vez que han comprendido cuál es su género, el miedo al rechazo y a la estigmatización, e incluso la vergüenza interiorizada, pueden impedir que compartan con los demás la comprensión que ya tienen sobre su género.

Las infancias

Era un pequeño bebé de unos 18 meses y su primera frase formada fue "Yo nene mamá". Le di el biberón porque supuse que había dicho: "Yo bibe, mamá", pero tiró el bibe y lo repitió. Me pareció simpático que parecía confundido, pero yo también sabía que algo estaba pasando. Siempre quería juguetes de tipo "masculino", y tenía la sensación de que era diferente a mis tres hijas mayores.

MADRE DE UN NIÑO TRANSGÉNERO DE 7 AÑOS

Puede referirse a sí mismo como un niño, pero dice que desearía ser una niña. Ha preguntado qué edad debe tener para que le corten el "pipí".

TÍA DE UN NIÑO DE GÉNERO EXPANSIVO DE 6 AÑOS

Mi hijo tenía 4 años cuando se identificó como no binario y dijo que quería utilizar los pronombres elle/elles. Incluso antes de eso, había empezado a decir: "Me siento como un niño y una niña". No era sorprendente, porque a mi hijo, asignado como niño al nacer, le gustaba llevar faldas y vestidos desde los 3 años.

MADRE DE UN HIJO NO BINARIO DE 5 AÑOS

No preguntamos, ni presionamos, ni asumimos, simplemente seguimos su ejemplo durante unos dos años. Entonces, cuando empezó el jardín de infantes, dijo que ya no quería llevar ropa de "niño". A partir de ese momento, tardó aproximadamente un año en declarar un nuevo nombre y solicitar el pronombre ella, y nunca hemos mirado atrás. Nuestro objetivo era que nunca tuviera que "salir del armario" porque estaríamos con ella en todo el camino.

MADRE DE UNA NIÑA TRANSGÉNERO DE 7 AÑOS

Cuando pienso en ello, lo único que un niño siempre puede elegir por sí mismo es un disfraz de Halloween. Es una oportunidad para ser quienes son y lo que quieran ser. Sus disfraces han sido "masculinos" desde que tenía 4 años. Ese año quería ser un vampiro y le enseñé el disfraz de vampiro para niña, y me decía que ese no era el que quería, entonces vio el vampiro "real", el masculino, y ese era el que quería. Sabía quién era, pero le tomó tiempo para que pudiera decírnoslo y mostrárnoslo.

MADRE DE UN HIJO TRANS DE 14 AÑOS

Nuestro hijo, asignado como varón al nacer, gravitó hacia las cosas "femeninas" alrededor de los 3 años. A los 4 años, cuando le dije "mi dulce niño", me corrigió y dijo: "Soy una niña, mamá".

MADRE DE UNA HIJA TRANSGÉNERO DE 6 AÑOS

Como la identidad de género surge más o menos al mismo tiempo que el niño aprende a hablar, es habitual que las niñas y niños transgénero o no binarios intenten hacérselo saber a sus familias cuando son muy muy pequeños. Madres y padres pueden tardar varios años en comprender la profundidad de lo que su hijo está expresando realmente. Al principio piensan que puede ser algo simpático. Luego suelen pensar que su hijo está confundido: "No, cariño, los niños tienen pene y las niñas tienen vagina". Pueden hacer esto incluso cuando el niño está mostrando una negación rotunda, un trauma severo o una disforia sobre su anatomía. Entonces asumen razonablemente que la "confusión" debe ser una fase. Con el tiempo, las familias de niños transgénero llegan a reconocer que esta "fase" no cambia.

La capacidad de un niño pequeño para expresar externamente su identidad de género en su mayor parte está controlada por su madre y su padre. De nuevo, las familias no pueden controlar la experiencia interna real de su hijo. Si el niño o niña tiene una identidad transgénero o no binaria, no cambiará solo porque no lo acepten. Sin embargo, si se comunica claramente el rechazo parental, con el tiempo la verdadera identidad de género del niño puede pasar a la clandestinidad e interiorizarse con vergüenza.

Dado que afirmar la identidad de género es parte integral del desarrollo de todos los niños pequeños, una niña o niño pequeño transgénero seguirá afirmando su identidad de forma natural. Puede afirmar verbalmente su género, corrigiendo a las personas que se refieren a él con pronombres inadecuados. Puede pedir ropa y peinados que reflejen mejor su género interior. Puede intentar cambiar su nombre. Su juego girará en torno a la expresión del género que siente que es. Tal vez haga berrinches si no puede tener la ropa o los juguetes asociados a su identidad de género.

Al principio, pensamos que el deseo de Andi de llevar vestidos no era más que una fase... Después de un tiempo, nos dimos cuenta de que no era una fase, sino parte de su identidad. Cuando tenía casi 4 años, poco a poco empezó a querer ocultar el hecho de que había nacido niño. Por ejemplo, se enojaba con nosotros si alguien daba por hecho que era una niña y lo corregíamos. En preescolar, empezó a llevar camisetas de gran tamaño, simulando que eran vestidos. Luego pasó a llevar una "falda de bailarina", que hizo llevando la camiseta de su madre debajo de una camisa de niño. Muy pronto, comenzó a angustiarse porque el conjunto "no estaba bien". Un día, lloró y lloró por eso. Estaba inconsolable. Finalmente, le compramos un vestido de su talla.

PADRE DE UNA NIÑA TRANSGÉNERO DE 6 AÑOS

Por supuesto, a una edad tan temprana, puede ser un reto para madres y padres determinar si su hijo es de género expansivo o si tiene una identidad de género no binaria o transgénero. Como las normas sociales acerca de las preferencias de chicas y chicos son tan estrictas, si tu hijo varón prefiere la expresión y el juego femeninos, y no insiste en que es una chica, lo más probable es que solo sea de género expansivo. Los niños están más restringidos socialmente que las niñas en cuanto a la expresión personal en la mayoría de los niveles de la sociedad. Por lo tanto, el hecho de que tu hijo prefiera los juguetes y la ropa que tú asocias con la feminidad no significa que sea transgénero ni gay. En este punto, simplemente significa que le gusta una ropa y unos juguetes concretos, como los niños rosados de los que hablamos en el capítulo anterior. No te apresures a etiquetar a tu hijo como transgénero. Tómate el tiempo necesario para observar de verdad lo que le ocurre. Esto puede llevar varios años. No lo presiones para obtener una respuesta. Permanece presente en el aquí y ahora, y observa lo que se desarrolla con el tiempo.

Preadolescencia y adolescencia temprana

La siguiente etapa típica para que surja una identidad transgénero o no binaria es justo antes y durante la pubertad temprana, es decir, entre los 9 y los 14 años según el niño. A esta edad, las infancias empiezan a experimentar cambios hormonales y físicos hacia la madurez, y comienzan a dispararse enormes alertas en sus cerebros. Cuando esto ocurre, los niños con una diversidad de género emergente suelen intentar compartir su inquietud con su familia de una forma u otra, aunque no se den cuenta todavía de que lo que sienten tiene que ver con su género. Del mismo modo, las familias pueden notar que algo no va bien con su hijo y entonces llevarlo a un terapeuta por su retraimiento, sus actitudes, su depresión o sus conductas de autolesión. Es durante el proceso terapéutico cuando surge la cuestión de la identidad de género. En ese momento, la mayoría de las madres y padres echan la vista atrás y dicen que habían sospechado que su hijo iba a ser gay o lesbiana, pero nunca consideraron que pudiera ser transgénero.

Mi hijo tenía unos 10 años cuando supe con seguridad que era transgénero. Antes de eso tenía indicios que ahora, al mirar atrás, tienen más sentido. Lo descubrí preguntándoselo, por escrito, porque parecía muy triste y no decía por qué. Así que escribí en un papel: "¿Te sientes a veces como un chico?", y simplemente me respondió: "Sí".

MADRE DE UN CHICO TRANS DE 14 AÑOS

Nuestra hija "salió del armario" cuando tenía 12 años, en el verano anterior a cursar primero de secundaria. Estaba pasando por un momento difícil debido a su ansiedad, y a ello se sumaba la forma en que su cuerpo estaba cambiando y que ella se sentía impotente para detener. Llegué a casa del trabajo y la encontré llorando desconsoladamente en su habitación. Después de sentarme con ella un rato, finalmente me reveló que odiaba lo que tenía "ahí abajo".

MADRE DE UNA CHICA TRANS DE 17 AÑOS

Mi hija de 9 años anunció un día que era realmente un niño y que su nuevo nombre era Jack. Tenía la actitud de que yo lo aceptaría sin más. No podía creerlo. Al principio, pensé que era una broma y la ignoré. Pero ese fin de semana ella quería comprar ropa de chico. Le seguí la corriente, ya que nuestra familia había pasado recientemente por un divorcio complicado, y pensé que era su forma de llamar la atención. ¿Qué mal podría hacer si le compraba ropa de niño? Entonces empezó a llorar cada vez que la llamaba Joanie. Recibí una llamada de su profesora diciendo que Joanie pasaba a llamarse Jack en el colegio y que le decía a todo el mundo que era transgénero y que realmente era un chico. La profesora quería saber qué quería que hiciera. No sabía qué decir. Fui a un grupo de apoyo para padres. Todos fueron muy acogedores y me preguntaron si estaba de luto por mi hija. Yo sólo pensé: "No, no la he perdido". Pensé que era un grupo de tarados.

Ya ha pasado un año y Jack es Jack. Tengo todavía mucha tristeza y confusión. Pero lo quiero y él es feliz. No estoy preparada para hablar de medicinas y cirugías, pero nuestro médico y los padres de mi grupo de apoyo me dicen que debería pensar en ello. Hay opciones que podrían facilitar la vida de Jack y que no son permanentes.

Me doy cuenta de que Jack siente que es un niño. A veces llamo a mi madre y lloro. Todo el mundo me dice que no tengo la culpa, pero no estoy tan segura. Debe haber alguna razón por la que mi hija siente que es un chico. Verás, estoy muy confundida con los pronombres. Siempre pensé que Joanie sería lesbiana; de hecho, no actúa tan diferente a Jack, pero parece más feliz. Algunos días siento que todo esto es problema mío. Otros me pregunto: "¿Y cuál es el problema? A él parece que le conviene más ser un chico". Sé que pronto aprenderé sobre esos medicamentos. Sus pechos empiezan a crecer y me doy cuenta de que, si no lo apoyo, puedo perderlo.

MADRE DE UN NIÑO TRANSGÉNERO DE 10 AÑOS

Mi hijo había estado muy deprimido. Había experimentado cierto alivio cuando nos dijo que era gay. Parecía estar feliz por primera vez en un año. Dejó la computadora y por fin hizo una actividad extraescolar. Entonces la depresión volvió. Nos preocupaba que lo estuvieran acosando en el colegio. Nos dijo que era igual que antes. Siempre lo han acosado porque lleva ropa bastante llamativa y habla muy expresivamente con el cuerpo y las manos. Dijo que quería morir porque no podía imaginar que la vida continuara de la forma en que la estaba viviendo. Ya no tenía ganas de vivir.

Lo mandamos con un terapeuta. Tras varios meses, hubo un día que no olvidaré: entró en la terapia como Randall y salió como Heather. Fue una larga sesión de terapia de tres horas en la que yo estuve como invitada durante la última parte. Su terapeuta ayudó a Randall a darse cuenta de que realmente sentía y creía que era una chica.

Cuando su terapeuta le dijo que algunas personas son transgénero y que no hay que tener miedo, Randall salió con su alter ego, Heather. Dijo que Heather ha vivido dentro de él durante años. Y que necesitaba salir del armario. No puedo decir que haya sido fácil. Eso sería una mentira. Mi familia se desmoronó. Mi marido y nuestros otros hijos no aceptaban que Randall fuera transgénero. Nuestro hogar parecía una zona de guerra. La gota que derramó el vaso fue cuando Heather recibió una paliza en el colegio. Fue bastante grave. Estaba herida y conmocionada. Cuando su padre llegó a casa, le dijo: "Bueno, ¿qué esperabas?". El silencio era mortal. Finalmente, en voz baja, Heather dijo que se iba. Si no la querían aquí, se iría por la mañana. Esa noche anuncié a mi marido en la cama que yo también me iría. No enviaría a nuestra hija al mundo creyendo que no era querida.

Es vergonzoso decir que se nos fue tanto de las manos, pero así fue. No creo que seamos los únicos. He hablado con otros padres que también han estado a punto de perder a sus hijos. Heather se tomó el resto de ese año libre y realizó trabajos de voluntariado mientras empezaba con los estrógenos. Va a empezar en un nuevo colegio, como chica.

MADRE DE UNA CHICA TRANS DE 15 AÑOS

Fin de la adolescencia, principio de la edad adulta

Nunca me pasó por la cabeza que mi hijo fuera transgénero, y mucho menos no binario, ya que ni siquiera sabía que eso existía. Después de que nos revelara a los 16 años que era no binario, pude ver una sensación de alivio en él. Sonreía más, pasaba menos tiempo en su habitación y más con la familia, lo cual era una gran cosa.

MADRE DE UN ADOLESCENTE NO BINARIO DE 17 AÑOS

El tercer momento típico en el que un chico o chica se da cuenta de que es transgénero es hacia el final de la adolescencia, cuando las otras partes del yo han surgido más plenamente y la identidad de género queda clara. Antes de ese momento, muchos adolescentes transgénero y no binarios prueban diferentes tipos de sexualidad para ver cuál encaja mejor con ellos, sin darse cuenta de que el desajuste interno no tiene que ver con la orientación sexual, sino con el género.

En verano, justo antes de empezar su primer año en un nuevo colegio privado, nuestra hija nos dijo que era transgénero. No sabíamos cómo responder. Actuamos sobre la marcha. Lo primero que dijimos fue que siempre la querríamos, pasara lo que pasara. Me alegro mucho de que hayamos podido responder de forma tan madura. Siempre les hemos dicho a nuestros hijos que los querríamos sin importar lo que hicieran, así que esto no sería diferente. Estábamos realmente preocupados por ella. No queríamos que tuviera que pasar por las molestias —y cosas peores— a las que tendría que enfrentarse en su colegio si "transicionaba" a chico. Así que, tras muchas conversaciones más, le dijimos que la apoyaríamos en todo esto. Sin embargo, insistimos en que fuera a terapia y en que conociera a algunos adultos transgénero. Si seguía pensando que era transgénero, le pagaríamos la operación para remover los pechos como regalo de graduación, podría tomar testosterona durante el verano y podría ir a la universidad como un chico.

Nos creíamos muy liberales. Estábamos orgullosos de esta respuesta. Nuestros amigos cercanos estaban asombrados de nuestra forma tranquila de manejar la situación. Pero esto no era suficiente para nuestra hija. Cuando llegó la primera boleta de calificaciones, pensamos que había un error. De hecho, llamamos al colegio y les dijimos que nos habían enviado la boleta de calificaciones equivocada. Se trataba de Brady; nuestra hija era Brandy. Estaban confundidos; dijeron que Brady les había dicho que habían escrito mal su nombre en la solicitud y que en realidad se llamaba Brady, no Brandy. Así fue como descubrimos que nuestra hija había estado viviendo como un chico a tiempo completo. Fuimos a su trabajo y allí estaba, a la vista de todos, con una etiqueta que decía "Brady". Solo para nosotros era obvio que nuestra hija se ataba los pechos y se presentaba como un chico al mundo. Para cualquiera que mirara, era sin duda un adolescente.

Nos sentimos traicionados. Habíamos sido tan generosos en nuestra aceptación de su identidad transgénero. ¿Por qué había actuado así a nuestras espaldas? Cuando nos enfrentamos a ella, Brady nos miró como si fuéramos de la luna. Nos dijo: "Siempre me han dicho que sea exactamente como soy. Me han dicho toda la vida que resista la presión de los compañeros y que defienda lo que es verdadero y correcto.

Cuando llegó el momento de que ustedes hicieran lo mismo, de que
me defendieran... no pudieron hacerlo. Eso no iba a impedirme a mí
defenderme. ¿A quién creen que han criado? ¿A un cobarde?".
    ¿Qué podíamos responder ante eso?

PADRES DE UN CHICO TRANS DE 17 AÑOS

Etapas de desarrollo del género vistas con más detalle

Para todos los niños, la autoconciencia de la identidad de género suele desarrollarse en etapas que están relacionadas con las distintas edades. No se trata de franjas de edad fijas. Algunos niños pasarán por estas etapas un poco antes o después que sus compañeros. Eso es natural y esperable. Considera las edades como directrices que hablan del arco general del desarrollo del género en los niños.

Todos desarrollamos de forma natural un sentido de lo que somos a medida que crecemos y maduramos. Aunque la mayoría de los niños reconocen por sí mismos una identidad de género alineada con el sexo asignado al nacer, no siempre es así. La asignación del sexo al nacer y la crianza basada en ella no siempre definen la identidad de género de un niño. Si bien los comportamientos de género —el género social— pueden estar influidos por factores externos como las expectativas culturales y el refuerzo positivo y negativo, las investigaciones demuestran que la identidad de género es innata y no algo que las fuerzas externas puedan cambiar.

Aunque los comportamientos e intereses relacionados con el género, la expresión de género, e incluso el lenguaje que se utiliza para comunicarlo pueden cambiar, la comprensión fundamental del niño sobre su propio género se manifiesta a una edad temprana. Según la Academia Americana de Pediatría, la mayoría de los niños tiene ya un claro sentido de su género a los 4 años.

De 0 a 24 meses

El género es una de las formas en que los bebés y los niños pequeños entienden la pertenencia a un grupo, lo que es esencial para un desarrollo seguro

y saludable. Los estudios nos muestran que incluso los bebés tratan de identificar a las personas por su género y pueden distinguir entre voces y rostros
masculinos y femeninos. Los niños pequeños empiezan a entender y definir
el género antes de cumplir los 2 años. Empiezan a buscar patrones que luego
utilizan para entender las expectativas asociadas al género. Interiorizan los
mensajes de sus hogares, amigos y familiares, y de los entornos en los que reciben atención. Entonces empiezan a participar activamente en la búsqueda
de información sobre cómo deben comportarse.

De 2 a 3 años

A esta edad, muchos niños identifican a los hombres y las mujeres, y a los
niños y las niñas, basándose en la apariencia externa. Piensan que esta es
la que hace que alguien sea un niño o una niña y que cambiarla podría
cambiar su género. Por ejemplo, una niña puede no querer cortarse el
pelo porque no quiere ser un niño. No hay una comprensión de la constancia de género. Los niños pequeños suelen confundirse con los adultos
disconformes con el género y tienden a etiquetar su género basándose en
rasgos básicos como el estilo de la ropa. Asimismo, aprenden rápidamente
el "género" de los juguetes, la ropa, los colores e incluso las emociones y
los comportamientos, y pueden evitar o reprender a otros que cruzan la
división genérica percibida.

Los niños de 2 a 3 años quieren ordenar su mundo. Se esfuerzan por
socializar según su sentido interno del género, buscan activamente modelos
del mismo género para aprender cómo deben actuar. Las investigaciones
han demostrado que este proceso es el mismo para menores transgénero y
no binarios que para los niños cisgénero.

Casi todos los niños empiezan a expresar su identidad de género en
torno a los 2 o 3 años. Lo hacen en la forma de hablar de sí mismos y a través de la ropa que eligen. Los niños pueden ser muy firmes sobre su género
desde una edad temprana. Por ejemplo, suelen proclamar "¡Soy un niño!" o
"¡Soy una niña!". Algunos ya perciben una gran diferencia entre lo que les
dicen que son y lo que saben sobre su propia identidad. Por eso, muchos
niños con diversidad de género también la expresan a esta edad. Pueden
ser igual de firmes en cuanto a su género no normativo. Por ejemplo, un
niño puede enojarse cuando la gente lo llama "niño" o "niña", y se niega
a llevar una ropa determinada o le dicen que corresponde a otro género.
La identidad transgénero o no binaria puede estar clara a esta edad; pero,
si un niño no tiene el lenguaje para comunicarlo, si se siente inseguro o le

preocupa la desaprobación que supone no estar de acuerdo con los que lo rodean sobre su género, puede guardarse estos pensamientos para sí mismo durante algún tiempo.

De 3 a 4 años

Una vez establecida su propia identidad de género básica, entre los 3 y 4 cuatro años, los niños son cada vez más conscientes de las diferencias anatómicas y se sienten motivados para aprender sobre los sexos e incorporar esta información a conjuntos organizados de creencias y expectativas sobre los roles de género. Empiezan entonces a relacionar el concepto "niña" o "niño" con atributos específicos y a establecer creencias y expectativas más profundas sobre las normas y los roles de género. Esta es la edad en la que empiezan a surgir los estereotipos. Los estereotipos son autorregulados y se basan en lo que los niños han visto en los medios de comunicación, sus valores familiares y sus interacciones sociales. Quienes no se ajustan a las normas de género esperadas pueden empezar a sentirse aislados, ya que el juego y los amigos tienden a seguir líneas de género. La segregación suele comenzar a esta edad y se intensifica hasta los 12 años. Muchos infantes no binarios y transgénero de 3 a 4 años tienen dificultades con el lenguaje para expresar sus diferencias de género: "Me siento como un niño", "Quiero ser una niña cuando sea mayor", "Soy una niña", "Me gustaría ser una niña", "Me gustaría ser un chico", "Dios se equivocó conmigo", "Soy mitad niño y mitad niña", "Mi corazón es de chico, pero mi cuerpo es de chica", "Tengo un pene, solo que no se ve". La disforia corporal puede surgir a esta edad, cuando los niños se dan cuenta de que hay algo diferente en ellos.

Es una edad en la que algunas madres y padres intentan averiguar si se trata de una exploración natural del género por la que pasan niñas y niños, o si están criando a un hijo con una expresión de género expansiva o con una verdadera identidad no binaria o transgénero. Otras familias todavía no son conscientes de la variación de género de su hijo en este momento.

De 4 a 6 años

Los niños de esta edad son muy conscientes de las normas en torno a los roles y la expresión de género, y de las presiones para seguirlas. Su pensamiento sobre el género se vuelve más rígido a esta edad. Conocen las reglas, pero todavía no son capaces de pensar más profundamente en las creencias y los valores en los que estas se basan. Sus ideas sobre el género forman parte de un guion, y los roles de género están estrictamente definidos y deben cumplirse. Frases como "Solo las niñas juegan con muñecas" son habituales. Incluso cuando se reconocen las excepciones a las normas, las percepciones relativas al género persisten. Aunque la madre de un niño sea médica, este a los 4 años suele seguir diciendo que todos los médicos son hombres. A los 6 años, la mayoría de los niños pasan casi todo su tiempo de juego con compañeros del mismo sexo.

Es normal que los niños de 4 a 6 años piensen que pueden crecer y convertirse en el sexo opuesto, en un erizo o en una sirena. Algunos niños entienden la constancia de género a los 5 años, mientras que otros no la comprenden del todo sino hasta los 7 años. A esta edad, las afirmaciones de la identidad transgénero, no binaria o disconforme con el género han surgido claramente: los niños pueden jugar a disfrazarse repetidamente, a menudo confeccionando vestidos con cualquier cosa que puedan encontrar (manteles, toallas, camisetas largas) y las niñas pueden empezar a rechazar la ropa más femenina, incluida la ropa interior y los trajes de baño femeninos. Un niño que quiere hacer o llevar ropa y accesorios que no son típicos de su presunto género a esta edad es consciente de que los demás niños lo encuentran extraño. La persistencia de estas formas de expresión, a pesar de las reacciones negativas de otros niños, demuestra que se trata de sentimientos fuertes. Si el niño ha sido reprendido por estas expresiones de género, puede haber interiorizado su identidad y sentir vergüenza en torno a ella y dejar de expresarla en el exterior. Muchos niños transgénero de esta edad llevan varios años mostrando su identidad transgénero de forma persistente e insistente. Si las familias les están prestando atención, empieza a ser evidente que no se trata de una etapa.

Las investigaciones sobre la primera infancia demuestran que, cuando a los niños de 4 a 6 años se les dan suficientes ejemplos a través de libros, cuentos o exposición a personas reales, pueden adaptar su construcción del género. La escuela tiene una gran influencia en los niños de esta edad, por lo que es esencial que las escuelas de preescolar y primaria incorporen la enseñanza sobre la diversidad de género y la representación de esas diferencias en sus programas.

De 6 a 8 años

Entre los 6 y los 8 años, los niños comprenden la consistencia y la estabilidad del género. Entienden que el propio género no va a cambiar: un hombre es un hombre, aunque tenga el pelo largo, se maquille o lleve falda. Una vez que esta idea se ha estabilizado en su mente, el apego a los comportamientos estereotipados disminuye y es posible una expresión más plena de su ser y de su género. Sus propios intereses y actitudes hacia la ropa y los peinados empiezan a cambiar y a tomar amplitud. Por ejemplo, la niña que antes insistía en que solamente a las niñas les gustaba el rosa y quería llevar solo rosa puede declarar con la misma rotundidad que odia el rosa y ahora únicamente llevará azul y verde. Un niño que antes insistía en que los niños no pueden jugar con muñecas puede afirmar ahora que cualquiera puede jugar con muñecas. Los guiones de género siguen en juego, solo que no son tan rígidos como antes.

Una vez establecida, la identidad de género suele quedarse fija de por vida. Aunque, dependiendo de su entorno, algunos niños pueden elegir no expresar ni afirmar su verdadera identidad de género hasta más adelante. Un pequeño grupo de personas no tiene una identidad de género fija; su género es, y seguirá siendo, de naturaleza más fluida.

Los niños pequeños creen que pueden ser y hacer cualquier cosa; pero los estereotipos y roles de género pueden limitar sus sueños y experiencias. Si un niño disfruta haciendo algo diferente de la norma, puede sentirse avergonzado o incómodo porque los demás le dicen que eso está mal. Si un niño es expansivo o transgénero y se ve obligado a limitar su expresión en la escuela o en otros ámbitos, puede tener problemas de comportamiento, depresión, ansiedad o volverse retraído, e incluso puede empezar a expresar ideas suicidas.

PODEMOS ABRIR ESTAS CAJAS

Ampliando la comprensión del género que tienen los niños pequeños, podemos dar más espacio a todos los niños para que vivan su ser en plenitud. Las preferencias y el juego entre géneros son una parte normal del desarrollo para todos los niños. Los niños a los que se les permite jugar y explorar todos los juguetes, que están expuestos a roles y a expresiones de género no tradicionales en niños y adultos, y cuyas familias, profesores y cuidadores están abiertos a permitirles participar en todos los juegos, tienden a tener definiciones más amplias de lo que es apropiado para el género y trabajan a partir de menos estereotipos genéricos.

Esta apertura permite un mayor desarrollo de la creatividad, la crianza, la destreza física y las habilidades espaciales de modo que sean accesibles y estén disponibles para todos los niños. Cuando se asignan géneros a cosas universales como los colores, los juguetes, la ropa, las actividades o las emociones, se limita a todo el mundo. La asignación de género a tales cosas también conduce a la confusión social cuando un niño o adolescente afirma sus preferencias fuera de las expectativas genéricas. Como el género binario forma parte del tejido social, hemos creado términos como "género expansivo", "género disconforme" y "género creativo", para entenderlo mejor. Pero, por desgracia, muchos adultos y niños confunden entonces la expresión natural de una persona con la identidad de género.

De 8 a 10 años

La rigidez en cuanto al género disminuye a medida que los niños crecen, y surge una mayor flexibilidad sobre los roles de género y la expresión de género. Esto ocurre justo cuando los niños están preparados, desde el punto de vista del desarrollo, para reflexionar más profundamente sobre las creencias y los valores en los que se basan las normas de género. Con esta mayor capacidad de reflexión, y especialmente con las lecciones escolares centradas en la conciencia de las normas y los roles de género, los niños desarrollan impulsos morales más fuertes sobre lo que es "justo" tanto para ellos como para otros niños. Dependiendo de los entornos en casa, en la escuela y en la comunidad en general, puede haber una disminución drástica de los juicios negativos para los niños que se salen de las normas de género esperadas. Sin embargo, cuanto mayor sea la inconformidad de género, mayor será la probabilidad de que se burlen de ellos o los rechacen o castiguen. Muchos niños disconformes con el género a esta edad asumen que son homosexuales basándose en los estereotipos sociales. No obstante, es posible que no tengan ni idea de lo que eso significa, ni de por qué son objeto de burlas constantes. Sin embargo, entienden que se supone que deben sentirse avergonzados.

Aunque los niños afirman sus identidades no binarias y transgénero a todas las edades, la infancia media es un momento menos común para las afirmaciones iniciales; quizá porque están en la etapa de desarrollo conocida como "latencia", justo antes de la adolescencia. Es una época en la que la sexualidad y las cuestiones de género tienden a permanecer latentes o en pausa. Sin embargo, es un momento habitual en el que madres, padres y profesores reconocen las diferencias de género en un niño y deciden abordarlas si ellos aún no lo han hecho. También es un periodo en el que los niños tienen mayor vocabulario y pueden utilizar ese nuevo lenguaje para describir su experiencia interna con más precisión a quienes los rodean.

Cambios en la pubertad

De 10 a 12 años

Entre los 10 y los 12 años, la identidad de género del niño sigue estabilizándose. En estos años de "preadolescencia" es habitual que un conjunto de los niños que han expresado un género expansivo durante toda la infancia rechace ahora esta forma de autoexpresión. Muchas familias afirman que es durante estos años cuando la expansión de género de sus hijos deja de ser una preocupación. Los niños que antes eran de género expansivo pueden cortarse el pelo y empezar a llevar ropa más típicamente masculina. Es posible que abandonen sus muñecas o cosas de costura y adopten intereses más típicamente masculinos. Del mismo modo, las niñas que antes eran claramente de género expansivo pueden dejar de lado algunas de sus prendas más masculinas o elegir dejarse crecer el pelo. Es posible que empiecen a adoptar comportamientos más estereotipados de tipo femenino que habían descartado un año antes. Irónicamente, puede ser en realidad una fase, y la expansión de género o la identidad transgénero pueden resurgir más adelante.

Por el contrario, a esta edad, cuando comienzan los cambios puberales, la disforia de género subyacente puede surgir con más fuerza en algunos niños. Hablamos mucho más de la disforia en otros capítulos, pero el término se aplica a una desconexión entre el cuerpo físico y el sentido de género. Este puede ser el momento en que la familia reconoce finalmente que su hijo es transgénero o que la identidad no binaria de su hijo es más permanente de lo que pensaban.

Por supuesto, es habitual que muchos niños se resistan a los cambios corporales de la pubertad. Para algunos, representa el fin de la infancia; para otros, es simplemente extraño sentir que su cuerpo cambia. Algunos se sienten incómodos ante la aparición de una sexualidad que no están preparados para aceptar. Sin embargo, para un niño transgénero o cuyo género no se ajusta a los cambios que su cuerpo está experimentando, el inicio de la pubertad puede ser un presagio de depresión, descuido personal, autolesiones y comportamientos autodestructivos. Estas reacciones a la inminente pubertad también pueden indicarte que tu hijo está experimentando estrés relacionado con el género e incluso puede ser transgénero. A esta edad, algunos niños se dan cuenta por sí mismos de que son transgénero, mientras que otros necesitan orientación terapéutica para determinar la causa o causas de su creciente agitación interior.

LO QUE MADRES Y PADRES TIENEN QUE DECIR SOBRE
ESTAS ETAPAS DE DESARROLLO

Nuestro hijo pidió por primera vez cortarse el pelo como su hermano cuando tenía 4 años, y siempre le han disgustado los vestidos. La primera vez que nos dijo: "Me siento como un niño por dentro" fue a los 7. Antes de eso hubo muchas veces que dijo cosas como "soy su hijo, no su hija".

MADRE DE UN HIJO TRANSGÉNERO DE 8 AÑOS

Nuestra hija hizo la transición a los 10 años. Tal vez porque su familia la quería y celebraba mucho, o tal vez solo porque tuvimos suerte, pero la adolescencia ha sido en su mayor parte un camino de rosas. Solo con el mismo tipo de problemas sociales a los que se habían enfrentado mis otras hijas.

MADRE DE UNA HIJA TRANS DE 17 AÑOS

Una de las cosas más útiles que aprendí fue que los niños transgénero suelen saber que "algo está mal" mucho antes de entender por qué. Se sienten desajustados con el mundo que los rodea y se sienten incómodos. Como resultado, a menudo se comportan de forma desafiante. Así era nuestro hijo: un niño con el que siempre era difícil llevarse bien. Su estado de ánimo era el de nuestra familia.

MADRE DE UN ADOLESCENTE NO BINARIO DE 16 AÑOS

Nuestra hija odiaba que le crecieran los pechos. Empezó a envolverlos fuertemente y a llevar muchas capas de camisetas debajo de sus holgadas camisetas. Se cortó el pelo muy corto. Llevaba pantalones anchos. Todo el mundo pensaba que era un muchacho. Nosotros pensábamos que era una marimacha. Pero cuando le vino la regla ocurrieron dos cosas que nos mostraron que algo iba muy mal. La primera fue que se deprimió mucho. No salía de su habitación, ni hablaba con nosotros. Nos dio mucho miedo. Lo segundo que nos preocupó fue que, cuando tenía la regla, actuaba como si no la tuviera. No usaba ningún producto femenino. Estábamos tan preocupados que la llevamos al médico. Al principio ninguno de nosotros sabía lo que pasaba, pero en los seis meses siguientes nos dimos cuenta de que era transgénero.

Fue una forma muy dura de perder a mi hija, pero el hijo que ahora tenemos no está deprimido.

PADRE DE UN HIJO TRANS DE 15 AÑOS

Fue muy repentino. No lo vimos venir en absoluto. Llegó la pubertad y nuestro hijo se convirtió en una pesadilla de mal comportamiento. Ya no iba a la escuela. No se levantaba de la cama. Ya no hablaba con nosotros. Estaba muy deprimido. No era lo habitual en él. Pensamos que debían ser las hormonas. Teníamos razón, pero no de la manera que creíamos. Finalmente nos dijo que era agénero y que no se sentía bien pasando por la pubertad masculina.

Nuestro pediatra nos remitió a la clínica de género más cercana, y viajamos ocho horas, a otro estado, para hablar con terapeutas y endocrinólogos. Su salud mental era tan frágil que decidimos empezar a tomar supresores hormonales de inmediato, ya que todos temíamos por él. Lleva dos años tomándolos y está en terapia. Sabemos que tendrá que pasar por la pubertad, pero ni él ni su terapeuta tienen claro todavía qué pubertad será la mejor para él. Si no hubiera sido por los bloqueadores, realmente no creo que siguiera con nosotros. Le han salvado la vida.

PADRES DE UN HIJO AGÉNERO DE 13 AÑOS

Dice que en tercero de primaria ya sabía que era diferente a los demás niños y que le aterraba que alguien lo supiera. Cuando entró en la escuela secundaria, estaba muy asustada y se volvió brevemente supermasculina para encubrir lo que sabía de sí misma, pero que aún no quería admitir.

MADRE DE UNA HIJA TRANS DE 15 AÑOS

No me di cuenta de la relación entre la depresión de mi hijo durante sus primeros años de adolescencia y su incapacidad para reconocer su preocupación por su identidad de género. Lo que creía que era solo angustia adolescente iba más allá de los problemas del crecimiento.

MADRE DE UN HIJO TRANS DE 19 AÑOS

Esos años, de los 15 a los 17, fueron horribles, porque fue cuando más se retrajo y luchó. Ahora parece que mi hija ha salido de eso como una persona que puede estar plenamente presente en su vida sin disculparse.

MADRE DE UNA HIJA TRANS DE 18 AÑOS

> *Los años de la adolescencia fueron en realidad bastante fáciles para nosotros. Seguíamos esperando que pasara algo, pero no ocurrió nada extraordinario debido a su género. Podía jugar en los equipos deportivos que quería. Tenía una fuerte autoestima y salía con alguien.*
>
> PADRES DE UN HIJO TRANS DE 20 AÑOS

De 13 a 18 años

Durante la pubertad y el inicio de la edad adulta, la identidad de género suele desarrollarse plenamente. La adolescencia es el momento en que los cambios hormonales y físicos que se desencadenan en la pubertad pueden darle claridad a un niño que está pasando por la pubertad "equivocada". En el caso de los adolescentes, puede surgir primero como un grave retraimiento social, un trastorno alimentario, autolesiones, aumento de la ansiedad, depresión o suicidio. Más tarde, tras una integración más completa de su identidad de género, con frecuencia mediante una terapia de apoyo y la búsqueda de congruencia, estos problemas pueden remitir, y el adolescente puede tener más confianza en su género afirmado. Los adolescentes transgénero que expresan su género auténtico en plena pubertad suelen estar desesperados por empezar la terapia hormonal. De hecho, no es raro que un adolescente transgénero le diga a su familia su identidad y que quiere empezar la terapia hormonal, todo en la misma conversación. La urgencia de las comunicaciones de tu hijo a esta edad puede reflejar menos la necesidad de ser dramático y más el miedo a que su cuerpo cambie rápidamente y se aleje más de su verdadera naturaleza a medida que los días pasan.

> *A mí me seguían advirtiendo que mi salud mental estaba en peligro solo por ser trans. Mi salud mental estaba bien. Lo único que me resultaba difícil era tener pechos. Una vez que mis padres lo entendieron y me permitieron operarme, me sentí bien conmigo misma por primera vez. Fue increíble.*
>
> CHICO TRANS DE 19 AÑOS

> *Cada vez sentía con más claridad que algo iba mal en mí. No sabía qué era. Parecía empeorar cada vez que estaba en el vestidor cambiándome para ir al gimnasio. De alguna manera, estar rodeada de todas esas chicas me hacía sentirme muy mal conmigo misma. Empecé a temer la clase de educación física a pesar de ser una gran atleta. Comencé a faltar a las*

clases de gimnasia. Finalmente, mi entrenador me dijo que no podría jugar al básquet si seguía así. Respondí a esto dejando de ir a la escuela. Mis compañeros no lo sabían. Cuando se enteraron, estaban muy preocupados. Había sido un atleta de cuadro de honor toda mi vida.

Me enviaron a terapia. Durante los meses siguientes, mi terapeuta y yo empezamos a pensar que era lesbiana. Pero de alguna manera eso no encajaba. Me ayudó durante unos meses, pero luego volvió la depresión. Finalmente, empezamos a explorar mi género. Estaba completamente asustada. Me sentía totalmente como un chico. Siempre me había sentido como un chico. Pero de ninguna manera iba a ser una de esas personas transgénero.

Mi terapeuta me ayudó a comprender que no era rara. Me explicó que son otras personas las que simplemente no lo entienden. También me explicó que algunas personas son transgénero y que es normal, que siempre ha habido personas transgénero. Me daba mucho miedo hablar de ello con mis padres. Finalmente, mi terapeuta y yo lo hicimos juntos. Ahora soy mucho más feliz viviendo como un chico. Sé que los problemas provienen de la falta de comprensión. Me gustaría que todo el mundo pudiera ser educado sobre todas las posibilidades en lugar de que te digan que eres una chica o un chico. Casi tiré toda mi vida por la borda, solo porque nadie me había dicho que ser transgénero era una posibilidad normal. Si pudiera cambiar una cosa, sería que todas las personas tuvieran que entender que hay más de dos categorías de género. Así otros niños no tendrían que sufrir como yo.

CHICO TRANS DE 17 AÑOS

Retraso entre la autoconciencia y su verbalización

Aunque los niños desarrollan una comprensión acerca de su género a una edad temprana, puede que no tengan el lenguaje u otras herramientas para expresar su identidad. Para los niños con diversidad de género, el intervalo entre el momento en que son conscientes y comprenden su género y el momento en que comparten esta comprensión con la familia y los amigos puede ser de muchos años. Los años que transcurren entre este descubrimiento y revelarlo a otros resultan ser un tiempo marcado a menudo por la confusión, el miedo y la vergüenza, lo que hace que estos niños sean vulnerables en su aislamiento. Este retraso tanto en la fase de descubrimiento como de revelación es lo que puede llevar a la familia a pensar que "salió de la nada".

Muchas madres y padres con los que hablamos expresaron su preocupación por los efectos de la pandemia de covid-19 y el impacto en sus hijos.

Fue especialmente notable en los grupos de edad preadolescente y adolescente. Aislados en casa, muchos jóvenes pasaban demasiado tiempo en internet, accediendo a material sobre género y sexualidad. Algunos dijeron que se preguntaban si sus hijos estaban indebidamente influidos por lo que habían leído y si esto había "provocado" que su hijo se identificara como transgénero.

Ciertamente es normal que las familias se preocupen por los pensamientos y comportamientos que parecen estar fuera del carácter de sus hijos. Puedes ser comprensivo, curioso, afirmativo y también responsable en tu respuesta a las afirmaciones de tu hijo. Está bien hacer preguntas y preguntarte si hay que retrasar el inicio de cualquier intervención, siempre que esto no represente más angustia para tu hijo. Siempre es un buen momento para buscar el consejo de un terapeuta experto, que pueda ayudar a desenredar estas cuestiones. Sin embargo, es muy poco probable que la mayoría de los adolescentes se vean influidos para asumir una identidad, incluida la de género, que no se sienta auténtica de alguna manera. Esto es cierto para los adolescentes con trastorno por déficit de atención e hiperactividad (TDAH), autismo o incluso los que tienen algún diagnóstico de salud mental, desde la depresión hasta el trastorno bipolar.

Como señala la doctora Diane Ehrensaft, psicóloga clínica y fundadora del modelo afirmativo de género: "Si un niño no llega a entender que su género no coincide con el sexo que se le designó al nacer hasta la adolescencia, no se trata de una 'disforia de género de inicio rápido'. Más bien se trata del momento de la vida de un joven en el que su evolución de género ha llegado a un punto en el que está aprendiendo algo nuevo sobre su género, o algo que ha sabido durante años, pero que no había decidido compartir con los demás hasta que no sintió la fuerza de la adolescencia. La mayoría de las veces el 'inicio rápido de la disforia de género' debería rebautizarse como 'inicio repentino de descubrimiento paterno'".

Desarrollo y conciencia de la orientación sexual

La orientación sexual es otra parte de la identidad básica de una persona. Está separada de la identidad de género y tiene su propio calendario de aparición, reconocimiento, autoaceptación y formas de definirse. Una persona transgénero o no binaria puede tener cualquier orientación sexual, al igual que una persona cisgénero. Tanto los adolescentes transgénero y no binarios como sus familias pueden estar confundidos sobre las diferencias y las coincidencias entre la orientación sexual y la identidad de género. A algunos adolescentes les puede costar un tiempo ordenar todas las partes de la identidad.

El género y la orientación sexual son dos aspectos del ser distintos, pero relacionados entre sí. El género es personal, mientras que la orientación sexual es interpersonal. Aunque son dos aspectos diferentes de cada persona, cada uno de ellos está definido por el género, por lo que puede resultar confuso. La orientación sexual de una persona refleja el género o los géneros por los que esta se siente atraída. Si estás criando a alguien que se identifica como un chico (independientemente de su anatomía) y que solo se siente atraído por los chicos, probablemente se identificará como gay. Si estás criando a alguien que se identifica como niña (independientemente de su anatomía) y que solo se siente atraída por los niños, probablemente se identificará como heterosexual. Si estás criando a una persona no binaria, puede tener cualquier orientación sexual. El lenguaje de la atracción y las identidades sexuales se está ampliando rápidamente. Tu hijo puede identificarse como pansexual, demisexual, asexual o arromántico, por nombrar algunas. Los adolescentes de hoy tienden a tener una visión amplia tanto del género como de la sexualidad. Informarse sobre la terminología actual es importante para todas las familias: ¡han cambiado muchas cosas!

Al igual que las personas no eligen su identidad de género (aunque tarden en identificar el término correcto para su identidad), las personas no eligen por quién se sienten atraídas (aunque tarden en encontrar el término que mejor refleje sus atracciones). Al igual que con la identidad de género, puede ser necesario un periodo de adaptación y un proceso para llegar a reconocer y aceptar también esta parte de uno mismo. Tener una orientación sexual menos común no significa que vaya a ser fácil para tu adolescente, especialmente si también tiene una identidad o expresión de género menos común. Tampoco significa que sea fácil para ti. Se ha escrito mucho sobre el tema de la orientación sexual, así que, si tu hijo adolescente o tú tienen dificultades para aceptar su orientación sexual, les sugerimos buscar apoyo.

Cuando entiendas las etapas de desarrollo del género de tu hijo, podrás ser una madre o padre aún mejor. Es importante que te encuentres con tu hijo en la etapa de desarrollo en la que esté y que reconozcas que todos los niños, independientemente de su sexo, están formando una comprensión de su género que persistirá durante toda su vida.

Capítulo 5

Empieza desde donde estás: adopta prácticas parentales efectivas

Todas las madres y padres quieren a sus hijos. Todos quieren hacer lo que es correcto para sus hijos. A veces se necesita tiempo para poder lograrlo. No pasa nada, pero empieza desde donde estás. No esperamos que sean familias perfectas, pero incluso los pequeños pasos hacia una mayor aceptación de su hijo tendrán una gran repercusión en su futuro. Puedes estar seguro de que ellos notarán y apreciarán cada paso que des.

Encontrar el valor para encarar tus sentimientos te permite descubrir un compromiso renovado para apoyar y amar plenamente a tu hijo. De hecho, la mayoría de las familias de niñas y niños con diversidad de género llegan a darse cuenta de que lo que realmente hay que superar es su propio miedo y sus expectativas, y no algo que esté intrínsecamente mal en sus hijos.

> *Mi hija dio un gran giro cuando dejé de agobiarme y empecé a recibir mi propia terapia y apoyo grupal, hice caminatas en las montañas, visité a mis amigos y encontré nuevos pasatiempos que había estado posponiendo.*
>
> MADRE DE UNA HIJA TRANS DE 16 AÑOS

> *Tras superar algunos obstáculos, ahora aceptamos esta parte de su identidad y estamos orgullosos de su lugar en la bandera del arcoíris. Hay menos miedo y preocupación que al principio.*
>
> MADRE DE UN HIJO TRANSGÉNERO DE 9 AÑOS

Mientras madres y padres solo quieren lo mejor para su hijo, la crianza no se produce en el vacío. Somos dolorosamente conscientes de la intolerancia de la sociedad hacia la diversidad de género. Las familias quieren minimizar las dificultades de sus niñas, niños y adolescentes de género expansivo, no binario y transgénero a medida que maduran, criándolos para que sean adultos seguros de sí mismos y empoderados. ¿Cómo puede lograrse esto cuando hay tan poca comprensión y aceptación a gran escala de la diversidad de género?

Tú eres el factor más importante

Múltiples estudios demuestran que cuando los niños con diversidad de género tienen una familia que los apoya desde el principio, sus índices de ansiedad, depresión, autolesiones, ideas suicidas o suicidio son iguales o menores que los de los demás niños de su edad. Sin el apoyo de la familia, todos esos riesgos para la salud mental aumentan sustancialmente.

Fomentar la resiliencia

Las familias desempeñan un papel fundamental en el fomento de la resiliencia de sus hijos con diversidad de género. Todos los niños buscan apoyo en los adultos para desarrollar un sentido de seguridad en sí mismos, y es más probable que se vuelvan resilientes cuando se les valora y sienten que pertenecen. Crear un sentimiento de pertenencia es primordial. Cuando los niños con diversidad de género tienen un sentido de pertenencia, pueden desarrollar mejores habilidades de gestión para manejar sus experiencias de marginación y discriminación. La familia tiene un papel fundamental en la creación de entornos abiertos que puedan fomentar la autoestima positiva, la salud mental y el bienestar.

A veces es difícil imaginar que madres y padres tengan tanta influencia sobre el mundo interior de sus hijos. Es una responsabilidad enorme. Las respuestas de estos al género de sus hijos son mucho más influyentes que cualquier otro factor en la vida de estos. Cuando los padres utilizan estrategias de crianza efectivas, contrarrestan la negatividad que sus hijos experimentan en otros lugares; en cambio, también tienen la capacidad de causar el mayor daño a la autoestima y el bienestar de sus hijos si utilizan prácticas de crianza perjudiciales.

Reconocemos que el apoyo es diferente de la aceptación. Esperamos que tu aceptación conduzca naturalmente al apoyo y, finalmente, a la afirmación, pero eso puede llevar tiempo. Esperamos que puedas utilizar lo que ofrecemos en este capítulo para aprender a criar a tu hijo de la forma más eficaz mientras te adaptas a su situación única.

Nuestro mensaje para madres, padres y cuidadores es, en realidad, bastante sencillo: "Fomenta todo el amor propio, la autoestima y la resiliencia que puedas en tu hijo". Quizá no puedas cambiar a tu hijo, pero sí puedes influir en cómo se siente sobre sí mismo. También puedes dotarlo de habilidades para hacer frente a las tensiones con las que se encuentre. Cada persona que ejerce una influencia significativa sobre tu hijo o hija forma parte de la amplia red de aceptación que debes tender para criar un niño realizado, feliz y seguro. Así, él o ella podrá convertirse en un adulto seguro de sí mismo que podrá vivir una vida plena y satisfactoria.

Es bien sabido que los jóvenes transgénero, no binarios y de género expansivo experimentan un alarmante incremento en problemas de salud mental como resultado de sus experiencias de estigmatización y marginación. Las investigaciones han sido consistentes y, por tanto, muy útiles, ya que nos proporcionan a todos una ruta al demostrar qué tipo de apoyo marca la mayor diferencia para estos niños. Los resultados son claros: el apoyo familiar estratégico está asociado a mayor resiliencia, que es la capacidad de recuperarse de las adversidades de la vida. Y eso tiene sentido, ya que la familia puede servir de refugio seguro al cual volver.

Ahora vamos a esbozar acciones y comportamientos específicos asociados a mejores resultados de salud mental y que fomentan directamente la resiliencia. Empezamos con las acciones que han demostrado tener un impacto negativo en la salud y el bienestar de los menores transgénero y no binarios. Si tienes familiares que no están interesados en leer un libro entero, comparte con ellos este capítulo, ya que puede servirles de guía para ayudar a reducir los comportamientos perjudiciales más conocidos, incluso cuando hay una ausencia de aceptación o de comprensión.

Sabemos que las normas culturales, las identidades religiosas, los roles tradicionales de género y la dinámica familiar pueden arrastrarte a ti (y a tu hijo) en diferentes direcciones mientras navegas por todo esto. La convergencia de tantas identidades puede ser difícil para todos los implicados. Intenta no priorizar una identidad sobre otra, deja que el amor por tu hijo y el deseo de hacer lo correcto por él o ella te guíen.

Gran parte de este capítulo se basa en las conclusiones del Proyecto de Aceptación Familiar (FAP, por sus siglas en ingles), basado en la investigación realizada por la doctora Caitlin Ryan y su equipo en el Instituto César E. Chávez de la Universidad Estatal de San Francisco (SFSU). El FAP ha identificado comportamientos específicos de la familia y los cuidadores que promueven el bienestar de los niños transgénero y de género expansivo y otros que aumentan su riesgo de sufrir impactos negativos en materia de salud y salud mental. Los resultados específicos del FAP están marcados con un asterisco (*).

Prácticas parentales dañinas

Al principio, me negué a llamarla con un nombre nuevo. Había elegido su nombre cuando estaba embarazada y era especial para mí. En aquel momento no sabía lo mucho que eso la perjudicaba.

MADRE DE UNA HIJA TRANS DE 17 AÑOS

Muchas familias creen que la mejor manera de ayudar a su hijo no binario o transgénero a tener las mejores oportunidades en la vida, tanto ahora como cuando sea adulto, es ayudarlo a encajar como una persona de género convencional. Esto puede significar que intentas cambiar la identidad de género de tu hijo o no le permites expresarla como le gustaría. También suele darse que madres y padres no permiten que su hijo se relacione con otras personas de género diverso. Como consideran que sus acciones proceden de un lugar de amor, no son conscientes de que su hijo experimenta estos comportamientos como un rechazo; pero los niños y adolescentes sienten que sus familias rechazan todo lo que son cuando expresan una falta de aceptación de su género. Mientras las familias sienten que ayudan, ellos se sienten no queridos por las personas más importantes de su vida.

Las investigaciones demuestran que los comportamientos que los niños experimentan como rechazo aumentan su riesgo a largo plazo de sufrir problemas de salud física y mental. Estos comportamientos socavan la autoestima y la valoración de sí mismo del niño. No debería sorprender que muchos de los niños que huyen o se quedan sin hogar sean expansivos, no binarios y transgénero. El rechazo de madres y padres es una forma de paternidad perjudicial. Los comportamientos parentales que más comunican esta desaprobación son negarte a aceptar a tu hijo tal como es, y comportarte de forma poco amable, punitiva o poco amistosa con él. Esto le envía el mensaje a tu hijo de que es pecador o malo, cuando en realidad merece, y tiene derecho, a esperar tu amor incondicional, tu amabilidad y tu apoyo. Cuando se siente amado y valorado por ti, interioriza el mensaje de que es digno de amor y cuidado.

La crianza solidaria y afirmativa es una crianza eficaz. Es tan sencillo como eso.

Entonces, ¿cuáles son las cosas más perjudiciales que pueden hacer madres y padres? ¿Cuáles son las formas más nocivas de comunicar el rechazo? Por favor, ten compasión de ti mismo mientras sigues leyendo. La mayoría de las familias, si no todas, han empleado algunas de estas prácticas y enfoques en algún momento. Esto ocurre. Recuerda que todos tenemos que empezar en donde estamos. Siempre puedes recuperar el tiempo perdido y atender el daño causado. Puedes corregir el rumbo. Deja espacio para perdonarte a ti mismo. No lo harás todo bien en todo momento. Haz todo lo que puedas para comunicar tu amor y tu apoyo a tu hijo en el futuro. Cada paso que des hacia una mayor aceptación y cada paso que des para disminuir el efecto perjudicial que tus acciones pueden tener sin saberlo marca la diferencia.

El mito del desafío

Nos gustaría aclarar un error de percepción que causa mucha confusión. Las familias a menudo perciben que su hijo de género expansivo o transgénero está actuando, o creen que su hijo se está rebelando al afirmar su naturaleza de género expansivo o transgénero. Sienten que la expresión o afirmación del género de su hijo es una forma de ofensa dirigida a ellos, sobre todo si es adolescente. Si una madre o un padre se siente desafiado por esta rebeldía percibida, como si el hijo se enfrentara a su autoridad, es probable que reaccione de forma punitiva. De hecho, lo que ocurre es lo contrario: el castigo no lo protege, sino que esta percepción de los comportamientos de tu hijo como desafiantes en realidad lo expone a riesgos mayores.

Por ejemplo, al decir: "Ve a cambiarte de ropa ahora mismo. ¡Sabes que no puedes salir de casa con ese aspecto! ¿Quién te crees que eres que te pavoneas así?", estás indicando que percibes que tu hijo se comporta mal. Pero esa no es la intención de tu hijo. Tu hijo solo lleva lo que le hace sentir cómodo en ese momento.

Cuando madres y padres aprenden que sus hijos expresan una parte innata de sí mismos que no tiene nada que ver con desafiar la autoridad paterna, sus respuestas comienzan a cambiar. Las infancias expansivas de género, no binarias y transgénero no pueden evitar ser quienes son. No intentan hacerte daño con su autoexpresión. Ni mucho menos: todos los niños buscan desesperadamente el amor y la aprobación de sus familias.

Con una mejor comprensión viene la empatía, y la empatía permite una reacción más comedida, o una respuesta amorosa, al comportamiento de tu hijo. Al fin y al cabo, no hay nada que castigar si tu hijo no ha hecho nada malo. No hay que tomarse nada como si fuera algo personal. Esta conciencia permite a la familia responder de forma que apoye el desarrollo de un fuerte sentido de sí mismo en tu hijo de género expansivo, ya que, aunque no esté preparada para permitir ciertas formas de autoexpresión, puede comunicarse para demostrar amor. Si no estás en el punto de aceptar el género de tu hijo, puedes centrarte en no empeorar las cosas y disminuir los comportamientos que lo perjudicarán. Repasémoslos ahora.

Comportamientos parentales que hay que evitar

Los siguientes comportamientos son los que se sabe que aumentan significativamente los riesgos inmediatos y a largo plazo para tu hijo. Las investigaciones revelan que los niños que sufren las siguientes acciones por parte de sus padres o cuidadores tienen una autoestima mucho más baja y están más aislados. Sabemos que si realizas alguno de los siguientes actos es porque crees que ayudará a tu hijo. Sin embargo, las investigaciones demuestran claramente que cuantos más comportamientos de este tipo experimente un joven por parte de su familia, más probabilidades tendrá de padecer depresión grave y abusar de las drogas, de mantener relaciones sexuales sin protección y de intentar suicidarse a lo largo de su vida. El acuerdo o el apoyo no son estrictamente necesarios para disminuir el daño causado a tu hijo. La orientación es clara: reduce o elimina los siguientes comportamientos para proteger a tu hijo. Se ha demostrado que incluso un pequeño cambio hacia prácticas de aceptación supone una notable mejora en todas las áreas de tensión.

*Malos tratos físicos o verbales**

He sido muy injusto con mi hijo. Le hemos pegado. No le damos los juguetes o la ropa que pide. Lo castigamos cuando intenta comportarse como una niña. Lo enviamos a su habitación cuando se pone la ropa de su hermana. Nadie nos ha dicho cómo criar a un niño así. No estoy orgulloso de lo que le hemos hecho. Pensamos que funcionaría y que

*dejaría de hacerlo. Ahora nos damos cuenta de que no puede parar. Es
su forma de ser. ¿Sabes lo mal que me siento al haber castigado a mi
hijo por algo que no puede dejar de hacer?*

PADRE DE UN HIJO DE GÉNERO EXPANSIVO DE 7 AÑOS

Aunque puede que tu inclinación sea intentar castigar a tu hijo por su
disconformidad de género —y no serás el único que lo haga—, esta es una
de las cosas más perjudiciales que puedes hacer. Lastimar físicamente a tu
hijo en un intento de que cambie su forma de ser no solo es ineficaz, sino
que las investigaciones demuestran que lo pones en un riesgo muy alto de
suicidio en el futuro.

Afirmaciones hirientes como "Me das asco", "Me dan ganas de vomi-
tar solo con estar cerca de ti" o "¿Cómo he podido hacer un niño como
tú?" son más dañinas de lo que puedes imaginar. Aunque sientas estas cosas,
guárdalas para ti; será mucho menos perjudicial que decirlas. Trabaja para
moderar tus reacciones externas, de modo que, aunque estés luchando por
dentro, sea menos probable que se las comuniques a tu hijo. Puede ser poco
realista esperar que no tengas estos sentimientos, ya que requiere tiempo
llegar a la aceptación. Recuerda, empieza desde donde estés, pero empieza.

Excluir a la niña/niño de las actividades familiares*

Cuando madres y padres luchan contra la vergüenza que experimentan en
torno a la expresión o la identidad de género de su hijo, una respuesta habitual es excluirlo de los actos y actividades familiares para evitar avergonzarse de ellos. Aunque no te parezca evidente, lo que estás comunicando a tu
hijo es que debe cambiar o no será un miembro bienvenido de la familia.

He aquí algunos ejemplos de estos comentarios. Puede que algunos te
resulten familiares:

- "De ninguna manera vas a ir a la cena de Navidad vestido así. Tienes
  dos opciones: ir a ponerte ropa presentable ahora mismo o quedarte
  en casa".
- "El cumpleaños de la abuela es la semana que viene. Nos gustaría que
  vinieras, pero, si quieres venir, vas a tener que arreglarte para parecer
  normal. No vamos a tener un rarito en la familia".
- "Sabes que estamos a punto de tomarnos una foto familiar. Por favor,
  ve a ponerte el traje que te compré y quítate esa ropa tan extravagante
  o voy a tirarla de una vez".

- "No creo que debamos compartir tu nuevo pronombre (ni tu nombre) en la reunión. Veamos si esto se mantiene durante un año más o menos antes de pedirle a la gente que cambie".

Puede ser un reto saber cómo manejar estas situaciones, especialmente si aún no te sientes cómodo con el género de tu hijo. En general, te recomendamos que veas hasta dónde puedes llegar para reducir estos mensajes.

Por ejemplo, en lo que se refiere a la ropa, quizá lo mejor que puedes esperar de ti mismo en este momento es un punto medio en la situación: "Sé que tenemos una cena formal en casa de la abuela dentro de unas semanas. Quizá podríamos ir de compras juntas para encontrar un conjunto con el que te sientas cómoda". Luego, cuando vayan de compras, comprueba hasta dónde puedes llevar tu propio nivel de comodidad para satisfacer las preferencias de ropa de tu hijo, de modo que tanto tú como él o ella sientan que se ha llegado a una solución factible.

Otra forma en que las familias excluyen a su hijo de género expansivo, transgénero o no binario es caminando unos pasos por delante de él como medio subconsciente de distanciarse.

Tu hijo forma parte de tu familia y no es algo que debas ocultar ni es alguien de quien debas distanciarte físicamente. Si te das cuenta de que haces esto, puede que tengas que hacer un esfuerzo para caminar cerca o sentarte a su lado cuando estés en público.

Bloquear el acceso a amigos, actividades y recursos transgénero o de género expansivo*

Muchas familias creen que si pudieran mantenerlo alejado de la influencia de otros niños como ellos, su hijo podría volver a la "normalidad". Este es el viejo argumento de "juntarse con el grupo equivocado". Lo lamentable es que, al eliminar o prohibir el contacto con otras personas con las que tu hijo puede relacionarse, solo consigues aislarlo. Los niños pueden entonces volverse retraídos, ya que no les queda ningún lugar donde expresarse libremente o incluso ver un futuro para ellos. Bloquear el acceso a la comunidad y a los amigos afines puede aumentar enormemente los riesgos a los que se enfrenta tu hijo. ¿Te suenan los siguientes comentarios?

- "Si solo dedicaras tu tiempo a tus tareas escolares y no a esos amigos raros que tienes, verías que todo este asunto de ser transgénero desaparece. Solamente lo haces para formar parte del grupo".

- "No te está permitido ver, hablar o estar en línea con nadie de ese grupo gay en tu escuela. Si te descubro haciendo eso, te enviaré a la escuela militar, y allí no se toman muy bien a los chicos como tú".
- "Cuando estés fuera de casa, podrás pasar tiempo con ese tipo de gente. Mientras vivas aquí, no lo permitiré".

Al estigmatizar a otras personas de género diverso, o a la comunidad LGBTQ+ de la que puede formar parte tu hijo, o al no permitirle que asista a eventos para conocerlos mejor, estás comunicando tu falta de respeto por lo que tu hijo es. A tu hijo puede parecerle que intentas atraparlo en tu realidad, una realidad que no le da cabida. Para un niño o un adolescente transgénero o de género expansivo, esto puede sentirse como si le quitaras el aire, su propia línea de vida hacia el futuro. Si no puedes creer en un futuro posible para él que sea positivo, y él mismo no puede conectar con uno interactuando con otros modelos de conducta, puede serle difícil mantener las ganas de vivir.

Culpar a tu hija/hijo de la discriminación que sufre*

Una de las prácticas parentales más perjudiciales que puedes tener es culpar a tu hijo de la discriminación a la que se enfrenta. Comentarios como los siguientes pueden estar basados en la frustración y la preocupación por su seguridad, pero no se sentirán cariñosos desde la perspectiva de tu hijo:

- "No vengas corriendo a mí si te pegan. Te lo estás buscando. Solo asegúrate de enfrentarlo como un hombre cuando vengan a ver si eres realmente un hombre o una mujer".
- "Pero, cariño, sabes que no se burlarían de ti de esa manera si no caminaras así".
- "¿Qué esperabas al salir de casa vestido así?".

Tu hijo oye que hay algo malo en su forma de ser y que es culpa suya. Oye que tiene la culpa y que merece ser tratado sin ningún respeto. Algunas personas pueden entender mejor la injusticia de esto cuando se dan cuenta de lo similar que es culpar a una mujer por haber sido agredida sexualmente. Tu hijo no está "actuando" o "pidiéndolo", sino que se está expresando de forma natural. En lugar de culparlo por ser víctima de la discriminación o la violencia, debes enseñarle estrategias de resiliencia y trabajar para reforzar su autoestima. "Pasar" como una persona cisgénero puede hacer que tú y los que te rodean se sientan más cómodos, pero pedirle a tu hijo que intente pasar desapercibido es pedirle que actúe para ser aceptado. Es pedirle que sucumba a la presión de sus compañeros y que se pliegue a las nociones dominantes para participar en la vida cotidiana.

Denigración y ridiculización*

> Me di cuenta de que yo fui el primer acosador (bully) de mi hijo. Todavía estamos sanando del dolor que le causé.
>
> PADRE DE UN NIÑO TRANS DE 12 AÑOS

> Sé consciente de las palabras que utilizas: las palabras son muy poderosas. Y hay muchas que pueden ser ofensivas.
>
> MADRE DE UN HIJO TRANS DE 15 AÑOS

Cuando te diriges a tu hijo de forma irrespetuosa —ya sea con tus palabras o con tu lenguaje corporal—, le comunicas tu rechazo y falta de aceptación. Estos comportamientos incluyen poner los ojos en blanco, imitar su forma de caminar o de mover el cuerpo, burlarse de la ropa que lleva o de su forma de hablar. También incluye salir de la habitación cuando entra en ella, o alejarte de él o ella en la mesa; reírse o no impedir que otros miembros de la familia lo ridiculicen por su estilo de comportamiento, su expresión de género o su identidad de género. Madres y padres suelen ridiculizar a sus hijos de género expansivo y transgénero porque temen que la expresión de género o la identidad de género de su hijo los haga ver mal.

Un niño con expresión de género o transgénero tiene hoy en día necesidades especiales. No son discapacitados, ni enfermos mentales, ni están físicamente enfermos, pero sus necesidades son diferentes de las del niño promedio. Nadie tiene derecho a ridiculizarlos; merecen el mismo amor, amabilidad y respeto que cualquier niño.

La condena basada en la religión*

> Le dije que Dios nunca le haría ser una niña en el cuerpo de un niño. Dios no comete errores, solo las personas se equivocan. Así que era evidente que se equivocaba y debía arrepentirse.
>
> PADRE DE UN HIJO DE GÉNERO EXPANSIVO DE 8 AÑOS

Demasiadas niñas y niños con diversidad de género han experimentado el rechazo manifiesto de sus familias, predicadores y congregaciones por motivos religiosos. Se ha demostrado que decirle a tu hijo que Dios lo castigará por su expresión o identidad de género aumenta el riesgo de que sufra problemas de salud física y mental. Decirle que rece para cambiar su identidad es utilizar la religión para condenarlo. Dado que la religión es una parte importante de la vida familiar para muchas personas, la condena religiosa elimina una fuente vital de consuelo y de apoyo para los niños que vienen de familias practicantes.

Muchos padres se dan cuenta de que, en cierto momento, su hijo transgénero rechaza o se resiste a la religión y a menudo se niega a acudir a su lugar de culto. Las familias que sienten que el género de su hijo está en desacuerdo con Dios suelen creer que el rechazo de su hijo a la religión es una prueba más de que algo está mal con ella o él. Sin embargo, no es sorprendente que muchos adolescentes y jóvenes transgénero se desilusionen con Dios después de rezarle con insistencia para que les permita convertirse en una chica o un chico y no recibir respuesta. O de escuchar que Dios quiere que sean diferentes de lo que ellos mismos saben que son. Cuando a estos jóvenes se les permite la libertad de expresarse, suelen volver a su religión, o encontrar una práctica religiosa o espiritual que afirme a las personas de todas las identidades y expresiones de género.

Expresar la vergüenza por tu hija/hijo*

Se siente muy solo. Sus hermanos se avergüenzan de él. Nosotros nos avergonzamos de él. ¿Por qué no cambia? ¿Por qué no puede ser normal? Quiero aceptarlo. Nadie me dijo que eso es lo que debo hacer. Me siento muy mal. Hemos sido muy malos con él. No lo hemos entendido. ¿Pero cómo lo podemos aceptar? Es vergonzoso. ¿Qué dirá mi familia? Él se pregunta todos los días por qué Dios lo hizo así. Yo también lo hago. No sabía que le estaba haciendo las cosas más difíciles.

PADRE DE UN NIÑO DE GÉNERO EXPANSIVO DE 6 AÑOS

Solía decir muy a menudo: "Soy una chica", dentro y fuera de casa. Le decíamos cada vez que nos alegrábamos de que fuera un chico. Empezó a ser muy repetitivo y molesto, hasta el punto de que le ofrecimos premios si pasaba una semana sin decirlo. Eso hizo que dejara de hacerlo. Después de ver un programa sobre niños transgénero en la televisión, le pregunté cómo se sentía por dentro, si se sentía niño o niña, y su respuesta fue que se sentía niña. Luego le pregunté si quería ser una niña, y su respuesta me hizo llorar cuando dijo: "No sé, mamá, ¿qué quieres que sea?".

MADRE DE UN NIÑO DE GÉNERO EXPANSIVO DE 6 AÑOS

Cuando le comunicas a tu hijo que te avergüenzas de él o ella, o que avergüenza a tu familia, eso es una puñalada profunda. Aunque muchas madres y padres les dicen directamente lo avergonzados que están, otros lo comunican con la misma fuerza a través de declaraciones y acciones indirectas. Por ejemplo, el FAP descubrió que muchas familias con hijos transgénero o de género expansivo solo mostraban fotografías de ellos tomadas cuando eran más jóvenes, cuando tenían más influencia en su expresión de género. Cuando su hijo dejaba de ser conforme al género, ya no mostraban fotos que documentaran sus actividades. Esto contrastaba con sus otros hijos adolescentes, cuyas fotografías se mostraban a distintas edades por toda la casa.

Culpar a tu hija/hijo por causarte angustia*

Cuando tu hijo ve que te causa gran angustia y vergüenza, interioriza esta presión. Nadie quiere ser una carga. Interiorizar la creencia de que es una carga, o que se le culpa por causar angustia a los progenitores o a la familia, tiene efectos negativos a largo plazo en él o ella. Estos efectos incluyen una baja autoestima y valoración personal. El mero hecho de sentirse una carga puede alimentar un patrón de sentirse como un extraño en la edad adulta y de desarrollar un esquema continuo de no ser nunca lo suficientemente bueno. Desde el punto de vista de la salud mental, una vez que se forma esta distorsión cognitiva, puede ser muy difícil de contrarrestar.

Negar que sus sentimientos son reales*

Estaba abierta a tener cualquier tipo de chica, pero creo que tardé demasiado en darme cuenta de que él no podía ser NINGÚN tipo de chica. Decía cosas como "quiero conducir camiones y las chicas no conducen camiones". Pensaba que había interiorizado muchos mensajes sexistas y yo me empeñaba en ayudarla a comprender todas las diversas formas de ser una chica. En ese momento, no me di cuenta de que no lo estaba escuchando bien.

MADRE DE UN HIJO DE GÉNERO EXPANSIVO DE 8 AÑOS

Está demostrado que cuestionar o rebatir repetidamente la afirmación de la identidad de género de tu hijo es perjudicial. Igual de perjudicial es negar la expansión de género o la identidad transgénero de tu hijo. Esto puede adoptar diversas formas: por ejemplo, si tu hijo insiste en que realmente es una chica, decirle: "No, eres un chico. Los chicos tienen pene. Tú tienes un pene"; o dirigiéndote a un amigo: "Oh, Sofía cree que es un chico. ¿No es divertido?". Menospreciar o negar lo que tu hijo te dice sobre su género no hará que desaparezca. Es cierto, puede que deje de hablarte de ello, o que se esfuerce por sublimar sus sentimientos, pero las partes auténticas de la identidad básica no desaparecen. Negar que los sentimientos de tu hijo son reales solo puede conducir a una mayor angustia para él o ella y puede aumentar sus niveles de estrés en torno a su género.

Exigir silencio y secreto*

Cuando exiges silencio y secreto en torno a la identidad de género de tu hijo, lo estás perjudicando al enseñarle a escindir una parte fundamental de lo que es. Lo haces sentir que hay algo inherentemente malo si no le permites hablar de quien es. Asimismo, es una pesada carga sentir que lo debe ocultar a los miembros de la familia inmediata o, peor aún, guardárselo por completo para sí. Madres y padres pueden sentir que están evitando a otros miembros de la familia algo que no pueden manejar, pero su hijo no es una carga que haya que superar. Algunas familias piden encubiertamente que guarden el secreto mientras hacen como si estuvieran aceptándolo. Por ejemplo:

- "No pasa nada si eres transgénero, pero no se lo digas a nadie. Cuando te vayas a la universidad, podrás vivir así, pero por ahora mantendremos el secreto".
- "No creo que tu padre pueda soportar esto... Qué tal si no se lo decimos... En realidad, no creo que debas decírselo a nadie. Vivimos en una ciudad tan conservadora que nunca se sabe lo que podría ocurrirte si la gente se enterara".

En estas afirmaciones, tu hijo oye que su propia realidad nunca será aceptada, por lo que la única forma de sobrevivir dentro de la familia y de la sociedad es vivir una mentira y ocultar su identidad principal.

Presión para imponer la conformidad de género*

De hecho, incluso las madres y padres mejor intencionados presionan a sus hijos para que se ajusten a las expectativas de género de la sociedad. Puede que lo hagan para ayudarlos a ser más aceptados, o para protegerlos de cualquier daño, o para sentirse ellos más cómodos; pero la comunicación es la misma: hay algo que no funciona en la forma natural de expresarse del niño.

- "Vamos, no puedes ir a la comida vestido así. Serás el hazmerreír de la fiesta. ¿No puedes bajar el tono?".
- "Creo que sería mejor que te pusieras ese tipo de cosas en casa".
- "Creo que es hora de practicar la manera de caminar. Tu solo te lanzas a través de la habitación. Tienes que ser más elegante".

Retener tu afirmación de su género
Algunas cosas que hemos oído de las madres y padres a este respecto:

- "Si tuviera que hacerlo de nuevo, yo no sería una barrera".
- "Mi recomendación a otros padres es que no duden tanto de su hijo, porque luego se arrepentirán".
- "Estoy mortificada por el tiempo que tardé en usar el nuevo nombre de mi hija. Fui la última persona en hacerlo y ella se sintió muy herida por ello".

Puede haber una gran diferencia entre cómo percibes tu afirmación sobre el género de tu hijo y cómo lo percibe él o ella. Para tu hijo, esto puede ser la diferencia entre querer seguir viviendo o querer acabar con su vida. Parece extremo, pero es cierto.

Las áreas en las que niñas y niños suelen encontrarse más alejados de sus familias son en el uso de su nombre, el cambio de pronombre y la capacidad de empezar medidas de congruencia médica.

La parte más difícil de este viaje ha sido construir la confianza con nuestro hijo. Hay muchos componentes para hacerlo, pero el reto principal fue comprometerse con los pronombres, apoyar los cambios de peinado, los piercings y la ropa sin temer por su salud mental ni su seguridad física.

PADRE DE UN ADOLESCENTE NO BINARIO DE 16 AÑOS

Su nombre de pila fue cuidadosamente seleccionado para representar su herencia mexicana, pero su nombre elegido no. Hubo una sensación de pérdida porque sentimos que perdió esa conexión con su herencia.

MADRE DE UNA HIJA TRANS DE 12 AÑOS

Como devotos inmigrantes cristianos taiwaneses no soportamos esto. Estamos luchando. Estamos encontrando nuestro camino, pero es difícil para nosotros. Somos muy reservados. Queremos a nuestro hijo y siempre lo haremos. Al principio, le dijimos que tenía que irse si iba a ser así, pero cambiamos de opinión. Queremos que sea siempre parte de nuestra familia. Lo aceptamos y ya no lo llamamos "hijo", le decimos "criatura", pero no podemos llamarlo "ella". Aceptamos que así lo desee, pero no lo apoyamos. Ahí es donde estamos por ahora.

Padres de un adolescente trans de 17 años

Para la mayoría de las familias, los ajustes más difíciles de realizar son el nuevo nombre y los nuevos pronombres para su hija o hijo. La mayoría ha pensado mucho en el nombre que le pusieron y este tiene un gran significado para ellos, así que cambiarlo puede provocar sentimientos de pena y pérdida, o incluso de ira, por este sentimiento de "rechazo".

Por eso, muchas madres y padres ponen plazos arbitrarios al uso del nuevo nombre y pronombre, como "te llamaré por tu nuevo nombre si todavía lo usas en un año" o "todos los demás pueden decir ella al referirse a ti, pero a mí me resulta demasiado difícil, ya que te conozco desde el día en que naciste".

Aunque usar un nuevo nombre o pronombre es difícil, un estudio tras otro demuestra que es uno de los cambios más importantes y afirmativos que puedes hacer como progenitor, y que no hacerlo es uno de los más perjudiciales. Solemos recomendar un enfoque de "fingir hasta conseguirlo". Puede que te resulte incómodo, que no te guste el nombre que han elegido y que no aceptes del todo estos cambios, pero siempre que estés dispuesto a dar el salto, utiliza el nombre y los pronombres de tu hijo cuando te lo pida, aunque sigan cambiando y aunque no hayas cambiado cómo te refieres a él o ella dentro de ti en ese momento.

Acerca de retrasar las medidas médicas de congruencia

No voy a mentir, darle medicamento fue duro para nosotros. Ya toma otros para la ansiedad, el TDAH y los problemas digestivos. Sin embargo, sé que la tasa de suicidio es alta en los adolescentes trans, así que decidimos seguir adelante con la terapia hormonal.

Madre de un adolescente no binario de 14 años

Retrasar las medidas de congruencia médica, como detener la pubertad con un bloqueador hormonal o empezar la terapia hormonal, puede ser visto por tu hijo como un rechazo a su género. Esto es muy delicado porque hemos trabajado con demasiadas familias que en teoría apoyaban el género de su hijo o se sentían bien con las medidas de congruencia social, pero que querían que su hijo esperara para empezar la congruencia médica. Lo que vemos entonces es un niño que acaba autolesionándose, con una fuerte depresión, aislándose, sufriendo otros trastornos mentales, o que incluso puede suicidarse. Esto no es una razón para precipitarse, pero es la verdad aleccionadora del asunto. El momento de estas intervenciones es crucial. Hablaremos de ellas con mucho más detalle más adelante.

Cuando los enfoques parentales difieren

El camino transgénero de un niño revelará lo que tu matrimonio y tus relaciones realmente son.

MADRE DE UNA HIJA TRANS DE 16 AÑOS

CUANDO LOS PROGENITORES ESTÁN DIVORCIADOS O SEPARADOS

En los casos de divorcio o separación, las cosas pueden volverse polémicas si uno de los progenitores cuestiona los planteamientos de crianza del otro en relación con el género de su hijo. Hagan todo lo posible por llegar a acuerdos amistosos recurriendo a la terapia familiar. De momento, lo mejor para su familia es mantener esta cuestión fuera de los servicios del tribunal familiar. Esto puede significar acordar reglas diferentes en los distintos hogares. Aunque puede que no sea la solución ideal para tu hijo, es mucho mejor que un mandato judicial que restrinja su expresión de género. Conforme los tiempos cambian y el entendimiento general de la condición transgénero aumente en el sistema judicial puede resultar a favor de tu familia, pero ese no es el caso por ahora.

No es raro que las madres y los padres reaccionen de forma diferente ante la variación de género de su hijo. Normalmente, uno de ellos se siente más cómodo permitiendo la autoexpresión de su hijo, mientras que el otro siente que con ello lo está "fomentando". En la medida de lo posible, esfuérzate por adoptar un enfoque unificado. Entendemos que esto no siempre es posible.

> *Ha sido difícil ver que nuestro hijo no se comporta como otros niños de su edad. Ha sido mucho más difícil para mí que para mi marido. Siempre es él quien me hace volver a la tierra. En general, mi marido se ha mostrado más tranquilo al respecto. Yo me he sentido incómoda, pero no hemos tenido grandes conflictos al respecto. Ambos estamos de acuerdo en que queremos que nuestro hijo sea feliz.*
>
> PADRE DE UN HIJO DE GÉNERO EXPANSIVO DE 7 AÑOS

Algunas madres y padres difieren principalmente sobre qué comportamientos están permitidos fuera de casa y cuáles deben permanecer dentro de esta. Esta es una cuestión importante. Aunque es difícil, puedes crear un ambiente de apoyo en casa. Los diferentes enfoques sobre la expresión de género de tu hijo pueden ser un reto mayor si tu hijo tiene más de un hogar; pero llegar a un acuerdo sobre la libertad y el respeto dentro del hogar supone un gran avance mientras navegan juntos por la mejor forma para abordar el mundo exterior. Sin embargo, si hay división en tu hogar o entre hogares y no puedes llegar a un acuerdo con el otro progenitor sobre los límites de la expresión, asegúrate de que tu hijo sepa que lo apoyas plenamente en lo que es. De este modo, aunque pueda experimentar la presión o el rechazo de uno, te reconocerá como su aliado. Si hay división en tu hogar, es aún más importante que sigas leyendo sobre las otras formas significativas en que las familias pueden influir en el bienestar actual y futuro de sus hijos. Debes saber que tendrás que emplear estas técnicas tanto fuera como dentro de casa.

Por supuesto, el objetivo es que los niños experimenten una aceptación y afirmación plenas en sus propios hogares. Pero, como hemos dicho, la verdadera aceptación puede llevar tiempo. Si decides mantener tu unidad familiar actual durante el periodo de aceptación —a pesar de las discrepancias significativas en sus enfoques de crianza—, puede que tengan que establecer algunas normas domésticas estrictas para garantizar la seguridad emocional y el bienestar de tu hijo. Haz todo lo que puedas para reducir su exposición a las prácticas parentales perjudiciales basadas en la evidencia que hemos descrito, mejorando su salud y seguridad. Haz todo lo que puedas para contrarrestar o minimizar su percepción de que es la causa del estrés y el conflicto en el hogar. Cada familia navega por este difícil territorio de forma diferente.

Si hay desacuerdo en casa o entre las familias sobre cómo abordar el género de tu hijo, lo más importante en lo que pueden ponerse de acuerdo es en reducir el rechazo que tu hijo experimenta, abierta y sutilmente, en casa. Si se ponen de acuerdo para minimizar los comportamientos descritos en esta sección y para esforzarse en dar respuestas parentales al menos neutras, tu hijo estará mucho mejor. Tu forma de criar tiene efectos de largo plazo: afecta a tus hijos no solo en esta etapa de su vida, sino también en su vida adulta. Tienes el poder de marcar una gran diferencia en sus vidas. Debes ejercer ese poder con mucho cuidado.

La crianza perjudicial puede ser tanto obvia como sutil. Todo padre ha incurrido en prácticas parentales perjudiciales en algún momento. Para mejorar tus habilidades, intenta desarrollar tantas técnicas positivas o neutras como sea posible. En las familias biparentales, si uno de los progenitores se inclina al rechazo y el otro es solidario, el progenitor positivo y solidario no siempre podrá contrarrestar el impacto de aquel que lo rechaza.

LLEVA UN REGISTRO O DIARIO

Dado que ha guiado a muchas familias a través de este viaje de aceptación, Stephanie sabe que es muy valioso llevar un registro o un diario. Con él, puedes mirar atrás cada seis meses y ver lo lejos que has llegado en tu camino hacia la comprensión y la aceptación. También puedes anotar el progreso de tu pareja o de otros miembros de la familia o amigos. Utiliza tu diario como herramienta de autorreflexión a lo largo del camino, o simplemente como un lugar práctico para anotar tanto tu propio camino como los avances de tu hijo. Es hermoso revisar estos diarios. Puedes ver cómo tu lucha y tu agonía se convierten gradualmente en aceptación y facilidad. También puedes ver todo el trabajo duro que les ha costado a todos llegar a donde están ahora.

Intenta un punto intermedio

Si tú o un miembro de la familia sienten que sus creencias no permiten afirmar el género de tu hijo, intenta llegar a un punto intermedio. Encuentra un punto de compromiso que pueda funcionar para ti. La forma de navegar por la aceptación puede ser matizándola. Puede que no se trate de un apoyo y afirmación plenos, pero tampoco de un rechazo total. Tu objetivo será mantener una conexión positiva con tu hijo. Intenta no atrincherarte y aferrarte a tu posición; en lugar de eso, encuentra formas de volver a tu hijo y encontrar la conexión de nuevo. Tómate el tiempo necesario para comprender la investigación sobre el género, de modo que puedas ver que ciertas acciones tienen un impacto perjudicial no intencionado a largo plazo.

Hay otras opciones más neutrales en el medio que no perjudican ni causan desconexión. Por ejemplo, si no te atreves a utilizar el nuevo nombre y pronombre de tu hijo, intenta no utilizar los que no le parezcan adecuados. Sé creativo con tus términos de cariño y utilízalos siempre que uses su nombre de forma habitual. Cuando tu hijo te diga algo sobre su género, intenta responder con sensibilidad, respeto, consideración y compasión. Demuestra a tu hijo que lo sigues queriendo, aunque no apoyes esta parte suya. Adoptar todos los enfoques intermedios que puedas en la crianza de tu hijo con diversidad de género no solo lo protegerá de los daños, sino que también fomentará su bienestar y lo ayudará a desarrollar sus puntos fuertes y sus habilidades, y le permitirá confiar en el consuelo de su familia para superar las adversidades de la vida.

Crianza eficaz: educar para la resiliencia

En el resto de este capítulo, exponemos las cualidades muy específicas que los estudios han señalado como las formas más eficientes de ofrecer apoyo a las infancias con diversidad de género. Se trata de los componentes principales de la crianza basada en la resiliencia y funcionan para todos los niños.

Estas son algunas de las prácticas de crianza que te animamos a seguir. Se basan en un sólido conjunto de investigaciones que han demostrado que estas prácticas tienen un influjo directo y significativo en la reducción de las tasas de suicidio, consumo de drogas y adicción, riesgo de salud sexual, depresión y falta de vivienda, así como en la mejora de la perspectiva de vida del niño. En otras palabras, lo que haces afecta la salud mental y física actual y futura de tu hijo. Como puedes imaginar, los niños más felices y mejor adaptados son los que se saben queridos y apoyados. Si los padres ayudan a sus hijos a crear una base sólida para su identidad, los ayudan a estar felices, sanos y vivos. Nadie es perfecto, pero puede ser muy tranquilizador saber que hay una hoja de ruta que puedes seguir para mejorar la calidad de vida de tus hijos. Algunas de las siguientes cosas te resultarán fáciles; otras pueden requerir un poco de esfuerzo y crecimiento para conseguirlas. Solo tienes que saber que cada paso que des para demostrar tu aceptación y apoyo es importante.

Prácticas basadas en la resiliencia

La resiliencia es una habilidad fundamental para la vida y puedes fomentarla en tu hijo. La resiliencia es la capacidad de recuperarse de la adversidad y de adaptarse al cambio. Es importante desarrollar esta capacidad en todos los niños y niñas, pero especialmente en aquellos con identidades marginadas, porque les permite superar las experiencias negativas que sufren. La buena noticia es que, puesto que la resiliencia es algo que puede fomentarse, alimentarse y desarrollarse, hay cosas que los padres pueden hacer para reducir los efectos del estrés y ayudar a sus hijos a cultivarla.

Hay que fomentar estos comportamientos

Las familias tienen el poder de marcar una enorme diferencia en los resultados de sus hijos. Tener una relación con una madre o un padre afectuoso es, de lejos, el factor de protección más poderoso para niñas y niños. He aquí algunas formas de cultivar la conexión y la resiliencia.

Crea un entorno familiar de apoyo*
El factor más importante para promover la salud y el bienestar de tu hijo a lo largo de toda su vida es crear un entorno familiar de seguridad y apoyo. La familia es el centro de la vida de un niño y la aceptación de sus padres es el factor determinante número uno para los resultados a largo plazo de los niños y adolescentes transgénero y no binarios. Un hogar seguro y comprensivo proporciona un amortiguador de las dificultades que puede sufrir fuera del hogar y refuerza un fuerte sentido de sí mismo como alguien bueno y que puede ser amado. Si esto no te resulta tan fácil, busca el apoyo de un terapeuta familiar empático y con conocimientos, y trabaja para seguir las sugerencias que te hacemos en este capítulo.

Muestra amor y apoyo incondicionales
Las relaciones cálidas y enriquecedoras entre los niños y los adultos que se preocupan por ellos son el factor más importante para el desarrollo de la

resiliencia y para superar los posibles efectos negativos del estrés diario. Los niños que viven infancias no binarias, transgénero y de género expansivo se enfrentan a un duro camino, con un trato poco amable por parte de sus compañeros, profesores, familiares y extraños en general. Lo que más necesitan es tu amor y apoyo inquebrantables.

Puede que sientas que estás en una montaña rusa emocional, pero haz todo lo posible por mantener la calma, ser paciente y estar presente para tu hijo. Céntrate en el amor por él o ella e intenta comprender quién es. Ponte de su lado. Así no se sentirá solo. Sean una unidad y traten de caminar juntos por el sendero de la vida. Como todas las personas, lo único que quiere es sentirse apreciado y apoyado.

Como bien sabes, algunos niños con diversidad de género se autolesionan o se deprimen mucho. Sabiendo que hay mucho en juego, tu amor incondicional es crucial.

Sigue queriéndolo y mostrándole tu apoyo incluso cuando se retraiga o discuta contigo. Tu amor lo hará salir adelante, aunque no lo parezca en ese momento. Sigue fomentando tu relación con él o ella incluso en los días más difíciles.

Sana la ruptura

No estás solo si lo que quieres es rehacer la forma en que has manejado las cosas hasta este momento. Ten compasión de ti mismo y empieza de nuevo. Puedes acercarte a tu hijo y pedirle que vuelvan a conversar. Puedes disculparte por el dolor que has causado. Las rupturas se producen por falta de comprensión. A medida que aprendas y crezcas podrás demostrarla. Tu hijo no te pidió que fueras perfecto, sino que lo quisieras, te disculparas y lo hicieras mejor. Dependiendo de la profundidad de la herida, esto puede llevar tiempo, pero no te rindas. Sigue mostrando tu amor.

Deja de interrogarlo

Cuando preguntamos a los niños y adolescentes con diversidad de género qué desearían que sus familias hicieran de forma diferente, una de las respuestas más comunes fue: "Dejar de preguntarme si estoy seguro todo el tiempo". Sabemos que tienes preocupaciones y temores, pero intenta escuchar con atención lo que tu hijo dice y observa lo que expresa. Dedica más tiempo a escuchar y menos a interrogarlo. Tu hijo se sentirá más seguro, y este tono de confianza le permitirá abrirse de forma natural sobre sus propias inquietudes, en lugar de tener que defenderse de las tuyas.

Expresa preocupación sin rechazo

Con toda esta información, muchas madres y padres se preguntan cómo pueden expresar su preocupación natural por el bienestar de su hijo sin dar la impresión de que lo rechazan. Queremos asegurarte de que puedes seguir poniendo límites y expresando tu preocupación; eso forma parte de tu trabajo como su padre o madre. Más bien, es la forma de expresar esas preocupaciones la que quizá haya que cambiar.

Por ejemplo, si tu hijo adolescente te dice que piensa ponerse un vestido para una de sus fiestas de secundaria, tienes varias opciones como respuesta. Puede que te digas a ti mismo: "No, no lo harás, hijo". Pero antes de hablar, tómate un tiempo. ¿Cuáles son exactamente tus preocupaciones? Intenta enumerarlas primero. Una parte de ti puede sentirse avergonzada, otra temer por su seguridad, o que vaya demasiado deprisa, o tal vez sientas que es demasiado joven para comprender las implicaciones que tiene sobrepasar los límites sociales de esta manera. Entonces decide de qué parte vas a hablar con tu hijo. Podrías decir: "Imagino que has pensado mucho en esto, y me interesa escuchar tus ideas. Sé que ya no soy un adolescente y que hace tiempo que no voy a la escuela, así que mis preocupaciones pueden no ser relevantes, pero me gustaría hablar contigo sobre tu elección de llevar un vestido. ¿Hay chicos que lleven vestidos en las fiestas de tu escuela? ¿Cómo crees que podrían responder los demás? ¿Sabe alguien que este es tu plan? ¿Cómo se sienten al respecto?". Esta conversación debe ser suave y no un aluvión de preguntas, sino una reunión para hablar de las cosas sin que haya confrontación. Puede que tu hijo te sorprenda al haber considerado ya estas preocupaciones y otras más.

Utilizando de nuevo las reuniones sociales importantes como ejemplo, tal vez tengas un hijo transgénero que aún no ha salido del armario en la escuela, pero ha decidido que es el momento adecuado y piensa asistir al baile con un vestido. Tres amigos que lo apoyan plenamente van a ir con él, y han decidido que el riesgo de daño físico es bajo. Tal vez la alianza gay-heterosexual de la escuela haya hecho una presentación animando a los alumnos a llevar ropa con la que se expresen realmente. Tal vez sigas temiendo por la seguridad de tu hijo cuando salga del baile esa noche y por cómo lo tratarán en la escuela al día siguiente. Quizá te mire a los ojos y te pida que no te preocupes, que este es su camino.

No obstante, habla de las formas de mantenerlo a salvo y de con quién puede hablar en la escuela si sufre acoso. Dile que, si alguna vez se mete en problemas, irás a buscarlo, pase lo que pase, sin hacer preguntas. Dile que te preocupas por él, que te importa y que lo apoyas. Si sientes algún tipo de vergüenza, ya sea por él o por ti mismo, enfréntate a ello por tu cuenta. Él no necesita oírlo. Los dos deben terminar satisfechos al sentir que lo has apoyado y han establecido algunas normas de seguridad prácticas.

Somos conscientes de que el mundo no es tan seguro como todos esperamos que sea para las personas transgénero, de género expansivo y no binarias. La violencia puede producirse y de hecho sucede. No nos tomamos a la ligera la posibilidad de que haya violencia, y esperamos que tú y tu familia encuentren el equilibrio adecuado entre permitir que tu hijo crezca y se exprese y hacer lo que puedan para mantenerlo a salvo. Tenemos la esperanza de que, a medida que los tiempos cambien y aumente la comprensión de las personas transgénero y de género expansivo, los incidentes de violencia sean cosa del pasado. Tanto si tu hijo es abiertamente transgénero en la escuela como si no lo es, pide a la dirección y a los profesores que realicen una formación sobre sensibilidad de género para reducir la discriminación de género por parte de todos.

Promueve una comunicación abierta y solidaria*

Una de las herramientas cruciales que tienes para mantener a tu hijo sano y ayudarlo a que se adapte es acompañarlo en su camino de autodescubrimiento y autoexpresión. Para eso, debes mantener una comunicación frecuente. La identidad y la expresión de género se desarrollan con el tiempo. Es importante presenciar y apoyar el proceso natural de desarrollo de la identidad de género de tu hijo. Intenta no precipitarte. Permanece abierto. Hazle saber que estás ahí para él. Hazle saber que quien es hoy, mañana y pasado está bien para ti. Dile que estás deseando conocerlo a medida que él mismo se vaya conociendo mejor.

Comparte con tu hijo que el género de cada uno es único y que no hay una sola forma de ser. Esto incluye hablar de que hay muchas formas de ser un chico, una chica, un chico transgénero, una chica transgénero o una persona no binaria o de género fluido. Una afirmación tan sencilla como "hay muchas formas de ser un chico" o "algunas personas no se sienten como un chico o una chica" puede crear un espacio para que tu hijo piense en quién es, en lugar de gastar esa misma energía pensando en cómo debe ser. Más adelante, cuando él o ella te lo comunique, sabrás si alguna de estas afirmaciones se aplica a su caso o no.

Lo mejor es mantener un aire de curiosidad hacia tu hijo. Pregúntale cómo se ve a sí mismo, en qué piensa, cuáles son sus inquietudes y preocupaciones respecto a los demás y sus reacciones. ¿Qué tipo de presiones siente y cómo le afectan? ¿Cuáles son sus sueños, esperanzas y miedos más profundos? Preguntas como estas les hacen saber que estás ahí para ellos. La comunicación abierta deja espacio para que el género de tu hijo evolucione con el tiempo. Permítele que experimente la persona que es.

CREA UN ESPACIO SEGURO PARA LA DISCUSIÓN

Lo más importante que pueden hacer los padres (y los seres queridos) para ayudar a los niños transgénero y no binarios es mantener las líneas de comunicación abiertas. Animar a los niños de género expansivo a hablar de sus sentimientos los ayuda mucho a sentirse seguros y protegidos.

- La comunicación es una parte normal del día.
- Haz preguntas abiertas para fortalecer su relación.
- Utiliza técnicas como la escucha reflexiva para asegurarte de que entiendes lo que te dice y para que tu hijo se sienta escuchado.
- Escucha sin interrumpir, juzgar o discutir.
- Permite y anima a tu hijo a expresar su amplia gama de sentimientos en palabras.

Una de las cosas que siempre digo a la gente es que, aunque creíamos que teníamos un hijo, descubrimos que tenemos una hija. Sin embargo, nuestra hija puede mostrarnos que quiere volver a ser nuestro hijo, o que se siente mejor siendo de ambos géneros, o de ninguno, o algo para lo que aún no tenemos palabras. Estamos abiertos. No estamos apegados a que sea una persona transgénero. Nos gusta que sea ella misma. Esperamos que siempre se sienta querida y apoyada.

PADRE DE UNA HIJA TRANS DE 13 AÑOS

Simplemente comparto con mi hijo: nunca entenderé lo que tú experimentas, pero puedo intentarlo. Entiendo que nuestras experiencias son diferentes, pero quiero comprender las tuyas lo más profundamente posible.

PADRE DE UN HIJO TRANS DE 17 AÑOS

Debido a la fluidez que muchos niños tienen hacia el género, puede ser mejor abstenerse de utilizar con tu hijo cualquier etiqueta de género que ella o él no haya utilizado antes. Si tu hijo elige una etiqueta, pregúntale sobre su elección y cómo se siente con ella. Ni a los adultos ni a los niños les gusta que los demás los etiqueten. Los hace sentir incómodos.

> *Nosotros nos referíamos a nuestro hijo como transgénero. Finalmente, un día le preguntamos sobre ello. Dijo que en realidad no se consideraba transgénero. Más bien, todos los demás lo hacían. Pensaba en sí mismo como si hubiera sido un chico toda su vida. Dice que utilizará el término "trans" porque sabe que es lo que dice la gente, pero que no cree que se ajuste a su experiencia. Después de eso, intentamos no utilizar tanto la palabra.*
>
> PADRE DE UN HIJO DE 9 AÑOS

Un niño con una expresión de género fluida o una identidad no binaria puede resultar muy difícil y frustrante para algunos padres. La falta de coherencia en la expresión de género de su hijo o la ambigüedad de una identidad no binaria pueden hacer que los padres se pregunten quién es realmente. Algunos se sienten desesperados por encontrar una respuesta sólida: hombre o mujer. Este género desconocido o la fluidez de género pueden parecer una locura para una mente entrenada para ver el género como algo estático. Simplemente permanece en el presente con tu hijo. Permítele que se muestre ante ti. Al igual que no sabes qué profesión elegirá cuando sea mayor, no sabes cuál será su identidad o su expresión de género. Ten en cuenta que siempre puede seguir siendo fluida o no ser fácil de explicar.

> *Mi hijo siempre se ha identificado con las niñas y a menudo le gusta vestirse con ropa de niña en privado, pero tiene muy claro que es un niño y no quiere que lo identifiquen como niña. No lo veo como transgénero en este momento y me mantengo abierto a que se sitúe en el espectro de la identidad de género y la orientación sexual en el futuro. Me dijo hace tiempo que solo quería ser él mismo, lo que me ha guiado desde entonces en mi forma de criarlo.*
>
> PADRE DE UN NIÑO DE GÉNERO EXPANSIVO DE 7 AÑOS

Estar conectado con tu hijo e interesarte por su experiencia los ayudará a crecer y evolucionar juntos. Te ayudará a entender cómo enmarca él su experiencia, y te ayudará a proporcionarle orientación y apoyo. Si tu hijo lucha intensamente con su sentido de la autoestima o con la confusión de género, permanecer conectado a sus sentimientos y a su día a día te ayudará a saber si necesita apoyo externo adicional.

Según un estudio de 2021 sobre las percepciones de los adolescentes transgénero y de género expansivo sobre el apoyo que recibían de su madre y padre, las acciones que los adolescentes dijeron que valoraban más son que sus familias utilicen su nombre y pronombre preferidos y que estén emocionalmente disponibles y abiertos a escucharlos.

VOTO DE ACEPTACIÓN PARENTAL*

Empiezo aquí, y desde donde sea que esté, y desde este día en adelante:

- Hablaré positivamente de mi hijo con él y con los demás.
- Adoptaré una postura activa contra la discriminación.
- Haré comentarios positivos sobre la diversidad de género.
- Trabajaré con las escuelas y otras instituciones para hacer que estos lugares se vuelvan más seguros para los niños y las niñas con diversidad de género, transgénero y todos los demás.
- Encontraré amigos de género expansivo y crearé nuestra propia comunidad.
- Expresaré admiración por la identidad y la expresión de mi hijo, sea cual sea la dirección que tome.
- Seré voluntario en organizaciones de género para aprender más y para que los demás lo entiendan mejor.
- Creeré que mi hijo tendrá un futuro feliz.

Quitar el estigma

Los niños están destinados a ser amados incondicionalmente y yo trabajo cada día para asegurarme de que mis acciones cumplan este objetivo.
MADRE DE UN HIJO DE GÉNERO EXPANSIVO DE 7 AÑOS

Puede que sea necesario un cambio de paradigma para entender que no hay nada malo en tu hijo. Ser de género expansivo, no binario o transgénero no es un problema que resolver o algo que superar. Cuando eliminas el estigma de tu propio pensamiento, liberas espacio para que tu hijo sea simplemente él mismo. También ayuda a tu hijo a enfrentarse a cualquier vergüenza interna que tenga. El problema no está en tu hijo, sino en el sistema binario de género que crea el estigma. Cuando rechazas ese estigma, es más difícil aceptar que haya discriminación de género.

El hogar como espacio seguro

La inviolabilidad de tu hogar como espacio de seguridad y apoyo es fundamental. Esto significa un hogar sin ridículo, vergüenza, castigo o rechazo, un hogar en el que cada miembro sea valorado, aceptado y amado por lo que es. Eso es lo más importante que puedes proporcionar a tu hijo. Todo lo demás se basa en esto.

Normaliza la diversidad de género en tu hogar

Cuando haces de tu casa un lugar en el que se normaliza la diversidad de género, demuestras amor y aceptación por tu hijo. Al hacer que sea visiblemente afirmativa, comunicas a todos los que entran que tu casa es un espacio inclusivo y seguro.

Al igual que quizá ya lo hagas con otras identidades familiares como la raza, la etnia, la religión o la cultura, asegúrate de que los objetos artísticos que se exponen, los libros que tienes en casa, los juguetes con los que juegan tus hijos y los medios de comunicación que ven reflejen la diversidad de género. Coloca carteles o banderas de afirmación.

Exige respeto en la familia*

En tu familia inmediata y extensa, es esencial que solo toleres la amabilidad y el respeto hacia tu hijo. Es posible que no puedas cambiar las opiniones o puntos de vista de nadie sobre tu hijo o la educación que le das, pero sí puedes decidir desde tu familia a qué se exponen tu hijo y tú.

Es importante dejar claro que cada persona de la familia merece el mismo respeto. Si tienen opiniones diferentes, es su prerrogativa, pero los sentimientos negativos deben contenerse y no comunicarse mediante palabras, rezongues, expresiones faciales u otras formas de lenguaje corporal. Defiende a tu hijo cuando sea maltratado, incluso por miembros de la familia.

Aunque puede dar miedo pedir explícitamente respeto a los demás miembros de la familia, esta no es una petición irrazonable. De hecho, muchas madres y padres manifiestan una gran sensación de alivio tras insistir en la amabilidad básica de los familiares:

Evolución del lenguaje

El lenguaje nos permite compartir nuestros pensamientos, ideas, emociones e intenciones con los demás. Aunque las lenguas están definidas por reglas, estas no son estáticas. Son entidades vivas que cambian con el tiempo; no permanecen estancadas. Desde el principio de los tiempos, la lengua ha crecido y se adapta continuamente, evoluciona como nosotros y desarrollamos con ella palabras y formas de expresión que reflejen nuestra sociedad o cultura.

Inés Fernández-Ordóñez, miembro de la Real Academia Española, señala que, aun cuando es difícil reestructurar una lengua, "es un hecho consustancial a la existencia histórica de las lenguas que los hablantes promuevan innovaciones lingüísticas, con independencia de que esas innovaciones cundan, prosperen y se adopten o no por toda la comunidad lingüística. Están en su derecho".

Lenguaje inclusivo de género

Ante un lenguaje que asigna género a las palabras, hay un movimiento político-académico que trata de ajustarse al "lenguaje no binario" o "lenguaje inclusivo". Aunque puede ser útil intentar ser más inclusivos con nuestro lenguaje, no siempre es fácil, pues hay que considerar que, a medida que el idioma evoluciona, los cambios pueden resultar incómodos al hablar y escribir porque los nuevos términos tardan en ser aceptados. Así que es más sencillo comenzar con un lenguaje específico sobre las personas.

Se necesita esfuerzo para ser más inclusivo y puede sentirse un poco extraño al principio, pero para evitar nombres con sentido explícito de género, puedes usar palabras alternativas que denoten cariño para dirigirte a tu hijo de género expansivo, transgénero o no binario: "mi vida", "mi cariño", "mi cielo", "mi corazón", etc. Asimismo, cada vez más se usa e o x para marcar como neutras las palabras que en español tienen género. Puedes ser selectivo respecto a los momentos para usar estas palabras con 'e', por ejemplo: "hije", "compañere", "amigue". O bien, puedes utilizar las tres versiones: "hija, hijo e hije".

Cuando sea posible, usa términos neutrales al hablar con tus hijos sobre grupos humanos. Puedes decir: "Mira a esas personas", en lugar de "Mira a esos hombres", o "Esta es mi familia", en vez de "Estos son mis padres". Del mismo modo, para extender este uso a otras situaciones, en lugar de especificar "el señor" o "la señora" de la limpieza, puedes sustituirlo por "el personal de limpieza" o para decir, en ciertos momentos, "niñas y niños" puedes utilizar "infancias" o "menores".

Les dijimos a mis padres que, si no podían abstenerse de hablar negativamente de nuestro hijo en nuestra presencia, ya no podríamos pasar tiempo con ellos. Aclaramos qué queríamos decir: que NO se hablara negativamente de nuestro hijo ni a él, ni a nosotros, ni a ninguno de sus hermanos. Y tampoco con otras personas en nuestra presencia. Había que tener agallas, pero no teníamos elección. Bueno, en realidad sí teníamos elección, y la estábamos tomando. Elegimos a nuestro hijo por encima de los demás. Eso es lo que deben hacer los padres.

PADRES DE UN NIÑO DE GÉNERO EXPANSIVO DE 8 AÑOS

Vengo de México. Tengo una familia muy grande. No respetan a la gente que es gay, y tienen muchos prejuicios contra lo que creen que es gay. Tuve que decirles que mi hijo puede ser así, y que hace esas cosas. Quiero a mi hijo. Lo quiero mucho. Haré cualquier cosa por él. No dejaré de quererlo porque le guste el pelo largo. No dejaré de quererlo porque le guste bailar. Pero si no pueden quererlo por lo que es, entonces no podemos estar con ellos. Parte de mi familia se ha quedado con nosotros. Quieren a nuestro pequeño. Otros, bueno, ya no los vemos.

PADRE DE UN HIJO DE GÉNERO FLUIDO DE 7 AÑOS

Le dije a mi familia que este año no vendríamos a la cena de Acción de Gracias. Les expliqué que el modo en que tratan a nuestra hija de género expansivo le hace tanto daño que llora por ello entre visita y visita. Decidimos que su felicidad y su autoestima son más valiosas para nosotros que nuestra familia extensa. Reconozco que nos entristeció a todos, pero para nosotros fue la decisión correcta. Queremos a nuestra hija y nos mantenemos firmes en lo que es. Mi madre se quedó en silencio. Pensé que desaprobaba mi decisión. Pero cuando fui a despedirme, estaba llorando. Dijo que estaba avergonzada por su comportamiento y que hablaría con el resto de la familia sobre esto. Todavía no nos han contestado. Supongo que hemos trazado nuestra línea en la arena. A ellos les corresponde el siguiente movimiento.

PADRE DE UN NIÑE DE GÉNERO EXPANSIVO DE 10 AÑOS

Tenemos unos familiares de mi familia política que son muy religiosos y no apoyan a las personas LGBTQ+. Hace años que no los vemos y no tenemos intención de seguir en contacto con ellos. Un entorno de apoyo y de cuidado es un regalo que no tiene precio y es algo que podemos dar a nuestros hijos. Eso puede significar alejarse de las personas tóxicas, aunque sean de la familia.

MADRE DE UN HIJO TRANSGÉNERO DE 11 AÑOS

Seguridad en tu hogar religioso o espiritual

> *Cuando mi hijo dijo por primera vez que era transgénero, recé por un milagro para que cambiara. Pensé que tenía que tomar una decisión imposible: podía amar a mi hijo y perder a mi iglesia, o amar a mi iglesia y perder a mi hijo. Entonces ocurrió el milagro. Mi corazón cambió y vi que mi hijo era amado por Dios. Mi oración ahora es que la iglesia reciba también esa revelación.*
>
> PADRE DE UN CHICO TRANS DE 15 AÑOS

Muchas familias han compartido con nosotros su sabiduría sobre la conciliación de sus creencias religiosas y espirituales con el hecho de tener un hijo transgénero o no binario. Las familias solidarias utilizan sus valores y creencias religiosas para apoyar a su hijo. Algunas nos han dicho que han sentido aprensión a la hora de hablar de él o ella en su comunidad religiosa. Otras se dieron cuenta de que necesitaban encontrar un nuevo hogar espiritual que los acogiera y afirmara, debido a prácticas discriminatorias desde tiempo atrás o a un nuevo reconocimiento de la transfobia y la homofobia entre sus líderes religiosos o compañeros de iglesia. Otras familias expresaron que tanto ellas como sus hijos fueron acogidos calurosamente una vez que su hijo empezó a vivir como su género afirmado. Puede ser decepcionante darse cuenta de que tu familia y tú son víctimas de la intolerancia religiosa debido a la identidad de género o a la autoexpresión de tu hijo. Pero seamos claros: no hay lugar en sus vidas para ninguna religión o práctica espiritual que avergüence, culpe, condene, rechace, ignore o distorsione a tu hijo, o a ustedes por aceptarlo y amarlo tal como es.

> *Tenemos miedo de decírselo a nuestra iglesia, y puede que nos marchemos y vayamos a una iglesia que sea abiertamente afirmativa.*
>
> MADRE DE UN NIÑO TRANSGÉNERO DE 9 AÑOS

> *Mi familia extensa es ultrarreligiosa y todos siguen de cerca la fe cristiana. Tengo familiares que practican la aceptación y otros que utilizan su religión para condenar y odiar. Intento respetar los puntos de vista de todos en lo que respecta a la religión, pero tengo tolerancia cero al odio.*
>
> MADRE DE UN HIJO DE GÉNERO EXPANSIVO DE 6 AÑOS

Esto no ha sido un problema en nuestra sinagoga judía conservadora. Es abierta y solidaria, al igual que nuestra comunidad judía.

MADRE DE UN HIJO TRANS DE 14 AÑOS

Habíamos asistido a la misma iglesia desde que mi hija tenía 8 años y ella estaba muy involucrada. Pero poco a poco se dio cuenta de que la teología de esa iglesia era antigay y antitrans, y de que los adultos eran incapaces de responder a sus preguntas más profundas.

MADRE DE UNA HIJA TRANS DE 16 AÑOS

Aunque la Iglesia a la que asistimos está abierta a la aceptación, no creo que esté dispuesta a la afirmación. Estamos buscando otra comunidad de fe que sea realmente amistosa con el colectivo LGBTQ+.

MADRE DE UNA HIJA TRANS DE 16 AÑOS

Somos ateos/humanistas de la iglesia unitaria. Pensamos que los cristianos en nuestra vida (básicamente todo el mundo) deberían creer que Dios hizo a mi hijo como es. No hay ningún pecado en ello.

MADRE DE UN HIJO TRANS DE 15 AÑOS

Nuestra familia forma parte de un pequeño grupo de "iglesia en casa/ no iglesia" que se reúne en nuestra casa o al aire libre todos los domingos por la mañana. Todos procedemos de un entorno cristiano, aunque algunos de nosotros ya no nos identificamos como cristianos, y otros sí. Es un grupo muy progresista, comprometido con la justicia social. Se lo dijimos a este grupo desde el principio y todos lo aceptaron.

MADRE DE UN NIÑO NO BINARIO DE 7 AÑOS

Nuestra cultura latina, o en la que yo crecí, es un poco conservadora y no estuvimos expuestos ni abiertos a la comunidad LGBTQ+, de tal manera que nos tomó tiempo cambiar la mentalidad y procesar los cambios que mi hija está viviendo.

FAMILIA COLOMBIANA

Su colegio era evangélico metodista, por lo cual hubo apoyo en su transición. Cuando hablamos de religión, debemos tener en cuenta la pluralidad de iglesias y los distintos niveles de aceptación. Nosotros no tuvimos problemas.

FAMILIA URUGUAYA

No ha tenido ningún impacto. Nuestras creencias son de crecimiento espiritual, como cada quien pueda entenderlo y le funcione. Lo más importante es reconocer quiénes somos y para qué estamos aquí.

FAMILIA MEXICANA

Dale a tu hija/hijo la libertad de explorar su género*

Somos padres afroamericanos del Sur. Lo más difícil para nosotros fue hacernos a la idea de seguir el camino de nuestro hijo. Ese no era nuestro enfoque de la paternidad, así que fue la parte más difícil. Fue una lucha para nosotros. Eso y ¿podemos unirnos como pareja en esto? Fue súper complicado para nosotros, no voy a mentir sobre eso. Nos costó un tiempo hacernos cargo de todas estas ideas. Pensábamos que esto era una cosa de blancos, no de negros. Pero ahora que nuestra hija vive con autenticidad, tiene confianza y es feliz, ¡brilla! Es la noche y el día. Hemos recuperado a nuestra hija. Resulta que tenían razón... Todo lo que teníamos que hacer era seguir su ejemplo.

PADRE DE UNA HIJA TRANSGÉNERO DE 11 AÑOS

Permitir a tu hijo la libertad de explorar su expresión de género, su estilo de comportamiento o de reivindicar una variedad de identidades de género durante todo el tiempo que necesite y de la forma que necesite, le ayuda a descubrir quién es. Mientras atraviesan este proceso de autoexploración, es importante expresarles amor por quiénes son y cómo son. Deja que tu hijo te muestre cómo se ve a sí mismo y en quién se está convirtiendo.

Expresa amor y apoyo a la expresión de género de tu hija/hijo

Sigue el ejemplo de tu hijo. No fomentes ni niegues. Esta es su experiencia, nosotros solo somos los ayudantes.

PADRE DE UNA HIJA TRANS DE 19 AÑOS

Durante este último año ha cambiado tres veces de nombre y de pronombre, y ahora se identifica como hombre trans. Lo apoyamos, siempre lo escuchamos y le decimos que lo queremos. Nunca le cuestionamos su identidad. Me he preguntado algunas cosas, pero con el tiempo he hecho las paces con encontrarme con él donde está y ver a dónde aterriza.

MADRE DE UN HIJO TRANS DE 14 AÑOS

Múltiples estudios han demostrado que los niños son más felices y saludables cuando sus padres apoyan su expresión de género. De hecho, apoyar la expresión de género de tu hijo es una de las cosas más importantes que puedes hacer para promover su bienestar. Es fácil decirlo, pero ¿qué significa exactamente expresar amor y apoyo a su expresión de género?

Apoyar la expresión de género de tu hijo significa permitirle elegir, sin presiones, qué ropa quiere llevar, cómo juega, con qué juega, qué juguetes puede tener, qué accesorios tiene y cómo decora su habitación. Apoyar plenamente la expresión de género de tu hijo también incluye permitirle llevar el pelo de la forma que prefiera. Sin embargo, las familias tienen diferentes niveles de comodidad con la expresión de género dentro y fuera de casa, por lo que, para algunas, la libertad de expresión no se extiende a los peinados.

Si se eliminara la programación de género, la ropa sería simplemente ropa, los juguetes serían simplemente juguetes y los colores serían simplemente colores. No existiría el concepto de asignar un género a determinadas prendas, o juguetes, o colores. Si lo piensas, es bastante extraño considerar que los objetos o los colores tienen un género inherente.

Es útil preguntarte qué es exactamente lo que se ve amenazado si tu hijo tiene preferencias por cosas que se consideran del "otro" género. No hace mucho tiempo una niña con pantalones era una idea radical y el color rosa, que antes se consideraba un color "fuerte", estaba reservado a los niños. Sin embargo, aunque muchas cosas han cambiado, muchos siguen considerando impropio imaginarse a un niño con una colección de muñecas, o llevando una falda con volantes.

Solía decir que deseaba ser una niña. Cuando le preguntábamos por qué, su razón era que le gustaba el pelo largo, a lo que respondíamos que no tenía que ser una niña para tener el pelo largo. Desde que tenía unos 3 años, ha expresado [su género expansivo] con palabras, y antes de eso jugaba con toallas, mantas de bebé, bufandas, manteles, envolviéndolos todos alrededor de su cintura y fingiendo que eran faldas.

PADRE DE UN HIJO DE GÉNERO EXPANSIVO DE 7 AÑOS

Todavía hay una enorme cantidad de sexismo relacionado con la expresión de género. Antes de poder amar y apoyar plenamente a tu hijo, tienes que ser consciente de tu propio sexismo y aprender a trabajar activamente contra él. Existe el temor de que los hombres que expresan preferencias estereotipadas femeninas no sean verdaderos hombres, que su masculinidad y su supuesta heterosexualidad se vean de algún modo amenazadas por una preferencia de colores, tejidos, juguetes o peinados. De hecho, si todos tuviéramos la libertad de expresarnos sin la imposición de la conformidad de género, la creatividad personal se extendería mucho. Habría menos conformidad, menos represión y mayor libertad de pensamiento.

Ropa

> *Recuerdo el día más feliz de aquel verano en el que tenía 12 años, cuando llevé a mis dos hijas de compras para el regreso a clases. Se probó vestidos, brasieres, blusas, faldas, y aquel día salimos de la tienda con un vestuario que la hacía sentir guapa y real, en lugar de alguien que finge ser alguien que no es. No sabía si estaba haciendo lo correcto, pero su sonrisa, y la forma en que ella y mi hija menor se compenetraban con trajes a juego y ropa bonita, era algo que extrañaba mucho y no me importaba si a los demás no les parecía bien. Me encantaba verla sentirse segura, feliz y reconocida.*
>
> MADRE DE UNA HIJA TRANS DE 17 AÑOS

La ropa es un gran medio para comunicar el género. En lugar de estar divididos por estilos, colores o tejidos, los departamentos de ropa están segregados por género. Sabemos qué ropa se espera que llevemos para encajar sin problemas en el orden social. En consecuencia, el hecho de que tu hijo prefiera ropa del otro departamento puede parecer un acto de transgresión. Para muchos niños, la ropa es una declaración de preferencia personal, no siempre una declaración sobre el género o la identidad de género. Sin embargo, es importante permitir a los niños con diversidad de género elegir ropa que refleje claramente su identidad ante los demás. Te recomendamos que permitas a tu hijo vestirse de la forma en que se sienta más cómodo. Intenta no restringir lo que se pone en función de la percepción del género. Compra en ambos departamentos e intenta crear un armario con el que ambos puedan vivir.

Ir de compras puede ser bastante traumático para los niños con diversidad de género. Comprar en el departamento "equivocado" puede producir ansiedad. Elegir un vestuario puede aumentar la disforia. Muchos compran por internet para aliviar el estrés de todos los implicados. Cuando tu hijo está explorando su género, o antes de ser consciente de que este es un problema para ella o él, a menudo se encuentra más cómodo en ropa de deporte. En la última Conferencia de Familias de Gender Spectrum hubo un momento en un taller en el que todos, madres y padres, se rieron porque cada uno de ellos tenía un hijo que no se ponía más que pants de deporte mientras estaba aceptando su género.

Era muy difícil vestir a nuestro hijo (trans). Se pasaba una eternidad delante del espejo ajustando la parte delantera de los pantalones y los calcetines. Podía mostrarnos dónde estaban los bolsillos de los pantalones de niño frente a los de niña. Podía mostrarnos qué tan diferentes eran los calcetines. Para él, la ropa y la postura eran como un uniforme de género. Podía mostrarnos cómo se sostiene el cuerpo cuando se es chico o chica. Ahora bien, ¡este observador de género tenía 3 años!

P*ADRE DE UN HIJO TRANSGÉNERO DE* 8 *AÑOS*

Al final llegamos a un acuerdo; nuestro hijo, que es un observador de género, podía ponerse lo que quisiera fuera de casa, siempre que no fuera un vestido. Los vestidos están reservados para llevarlos en casa. Pero puede comprar en cualquier lugar de la tienda la ropa que quiera. Tiene mucha ropa rosa, con volantes y destellos, y con estampados de flores, naranja y morado. Muchos apliques. Simplemente le gusta la ropa bonita. Si pudiéramos coser cintas de arcoíris y brillos en todo lo que tiene, estaría en el cielo. Nunca ha dicho que no sea un niño. Pero le encanta esta ropa. Juega con niños y niñas. Le encanta jugar a los golpes y a disfrazarse. Su comportamiento parece muy equilibrado. Su identidad de género es sólidamente masculina. Pero su presentación es fluida. O al menos así lo vemos nosotros. Otros creen que se viste como una niña.

P*ADRE DE UN HIJO DE GÉNERO EXPANSIVO DE* 6 *AÑOS*

Nuestro hijo está dentro del espectro del autismo. Sobre todo, gracias al asesoramiento familiar, hemos aprendido a entender los desencadenantes. Nuestros mejores resultados para no desatar estas sensibilidades son no insistir en el uso de ciertas prendas y permitirle tomar sus propias decisiones al comprar ropa, zapatos, etcétera.

M*ADRE DE UN ADOLESCENTE NO BINARIO DE* 16 *AÑOS*

Muchas familias afirman que no comprendieron realmente hasta qué punto su hijo era expansivo en cuanto al género, o la realidad de que era verdaderamente transgénero, hasta que llegó el momento de asistir a un acto en el que la ropa formal era obligatoria. Aquí es donde las chicas con expansión de género se niegan a llevar vestidos y a los chicos se les rompe el corazón por tener que llevar un traje o por no poder llevar un vestido. El temor, el estrés y la agonía que sufre toda la familia al intentar que el niño lleve la ropa no deseada hacen que afloren grandes cuestiones; por ejemplo, ¿a quién estás tratando de complacer al forzar a tu hijo a encajar? y ¿estás dañando a tu hijo en el proceso? Nuestra recomendación, una vez más, es que te pongas al límite de tu zona de confort y veas si puedes acordar un atuendo que permita a él o ella expresarse y a ti también sentirte cómodo. Esto se hace más fácil con el tiempo.

Tuvimos que asistir a una boda. Mi hija tenía que llevar un vestido, no había forma de evitarlo. Siempre llevaba pantalones o pantalones cortos, pero esto era una boda. Pataleó y gritó, se escondió bajo la cama, amenazó con huir. Estaba histérica. Insistió en que solo llevaría la misma ropa que su hermano. Era el día de la boda. No se calmaba. Todos le gritábamos a ella y entre nosotros. Seguía sin aceptarlo y no podíamos arrastrarla a la boda. Acabamos dejándola en casa en el último momento con una vecina. Estábamos furiosos con ella por arruinarnos el día. Luego, a los 13 años, nos dijo que era transgénero. Mirando hacia atrás, lo primero que identificamos en nuestra mente como marcador fue aquella boda. Deberíamos haberlo sabido entonces. Pero ¿quién podría pensar que su hija es transgénero?

PADRE DE UNA HIJA TRANS DE 15 AÑOS

Estilos de juego

Apoyar el género de tu hijo significa abstenerse de hacer comentarios negativos sobre los juguetes con los que le gusta jugar, sobre cómo actúa, qué le gusta y cómo se expresa. No es de extrañar que una respuesta de apoyo mejore la autoestima de tu hijo. Por ejemplo, si tu hijo pequeño, que tiene una actitud de género, dice: "¡Mira, papá! He hecho este castillo y soy la princesa. Deja que te enseñe el baile de la princesa de las hadas", podrías responder de varias maneras. Podrías ser negativo: "¡Quítate ese traje! No quiero verte bailar como una niña". O más neutral: "Ahora no, cariño, ¿por qué no se lo enseñas a tu madre?". O de apoyo: "¡Déjame ver! Es un castillo muy bonito el que has construido. Veo que te has esmerado. Estoy listo para ver el baile, ¿es este un buen lugar para sentarse?". Puede ser difícil para ti llegar al punto de la aceptación, pero tu hijo brillará cuando lo hagas.

Apoyar los comportamientos de tu hijo significa encontrar las maneras de expresión que sean mejores para él. Esto puede implicar asegurarse de que tiene acceso a actividades que le gustan o a amigos con intereses similares. También puede significar que acabes pasando tiempo en actividades o con niños que nunca hubieras imaginado.

- Los juguetes son solo juguetes.
- Los colores son solo colores.
- La ropa es solo ropa.
- A cada persona le gustan cosas diferentes.
- Respetar significa mantener la mente abierta.
- Tener la mente abierta significa dar a la gente la libertad de ser quien quiera ser.

Juguetes

Los juguetes, al igual que la ropa, se han convertido en algo muy marcado por el género. Muchas jugueterías están divididas según el género, igual que los departamentos de ropa. Puede ser alarmante para cualquier madre o padre (no solo para los de un niño transgénero) ver la estricta división de los juguetes en las grandes jugueterías o en los almacenes. Hay pasillos enteros dedicados a juguetes para niños —bloques de construcción, robots, figuras de acción, superhéroes— fabricados en tonos marrones, negros, grises, azules, rojos y verdes. Un pasillo más allá es la zona de las niñas, y todo es de color rosa o pastel: trajes de princesa, juegos de té, muñecas, Barbies, ponis y otros animalitos. Parece que hay muy poco término medio en la selección de juguetes una vez que los niños dejan de ser pequeños.

Sin embargo, lo que le gusta a un niño y cómo le gusta jugar con ello es una parte individual de la autoexpresión. Al fin y al cabo, como los colores, ningún juguete es solo de niño o de niña: es nada más un juguete. Proporcionar a cada niño una gama completa de juguetes con los que jugar permite la exploración de las distintas partes de sí mismo. Dale a tu hijo juguetes de distintas texturas, colores y estilos, juguetes para el juego imaginativo y para el desarrollo cognitivo o el juego educativo.

Puede ser un reto para las familias recordar que no deben preseleccionar los juguetes para su hijo en función de su sexo. La mayoría limita los artefactos con los que pueden jugar sus hijos, e intentan redirigir a los niños que cruzan la línea del género. Los propios niños también controlan el uso de los juguetes entre sus compañeros, diciéndole a un amigo con desprecio en su voz que un determinado juguete es "de niña" o "de niño".

Si compras en jugueterías independientes en lugar de en grandes cadenas, tienes la posibilidad de que tu hijo pueda elegir una gama completa de juguetes no basados en el género. Los que cultivan la imaginación permiten que todos los niños construyan un mundo que puedan habitar y gobernar. Algunos sitios de juguetes en línea ofrecen casas de muñecas de madera, casas de gnomos, muñecos caballeros, barcos piratas y hadas, todos bien construidos y atractivos para una amplia gama de niños. Esta variedad también puede aliviar la presión de los miembros de la familia a la hora de comprar para tu hijo.

Desde el momento de nuestra primera edición, un importante minorista, Target, ha eliminado los marcadores de género de sus pasillos de juguetes. Esperamos que algún día todas las tiendas sigan su ejemplo.

Accesorios, cepillos de dientes, pertenencias

Deja que tu hijo elija la decoración de su habitación, sus mochilas, sacos de dormir, cepillos de dientes y demás. Puede ser una forma pequeña pero liberadora de darle cierto sentido de expresión personal de género. Evita orientarlo hacia la comercialización del género. Deja que elija libremente, o si eso te preocupa demasiado, esfuérzate por encontrar opciones de género neutro. Si prefieres que tu hija no tenga un superhéroe masculino en su bolsa de dormir, o que tu hijo no tenga un cepillo de dientes de princesa, puede ser mejor dejar que elija entre los artículos que son simplemente coloridos o con dibujos, en lugar de los que se basan en el género o en los personajes. Si tu hijo adolescente opta por llevar accesorios que suelen ser elegidos por el otro género, la mejor respuesta es elogiar sus elecciones. La siguiente mejor respuesta es no hacer ningún comentario y dar una respuesta neutra. Al fin y al cabo, a esta edad ya son conscientes de que van a contracorriente y quieren hacerlo de todos modos. Aunque quieras cambiarlos, no podrás, así que, en lugar de una respuesta despectiva, mejor no digas nada.

Dentro de casa / fuera de casa

Antes nos ponía muy nerviosos que saliera de casa con las uñas pintadas y con trajes brillantes. Al principio, se lo prohibíamos. Pero es un buen juez de su propia seguridad. A menudo lleva un par extra de ropa o zapatos neutrales de repuesto en su mochila para poder cambiarse si eso lo hace sentirse más seguro en una situación concreta. Sabemos que corre el riesgo de ser agredido. No es tanto una cuestión de si sucederá, sino de cuándo. Pero ya no vamos a poner normas para evitarlo. En lugar de ello, vamos a intentar educar a los demás en materia de género. Canalizamos nuestros miedos en el activismo, en lugar de proyectarlos siempre en nuestro hijo.

PADRES DE UN ADOLESCENTE NO BINARIO DE 15 AÑOS

Volvimos a nuestra filosofía de crianza para nuestros otros hijos, que era dejarlos florecer según sus preferencias y su estilo personal. Una vez que recordamos esto, nos permitió sentirnos más cómodos con nuestro hijo de género expansivo cuando también estaba fuera de casa.

PADRE DE UN NIÑO DE GÉNERO EXPANSIVO DE 11 AÑOS

Cada familia tiene sus propios límites sobre lo que es aceptable para su hijo. En algunas familias, madres y padres intentan contener los comportamientos de género de sus hijos. Esto puede ser para que los demás no se sientan incómodos y también para evitar la posibilidad de que él o ella sea ridiculizado o dañado. Pero al hacerlo, están comunicándole que la presión social debe ser satisfecha a toda costa. Esta forma de crianza puede comunicarle potencialmente que se sienta avergonzado. Una vez más, puede ser valioso que examines a quién tratas de proteger al animarlo a no revelarse en el mundo.

Para Navidad, mi hijo solo quería un vestido, eso era todo lo que pedía. Recibió una falda de hadas, y ese fue el único regalo al que prestó atención. Al principio quiso ponérsela fuera de casa, pero le dije que no, porque creía que los demás se reirían de él, y lo aceptó.

PADRE DE UN HIJO DE GÉNERO EXPANSIVO DE 6 AÑOS

A menudo, las familias comienzan con límites estrictos sobre lo que permitirán o no permitirán fuera de casa. Estos límites funcionan bien cuando el niño es de género moderadamente expansivo y puede aprender a distinguir y navegar por dónde y cuándo se considera apropiado llevar determinadas prendas. Sin embargo, en quienes viven sus infancias significativamente expansivas, no binarias o transgénero, pedirles que limiten su autoexpresión debido a la presión social puede causar un gran estrés y exacerbar la disforia de género. Con el tiempo, si las familias ven que su hijo hace berrinches o se cierra emocionalmente para salir de casa con el aspecto que mamá o papá desean, es una buena idea aflojar las normas. Llegará un momento en que tu hijo sea lo suficientemente mayor para rechazar tu control.

Quienes tienen hijos varones de género expansivo suelen empezar por permitir que su hijo tenga juguetes, adornos y ropa de "chica" en casa. Otras familias establecen límites sobre dónde puede su hijo llevar vestidos o dónde puede ir su hija con traje y corbata, o lo corto o largo que puede llevar el pelo.

Hemos intentado explicarle que existe una diferencia entre el hogar y el mundo exterior en lo que respecta a lo que es aceptado por los demás. Le gustaba llevar su muñeca Barbie cuando salíamos, pero si veía que se acercaban chicos me la entregaba rápidamente para que la metiera en el bolso. Dentro de casa, le encanta disfrazarse de chica y le encantaría ser una.

PADRE DE UN HIJO DE GÉNERO EXPANSIVO DE 6 AÑOS

Con el tiempo, muchas familias que tienen normas diferentes para dentro y fuera de casa se dan cuenta de que, aunque están proporcionando a su hijo una salida muy importante para su autoexpresión, también le están comunicando que ellos, como padres, se avergüenzan de él o ella. Para que sus hijos cuenten con la libertad de expresarse, y para evitar infundirles sentimientos de vergüenza, cada vez más familias de niños fuertemente expansivos están dando el valiente salto de permitir a sus hijos ser ellos mismos allá a donde vayan.

Mi hijo se expresa como lo que es: un niño normal. Cuando estaba en la guardería, estaba muy deprimido y retraído. Nunca jugaba con otros niños. A pesar de los malos consejos de un "gran psiquiatra infantil" que nos dijo que solo lo dejáramos vestir como un niño en casa, empezamos a dejarlo vestir como un niño en todas partes. Esto cambió su vida.

PADRE DE UN NIÑO TRANSGÉNERO DE 7 AÑOS

Sin embargo, te animamos encarecidamente a que insistas en que la escuela de tu hijo reciba formación sobre diversidad de género si él piensa comenzar a llevar vestidos u otros atuendos "femeninos" a la escuela. De este modo, el centro escolar comprenderá mejor la forma de apoyarlo y responder eficazmente a las preguntas tanto de las familias como de los alumnos y al posible acoso e intimidación. Este enfoque proactivo ayudará a mantener a tu hijo física y emocionalmente seguro cuando esté fuera de casa.

A veces las familias pueden prepararse para lo que puede ser un acontecimiento molesto, pero otras veces las toma desprevenidas. Un padre nos contó que el colegio de su hijo canceló todos los eventos futuros del día del espíritu escolar después de que su hijo pequeño se pusiera un tutú con los colores del colegio para demostrar su orgullo ese día. Este padre declaró que este único acto provocó múltiples quejas de otras familias y hubo toda una "escena" en el salón de clases. El niño asiste ahora a un colegio diferente, más tolerante.

Cada familia es única, con dinámicas familiares diferentes, así como con influencias culturales, sociales y religiosas. Algunas familias deben considerar la seguridad física de su hijo en sus comunidades más que otras, pero todas deben sopesar los efectos de su enfoque parental en el bienestar psicológico de su hijo a largo plazo.

Expresa amor y apoyo a la identidad de género de tu hija/hijo*

La clave es dar a niñas, niños y adolescentes la oportunidad de explorar su identidad de género sin crear ningún estigma, y esto se hace mejor con tu apoyo. Sabemos que el apoyo a la identidad de género está integrado y es inseparable del apoyo a su expresión de género y su estilo de comportamiento, pero solo los que exploran su identidad de género necesitarán las siguientes áreas de afirmación. Una vez que te comprometas a apoyar su identidad de género, puedes sentir que te has quitado un gran peso de encima. Dale el tiempo y la libertad para que se convierta en la persona que sabe que es. Mientras tanto, intenta confiar en él y dejar de lado tus dudas. Tendrás que cultivar la paciencia para este camino, la paciencia para que las respuestas se revelen y la paciencia hacia ti mismo. Adoptar una actitud de bienvenida al cambio y a la ambigüedad te servirá ¡y te mantendrá joven!

Nombres, pronombres e identidades de género

La primera vez que nos dimos cuenta de que esto no era una fase fue cuando vimos que nuestra hija utilizaba su nuevo nombre y pronombres en su pantalla de Zoom para la escuela. Todo el mundo en la escuela utilizaba su nombre y pronombre. La mayoría de las personas de su vida, ¡excepto nosotros! Eso fue una llamada de atención.

PADRE DE UNA HIJA TRANS DE 12 AÑOS

Uno de sus amigos no dejaba de corregirme cuando yo decía "ella" y él respondía "él". Me enojé mucho. No quería que un niño me dijera quién era mi propio hijo. Cuando esta situación no desapareció y nos dijo que quería que nos dirigiéramos a él con pronombres masculinos, finalmente hice un esfuerzo consciente para empezar a hacerlo. Experimentamos con diferentes nombres durante un tiempo y acabamos de cambiar su nombre legalmente.

MADRE DE UN HIJO TRANS DE 15 AÑOS

Utilizar el nombre y los pronombres correctos de alguien es una forma de respetar a esa persona. Imagina que la gente se negara a utilizar tu nombre y pronombre correctos, ¿qué sentirías? Si pones excusas para no utilizar el nombre o pronombre preferido de tu hijo, debes examinar por qué.

Los pronombres importan tanto que pueden llegar a ser incluso de vida o muerte. Según el Proyecto Trevor (The Trevor Project), los jóvenes transgénero y no binarios cuyo nombre y pronombres son respetados por todas o la mayoría de las personas de su vida evitan suicidarse la mitad de las veces que aquellos cuyos pronombres fueron ignorados. Merece la pena repetirlo: afirmar los pronombres de tu hija o hijo, aunque sigan cambiando, puede disminuir sus posibles intentos de suicidio en 50%.

Cuando los niños intentan encontrar el ajuste adecuado para expresar su género a los demás, puede que primero tengan que probar unos cuantos nombres o incluso unos cuantos pronombres o términos de su género para comprobarlo. El hecho de que estos cambien no refleja una fase o una moda, sino la seriedad con la que tu hijo se toma el proceso de encontrar lo que es adecuado para él o ella. Que las cosas cambien no significa que no sean reales. En realidad, puede significar justo lo contrario, que es tan real para tu hijo que tiene que seguir intentando encontrar la mejor manera de expresarlo. Una vez que descubra la forma adecuada, es más probable que su nombre y su elección de pronombre se mantengan. Sin embargo, el término que utiliza para describir su género puede seguir cambiando a medida que el lenguaje evoluciona. Esto no significa que su género haya cambiado, sino que las palabras para expresarlo lo han hecho.

Un ejemplo de esto es el uso de pronombres alternativos que, en principio, pueden resultarte poco habituales. Al momento de escribir este libro, el uso del pronombre "elles" se considera bastante estándar para muchas personas de todas las edades no identificadas con el género. Para aquellos que son nuevos en el tema, el uso de "elle" en singular, en lugar de "él" o "ella", puede resultar extraño. Como cualquier otra adaptación, requiere práctica. Sin embargo, si tienes en cuenta que ya utilizas las palabras "ellos" y "ellas" en plural, puede que sientas menor resistencia y te resulte más fácil decir "elles" también. Un ejemplo que nos gusta para complementarlo es el uso del pronombre "usted" —tercera persona de la conjugación, pero sin denominación de género— o de los sustantivos y adjetivos neutros en español como residente, valiente, alegre, sonriente, consciente, etc., que sin duda habrás dicho antes. Hay otros pronombres en uso: le, les, unes, unxs, pero estos y sus muchas otras variaciones son menos comunes. Otros países y lenguas también lidian con la creación y el uso de pronombres no sexistas, siendo el "hen" de Suecia un ejemplo bien conocido o el "they/them" en inglés.

PRONOMBRES

A medida que las opciones de pronombres como "they/them" para personas no binarias se vuelven más reconocidas en Estados Unidos, se puede ver un impulso similar con "elles/ellxs" en los países de habla hispana. Cada vez más personas se identifican como no binarias. Los adolescentes y adultos jóvenes buscan etiquetas en español para expresar su fluidez de género. La nacionalidad, la edad, el género, la región y el nivel académico pueden influir sobre qué términos se prefieren. Aunque no se ha decidido un término, un mayor número de personas se refieren a sí mismas como "elle", síntesis neutra de "él" y "ella".

Para el primer día de escuela, mi hijo llevó una camiseta que decía "elles" que hicimos juntos. Estaba encantado con poder llevarla. La directora del colegio nos preguntó a mi marido y a mí de dónde habíamos sacado la camiseta y nos dijo que quería conseguir algunas para todo el personal.

MADRE DE UN NIÑO NO BINARIO DE 6 AÑOS

Uso seguro del baño

Muchos niños transgénero y no binarios sienten una gran ansiedad por el uso de los baños públicos. Si no has experimentado la agresión y el rechazo en el baño, puede resultarte difícil imaginar lo que se siente.

Para los niños transgénero y no binarios, el baño puede ser un lugar aterrador que simboliza su diferencia. Si tu hijo vive de acuerdo con su identidad de género, puede tener un miedo especial a que lo descubran en el baño. Si se identifica como transgénero y aún no vive de acuerdo con su identidad de género, puede sentirse como un impostor. Si es no binario, verse obligado a elegir un baño para entrar puede ser insoportablemente estresante. Si su identidad de género es diferente a la del baño en el que entra, puede ser cuestionado o sometido a abuso. Esto puede ser aterrador, especialmente para un niño o adolescente que se identifica como varón, pero se presenta de forma femenina en el baño de hombres.

Las cuestiones son complejas. Todo el mundo debería tener derecho a un lugar seguro para ir al baño, pero no es tan fácil. Tienes que enseñar a tu hijo a desenvolverse con seguridad en este espacio. En el capítulo 8, cubrimos cómo hacerlo en las instalaciones educativas; en esta sección hablamos del uso de los baños fuera de la escuela.

Cuando tu hijo es pequeño, la solución más fácil es llevarlo al baño contigo. Sin embargo, a los 9 o 10 años, esto puede dejar de ser una opción viable. Afortunadamente, a esa edad, normalmente puedes tener algunas conversaciones francas sobre la situación con ellos. La clave es equilibrar lo que dices con saber que no quieres que tu hijo desarrolle un miedo o fobia a los baños.

Nuestro hijo trans tiene mucho miedo de los baños. Esto viene de su madrastra. Cuando era pequeño, le metía miedo sobre los baños de hombres. Ahora no quiere entrar en ellos por su cuenta. Aunque pasa por hombre, prefiere arriesgarse a no ir antes que entrar en un sanitario de hombres. En todos los lugares a los que vamos, busca los baños de una sola plaza que no digan "caballeros" o "damas". Esto puede ser un gran problema si salimos sin su padre para que lo acompañe al baño.

MADRE DE UN HIJO TRANSGÉNERO DE 10 AÑOS

Los niños mayores necesitan una discusión realista sobre lo que pueden encontrar en los baños a los que entran. A partir de ahí, puedes hacer una lluvia de ideas sobre las opciones. Por ejemplo, enséñales a utilizar los baños individuales, de género neutro, o los baños familiares cuando estén disponibles. Ayúdalos a buscar este tipo de baños en lugares situados en sus rutas habituales. Algunos restaurantes y cafeterías permiten utilizar sus baños, que suelen ser privados y seguros, con una sola cabina. Los aeropuertos, las bibliotecas y los centros comerciales también suelen tener baños individuales.

En determinadas circunstancias, puede ser mejor decirle a tu hijo que utilice el baño que se ajusta a su presentación en lugar de su identidad. Habla con tu hijo sobre esto y ayúdale a distinguir cuándo debe hacer esta elección. Es importante: la seguridad de tu hijo es primordial. Depende de ti ayudarlo a orientarse sobre la mejor manera de hacerlo.

Tuvimos que explicarle a nuestro hijo de 14 años que puede no estar seguro si lleva faldas en un baño público de hombres. No nos creyó. En su escuela está bien. Pero su escuela no es el mundo "real". Va a una escuela muy pequeña y liberal. Tuvimos que ser mucho más explícitos de lo que pretendíamos porque realmente pensamos que estaba arriesgando su vida al entrar en quién sabe qué baño a qué hora vestido así. Dice que le estamos poniendo trabas a su estilo. Sabemos que intentamos mantenerlo a salvo. Sí, lo dejamos vestirse así, pero no podemos enviarlo a los lobos sin que lo sepa. Finalmente llegamos a un acuerdo sobre el uso de los baños públicos.

PADRE DE UN HIJO *QUEER* DE 14 AÑOS

Sé optimista con tu hijo

En lugar de pintar un cuadro de la difícil trayectoria vital de tu hijo, haz hincapié en todas las posibilidades que ofrece la vida. Comparte el mismo optimismo por un futuro brillante que tenías para él cuando era un bebé: un futuro ilimitado lleno de oportunidades maravillosas. Si estableces esta expectativa desde el principio de la vida de tu hijo, esto es lo que él también esperará. Vuelve a tu visión y a tus valores y reajusta el tono en tu hogar a uno de optimismo positivo.

Construye un equipo para tu hija/hijo

En los siguientes capítulos trataremos con más detalle algunas de las cuestiones a continuación, pero nos gustaría que empezaras a pensar aquí en la creación de un equipo para tu hijo, así como en la importancia de los grupos y recursos de apoyo. Cuanto más apoyo tengan todos los miembros de tu familia, mejor les irá. Hay muchas cosas que tienen que resolver a lo largo de este camino en relación con la familia, la escuela e incluso posiblemente con cuestiones legales y médicas. Siempre que sea posible, ponte en contacto con expertos para que te guíen. Por ejemplo, encontrar un profesional de la salud mental o un pediatra afirmativo suele ser el mejor primer paso. Recuerda: trabaja solo con profesionales que afirmen el género de tu hijo.

Además de encontrar terapeutas y médicos que puedan ayudarte, puedes identificar aliados en tu familia, amigos y comunidad. Rodea a tu hijo con personas que respeten su género, que utilicen su nombre y pronombres correctos, y que le proporcionen a él y a tu familia amor y apoyo. Encuentra suficientes personas en tu vida para acallar a los detractores. Anímalos a todos a que se informen sobre la diversidad de género y dales ejemplares de este libro. Recuerda a tus aliados que, por mucho que se sientan guerreros del género en nombre de tu hijo, también deben respetar y proteger su intimidad.

Encuentra grupos y recursos de apoyo para personas transgénero y no binarias*

En esta misma línea, encontrar grupos de apoyo tanto para ti, madre o padre, como para tu hijo, puede cambiarles la vida. Ver que otros pasan por lo mismo que tú, poder conocer a las familias que están más avanzadas en este camino, y ayudar a acoger a los más nuevos puede ayudarte a sentir más seguro. La terapia de pareja, la terapia familiar y la terapia para tu hijo pueden servir de apoyo. Si puedes encontrar espacios donde la diversidad de género sea la norma, lleva a tu hijo a esos espacios para que pueda experimentar un sentimiento de pertenencia. Esto puede ser asistir a un picnic familiar para jóvenes con diversidad de género, a una conferencia de familias diversas o a un campamento que honre y respete la diversidad de género.

> Lo más valioso que hemos hecho es enviar a nuestra hija a un campamento de un día para niños trans este último verano. Fue puramente mágico. También tenían grupos de padres y un grupo increíble de consejeros para apoyar a los niños. Iremos todos los años que ella quiera asistir.
>
> MADRE DE UNA HIJA TRANSGÉNERO DE 7 AÑOS

> Solo había visto a mi hijo ansioso en público. Cuando fuimos a un picnic de diversidad de género fue verlo feliz y radiante por primera vez en años. Se me llenaron los ojos de lágrimas al ver lo que significa para ellos saber que pertenecen.
>
> PADRE DE UN HIJO NO BINARIO DE 16 AÑOS

Conecta con los modelos de posibilidad

Existe el poder de ver la posibilidad a través de la visualización. Expón a tu hijo a adultos y adolescentes mayores que representen una amplia variedad de diversidad de género. Procura conocer a personas de la misma raza y etnia de tu hijo o hija que sean de género diverso. La cobertura de los medios de comunicación sobre las personas transgénero y no binarias con frecuencia presenta historias sobre personas blancas o perpetúa los estándares de belleza blancos, dejando de lado los legados de las personas de color[1] con diversidad

---

[1] En Estados Unidos se considera una persona de color a aquellas personas que no son de raza blanca. Dicho término puede ser inclusivo entre grupos de color enfatizando experiencias comunes de racismo. Las personas de color (POC, por sus siglas en inglés) típicamente incluyen a personas africanas, asiáticas, hispanas o latinas así como de descendencia nativa de Estados Unidos.

de género. Intenta encontrar ejemplos de personas transgénero o no binarias de éxito de todos los orígenes que vivan vidas plenas y satisfactorias. Ejemplos que demuestren que las personas transgénero y no binarias pueden conseguir carreras de éxito, cónyuges cariñosos y criar familias felices. Ver el orgullo y el éxito de los adultos con diversidad de género muestra a tu hijo que tiene un lugar en este mundo, y le permite imaginar un futuro que aumenta su sentido de pertenencia. También te sirve a ti, ya que puedes empezar a ver un futuro positivo para tu hijo, así como las infinitas posibilidades que esto conlleva.

Ve un futuro positivo*

Cuando los niños y adolescentes con diversidad de género experimentan la aceptación y el apoyo de sus familias, y están conectados con modelos positivos de adultos transgénero y no binarios prósperos, pueden imaginar un futuro positivo también para ellos. Los adolescentes con diversidad de género que se sienten aceptados por sus familias pueden imaginarse tener una pareja y formar una familia. En todos los aspectos que se pueden considerar, la aceptación conduce a una mayor satisfacción vital en la adolescencia y en la edad adulta.

Los inicios del apoyo legal: las familias pueden cambiar el mundo

> Creo que tener dos hijos trans nos ha enseñado que nuestra sociedad tiene mucho que aprender y desaprender. Estamos descubriendo que sus retos son en realidad indicadores de problemas sistémicos (certificados de nacimiento, planes de estudios, políticas públicas, lenguaje, etc.) que cuentan historias binarias limitadas. Nuestros hijos nos han enseñado que hay muchas más dimensiones maravillosas en nuestro ser. ¡Celebrémoslo!
>
> PADRE DE DOS NIÑOS TRANSGÉNERO

Si alguna vez has sido defensor de una causa o de una persona, puede que te encuentres avanzando hacia este papel en nombre de tu hijo. Al apoyarlo en casa y en los entornos en los que se mueve, estás cambiando literalmente el mundo. Las madres y padres son agentes de cambio. Puedes adoptar este papel de forma activa, sabiendo que la forma en que apoyas el género y su expresión influirá en todos los que te rodean durante el resto de sus vidas.

Al fomentar la equidad y la diversidad de géneros, no dejas espacio para la discriminación y los prejuicios. Del mismo modo que te opones a otras desigualdades y estereotipos, esfuérzate por hacerlo con la desigualdad de género y los estereotipos de género. Al hacerlo, nos apoyas a todos.

Una forma concreta de demostrar el apoyo y la aceptación continuos de tu hijo es no tolerar ningún comentario negativo sobre él o su género por parte de nadie, en ningún momento. Esto modela la justicia y un fuerte sentido de los valores. Sigue esta práctica tanto si tu hijo está contigo en el momento en que se hace el comentario como si no. Después de defenderlo, puede que te des cuenta de que prefieres abandonar la discusión. O puede que descubras que puedes exponer tu punto de vista con más fuerza si te quedas. Te recomendamos que procedas de la forma que te resulte más cómoda, siempre que apoyes a tu hijo.

Paso a paso

Date crédito por estar donde estás hoy, leyendo este libro, buscando respuestas y orientación. Cada paso que des para comunicar la aceptación, el amor y el apoyo a tu hijo es significativo. Puede que aún no estés preparado para dar algunos de los pasos descritos en este capítulo. No pasa nada. Cada paso te acercará a tu hijo. Consigue el apoyo que necesitas para crecer en las áreas que te frenan. Al fin y al cabo, el camino de amor y aceptación de una madre y un padre hacia su hijo nunca termina.

Capítulo 6

Decisiones de congruencia: encuentra los tiempos que mejor funcionan para tu hija/hijo

La congruencia de género es el sentimiento de armonía interna de una persona con su género. Todos queremos experimentarlo. Todos queremos que los demás nos vean como nos vemos a nosotros mismos. La necesidad fundamental de encontrar la congruencia de género es auténtica para todas las personas, y cualquier grado en que no la experimentemos puede ser angustioso. Esto se denomina disforia de género.

Los niños transgénero y otros niños que quieren expresarse en función de su género se cansan de ser mal percibidos, invalidados y obligados a llevar ropa o presentarse de formas que les resultan antinaturales, incómodas y posiblemente embarazosas. Es posible que tu hijo se haya sentido así durante mucho tiempo y no haya tenido palabras para expresarlo. Muchos niños mayores y adolescentes, cuando te lo cuentan, pueden haber estado años sufriendo en silencio.

Tu hijo puede ser uno de los pocos que se dio cuenta un día de que era no binario o transgénero, probablemente por haber estado expuesto a una persona transgénero o no binaria, a un libro, a un personaje de las redes sociales o a un programa de televisión. Estas cosas no hacen que tu hijo sea transgénero, pero la exposición a personas o a imágenes de afirmación le permite aprovechar lo que ya sabe que es cierto. O tal vez lleve tiempo intentando decírtelo, y solo ahora lo puedes escuchar.

Estos niños son individuos valientes y hermosos. Su necesidad de ser ellos mismos es mayor que cualquier otra preocupación para ellos. Su deseo de vivir en el mundo dentro de su expresión natural de género, o en consonancia con su identidad de género, es el deseo de vivir la vida con autenticidad. Cuando te dicen que son no binarios o transgénero, lo que realmente están compartiendo contigo es que ya no son capaces de vivir su vida bajo una pretensión de género aprendida. Quieren tu aprobación y tu amor continuos. Quieren que los quieras por lo que son.

Antes, en el caso de los niños, las afirmaciones transgénero se consideraban "posiblemente ciertas", pero no se reconocían como tal hasta una edad en la que se creía que el niño era lo suficientemente mayor como para saberlo "con seguridad". Ahora sabemos, gracias a décadas de investigación y a la experiencia vivida por miles de niños, que este enfoque es perjudicial para los niños con diversidad de género. Obligar a un niño a esperar para buscar la congruencia hasta una edad arbitraria solo sirve para aumentar su malestar y su disforia, sin ofrecerle apoyo crítico, afirmación o comprensión.

El pensamiento actual sobre cuándo permitir que un niño busque la congruencia no se basa en una edad. Más bien se basa en la comprensión de que cada persona es única y su camino hacia la congruencia de género también. Por tanto, no existe un plan de acción estándar para los niños transgénero y no binarios en lo que respecta a los pasos necesarios para alcanzar la congruencia de género, pero podemos resumir esta idea: no retengas a tu hijo ni lo empujes hacia delante. Sigue su ejemplo y sus necesidades.

Ve a su ritmo. Deja que conduzca este tren. Es probable que lleve más tiempo que nosotros en este camino.

MADRE DE UN HIJO TRANS DE 15 AÑOS

Mi hijo tiene ahora 9 años, y tenía 3 cuando empezó a decirnos que era un niño. Cuando me di cuenta de que no es solo un marimacho y de que no se trata de una fase, leí todo lo que pudo llegar a mis manos. Todos le ofrecimos constantemente amor incondicional, incluso cuando no entendíamos del todo en qué consistía ser trans.

MADRE DE UN HIJO TRANSGÉNERO DE 9 AÑOS

Transición vs. búsqueda de congruencia

"Transición" es un término que se utiliza habitualmente para referirse a los pasos que da una persona trans o no binaria para encontrar la armonía o la congruencia en su género; pero este término puede ser engañoso, ya que implica que la identidad de género de la persona ha cambiado y que hay un momento en el tiempo —una transición— en el que esto tiene lugar. También implica que la persona pasa de una casilla fija a otra, lo que no deja mucho espacio en el lenguaje para todas las variaciones de la expresión e identidad de género.

En realidad, lo que cambia más a menudo es la comprensión que tienen los demás del género de la persona. Lo que la gente ve como una "transición" es, en realidad, una alineación del género de esa persona cuando busca la congruencia de género. Es cierto que se está produciendo una transición, pero a menudo son otras personas, como las madres y padres y otros miembros de la familia, los compañeros de clase y los profesores, los que están cambiando su forma de ver y experimentar el género de esa persona, y no la propia persona. Para la persona, estos cambios suelen ser menos una transición y más una evolución.

Te recomendamos a que no utilices el término "transición" cuando hables de los pasos necesarios para que tu hijo se sienta en armonía consigo mismo. En su lugar, te sugerimos que utilices el concepto de "búsqueda de congruencia". Cuando utilizas el marco de la congruencia, se vuelve inclusivo porque todo el mundo busca la congruencia, no solo las personas transgénero y no binarias.

Transición no es un término que me parezca que describa la trayectoria de nuestra hija. Nada de ella ha cambiado, es la misma persona que siempre ha sido.

MADRE DE UNA HIJA TRANS DE 6 AÑOS

Visité a mi propio terapeuta para hablar con él de mi "transición" como madre.

MADRE DE UNA HIJA TRANS DE 17 AÑOS

¿Cómo sabemos cuál es el momento adecuado?

Muchas familias se sienten paralizadas por la incertidumbre a la hora de decidir si es el mejor momento, o cuándo, para apoyar los deseos de su hijo en su siguiente paso hacia la congruencia. Esta parálisis conduce a la inacción. Especialmente si tu hijo está en la pubertad, cualquier momento de inacción es realmente una acción, porque su pubertad natal avanza.

Tenemos una guía para ti a la que puedes volver una y otra vez en tu proceso de toma de decisiones. Algunas familias incluso ponen etiquetas en el espejo, en el buró o en la computadora para recordar estos sencillos pero profundos pasos que puedes dar cada vez que te enfrentes a una nueva decisión. Nuestra guía general es: toma tus decisiones basándote en el amor, no en el miedo. Hacer este cambio interno tendrá un valor incalculable en tu proceso de toma de decisiones.

Consideremos esto. La mayoría de las madres y padres están preocupados por el futuro de sus hijos cuando se enfrentan a decisiones de congruencia, especialmente las médicas. Pueden temer especialmente que su hijo se arrepienta de su decisión, o incluso que cambie de opinión. Son miedos naturales y lógicos. No serías una madre o padre responsable si no los tuvieras. Recuerda, en primer lugar, que cuando se trata de decisiones de congruencia social —como cambios en la longitud del pelo, en el estilo de la ropa, en el nombre o en los pronombres—, todas son totalmente reversibles. Si tu hijo cambia lo que siente sobre sus pronombres, su aspecto o su identidad de género, puede hacer los cambios necesarios para sentirse congruente.

Ten en cuenta también, y este punto es importante, que cuando se trata de medidas médicas de congruencia, no tomarás estas decisiones tú solo. Puede que tu hijo sea quien impulse estas intervenciones de afirmación, pero tendrás a tu lado el apoyo del profesional de salud mental de tu hijo y de los profesionales médicos. El equipo de tu hijo trabajará conjuntamente para tomar estas decisiones.

Otras dos preguntas apremiantes que se hacen las familias en esta fase son: "¿Estará seguro mi hijo si lo dejo hacer esto?" y "¿No sería mejor hacerlo esperar?". La forma más efectiva de responder a estas preguntas es evaluar primero si él o ella se siente actualmente seguro y satisfecho, o si por el contrario está sufriendo. Si tu hijo está sufriendo, los peligros que le esperan como persona transgénero pueden ser más fáciles de afrontar que los peligros asociados a su actual angustia y depresión.

Todo lo que puedes hacer en un momento dado es apoyar a tu hijo lo mejor que puedas. Así que, en lugar de enumerar todos tus temores sobre el futuro, te recomendamos que te hagas estas dos preguntas sobre el momento presente:

1. ¿Es esta la decisión correcta para mi hijo en este momento?
2. ¿Qué necesita mi hijo de mí hoy?

La mayoría de las madres y los padres comparten con nosotros que de lo que más se arrepienten es de no haber ayudado a su hijo a encontrar la congruencia antes, por dudar de él y dejar que sus propios miedos y dudas marcaran el ritmo.

En cada momento en el que te enfrentes a una nueva decisión pregúntate directamente: "¿Estoy tomando esta decisión desde un lugar de amor o desde el miedo?".

Los riesgos de un mensaje ambiguo

Le digo a mi hijo de preescolar que sé que es una niña. Pero que puede ser una niña y una mamá cuando crezca. De momento, será un niño en el colegio porque la gente no lo entiende.

PADRE DE UNA NIÑA TRANSGÉNERO DE 6 AÑOS

Hemos hecho saber a nuestra hija adolescente que nos parece muy bien que quiera ser un hombre, pero tiene que esperar hasta que se haya graduado de la preparatoria. Entonces podrá empezar la universidad como un hombre.

PADRES DE UN ESTUDIANTE DE SECUNDARIA TRANSGÉNERO

Decirle a tu hijo que te parece bien lo que es, pero que tiene que esperar para vivir como quien realmente es transmite un poderoso mensaje, y puede que no sea el que tú quieres transmitir. Le estás diciendo que, mientras viva contigo, debe permanecer oculto y mantener su verdadera identidad para sí mismo. Si realmente crees que tu hijo vive una infancia no binaria o transgénero, no hay razón para que no viva de acuerdo con su identidad de género. El futuro es un concepto lejano para un niño. Si ven tan lejos el momento en que puedan ser ellos mismos, puedes estar aumentando el riesgo de que abandonen el hogar, sufran una angustia mental continua, desarrollen una adicción a las drogas o al alcohol, o incluso cometan actos autolesivos o se suiciden.

Vivir la vida como una persona transgénero no es un camino fácil de recorrer, pero es un camino de verdad. Todos los niños, adolescentes y adultos transgénero que hemos conocido han sentido que han ganado mucho al vivir la vida de acuerdo con su verdadera identidad de género, por muy difícil que esta sea. Sin embargo, no hay un momento "adecuado" para buscar la congruencia en el exterior. Los distintos momentos tienen sus ventajas e inconvenientes. Si tu hija o hijo es transgénero o no binario, y quiere vivir de acuerdo con su verdadero yo, deja que empiece ya con tu apoyo.

Escucha a otras familias

Madres y padres han compartido a menudo con nosotros lo que desearían haber hecho de forma diferente o lo que desearían haber aprendido antes sobre el apoyo a sus hijos. He aquí algunas de sus reflexiones:

> No hagas esperar a tu hijo adolescente para conseguir hormonas. Si te dice de golpe que es transgénero y que está preparado para las hormonas, no lo descartes. Está siendo valiente al decírtelo. Probablemente ha estado investigando durante meses, si no es que por años, y por fin está preparado para compartirlo contigo. Está preparado. Necesitarás tiempo para ponerte al día, pero si te lleva más de un mes o dos, ponle bloqueadores [de hormonas].

> Nos costó mucho entender que nuestro hijo fuera no binario. Pensábamos que éramos de mente abierta. Pero, al parecer, no lo suficientemente abiertos como para entender un concepto nuevo. Mi sugerencia es que te calles y escuches. Y utiliza los pronombres correctos, aunque te parezcan raros.

> No pongas en tu hijo la carga de educarte a ti mismo.

> Ojalá no hubiera dudado tanto. En cada conversación sobre los próximos pasos subyacía el hilo de que no creíamos que fuera real. Esto realmente dañó nuestro vínculo.

> Ojalá mucho antes hubiera entendido mejor cuáles eran las opciones y posibilidades en este proceso.

> No habríamos entrado y salido de las clínicas de trastornos alimentarios si hubiéramos permitido que nuestro hijo se sometiera a una cirugía importante y a la testosterona. Ahora lo sabemos con toda claridad.

¿Cuáles son los tiempos apropiados?

Empecemos esta sección con una cita del doctor A.J. Eckert, director médico del Programa de Medicina de Afirmación de la Vida y el Género (GLAM, por sus siglas en inglés) de Anchor Health en la zona de New Haven. El doctor Eckert, que trabaja regularmente con jóvenes transgénero y no binarios, afirma: "El patrón recurrente que veo es que, cuando los pacientes y sus familias acuden a mí, el paciente lleva años sufriendo y descubriendo su identidad, así que está ansioso por empezar la afirmación médica".

Entonces, ¿cuál es el momento adecuado?

Diríamos que no hay una sola respuesta a esta pregunta y, para cuando actúes, puede que ya haya pasado el momento de hacerlo. No hay un único plazo "adecuado". Incluso los médicos especializados en trabajar con niños transgénero deben recordar repetidamente a las madres, padres y a sus colegas que su atención se adapta individualmente a cada cliente. Desconfía de cualquier profesional que intente decirte que hay un momento correcto o una forma concreta de permitir que tu hijo busque la congruencia. Esto simplemente no es cierto, ya que cada familia recorre este camino por su cuenta y determina lo que es adecuado teniendo en cuenta su conjunto único de circunstancias.

Sin embargo, suele llegar un momento en el que el sufrimiento de tu hijo es tan evidente que, a pesar de tus preocupaciones, es de vital importancia permitirle vivir en el mundo como lo necesita. Cuando las familias tienen tiempo de observar la expansión de género o la identidad transgénero de su hijo desde una edad temprana, su nivel de aceptación tiene tiempo de progresar. Un niño pequeño solo puede alcanzar la congruencia social (pelo, nombre, ropa, pronombres, etc.) con la aprobación directa de sus padres. A cualquier adolescente menor de 18 años le resultará muy difícil avanzar en las intervenciones médicas sin el consentimiento de su madre, padre o tutor. Así que, en este sentido, los padres y el niño hacen la transición juntos.

El psiquiatra al que acudimos después de que nuestro hijo nos dijera que era transgénero, y que necesitaba vivir la vida como una chica, nos dijo que nuestro hijo debía esperar seis meses antes de vestirse como una chica fuera de casa. Si hubiéramos aplicado esa norma, probablemente ya no lo tendríamos con nosotros, ya que decírnoslo era su último recurso antes de suicidarse. Se sorprendió cuando no la rechazamos. Pensó que la rechazaríamos y sabía que no podría vivir con eso. También sabía que no podría vivir un día más como un chico. Damos gracias a Dios todos los días por haber respondido como lo hicimos.

Preferimos mucho más tener un hijo transgénero que no tener ningún hijo. De todos modos, tres meses era lo máximo que podía esperar para empezar a vivir a tiempo completo como una niña. Tuvimos que movernos muy rápido. Pero lo hicimos en equipo. Ella fue a terapia, nosotros fuimos a terapia, vio a un endocrinólogo, hablamos con sus profesores, se lo contamos a nuestros amigos y familiares, se hizo la electrólisis, compramos ropa nueva y maquillaje, la peinamos y, pum, salió nuestra hija. Te dan nueve meses de embarazo. Esta fue la versión acelerada. No escuches si alguien te da un plazo. Haz lo que tengas que hacer para mantener a tu hija con vida.

PADRE DE UNA HIJA TRANS DE 17 AÑOS

Lo que sí parece adecuado generalizar es esto: cuanto más temprana sea la edad en que una niña o un niño afirme su naturaleza transgénero y pida vivir de acuerdo con su identidad de género interna, más tiempo podrá esperar la familia. Es decir, si la madre o el padre quieren hacer más lento el proceso, este puede ser el único momento seguro para hacerlo, debido a la lucha de salud mental y angustia que pueden surgir al retrasar las cosas a edades posteriores, a medida que aumenta la urgencia por la congruencia.

Durante bastantes meses nos referimos a nuestro hijo como "nuestro pequeño y lindo niño grande, es un niño tan amable". En otras palabras, nos referíamos a nuestro hijo como nuestro "hijo" y como "niño", pero no podíamos cambiar ¡los pronombres! La gente probablemente pensó que éramos muy raros, pero como nuestro hijo estaba en preescolar, fueron bastante indulgentes. No puedo imaginarme hacer lo mismo y que funcione para nuestro hijo o para otras personas si lo hiciéramos ahora que tiene 10 años. Fue un lujo que agradezco. En cierto modo, teníamos más tiempo porque teníamos más control sobre nuestro hijo pequeño que sobre uno mayor.

PADRE DE UN HIJO TRANSGÉNERO DE 10 AÑOS

Sin embargo, otros niños pequeños dan un paso adelante con un alto nivel de confianza y, si estás preparado para escucharlos y verlos de verdad, no se puede detener la transición social, incluso a una edad temprana. Como escribió una madre de un niño de 6 años: "Su transición social se produjo durante la pandemia, en la seguridad de nuestra burbuja en casa, con la familia, y en el preescolar. Terminó el año anterior como un niño y empezó el nuevo curso con vestidos, y nos facilitó a todos su identidad como niña".

Si tu hijo está a punto de entrar en la pubertad o ya está en ella, el deseo de buscar la congruencia adquiere un significado totalmente nuevo y va acompañado de una sensación de urgencia mucho mayor que cuando era pequeño. Hay cambios corporales inminentes a los que enfrentarse. Lee detenidamente el capítulo 9 para ayudarte a comprender las posibilidades de congruencia médica. Hay opciones médicas disponibles, como los supresores hormonales, que tu hijo puede utilizar ahora para pausar sus cambios puberales mientras averiguas qué está pasando exactamente. Es importante no precipitarse a realizar cambios físicos permanentes, pero también es fundamental considerar la posibilidad de presionar el botón de pausa en el desarrollo físico natural de la adolescencia de tu hijo mientras puedas.

Madres y padres deben esforzarse por encontrar un equilibrio que funcione para todos en la familia. Por supuesto, tu niño o adolescente tiene una perspectiva del tiempo muy diferente a la tuya como adulto. A veces puedes llevar las riendas y mantener un ritmo que te parezca manejable. Sin embargo, si tu hijo esperó a estar muy angustiado antes de informarte, es posible que no tengas tanto tiempo como preferirías para procesar completamente esta información y determinar el curso de acción apropiado. En tal caso, puede parecer que estás haciendo todo lo posible para alcanzar un tren que ya está saliendo de la estación. Aunque al principio pueda parecer insoportablemente rápido, esta sensación de torbellino se atenuará y tu vida volverá a estabilizarse. Puede llevar algún tiempo, pero ocurrirá.

Si estás a favor de que tu hijo busque la congruencia social, legal y médica, lo más conveniente es conseguir el pleno apoyo de todos los tutores legales, si es posible, antes de permitir que el niño comience la plena congruencia de género. Es la forma más segura de hacerlo, desde el punto de vista legal. Si no es posible, puedes consultar a un abogado sobre las consecuencias de proceder sin el apoyo de todos sus tutores. Lee también el capítulo 10.

Congruencia social

Además de ser aceptados en casa, los niños con diversidad de género suelen querer vivir en el mundo y ser vistos por los demás como se ven a sí mismos. Un componente de este deseo se llama "congruencia social", o lo que se ha denominado más comúnmente "transición social". La congruencia social puede implicar que tu hijo lleve ropa diferente y un nuevo peinado o que comparta con los demás su identidad de género; puede implicar el uso de un nuevo nombre o de nuevos pronombres; también puede incluir el uso de espacios públicos de género, como vestidores y baños, y la participación en equipos deportivos de un solo género.

Una vez más, no hay una fórmula a seguir para buscar la congruencia de género. Normalmente, cuando el niño es pequeño, la familia empieza por permitirle una mayor libertad con los marcadores sociales de género. Quizá primero lo dejen elegir su propio peinado y largo de pelo, y luego le permitan la misma libertad con la ropa. Muchas familias de niños pequeños permiten que su hijo se presente como su género interno, pero mantienen su nombre de nacimiento y sus pronombres durante un poco más de tiempo.

Si tienes un hijo mayor, este puede buscar de forma natural toda la congruencia social que pueda de forma independiente. Otros esperarán tu apoyo y afirmación antes de buscar afirmarse fuera de casa.

Sobre todo, la congruencia social significa no tener ninguna restricción sobre la forma en que tu hijo quiere expresar su género. Todos buscamos la congruencia social para sentirnos a gusto con nosotros mismos. Recuerda que todos los elementos de la congruencia social son completamente reversibles.

Lo que la investigación dice sobre la congruencia social

Después de trabajar con cientos de familias, en este punto podemos confirmar, con base en nuestra experiencia, lo que la investigación demuestra: que los niños que viven infancias transgénero y no binarias a los que se les permite buscar la congruencia social tienen un estado de salud mental más equilibrado en comparación con otros niños de su edad. Esto contrasta con las investigaciones que claramente registran niveles muy altos de ansiedad y depresión en los jóvenes transgénero y no binarios a los que no se les permite buscar la congruencia social, incluyendo el uso de un nuevo nombre y pronombres, según su petición.

Los estudios indican claramente que utilizar el nuevo nombre y los pronombres elegidos por tu hijo (aunque cambien unas cuantas veces) es uno de los pasos más importantes que puedes dar como madre o padre para

reafirmar la sensación de que se siente apoyado por ti y disminuir significativamente sus riesgos.

Congruencia de género en la escuela

*Me hice muy amiga de la profesora de preescolar de nuestra hija du-
rante la transición, para que pudiéramos estar en sintonía y para que
pudiera compartir lo que estaba aprendiendo y así transmitirlo a la escuela.*

MADRE DE UNA HIJA TRANSGÉNERO DE 6 AÑOS

Algunas familias deciden trabajar hombro con hombro con la escuela de
sus hijos para encontrar el mejor momento de empezar a utilizar un nuevo
pronombre y género (y los espacios asociados a un solo género, como los
baños). Las escuelas que apoyan el cambio suelen querer un poco de tiempo para preparar y educar a su personal, de modo que el niño pueda recibir
apoyo en la escuela durante esta época sensible. Cuando la escuela está preparada, el niño puede vestirse y presentarse como quiera. De acuerdo con
su trabajo en escuelas con Gender Spectrum, Stephanie cree firmemente
que tu hijo tendrá mayor éxito si la escuela ha recibido formación y los
alumnos han sido educados sobre la diversidad de género antes de que él o
ella busque la congruencia en ese espacio.

*Fue un alivio cuando la escuela aceptó la formación sobre inclusión de
género y diversidad. Hemos visto progresos en el apoyo. Antes de que
nuestra hija empezara la escuela, se reunió un equipo para crear un
plan de apoyo al género para ella, y tenemos previsto reunirnos regularmente con su profesor para comprobar sus necesidades.*

MADRE DE UNA HIJA TRANSGÉNERO DE 6 AÑOS

Otras familias permiten que el niño dirija el proceso por sí mismo y esperan que la escuela siga su paso sin ningún tipo de formación o discusión.
Ten claro que, al adoptar este enfoque, primero debes examinar si lo que
esperas es que tu hijo intente afirmarse en la escuela y que luego fracase.
Si te das cuenta de que esperas ese resultado, por favor detente y busca una
forma de cambiar el acuerdo para poder apoyar más a tu hijo. En el capítulo 8 abordamos en profundidad las cuestiones relativas a la escuela.

Cambiar los términos de identidad

Los niños que viven infancias transgénero y no binarias suelen necesitar un cambio de nombre, de pronombres y de los términos que utilizan para referirse a su género para sentirse congruentes. Estos suelen ser los cambios más difíciles de realizar para las familias. Sin embargo, utilizar el nombre y los pronombres correctos de alguien es una señal de respeto y una forma muy importante de mostrar apoyo. Como ya hemos dicho, puede que tu hijo necesite unos cuantos intentos para encontrar las palabras correctas que se adapten a ella o él. Haz todo lo posible por utilizar los términos empleados para su género, así como los pronombres que le gustaría que utilizaras.

Mi pareja y yo hicimos el cambio a los pronombres elle/elles, aunque nos pareció difícil y un poco incómodo a veces. Ahora ya han pasado ocho meses, y se siente totalmente normal. Durante ese tiempo, ha habido ocasiones en las que mi hijo ha querido probar con "ella" por un día, o con "él" por un día, pero ha vuelto a elle/elles, y eso es lo que se ha quedado.

MADRE DE UN HIJO NO BINARIO DE 10 AÑOS

Dejar de usar temporalmente pronombres y referencias de género

¿Qué pasa si tu hijo te pide que uses nuevos pronombres y un nuevo término para su género al referirte a ella o él, pero tú no estás preparado para hacerlo? Muchas familias intentan cumplir esta petición de adaptarse al género interno de su hijo utilizando un lenguaje neutro, como "mi criatura" (infante o adolescente), o repitiendo el nombre de su hijo o términos de cariño en lugar de utilizar pronombres Puede que estas familias no estén preparadas para cambiar los pronombres, o para llamar "hija" a su hijo, pero tampoco quieren referirse a su hijo de una forma que le moleste. Esta es una fase muy incómoda, pero también valiosa. Cuando intentas pasar, aunque sea un día sin utilizar pronombres, te das cuenta de lo mucho que influye el género en nuestro discurso diario.

Pasamos un año entero de nuestras vidas —cuando nuestra hija tenía 5 años— intentando no utilizar ningún pronombre. Nuestra hija trans nos había dicho que era una niña durante tres años. Sencillamente en aquel momento no creíamos que los niños debieran poder cambiar su género. Queríamos que fuera una niña-niño. Esto no funcionó para ella. Llegamos al acuerdo de que no nos referiríamos a ella como niño ante nadie que no conociéramos. Era eso, o tener interminables rabietas de dolor donde sea que fuéramos. Así que aprendimos a hablar sin pronombres. No puedo decirte el alivio que supuso cuando finalmente acordamos cambiar los pronombres y pudimos volver a hablar libremente, pero déjame decirte que nos dio a ambos mucha más empatía por los niños que no se sienten de ningún género. Nuestro lenguaje encasilla a la gente, desde el principio.

PADRE DE UNA HIJA TRANSGÉNERO DE 8 AÑOS

Aprendimos a llamarle "nuestra criatura" en lugar de "nuestro hijo". Dijimos "niñes" en lugar de "chicos", utilizamos todo el lenguaje no sexista que pudimos mientras nos adaptábamos. El nombre fue difícil porque aún no estábamos preparados para cambiar el que habíamos elegido por uno nuevo. Así que nos centramos en términos cariñosos y le llamamos "cariño", "dulzura", etcétera...

PADRE DE UNA HIJA TRANS DE 10 AÑOS

Hacer el cambio

Cambiar el nombre y los pronombres de tu hijo parece la última frontera para muchas familias. Es un paso que da miedo, sobre todo porque se siente como una aceptación total de la condición transgénero o no binaria de tu hijo. Las ramificaciones parecen enormes. Sin embargo, si tu hijo te pide que cambies sus pronombres, es esencial que respondas a su petición de forma eficaz y solidaria lo antes posible. Esto minimizará el impacto negativo que tus respuestas iniciales hayan podido tener en él o ella. Utilizar el nuevo nombre y pronombres de tu hijo puede parecer complicado, pero es esencial para proteger su salud y bienestar general.

Cuando nuestra hija de 4 años se sentó con nosotros en la mesa y nos dijo que le estábamos rompiendo el corazón al no llamarla "él", supimos que había llegado el momento. Teníamos que dar el salto de fe. Lo que más me ayudó (además de la clara petición de mi hija) fue darme cuenta de que no me estaba comprometiendo de por vida. Solo me comprometía a honrar a mi hijo en ese momento. Esto hizo que fuera posible para mí. Igual que dijo que era un niño, un día podría decir que es una niña. Lo único que pedía era un cambio de nombre y de pronombre. ¿Por qué tenía la sensación de que el mundo entero estaba cambiando? Eso fue hace tanto tiempo. Siento compasión por mí misma cuando miro atrás y me doy cuenta de lo complicado que fue para mí entonces, pero creo que fue una tontería que me pareciera algo tan importante.

PADRE DE UN HIJO TRANSGÉNERO DE 9 AÑOS

Muchas familias utilizan temporalmente los nuevos pronombres de su hijo en su presencia y los antiguos cuando no están con él como una forma de aferrarse a su hijo anterior un poco más. Normalmente, tras unas semanas o unos meses, esto se convierte en algo del pasado y los padres se sienten más cómodos refiriéndose a su hijo con sus nuevos pronombres. A veces tienen un desliz y utilizan el antiguo pronombre, pero suele ser por la fuerza de la costumbre y no por falta de apoyo. Comunicar esta distinción a tu hijo lo ayudará a perdonar tus errores. En algunas familias, uno de los dos, el padre o la madre, hace el cambio antes de que el otro esté preparado. Aunque esto puede parecer confuso, muchos niños sienten en realidad el apoyo del progenitor que reconoce y llegan a comprender la resistencia del otro. Por supuesto, el principal problema de esta situación es lo que ocurre en público: si uno de los progenitores utiliza "él" y el otro "ella", las cabezas pueden volverse a mirarlos.

Otro problema surge cuando las familias se refieren a su hijo con los pronombres de su género actual en tiempo presente, pero utilizan los pronombres antiguos cuando se refieren a hechos del pasado. Este uso cruzado de pronombres puede funcionar bien entre la familia y la compañía comprensiva, pero con aquellos que no conozcan la historia de género de tu hijo puede que evites referirte al pasado en absoluto por miedo a que se te escape algo.

Para la mayoría de las madres y padres de niños y adolescentes transgénero y no binarios, hay una fase incómoda de ajuste en todos estos asuntos que puede durar desde varios meses hasta varios años. Luego, un día, miras hacia atrás y te das cuenta de que ahora todo está completamente normalizado.

Nuestro hijo menor decidió que sería el policía de los pronombres. Cada vez que usábamos un pronombre incorrecto, recolectaba una moneda de diez centavos por parte de nosotros. Era una forma de que se sintiera incluido y de que tuviéramos a alguien que nos controlara.

PADRE DE UN HIJO TRANS DE 12 AÑOS

Durante un tiempo quiso que lo llamaran "niña", pero ahora parece que hemos vuelto a utilizar pronombres masculinos. Somos conscientes de que esto podría volver a cambiar en el futuro.

PADRE DE UN HIJO DE GÉNERO FLUIDO DE 5 AÑOS

Me di cuenta de que, cuando seguía llamando a mi recién identificado hijo "ella" ante los demás, en realidad los estaba confundiendo. Decía "ella", pero esperaba que lo cambiaran por "él". No quería dejar ir a mi hija. Estaba muy triste y confundido. Pero cuando usaba "él", mis amigos y todos los que me rodeaban usaban "él". Era como si buscaran en mí la respuesta adecuada. Quería que otra persona me guiara, pero tenía que hacerlo yo mismo. Fueron un par de meses duros. Ahora ya me he acostumbrado. Pero todavía miro las fotos de mi hija pequeña. Ahora tengo un hijo adolescente y probablemente tendré un hijo el resto de mi vida. Pero mi hija también sigue viviendo conmigo. En mi corazón.

PADRE DE UN HIJO TRANS DE 15 AÑOS

Congruencia médica

Aunque la congruencia social es fundamental para la salud y el bienestar general, muchos jóvenes no binarios, y la mayoría de los jóvenes transgénero, también necesitan realizar cambios físicos en su cuerpo para aliviar la angustia de la disforia y sentirse realmente cómodos. Estas medidas de congruencia médica de afirmación del género incluyen medicamentos supresores de la pubertad (bloqueadores), terapia de reemplazo hormonal y cirugías. En uno de los próximos capítulos trataremos a profundidad estas intervenciones de afirmación del género. Lo que es importante tener en cuenta aquí es que los niveles excepcionalmente altos de ansiedad y depresión, los trastornos alimenticios, las autolesiones y el suicidio son habituales entre los adolescentes transgénero antes de recibir las medidas médicas de congruencia.

Estos tratamientos médicos realmente son la salvación para muchos adolescentes.

Lo que dice la investigación sobre la congruencia médica

Lo que hemos visto una y otra vez a través de nuestra experiencia es lo que la investigación ya ha demostrado. Para los que necesitan estas medidas:

- El acceso a los medicamentos supresores de la pubertad conduce a una gran reducción de los niveles de ansiedad y depresión, así como a una disminución de los pensamientos suicidas.
- El acceso a las cirugías de afirmación del género reduce la disforia y la dismorfia corporal, y mejora la calidad de vida, especialmente para quienes ya han pasado por cambios corporales natales incongruentes.
- Los adolescentes que reciben terapia hormonal de afirmación del género tienen una mayor satisfacción corporal, mayores niveles de autoestima y voluntad, y menores síntomas de depresión y ansiedad.

En general, cuando es necesaria, la congruencia médica permite que las personas se sientan más felices y cómodas en su cuerpo.

Retrasar la congruencia médica puede ser dañino

Si las familias están preocupadas por el impacto a largo plazo de las intervenciones médicas, suelen pensar que lo mejor es retrasarlas; pero no actuar, retrasar o rechazar el tratamiento es en sí mismo una acción. No es neutral, no es no hacer nada. El tiempo no se congela. Sea cual sea la decisión, estás moldeando el cuerpo y la psique de tu hijo, así que tienes que decidir cuál es el objetivo en cada caso, y si es esta tu decisión. El cuerpo de tu hijo seguirá desarrollándose. Si tu hijo sufre disforia, el retraso será la diferencia entre que sufra o florezca. Exploraremos esto más a profundidad en el capítulo 9.

Una joven adulta transgénero lo expresa así cuando habla sobre los padres: "Si tu hijo tuviera un defecto cardíaco, ¿retrasarías el tratamiento hasta que determinaras que es lo suficientemente mayor para comprender realmente las consecuencias? ¿O salvarías su vida ahora? Haz lo que puedas para aliviar el sufrimiento de tu hijo".

¿Qué probabilidad hay de que mi hija/hijo cambie de opinión después de empezar a tomar hormonas?

Antes de que las familias dejen que sus hijos empiecen las terapias hormonales, a menudo quieren saber qué probabilidad hay de que cambien de opinión más adelante. Este es un aspecto que suscita gran temor en muchos padres. No hay forma de saber la respuesta definitiva a esta pregunta, pero creemos que es una pregunta equivocada. Sabemos que los índices de arrepentimiento son extremadamente bajos. Las personas que "detransicionan", es decir, aquellas personas que sienten arrepentirse de sus decisiones anteriores hacen mucho ruido en los medios de comunicación, pero son poco frecuentes.

Es cierto que algunas personas necesitan probar las hormonas de afirmación del género para saber si son la opción adecuada para ellas. Estas mismas personas no expresan arrepentimiento por haberlo intentado, sino que la terapia hormonal las ayudó a aclarar aún más su género. Por ejemplo, sabemos de algunos adolescentes que probaron la terapia hormonal y descubrieron que en realidad ya no sentían que necesitaban cambiar su cuerpo hormonalmente, sino quirúrgicamente. Algunos otros se dieron cuenta de que no les gustaba cómo les hacían sentir las hormonas, aunque les gustaban los cambios físicos que experimentaban. Otros reconocieron mediante la terapia hormonal que se sentían más no binarios de lo que habían pensado, y que preferían sus cambios corporales natales. El tema común de todos estos jóvenes es que se sentían felices por haber tenido la opción de probar estos medicamentos como parte de su camino de congruencia.

¿La conclusión? Si la marea cambia, ¡cambia con ella!

¡Sigue comunicándote!

Demuéstrale siempre a tu hijo que le quieres y le aceptas tal como es y sabe que es. También es bueno hablar con él o ella sobre lo que está experimentando y ayudarle a encontrar un lenguaje para sus sentimientos. Animarlo a hablar de sus sentimientos a lo largo de su camino de congruencia, y crear un espacio seguro para hacerlo, contribuye en gran medida a que se sienta validado y protegido.

Problemas de congruencia y salud mental

Muchos niños que luchan con su identidad de género también sufren importantes problemas de salud mental. Es bastante común que los adolescentes transgénero y no binarios luchen con trastornos como la depresión y la ansiedad, así como con problemas de comportamiento y autorregulación.

Muchos también se enfrentan a graves trastornos alimenticios, conductas autolesivas e ideas suicidas. Como afirma la doctora Kellen Grayson, una psicóloga clínica de California: "Los problemas más comunes que se observan cuando se trabaja con jóvenes transgénero son la depresión y la ansiedad. Esto es especialmente cierto si el joven no está afirmado, experimenta estrés relacionado con su identidad o su transición, y se siente aislado".

Además, un elevado número de personas del espectro de género se encuentra también en el espectro del autismo. Al hablar con madres y padres de niños que tienen neurodiversidad, observamos una gran preocupación por los múltiples problemas a los que se enfrentan sus hijos y las formas en que se entrecruzan. Como dijo uno de los padres: "Creo que lo más desconcertante para nosotros es que se cree que mi hijo está en el espectro autista, pero es extremadamente funcional. Tiene problemas con la comida y con la percepción sensorial, además de dificultades sociales. Me pregunto constantemente si la razón por la que se siente como un chico es porque no se siente cómodo en su cuerpo. ¿Cree que las hormonas pueden solucionarlo? ¿Lo ayudarán?".

Como familias y profesionales, entendemos que esto puede confundir a veces el tratamiento, ya que no siempre es evidente cuál es el principal componente en juego, si es que lo hay. Puede parecer que hay mucho que desenredar, pero muchos profesionales de la afirmación del género recomiendan no intentar hacerlo. Consideran la afirmación del género como un aspecto dentro de un enfoque holístico de la persona en su totalidad. Por lo tanto, la ansiedad o incluso problemas más graves de salud mental o de comportamiento no tienen que "resolverse" primero para iniciar la congruencia médica.

Como nos escribió el padre de un adolescente no binario: "La conversación sobre el género comenzó más o menos al mismo tiempo que nuestro hijo empezó la secundaria. El acoso inició casi de inmediato y se desencadenó muy rápidamente. La depresión empeoró y la ansiedad se disparó. Hemos pasado los dos últimos años trabajando para abordarla, junto con la depresión, y tratamos de ayudarlo a entenderse a sí mismo. Esto ha incluido terapeutas, grupos de apoyo, médicos y un examen neuropsicológico más completo, el cual al final dio como resultado un diagnóstico de espectro autista".

Puede haber muchas manifestaciones emocionales y físicas diferentes de la disforia de género. Una y otra vez, hemos visto con las familias con las que trabajamos, y la investigación así lo demuestra, que apoyar el género de tu hijo y buscar la congruencia de género reducen en gran medida e incluso pueden resolver algunos de estos otros problemas por completo. Dicho de otro modo, aunque sabemos que no hay una solución mágica para los problemas de comportamiento o de salud mental, muchos suelen mejorar o posiblemente desaparecer una vez que se reconoce y apoya la expansión de género. Exploraremos los problemas de salud mental con mucho más detalle en el capítulo 9.

> *A nuestro hijo le diagnosticaron agorafobia, migrañas, ansiedad, TOC, problemas de comportamiento y tics. Acudimos a todo tipo de especialistas para detectar sus dificultades e intentar tratarlas todas, pero a ninguno de ellos se le ocurrió preguntar cómo se sentía mi hijo respecto a su género. Cuando por fin descubrimos esa pieza, literalmente TODOS los demás síntomas desaparecieron. Pasó de cinco diferentes medicamentos diarios a ninguno.*
>
> PADRE DE UN HIJO TRANS DE 15 AÑOS

> *Podríamos habernos ahorrado años de dolor para nosotros como familia y también para ella. Los médicos le preguntaban a menudo si era suicida, pero nadie le preguntaba por su género.*
>
> PADRE DE UNA HIJA TRANS DE 14 AÑOS

Consideraciones especiales de congruencia de género para infancias no binarias y de género fluido

> *Siempre intenté ser yo. Nunca me sentí como un chico o una chica o una persona trans. Cuando supe que había otras personas como yo, ¡sentí un gran alivio!*
>
> PERSONA NO BINARIA DE 12 AÑOS

> *Nos pasamos quince años luchando, intentando meter una clavija cuadrada en un agujero redondo. Al final, decidimos dejar que tomara las riendas. Qué diferencia. Ya no buscamos una clínica para pacientes internados. ¿Nos atreveremos a decir que nuestra familia está en paz?*
>
> PADRES DE UN ADOLESCENTE NO BINARIO DE 15 AÑOS

Hay muchos estilos diferentes de autoexpresión e identidades de género que se salen del esquema binario. Algunas personas con expansión de género tienen una fuerte identidad de género binaria y otras tienen una identidad de género no binaria. Para complicar las cosas, no se puede saber cómo alguien se identifica por dentro con solo mirarlo. Tampoco puedes suponer cómo desea identificarse una persona. Además, el lenguaje sobre el género sigue evolucionando y ampliándose, y los jóvenes parecen especialmente capaces de crear y utilizar una nueva terminología que confunde a los adultos.

Lo que hay que tener en cuenta es que, al igual que todas las criaturas, los niños no binarios, de género expansivo y de género fluido necesitan buscar la congruencia. Para algunos, será principalmente su género social el que no se ajuste, en lugar de su sentido interno del género. Para otros, es tanto su género social como su identidad de género. Algunos pueden necesitar solo un cambio de pronombre, mientras que otros pueden tener una apariencia perpetua de no conformidad de género. Cuanto mayor sea la inconformidad de género de la expresión, mayor será la posibilidad y la frecuencia de la discriminación. Dependiendo del contexto, los niños no binarios pueden decidir hasta qué punto quieren expresar su género hacia el exterior. Tu papel como madre o padre es apoyar la congruencia de género de tu hijo, aunque el lugar donde encuentren la armonía no sea inicialmente cómodo para ti.

Algunas niñas y niños no binarios y de género fluido también necesitarán buscar la congruencia médica. En el capítulo 9 hablamos de ello con más detalle.

Resistir el impulso de forzar una elección

Si tu hija o hijo tiene una identidad de género no binaria o fluida, puede que te encuentres con una tarea difícil: resistir el impulso de hacerle elegir un género. La angustia de no poder etiquetar a los hijos dentro del sistema binario de género puede causar tal estrés a algunas familias que en realidad preferirían que su hijo fuera transgénero. Sí, puede parecer más fácil tener un hijo transgénero o un hijo cisgénero, pero si tu hijo no lo es, no lo fuerces. Recuerda que es mejor resistir ese impulso de presionarlo a que elija para tu mayor comodidad.

> Mi hijo no se siente alineado con un solo género. Es una persona trans de género biespiritual. El Creador siempre ha honrado a las personas de dos espíritus. Me siento agradecida por tener un hijo de dos espíritus, una persona en el medio, una persona que es ambas cosas. Pero tengo miedo. Mi hijo corre un mayor riesgo de autolesión y violencia por ser nativo americano y de dos espíritus.
>
> MADRE DE UN HIJO DE DOS ESPÍRITUS DE 14 AÑOS

Guarda para ti tu intranquilidad y apoya a tu hijo. Sé su defensor. Los niños de género fluido, de género expansivo y no binarios necesitan apoyo para defenderse de las presiones de otras personas para que se integren en un estado de género más predecible. Necesitan tu amor y que los animes a ser quienes son. Equipa a tus hijos con las habilidades necesarias para reconocer y responder eficazmente al acoso. Defiéndelos en la escuela y en el mundo. Sé su apoyo.

Con el tiempo, tu hijo podrá tal vez elegir una identidad o una presentación de género que te resulte más familiar. Puede ser que acepte algo más conforme a la presión social, o tal vez encuentre de forma natural una definición más tranquila que le funcione. O puede ser que no, y que sigan teniendo una identidad o una expresión de género fluida, expansiva o no binaria durante toda su vida. En cualquier caso, tendrá una mayor capacidad para seguir adelante con la seguridad de tu amor y apoyo.

Intervención corporal para adolescentes no binarios

Las madres, padres y cuidadores, así como los médicos y especialistas en salud mental, deben evitar comparar a los adolescentes no binarios con los adolescentes transgénero, o asumir que la congruencia significa alinearse con los estándares binarios. Tampoco debe decirse nunca que los adolescentes no binarios "no son lo suficientemente trans" como para recibir medidas médicas de congruencia. Todos necesitan las medidas de congruencia adecuadas para ellos y eso incluye la alineación médica, según sea necesario.

La doctora Jen Hastings, profesora clínica adjunta del Departamento de Medicina Familiar y Comunitaria de la Universidad de California en San Francisco, dice que el aspecto más importante de la atención a personas no binarias es "escuchar". Hastings también dice que sus pacientes deben "tomarse el camino como una comprensión evolutiva del yo. Prueba algo y mira cómo te sienta. Nadie más puede decirte lo que está bien o mal. Cambiar de dirección puede formar parte de ese camino. Puede que encuentres tu congruencia enseguida, o que te encuentres en un sendero tortuoso y sinuoso con muchas sorpresas y cambios ocultos por el camino".

Aunque muchos adolescentes no binarios no necesitarán congruencia médica, la mayoría sigue sintiendo la necesidad de afirmar su autonomía corporal como reflejo de su género. Tener la libertad de llevar el pelo con los estilos que más les convengan suele ser solo el comienzo. Hemos visto un número creciente de adolescentes que sienten que los *piercings* o los tatuajes afirman realmente su género. Los tatuajes a menudo representan su género complejo y son una forma de expresarlo a sí mismos y a los demás. Para algunos adolescentes y adultos no binarios, en lo que respecta a la afirmación de su género, los tatuajes y los *piercings* pueden cambiarles la vida tanto como la terapia hormonal o la cirugía. Si tu adolescente no binario te presiona para tener más autonomía corporal y tú te resistes, puede que valga la pena explorar más profundamente lo que significan para él los cambios solicitados.

Toma en cuenta los sentimientos de tu hija/hijo

Pasar por el proceso de congruencia de género es un momento muy emocionante y a la vez difícil para todos los que están cerca del niño o adolescente. Explorar el género es saludable, pero navegar por las decisiones en torno a este puede ser difícil.

Cada uno experimenta diferentes niveles de angustia sobre su género. Aunque pueden sentirse fuertes al saber que son transgénero o no binarios, puede que aún no se sientan orgullosos de lo que son. Las personas transgénero y las no conformes con el género están tan marginadas, incomprendidas y mal representadas que tu hijo puede haber interiorizado mucha vergüenza. Por mucho que te centres naturalmente en tu propia experiencia emocional, es vital recordar que él o ella tiene una experiencia emocional propia y única. Es esencial tener en cuenta que son *elles* los que necesitan el apoyo en este momento. Es tu trabajo como madre o padre buscar fuera de casa el apoyo que necesitas personalmente durante este tiempo.

Algunas reflexiones finales sobre este tema:

> *Por fin llegamos a un punto fundamental en el que parece que, al fin, de verdad, sabe que estamos de su lado. Ahora, si de vez en cuando nos equivocamos con un pronombre, lo acepta, en lugar de gritarnos.*
>
> PADRE DE UN ADOLESCENTE NO BINARIO DE 17 AÑOS

> *Solicitar ayuda y orientación a organismos especializados que no patologicen la infancia trans, respetar las decisiones y tiempos de sus niñxs, en especial los tiempos, teniendo en cuenta que nada en la vida es ni tiene que ser una línea recta.*
>
> GABRIEL DÍAZ, PAIDOPSIQUIATRA CHILENO QUE TRATA A NIÑOS TRANSGÉNERO

Sugiero escuchar sin reprimir, explicarle que para la familia esto puede ser una sorpresa, o quizá "lo sospechábamos", sin decirle "teníamos la esperanza de que fueras normal". Una buena alternativa es decirle "dame unos minutos, horas, días para que yo pueda asimilar lo que me estás diciendo". Ojalá y consideráramos la frase que desde la infancia les hemos dicho "siempre te voy a querer, creer, apoyar, defender".

Cuento aquí la anécdota de un niño de 10 años que mientras preparaba con su mamá la comida, después de llegar de la escuela, la abrazó y le dijo: "Mamá, yo sé que tú y mi papá me quieren mucho, mucho, mucho..., pero... ¿si yo fuera gay me seguirían queriendo igual?". Cuando vinieron al consultorio y le pregunté al niño por qué tenía esa duda, respondió que escuchaba hablar muy mal de los gays y tenía miedo de que lo dejaran de querer en su familia si él lo fuera. Hasta ese momento nunca había pensado en su orientación sexual. Había asociado ser gay con que tu familia te abandone y la sociedad te desprecie.

VICENTA HERNÁNDEZ HADDAD, PSICÓLOGA Y EDUCADORA SEXUAL, MÉXICO

Reconocer en las familias que hay niñxs transgénero es una realidad y apoyar sus procesos es la mayor muestra de amor, asimismo buscar personas y organizaciones que trabajen en esto para que se apoyen.

ELIZABETH TORRES, SEXÓLOGA, COLOMBIA

Los momentos de cambio de nombres y pronombres, y de inicio de la alineación médica, pueden ser los más duros como familia. Si puedes superar esta etapa, manteniendo una relación fuerte y conectada con tu hijo, al final serán una familia mucho más consolidada. Haz todo lo que esté en tus manos para mantener la conexión con tu hijo y con tu cónyuge o pareja, si la tienes. Tómate el tiempo necesario para incluir a todos los hermanos desde el principio. Cuando vaciles y sientas miedo, recuerda que no estás solo: miles de familias se enfrentan cada día a estas mismas decisiones y a las mismas presiones externas en todo el mundo.

Es muy raro que una madre o un padre sepa qué decir y cómo expresar un consuelo perfecto para su hija o hijo no binario o transgénero cuando se encuentra en dificultades. Es probable que le cueste asimilar la diferencia entre su experiencia de vida y la tuya; puede experimentar dolor y rabia al darse cuenta de que no eres la madre o el padre ideal, uno que lo acepta y comprende inmediatamente. Cualquiera que sea el grado de apoyo que muestres al género de tu hijo, puede sentirlo insuficiente, por ello podrá parecer desagradecido o afirmar que se siente sin apoyo, hagas lo que hagas.

Este puede ser un proceso doloroso para ambas partes, ya que padres e hijos tienen que soportar su propio dolor, sabiendo al mismo tiempo que hacen lo mejor que pueden.

Es posible que tu hijo tenga prisa por que lo ayudes a conseguir un tratamiento médico para cambiar su cuerpo y que se enoje contigo por haberte tomado el tiempo de explorar primero las opciones. De nuevo, esto es normal. Juntos podrán superar las tormentas emocionales.

Cuando tengas dudas, busca ayuda. Acude a un grupo de apoyo virtual, planea asistir a una reunión, como la Conferencia de Familias de Gender Spectrum, y ponte en contacto con otras familias que crían a niños con diversidad de género. Se necesita valor para seguir el camino del amor. A medida que un niño hace la transición, también lo hacen su madre, su padre y los más cercanos a su entorno personal. La congruencia lleva tiempo para todos los implicados. Sean valientes sabiendo que avanzarán en este camino juntos.

Capítulo 7

Contarlo: a quién, cómo, por qué y cuándo hacerlo

Contarlo significa hablar de la identidad de género o del sexo biológico de tu hija o hijo con otras personas. Cuando se cría a un niño no binario o transgénero, la decisión de revelarlo es muy importante. Las familias tienen que decidir con quién hablar de ello, cuándo compartir la información, cuándo no decir nada, las diferencias entre privacidad y secreto, quién decide quién lo sabe y quién no, y cómo responder a las reacciones negativas. Además, tú, tu hijo y tus otros hijos deben estar preparados para las reacciones poco educadas o prejuiciosas que pueden tener los demás.

La mayoría de estas decisiones las tomarán sobre la marcha. A veces te harán sentir bien, y otras acabarás tomando una decisión que no te haga sentir tan bien. Así es el proceso de aprendizaje. En este capítulo, exploramos cómo encontrar el valor para hablar con confianza sobre tu hijo, qué considerar en el proceso de contarlo, en las situaciones habituales que surgen y algunas opciones para manejarlas. Terminamos con una lista de preguntas que la gente suele hacer sobre las personas no binarias y transgénero, y proporcionamos algunas respuestas rápidas que puedes utilizar como punto de partida en tu vida para educar a los demás y dejar claro que el tema no es objeto de una discusión prolongada. Una vez que tengas más confianza para hablar sobre el género, encontrarás las respuestas que mejor se adapten a ti y a tu familia.

Pensar en cómo contarlo

Las cuestiones por enfrentar alrededor de contarlo difieren según el contexto. La reflexión sobre cómo contarlo puede convertirse en un punto central en tu vida cuando tu hijo empiece a buscar la congruencia, a menudo precipitada por un cambio de nombre y pronombres. Las consideraciones también difieren si es un adulto joven, un adolescente o un niño más pequeño. Una vez que tu hijo ha encontrado la congruencia social y es percibido por los demás como su género afirmado, se plantea la opción de comunicar que es transgénero o dejar que se afirme como quien es y no revelar su sexo biológico.

Todas las situaciones son diferentes y cada familia también lo es. No hay una forma "correcta" de hacerlo. Sin embargo, hay mucho que pensar. La cuestión central es esta: ¿Quién toma la decisión de decir a la gente que tu hijo es transgénero y a quién decírselo? Algunas personas creen que su hijo debe decidirlo y seguirán sus preferencias, mientras que otras creen que es una decisión de los padres. También pueden existir opiniones diferentes sobre si están obligados a decírselo a alguien en concreto y la decisión de compartir el género de tu hijo con tu familia extensa puede ser muy diferente de las decisiones cotidianas sobre compartir esta información con otras personas.

El asunto de la divulgación también plantea una cuestión ética. Los que consideran que el sexo biológico es una cuestión de privacidad se sienten indignados por la idea de que revelarlo sea una obligación. Los que sienten la obligación de contarlo se preocupan por los que mantienen el asunto en privado. Esperamos proporcionarte un marco para pensar en contarlo, de modo que puedas examinar lo que parece correcto para ti y tu familia.

Algunas madres y padres son completamente abiertos y cuentan a todo el mundo la situación de su hija o hijo. Algunos niños lo comparten libremente cuando sus familias desearían que no fueran tan abiertos. Algunas familias son más abiertas cuando sus hijos realmente necesitarían que lo mantuvieran en privado. Algunas familias —madres, padres e hijos— son totalmente discretas al respecto.

A menudo la inclinación natural de tu familia está influida por el tipo de persona que es cada uno de ustedes. Algunas personas son más discretas y otras son libros abiertos. Sin embargo, cuando se trata de cómo tu hijo hace su camino por la vida, ¡simplemente seguir la naturaleza de cada persona no es siempre el mejor enfoque!

Para complicar aún más las cosas, revelarlo también adoptará formas diferentes para las madres y padres con un hijo transgénero que para un niño que se siente más cómodo con una presentación de género disconforme y para los niños no binarios que utilizan los pronombres elle/elles. E incluso hay otras consideraciones de contarlo cuando tienes un hijo que no se identifica con ningún género.

Las consideraciones sobre cómo contarlo continuarán contigo a lo largo de la vida, incluso si tu hijo ya ha encontrado la congruencia y no es obvio que se le hubiera asignado un sexo diferente al género con el que ahora vive.

Nos gustaría asegurarles, como madres, padres y cuidadores, que no hay reglas rígidas sobre esto. No hay nadie con quien por fuerza *debas* compartir nada sobre el género de tu hijo. Las únicas consideraciones que realmente importan se centran en lo que es mejor para él, ella o elle en cada área de su vida.

¿En qué contextos debe revelarse la condición de género de un niño? ¿Cuáles son los pros y los contras entre el reconocimiento abierto y mantener la privacidad sobre su identidad de género o su sexo biológico? Las familias se enfrentan a numerosas situaciones en las que tienen que defender a sus hijos y decidir si revelar la información creará más seguridad e inclusión, o más dificultades. Existen riesgos y beneficios tanto si decides decir que tu hijo es transgénero a todo el mundo como si se lo dices a unas pocas personas o a ninguna. El hacerlo público y la privacidad tienen tanto ventajas como inconvenientes. Tendrás que trabajar con él o ella para encontrar el equilibrio adecuado.

La mayoría de las personas se sienten preocupadas por el impacto que tendrá en su vida el hecho de que ellos o sus hijos lleguen a revelar que es transgénero o no binario. Existe un riesgo real de discriminación, rechazo e incluso acoso. Por otro lado, para algunas familias, la revelación es un punto de orgullo. Pueden sentir que es importante normalizar esta experiencia, tanto para ellos como para su hijo. La revelación puede parecer un problema menor para estas familias. Además, para muchos jóvenes, ser abiertos sobre quiénes son es un paso importante para sentirse seguros de su identidad de género. Así que, en estos casos, mantener la identidad de género en privado la envolvería en la vergüenza y el secreto.

LO QUE ALGUNAS MADRES Y PADRES HAN COMPARTIDO CON NOSOTRAS SOBRE SUS EXPERIENCIAS AL CONTARLO

El amor y la aceptación de su familia cercana y de su escuela han sido sorprendentes y profundamente conmovedores. Subestimé completamente a la gente y me esperaba lo peor.

MADRE DE UN HIJO TRANS DE 14 AÑOS

Compartirlo con los amigos y la familia no fue fácil y generó ansiedad. Todavía lo hace.

MADRE DE UN CHICO NO BINARIO DE 15 AÑOS

Nos han dicho cosas como de qué manera nuestro hijo puede saber lo que es con seguridad, o que ellas también eran "marimachos". Esto nos toca la fibra sensible de "¿es solo una fase?" y son cosas difíciles de oír porque a veces te hacen cuestionarte a ti misma y lo que está pasando.

MADRE DE UN HIJO TRANS DE 14 AÑOS

Cuanto más avanzamos, más cómodos nos sentimos al revelar información. Definitivamente me cuesta decidir si explicar o no que nuestra hija es transgénero, porque quizás ella no quiere darse a conocer así. Mi opinión es que quiere que la conozcan simplemente como una chica. Confío en que lo descubriremos cuando pase el tiempo y ella tenga más palabras para expresar sus necesidades y deseos sobre su identidad.

MADRE DE UNA HIJA TRANSGÉNERO DE 7 AÑOS

Hemos tenido algunas respuestas negativas al contarlo. Dicho esto, también hemos tenido algunos éxitos al reconocer momentos de enseñanza con personas a las que les cuesta entender. Asimismo, en determinados entornos hemos dejado claro con la gente que no tiene por qué gustarles, pero que no toleraremos comentarios hirientes ni amenazas físicas.

PADRE DE UN NIÑO NO BINARIO DE 16 AÑOS

Hace poco envié un mensaje a nuestra familia extensa diciendo que no tienen que estar de acuerdo con nuestras elecciones, pero que deben respetarlas y respetar a mi hijo. En cuanto a contarlo o no, no creo que haya nada malo en mi hijo, así que no tengo nada que contar.

MADRE DE UN NIÑO DE GÉNERO EXPANDIDO DE 8 AÑOS DE EDAD

Una de las cosas en las que nuestra familia está muy de acuerdo es en la privacidad en las redes sociales. Me encantaría que nuestra familia saliera a la luz y estuviera orgullosa. Tengo la vocación de educar a los demás, pero esta no es mi historia para contarla. Hemos publicado fotos y nos referimos a su nombre y pronombre, pero nunca hubo un anuncio, y nunca lo habrá.

MADRE DE UNA HIJA TRANSGÉNERO DE 9 AÑOS

Contarlo ha sido uno de nuestros mayores debates como padres. Queremos ser intencionados y reflexivos sobre quién lo sabe y cuándo. Ella es muy abierta sobre quién es en la escuela y con sus nuevos amigos, y no queremos reprimir eso. También creemos que es importante decírselo a los adultos que pasan tiempo con ella, como una niñera o el padre de un amigo, por su seguridad. Así que puede ser difícil encontrar el equilibrio entre respetar su intimidad y mantenerla segura en el mundo.

MADRE DE UNA HIJA TRANSGÉNERO DE 5 AÑOS

Teníamos que asistir a una boda con la familia de parte de mi marido y enviamos un correo electrónico por adelantado a algunos parientes para darles tiempo a adaptarse. La mayoría de ellos son bastante conservadores, pero todos lo aceptaron. Me conmovió mucho y me sorprendió que ni un solo familiar cercano se equivocara con su género.

MADRE DE UN HIJO TRANSGÉNERO DE 15 AÑOS

Con los vecinos u otros conocidos, empezamos a hablar utilizando pronombres corregidos y, en ocasiones, la gente no lo entendía y seguía preguntando por nuestro "hijo"; en ese momento, les informábamos que antes no habíamos entendido el verdadero género de nuestro hijo. Esperamos preservar la intimidad de nuestra hija para que tome sus propias decisiones sobre contarlo cuando sea mayor. Sabemos que lo que le resulta cómodo a los 6 años puede no serlo a los 13 o a los 32.

MADRE DE UNA HIJA TRANSGÉNERO DE 6 AÑOS

Hemos tenido conversaciones con nuestro hijo acerca de que es su decisión contárselo a alguien y nos hemos esforzado por no comunicarlo a nuevas personas sin su permiso. En general, está orgulloso de su identidad trans y revelarlo no ha sido un gran problema.

MADRE DE UN HIJO TRANSGÉNERO DE 10 AÑOS

Evito las redes sociales y pronto decidí que no tenía el ánimo ni la fuerza para discutir/defender/convencer de este asunto a cualquiera ni con todo el mundo. Solo les hablo del estado de mi hija cuando es relevante o adecuado para ellos. La cuestión es que no puedes controlar las reacciones, actitudes o elecciones de los demás. Hay algunas relaciones que mi hija y mi familia pueden perder por su transición, y habremos de lamentarlo. Pero si la gente no está dispuesta a encontrarse con nosotros en algún punto e intentar aprender y participar en este camino, no es mi deber ni el de mi hija ni el de mi familia agachar la cabeza para intentar que otras personas se sientan mejor.

MADRE DE UNA HIJA TRANS DE 17 AÑOS

Como mi hija no nos permite decírselo a ningún miembro de la familia hasta que no muestre características más femeninas, solo se lo he contado a un par de amigos cercanos. Sé que mi familia me apoyará totalmente, salvo el padre de mi marido, que probablemente dirá que mi hija va a arder en el infierno.

MADRE DE UNA HIJA TRANS DE 16 AÑOS

Nuestra familia más cercana son mis suegros, que se sorprendieron con la noticia, pero estamos muy unidos y nos han aceptado y afirmado. La mayoría de nuestros amigos también lo ha aceptado y afirmado. Al principio solo se lo conté a las personas más cercanas a nosotros, pero ahora estamos empezando a informar a más gente. He limpiado mis redes sociales y he eliminado a las personas que creía que no lo aceptarían.

MADRE DE UNA HIJA TRANS DE 17 AÑOS

Sí, ha sido algo lento ese proceso porque la gente mayor, como los abuelos, en ocasiones es muy conservadora en su forma de pensar. A mi manera de ver "egoístas", porque al no aceptarlo solo piensan en ellos. Fuera de la familia nadie es importante.

MADRE DE UN NIÑO NO BINARIO, MÉXICO

Como familia siempre hemos estado de acuerdo en a quién compartirlo y cómo compartirlo. Algo importante en nuestra sociedad machista mexicana es que mi esposo siempre ha estado presente, con el objeto de que la gente no pensara que era yo una madre permisiva, sino que él también apoya y acompaña a su hija trans.

FAMILIA MEXICANA DE UNA NIÑA TRANSGÉNERO DE 13 AÑOS

No lo hemos compartido con algunos miembros de la familia porque no lo entenderían. Cada vez que compartimos en familia es emocionalmente desgastante y agotador.

MADRE DE UN NIÑO NO BINARIO DE 14 AÑOS, COSTA RICA

No es un tema fácil de abordar con familiares y amigos. Siempre me pone nerviosa e incómoda la primera vez que le digo a alguien porque no sabemos cómo reaccionará.

ABUELA DE UN NIÑO TRANSGÉNERO DE 10 AÑOS, PANAMÁ

Contarlo no es lo mismo que salir del clóset

Muchos equiparan ser abierto como persona transgénero con ser abierto y estar orgulloso de ser gay o "salir del armario". Pero no es equivalente. Muchas, quizá la mayoría de las personas transgénero, no se ven a sí mismas como "transgénero". Se ven a sí mismos como el chico o la chica, el hombre o la mujer, que son. Quieren que se les vea así y no como "hombre transgénero" o "mujer transgénero". La creencia de que las personas transgénero deben revelar siempre su identidad elimina esa opción y desplaza el foco de atención de su género vivido al sexo que se les asignó al nacer, lo que en esencia es desplazar la discusión sobre el género a una discusión sobre los órganos sexuales.

Insistir en que una persona está obligada a revelar la naturaleza de sus genitales, cuando nadie más lo está, la convierte en "otro" y esto cambia el enfoque sobre algo que es típicamente privado. La suposición de que todos son cisgénero y los que no lo son deben revelarlo o están ocultando algo es una forma de pensar que merece ser examinada. Peor aún es la idea, que se ha reproducido numerosas veces en la cultura popular, de que es engañoso que una persona transgénero no revele su condición. Se trata de un concepto ofensivo y anticuado.

¿Quién decide contarlo?

Una vez que está claro que un niño es transgénero y que se le ha apoyado en la búsqueda de la congruencia, si él o ella prefiere no revelar su sexo biológico, muchas madres y padres han estado de acuerdo con esa elección. En estas familias, el niño tiene el control de quién conoce su sexo biológico. Esta puede ser la primera, o incluso la única, área en la que muchos deciden dejar que sus hijos guíen una decisión familiar importante. Como tiene un impacto tan directo y profundo en su vida, muchos, a veces con la ayuda de un terapeuta familiar, permiten que su hijo tome la iniciativa al respecto.

Incluso si un niño quiere ser completamente discreto en este ámbito, es mejor tomar un papel activo para ayudarlo a sopesar la importancia de mantener esa privacidad contra encontrar al menos un "adulto seguro" al que pueda acudir en caso de necesidad. La madre, el padre y el niño pueden acordar juntos quién debe saberlo, como la enfermera o el consejero escolar, quienes están obligados a mantener la confidencialidad, y a quienes el niño decidirá si se lo cuenta o no.

Privacidad total

Los jóvenes que quieren conservar su intimidad no suelen decir a nadie fuera de su familia, o solo a unos pocos adultos selectos, que el género en el que viven a diario es diferente de su sexo asignado al nacer. Esto se llama a veces ser "privado" (*stealth* en inglés). No nos gusta el término porque implica algo reservado y furtivo, que es un matiz muy diferente al de simplemente respetar la privacidad de una persona.

Ser totalmente privado tiene sus ventajas e inconvenientes.

Del lado positivo, la gente solo se relacionará con tu hijo como el género que sabe que es. Tu hijo, por ejemplo, no será tratado como una chica transgénero, simplemente será una chica. Tu hijo no se enfrentará a la discriminación ni al estigma. Puede resultar muy liberador poder ser uno mismo sin tener que anticiparse siempre a los problemas o tener que lidiar con las opiniones y los juicios de los demás.

Por el lado difícil, a menudo existe el miedo a que alguien se entere del sexo que se le asignó a tu hijo al nacer y a lo que eso puede suponer para sus relaciones y su vida cotidiana. También hace que sea más difícil revelarlo en el futuro a las personas que ya conoce. Tu hijo todavía puede tener más miedo al rechazo, puesto que ya hay una relación establecida y no se sabe cómo responderá la otra persona. Por consiguiente, pueden interiorizar cierta vergüenza en torno a esto y el miedo a ser descubiertos aumenta.

Para algunos, la intimidad es la forma más natural y preferida de ir por la vida. Sin embargo, si siendo discreto deja de sentirse afirmado, el niño puede decidir ser más abierto, lo cual es mucho más fácil que decidir volverse más discreto en el futuro.

Recomendamos encarecidamente que la decisión de seguir siendo discreto sea una decisión impulsada por tu hijo, no por los adultos que lo rodean. Insistir en que tu hijo guarde silencio sobre su identidad de género o su sexo biológico le comunica que hay algo errado en ella o él. Preocuparte por lo que los demás puedan pensar de ti o de tu hijo no es algo que valga la pena si perjudica a tu hijo. Si crees que este enfoque lo mantendrá a salvo, recuerda que también debes tener en cuenta su bienestar emocional.

Algunas reflexiones de los jóvenes transgénero al respecto son:

Ninguno de mis amigos sabe que soy trans. Soy una chica. No me identifico como trans y siento que si supieran qué sexo soy me tratarían de forma diferente. Pero a veces es difícil porque tampoco soy 100% sincera con ellos, mantengo una parte de mí en privado. Estoy segura de que ellos también tienen cosas que mantienen en privado, pero no sé cuáles son.

CHICA TRANS DE 14 AÑOS

Mis amigos de la escuela no lo saben. Me gusta que sea así. Solo soy uno de los chicos. No quiero que lo sepan, ya que estoy bastante seguro de que, por lo que son, no querrán seguir siendo amigos míos. Eso es terrible. Me siento bien conmigo mismo, pero no creo que ellos estarían bien conmigo.

CHICO TRANS DE 12 AÑOS

Desafíos prácticos de la privacidad total

Hay algunos problemas potenciales con el enfoque de la privacidad total. El primero es que requiere que todos los miembros de la familia estén de acuerdo. No solo la familia inmediata, sino toda la familia extensa. Antes de las redes sociales, cuando las familias vivían en ciudades diferentes, era más fácil, pero en esta era digital significa que nadie de la familia extensa debe publicar en sus redes sociales sobre esto. En tu familia inmediata también puede haber problemas si tienes otros hijos, o si tu hijo tiene hermanastros o hermanastras. Todo el mundo tiene que apoyar plenamente la privacidad de tu hijo, incluso cuando ella o él pueda estar enojado con su hermano, o simplemente olvide que la revelación puede ocasionar un gran problema. Conseguirlo puede ser una ardua tarea.

Dependiendo de la edad de los hermanos implicados, puede ser difícil para ellos comprender la importancia de esta necesidad de privacidad. A los niños les gusta compartir su vida con sus amigos. Hay una fina línea entre la privacidad y el secreto, y tienen que aprender la diferencia.

Da a tus otros hijos todas las oportunidades para que expongan sus preguntas y preocupaciones sobre su hermano de género expansivo. Ayúdalos con el lenguaje necesario para hablar de su hermano de forma natural. Si tienes un hijo transgénero que no se ha manifestado, toda la familia debe discutir cómo manejar esta situación. ¿Cómo responderá el hermano a sus amigos sobre lo que le ocurrió a su hermana? ¿Por qué va vestida así? ¿Quién es ese hermano del que nunca supieron nada? ¿Cómo se refieren al pasado, mencionando o no el género anterior, si es que ha cambiado? Esto ya es bastante difícil para los adultos, así que para los niños puede ser aún más difícil. Muchas familias son capaces de coordinarse para lograrlo, pero para otras, esto no es una posibilidad realista. Lo más que se consigue es que cada uno haga su mejor esfuerzo.

> Es importante que, en cada encrucijada significativa, como ir a un campamento de verano, el comienzo de la secundaria o de la educación media superior, o la entrada a la universidad, se reexamine a fondo la elección de que el género y el sexo de tu hijo sean algo privado o abierto.

Semiprivado

Algunos niños transgénero prefieren revelar su identidad de forma selectiva. No son ni totalmente abiertos ni totalmente privados. Por ejemplo, puede que no revelen que son transgénero a sus compañeros de clase, pero sí a algunos profesores, o que se lo digan a los amigos de la familia, pero no a los chicos de su equipo de futbol. Pueden decírselo a amigos que viven fuera de la ciudad, pero no a sus compañeros de clase. Con la revelación selectiva, los niños pueden monitorear las reacciones, o las posibles reacciones, de los demás para evaluar los riesgos.

Existe un riesgo inherente a este enfoque, ya que basta con que una persona comparta la información para que todo el mundo lo sepa. Cuando ese es el caso, ya no tienes ningún control sobre la narración. En la era de las redes sociales, la distancia ya no asegura la privacidad, y la información puede difundirse en cuestión de segundos.

> *Yo se lo diría a mi mejor amiga del colegio, pero sé que no puede guardar un secreto. No querría que se sintiera presionada para mantenerlo en privado. No estoy preparada para que todo el mundo lo sepa. Estoy pensando que se lo contaré a otros niños cuando sea mayor. Se lo he contado a muchos adultos y a algunos niños que no viven por aquí. A todos les ha parecido bien. Pero no quiero que los niños del colegio me miren de forma diferente a como me miran ahora.*
>
> CHICA TRANSGÉNERO DE 11 AÑOS

Privacidad vs. secreto

Es valioso tomar en cuenta la diferencia entre privacidad y secreto cuando pienses en cómo abordar contárselo a tu familia. Algo secreto es algo que no quieres que nadie sepa. Algo privado es algo sobre ti que no todo el mundo necesita saber o debería saber. Cada uno tiene derecho a su propia intimidad. La privacidad es una necesidad humana básica, todo el mundo necesita privacidad. En cambio, los secretos están motivados por el miedo y la vergüenza. Mientras que la privacidad parece una elección y un derecho, las personas que tienen secretos se sienten obligadas por el miedo o la vergüenza a mantenerlos ocultos. Los secretos generan estrés, la privacidad, no.

En defensa de la privacidad, los jóvenes transgénero han presentado este argumento: "Si el médico se hubiera equivocado en mi circuncisión y me hubiera cortado la mitad del pene, ¿me sentiría obligado a decírselo a todos los que conozco? ¿Sería un secreto si no lo dijera o respetaría mi necesidad de privacidad?". En cambio, otros jóvenes transgénero han agradecido mucho que su madre y su padre tomaran la decisión de ser abiertos con todo el mundo sobre su identidad de género.

¿Estás promoviendo vergüenza en tu hija/hijo si le dices que no hable demasiado de ello?

En un mundo ideal, nadie sentiría que tiene que mantener su asignación de sexo en privado; sin embargo, ahora no estamos en esa situación. Las personas que conocemos que no comparten libremente esta información con todo el mundo no se avergüenzan de ser transgénero, ni mucho menos. Más bien, están sopesando los riesgos de revelarlo frente a los riesgos de mantener las suposiciones de la gente.

Hacen valoraciones diarias sobre el impacto de divulgarlo en un momento dado. Quieren vivir su vida sin el escrutinio sobre su género, como la mayoría de la gente camina por el mundo. Para simplemente existir y no ser objeto de curiosidad o desprecio, para sentirse seguros en la escuela y en sus comunidades.

Revelar este nivel de información personal es algo que hay que sortear. Los niños transgénero aprenden desde una edad muy temprana a percibir la seguridad en una situación y utilizan esta información para decidir cuánto revelar y cuánto mantener en privado.

La necesidad de privacidad puede convertirse en vergüenza si es impulsada por las familias: su mensaje para el niño es que hay un secreto que guardar. Los secretos generan vergüenza y estrés; sin embargo, si el deseo de privacidad proviene de él mismo, y sus padres lo animan a tantear el terreno de la divulgación cuando se sienta bien, porque no hay nada de lo que avergonzarse, es probable que tu hijo prefiera hablar del tema y busque la ocasión de hacerlo ya que no tiene ningún sentimiento de vergüenza interiorizado.

La necesidad de tenerlo que decir

Muchas familias abordan revelar el asunto a partir de la base de tenerlo que decir. Nos parece que este enfoque es más útil para sopesar el malestar de tu hijo respecto a la revelación frente a un escenario de "¿Qué pasaría si...?" y para ayudarte a pensar en lo que es mejor en cada situación. Estas decisiones no son fáciles. No hay una solución perfecta.

> *Envidio a los niños que solo descubren que son trans cuando son mayores. Entonces todo el mundo tiene que saberlo. No deciden decírselo a la gente, la gente solo lo sabe porque hacen su cambio en la escuela. Por supuesto, probablemente reciban muchas burlas y pierdan muchos amigos. Así que no me gustaría esa parte. Por eso, por ahora no se lo digo a la gente. No lo entenderían.*
>
> NIÑO TRANS DE 9 AÑOS

Ser abierto

Algunas familias creen que todas las personas que forman parte de la vida de su hijo deben y merecen saber que su hijo es transgénero. Creen que esto reduce la probabilidad de que su hijo interiorice la vergüenza. Poner el tema sobre la mesa garantiza que nadie se sienta traicionado porque no se lo dijeron.

Las familias que optan por la revelación total también agradecen que disminuya la necesidad de su hijo de autocensurarse ante los demás. Para estas familias, no compartir dicha información libremente se siente como guardar un secreto.

Hay que considerar, sin embargo, que ser totalmente abierto es un enfoque más fácil en una comunidad de mente abierta y que acoge la diversidad, aunque la naturaleza de tu comunidad puede ser irrelevante en función de la expresión de género de tu hijo o de su estado de desarrollo puberal, puesto que su aspecto puede revelarse tanto si lo desean como si no. Además, puede que no haya que tomar ninguna decisión en absoluto si tu hijo es de los que comparten libremente sobre sí mismo.

Creo que sería muy difícil mantener esta parte de quien soy en privado. Casi todo el mundo en mi escuela lo acepta, incluidos los profesores. Me gusta que la gente lo sepa porque puedo ser yo. También ayuda a otras personas. Creo que otros alumnos más de mi escuela se han dado cuenta de su género solo por ver lo que es posible para mí.

Niña trans de 13 años

Este enfoque de apertura total puede reforzar el orgullo de tu hijo y, sin duda, puede ayudar a crear un mundo más inclusivo en cuanto al género. Pero no es el enfoque para todos.

La apertura total se vuelve complicada si tu hijo pide privacidad y tú procedes sobre la base de que la revelación total es la forma de abordar el tema, porque entonces tu hijo se expone continuamente en contra de su voluntad. Aunque esto pueda parecer un apoyo total, en realidad lo que hay es una discrepancia importante entre lo que tu hijo siente como apoyo y lo que tú consideras que es mejor.

Sin duda esto podría generar un estado de estrés insostenible para él o ella y aumentar los riesgos para su salud mental, así como disminuir su sensación de seguridad.

Recuerda que, una vez que has compartido la información de género de tu hija/hijo, no te puedes retractar de esta información

Aunque a tu hijo le parezca bien ser abierto cuando es pequeño, sus necesidades de privacidad pueden cambiar a medida que crece, pero "volver a meter el gato en la bolsa", por así decirlo, no es posible a menos que se muden a una zona nueva.

Decidir mudarse

Algunas familias deciden mudarse cuando ocurre el cambio de género de su hijo. Esto permite un nuevo comienzo y una mayor posibilidad de privacidad. Otras sienten que necesitan mudarse si la experiencia de ser abierto en su comunidad los llevó a niveles insoportables de discriminación y estigmatización: pueden irse a una zona donde puedan empezar de nuevo de forma más privada. Algunos se trasladan si se viola la privacidad de su hijo y quieren intentar conservar su intimidad en otra comunidad. La mayoría de las familias no puede trasladarse cuando las cosas se ponen difíciles; sin embargo, para mantener la seguridad de tu hijo, hay veces en las que, a pesar de las dificultades de mudarse, esta es la mejor opción.

> *Hace unos años tuvimos que mudarnos a una nueva ciudad, a una nueva escuela. La intimidación, el acoso y la discriminación constantes no nos dejaron más remedio que dejar nuestra hermosa casa, nuestros amigos y nuestra comunidad. No estamos solos. Las familias que crían a niños transgénero se enfrentan a la misma situación en todo el país. Muchos viven en la clandestinidad y todos debemos tomar decisiones difíciles para mantener a nuestros hijos a salvo.*
>
> PADRE DE UN NIÑO TRANSGÉNERO EN LA SECUNDARIA

Oportunidades creadas por situaciones que nadie conoce

Cultivar entornos en los que tu hijo tenga la opción de no tener que desafiar las percepciones de los demás tiene algunas oportunidades y beneficios únicos. Puede dar a tu hijo una sensación de respiro y alivio. Por ejemplo,

Jesse, de 9 años, tiene una presentación e identidad de género femenina. Se le asignó el sexo masculino al nacer. Recientemente ha empezado a utilizar los pronombres femeninos y su madre y su padre apoyan este cambio de pronombres. En la escuela, los niños han seguido su progresión desde la fluidez de género hasta un sentido más estable del mismo. Algunos niños la llaman "ella" y otros "él". Esto es así desde hace aproximadamente un año. Jesse preferiría que todos cambiaran a "ella", pero sabe que llevará tiempo. Se acerca el verano y Jesse quiere tener la oportunidad de asistir a un campamento sin que el personal o los asistentes sepan que es biológicamente masculina.

Su madre y su padre tienen dificultades con esto. Hasta ahora, siempre han hablado abiertamente de la condición de género fluido de Jesse. Sin embargo, ahora que es fuertemente transgénero, ya no parece tan claro qué hacer. No quieren que sea un secreto, pero quieren respetar su deseo de ser una niña normal en el campamento.

Tras muchas discusiones, decidieron dejarla ir como una chica sin revelar su condición transgénero. Para la natación, se cambia en el baño, de modo que no haya una revelación accidental en el vestidor. Jesse tiene la experiencia liberadora de ser una de las chicas.

En situaciones como esta, las familias pueden probar la afirmación de su hijo transgénero. Esto puede ser muy beneficioso. Después de una experiencia así, algunos se dan cuenta de que lo mejor para su hijo es cambiar de colegio y empezar de nuevo, sin revelarlo. A veces, la carga de abrirse a todo el mundo es demasiado grande, sobre todo si es en un entorno que no lo apoya del todo. Este tipo de oportunidad de "probar" puede permitir que tanto las familias como el hijo reflexionen sobre diferentes opciones. También pueden otorgarle un respiro a tu hijo, creando una situación en la que la atención no se centre en su género.

Descubrir tu voz

Encontrar el valor y aprender el lenguaje

Cuanto más aprendas a hablar con confianza y orgullo sobre tu hijo, más fácil será que los demás lo acepten y también tus opciones de crianza. La gente se fija en ustedes, como familia del niño, para saber cómo responder o reaccionar. Si estás seguro de que apoyas a tu hijo, lo comunicarás con tus palabras, tu tono, tu expresión facial y tu lenguaje corporal. Esta sensación de comodidad llega con el tiempo y la práctica.

Cómo encontrar tu voz

Hay varias cosas que puedes hacer para adquirir activamente una mayor sensación de confianza en tu comunicación sobre este tema. La primera es dedicar tiempo a explorar qué es lo que temes cuando piensas en hablar libremente sobre tu hijo. Para la mayoría de las familias es el miedo a una respuesta negativa, combinado con la preocupación de no estar haciendo lo correcto al dejar que su hijo se exprese con naturalidad. Puedes temer el juicio, la condena y un número incesante de preguntas. Al principio, también puede ser un miedo a no querer ponerte sentimental al hablar.

> *Recuerdo que en esos primeros años me preocupaba mucho lo que los demás pensaban de mí. Todo este proceso de crianza me ha hecho madurar. Ahora tengo la seguridad al cien por ciento de que lo que importa es mi amor y mi apoyo a mi hija, no mi miedo a lo que los demás piensen de mí. ¡Es tan liberador! Esta nueva actitud me ha ayudado enormemente en todos los aspectos de mi vida.*
>
> PADRE DE UNA HIJA TRANSGÉNERO DE 7 AÑOS

Estar rodeado de otras familias que comparten el reto de comunicarse con confianza sobre sus hijos de género expansivo, no binario o transgénero puede aumentar tu seguridad en ti mismo. De hecho, nunca se insistirá lo suficiente en el valor de pasar tiempo con otras familias que tienen un hijo de género expansivo o transgénero. Te proporcionará la certeza de que no están aislados ni son los únicos que pasan por esto. Por favor, escucha nuestro mensaje de tranquilidad: ¡No están solos! Pasar tiempo con otras familias también te dará un foro seguro para expresar tus miedos y preocupaciones. La forma más fácil de hacerlo es unirse a un grupo de apoyo presencial o virtual, pero la más poderosa es asistir a una conferencia familiar en persona, como la Conferencia de Familias de Gender Spectrum. No solo conocerás a otras familias, todos en diferentes etapas de comprensión de lo que están pasando, sino que podrás ver a otros niños como tu hijo.

Después de pasar tiempo con otras familias, sientes la fuerza de la cantidad de personas que te respaldan cuando hablas. Puede tranquilizarte el hecho de que no estás criando en un vacío, que muchas otras familias se enfrentan a las mismas elecciones y retos que tú. Conocer a otras familias con niños con diversidad de género puede ser muy tranquilizador y puede proporcionarte la información necesaria para hablar con confianza sobre tu hijo. Por ejemplo, si alguien cuestiona tus elecciones, te ayudará poder decir: "En la conferencia a la que asistí para familias con hijos no binarios y transgénero, aprendimos sobre los estudios más recientes relativos a las prácticas de crianza más eficaces para nuestros hijos. Uno de los puntos en los que se hizo hincapié fue en lo importante que es que todos los miembros de la familia sean lo más solidarios posible".

La segunda cosa que puede ayudarte a sentirte más seguro al hablar de tu hijo es practicar. La práctica es muy valiosa cuando se trata de ensayar lo que vas a decir sobre tu hijo a los demás. Vale la pena imaginarte en distintas situaciones y hacer un juego de roles con un amigo, un compañero, tu terapeuta o el espejo. Practica la comunicación sobre el género de tu hijo de forma afirmativa, así como tus respuestas a las preguntas más habituales que probablemente recibirás. Pide a tu compañero de práctica que reflexione: ¿Tiene sentido tu respuesta? ¿Es clara? ¿Cuál es tu tono, y se ajusta a la forma en que quieres transmitir tu mensaje? ¿Estás a la defensiva? ¿Has establecido un límite claro? ¿Invitas a seguir en la conversación o no? ¿Qué comunica tu lenguaje corporal?

Una vez que domines las respuestas a las preguntas más habituales, empieza a desarrollar respuestas a las preguntas que más te asustan. Practica también las respuestas a los enfrentamientos hostiles. Imagina los peores escenarios y practica, practica y practica. Por muy tonta que parezca esta técnica, puede marcar la diferencia a la hora de asegurar tu confianza. Recuerda también que tú decides lo que compartes y a quién.

Yo solía sentirme aterrorizada y con la lengua trabada cada vez que alguien me preguntaba por mi hija. Finalmente, mi marido y yo pasamos una noche entera practicando lo que queríamos decir. De hecho, nos grabamos y vimos nuestras respuestas. Juntos aprendimos cuáles eran las formas más fáciles y claras de hablar de nuestra situación a los demás. Lo más importante de lo que nos dimos cuenta es que no tenemos nada de qué disculparnos ni de qué avergonzarnos. Cuando eliminamos eso de nuestro discurso, nos sentimos mucho más seguros. Recomendamos que cualquier persona con un hijo transgénero practique esta técnica. Ayuda enormemente a liberarse de la vergüenza.

MADRE DE UN HIJO TRANSGÉNERO DE 10 AÑOS

Hablar de tu hija/hijo con tu familia

De lo que me arrepiento es de cómo hemos manejado las cosas: creo que deberíamos habérselo dicho a mi familia antes, en lugar de esperar dos años.

PADRE DE UN HIJO TRANS DE 16 AÑOS

En un principio, mi hija dijo que pensaba decírselo a sus amigos y familiares publicando un mensaje genérico en internet. Tras una discusión, decidimos enviar primero un correo electrónico familiar, con un mensaje de preámbulo de mi marido y mío para que nuestras familias supieran que apoyábamos a nuestra hija y su camino. Yo redacté la primera parte y luego mi hija escribió su propio correo electrónico de salida del armario, que incluía una invitación a seguir dialogando sobre esto con cualquier persona.

MADRE DE UNA HIJA TRANS DE 17 AÑOS

Nos pusimos en contacto con nuestra familia extensa para ponerlos al día y calibrar su capacidad de apoyo y afirmación antes de que ella tuviera algún contacto futuro con ellos. Algunos miembros de la familia han cuestionado su capacidad para conocer su género a tan temprana edad, o creen que es una fase. No permitimos visitas no supervisadas con ninguna persona que no acepte su identidad de género.

MADRE DE UNA HIJA TRANSGÉNERO DE 5 AÑOS

Una de nuestras primeras experiencias al contárselo a un miembro de la familia extensa fue encontrarnos con juicios, culpas y rechazo. Esa primera experiencia me ha hecho desconfiar de todo el mundo.

MADRE DE UN HIJO NO BINARIO DE 4 AÑOS

Fue sorpresivo cuando se puso el término "transgénero" en la mesa; ya que de forma "automática" relacioné actitudes y formas de comportamiento a un tema de preferencia sexual. Mi conocimiento era MUY limitado sin conocer sobre la identidad de género.

En un inicio pensé que podrían estar "exagerando", llevándolo hasta un tema de género y que solo era una preferencia sexual, pero gracias a la paciencia, soporte y a que nos proporcionaron información y foros para conocer más sobre el tema, mi percepción fue cambiando mucho. La reacción de otros miembros de mi familia fue muy parecida a la mía. Lo más desafiante sin duda fue estar abierto a conocer más sobre la identidad de género. La parte más increíble es cómo nos hizo unirnos en familia. Como no lo habíamos hecho los últimos 20 años. Nos permitió mostrarnos vulnerables entre nosotros, poder aprender del otro y pedir ayuda, perdón y, al mismo tiempo, agradecer.

TÍA DE UNA ADOLESCENTE TRANSGÉNERO, MÉXICO

Por muy difícil que te resulte a ti, como madre o padre, aceptar las diferencias de género que expresa tu hijo, puede resultar aún más difícil tratar de averiguar cómo compartirlo con los miembros de tu familia. Es importante darse cuenta de que, incluso en las familias más cariñosas, la gente necesita tiempo para cambiar sus antiguas creencias. Aunque puede parecer tentador intentar ocultar este aspecto de tu hijo hasta que todo esté resuelto, este enfoque no siempre te servirá. Otras personas de tu vida pueden necesitar tiempo para acompañarte en este viaje.

Aquellas a las que estás unido y con las que quieres seguir manteniendo relaciones sólidas se merecen el tiempo necesario para adaptarse a las ideas que les estás presentando; puede que se conviertan en tus aliados más firmes si les das esa oportunidad. Recuerda que no puedes apresurar el procesamiento ni el pensamiento de nadie sobre este tema, aunque realmente necesites su amor y apoyo inmediatos.

Hay maneras de fomentar las respuestas deseadas de los miembros de tu familia. Una vez más, esto tiene que ver con tu forma de informarlo y con lo que estás pidiendo. La mayoría de las personas, cuando les dices lo que les estás pidiendo, responden con eso en mente. Si no les ofreces orientación, se convertirá en un juego de manos libres, y disminuirá la probabilidad de obtener la respuesta que esperabas.

La mayoría de los miembros de la familia puede dividirse en dos categorías: los que son especialmente cercanos a ti y la familia extensa. Creemos que hay que incluir a las personas más cercanas desde el principio, normalmente a través de conversaciones individuales.

En las familias más grandes, y para los miembros de la familia que no son tan cercanos, mucha gente ha descubierto que el envío de un correo electrónico funciona bien. Una carta por correo electrónico puede ser una forma de comunicación muy eficaz y puede enviarse individualmente a todos. En la comunicación escrita tienes la oportunidad de decir tu verdad antes de responder a cualquier pregunta y sin tener que oír, o ver, la respuesta inicial de nadie. Las respuestas iniciales suelen ser totalmente inconscientes e incluso apasionadas; las perspectivas suelen cambiar tras una cierta reflexión. Una comunicación escrita te facilita las cosas, ya que hacer frente a las respuestas iniciales es emocionalmente agotador, sobre todo porque no solo se está cuestionando a tu hijo, sino también tu forma de ser madre o padre.

Otra consideración puede ser enviar correos electrónicos individuales a cada persona de tu familia, en lugar de una comunicación masiva para todo el clan. Esto evitará una conversación en grupo sobre tu hijo y tu crianza.

Aquí tienes un ejemplo de una carta en donde se comparte esta información tan personal:

Estimado (miembro de la familia):

Tenemos una gran noticia que anunciar. Nuestro hijo, Jeremy, nos ha dicho recientemente que ya no se siente un niño. De hecho, nos hemos enterado de que el niño que creíamos que era nuestro hijo es en realidad nuestra hija. A través de una cuidadosa autoexploración, conversaciones familiares y terapia, todos hemos llegado a comprender la verdad de esto. ¡Estamos orgullosos de anunciar que todos tenemos un nuevo miembro en la familia! Jenny, como se llama ahora, es una niña. Ella está muy contenta por ello y nosotros también. Estamos muy orgullosos de nuestra hija por tener el valor de compartir con nosotros su verdad más profunda. Como eres una parte importante de nuestra vida, quisimos compartir esto contigo también.

Sabemos que puede ser confuso. Ciertamente lo fue para nosotros al principio. Sin embargo, hay mucha información disponible sobre las personas transgénero y no binarias; nos gustaría invitarte a explorar algunos de estos materiales. Además, puede ser útil para ti saber que todas las principales organizaciones médicas sugieren que apoyemos plenamente a nuestra hija de la manera que sea mejor para ella. Seguimos el enfoque recomendado por la Asociación Médica Estadounidense y la Asociación Estadounidense de Psicología, entre otras.

Te pedimos que acojas a Jenny plenamente como parte de nuestra familia. Por favor, refiérete a ella solo con los pronombres femeninos y por su nombre, Jenny. A pesar de los sentimientos personales que puedas tener sobre nuestra decisión, esperamos que seas totalmente respetuoso con Jenny.

Si no eres capaz de tratar a nuestra hija con total respeto, rechazaremos cualquier contacto hasta que eso cambie. Nuestro amor y apoyo a Jenny es total. Esperamos que el tuyo también lo sea.

Una carta como esta puede adaptarse fácilmente a tu situación. Tanto si tienes un niño que lleva vestidos y quieres evitar comentarios, preguntas o miradas negativas, como si tu hijo no se siente ni niño ni niña, o si es no binario, una carta puede ser de gran ayuda para revelarles su género —y tus expectativas respecto a sus reacciones— a los miembros de la familia.

Los miembros mayores de la familia
Algunas citas de las familias respecto a este punto son:

Se lo dije a mi tía abuela. Es la matriarca de la familia. Cuando aceptó que nuestro hijo es de género fluido, todos lo aceptaron.

Habíamos discutido si debíamos dejar de ir a nuestras reuniones familiares para proteger a nuestro hijo transgénero. Mi familia significaba mucho para mí, pero realmente no creía que lo aceptaran. Después de tanta angustia ante la idea de perder a mi familia, decidí que tenía que intentarlo. Mi abuelo era la persona a la que todos nos referíamos para saber cómo iban a ir las cosas en nuestra familia. Mi marido y yo condujimos las seis horas necesarias para reunirnos con él antes de nuestra reunión familiar anual y le comentamos que nuestra hija ya no se sentía como una niña. Más bien, había cambiado su nombre, su aspecto y sus pronombres. Esperábamos que pudiera aceptar esto y mostrar a nuestra familia cómo amar a nuestro hijo tanto como lo habían hecho cuando lo habían conocido como niña. Estuvo callado durante algún tiempo. Tengo que admitir que mi corazón se hundió. Cuando por fin levantó la vista, sus ojos brillaban. Dijo: "En esta familia solo se conoce el amor. Lo acogeremos como un nuevo miembro de la familia, con los brazos abiertos". Su respuesta nos acercó a todos como familia.

Muchas familias tienen miedo de cómo responderán los miembros mayores de la familia a su hijo no binario o transgénero. Algunos temen su rechazo. Aunque este resultado es posible, muchas familias han informado que les sorprendió que la bisabuela de 92 años fuera la más comprensiva de todos sus familiares o que el abuelo de 85 años se limitó a sonreír y decir: "Por mí no hay problema, hijo. Si quieres ponerte un vestido, adelante. La vida es demasiado preciosa para dejar que otros te digan lo que tienes que ponerte".

Esta apertura de miras de los mayores puede provenir de haber vivido largo tiempo y aprender que el amor es más importante que los pretextos. También puede provenir del hecho de que la generación mayor suele estar mucho más expuesta a la televisión diurna, que en realidad cubre muchos temas de género. Ha habido numerosos programas de entrevistas, generalmente bien presentados, dedicados a niños y adolescentes transgénero y no binarios. Es posible que las generaciones mayores estén más enteradas de las cuestiones relativas a los niños transgénero, no binarios y de género expansivo que muchas personas de tu edad.

Estábamos muy nerviosos cuando mi adolescente trans, David, iba a decirles a mis padres que es un chico. Habían reaccionado bien unos años antes cuando dijo que era lesbiana, pero no estábamos seguros de cómo reaccionarían esta vez. Parecía mucho más arriesgado. Hablamos en privado si debíamos decírselos con antelación. Nuestro hijo nos pidió que no lo hiciéramos. Decidimos seguir sus deseos. Llegó el día y fuimos todos. Lo soltó a los cinco minutos de llegar. Estaban confusos y le pidieron que fuera más despacio y les dijera lo que estaba diciendo exactamente. Sugerí que pasáramos al salón y nos sentáramos a hablar un rato. Al entrar allí, agarré a mi hijo en el pasillo y le dije que hablara despacio y les diera una oportunidad. Le expliqué que no lo entendían y que eso era muy diferente al rechazo. Pasamos la siguiente hora hablando de lo que le pasaba a David. Al final de la conversación, cada uno de los abuelos le había dicho que lo quería a pesar de todo. Mi padre estaba bastante confundido y no dijo mucho, pero le dio un gran abrazo. Mi madre fue más elocuente. Estaba muy comunicativa. Me di cuenta de que ella tenía miedo de hacer algo malo.

Mis padres me llamaron esa noche y estaban muy disgustados. No estaban disgustados porque David fuera transgénero. Estaban disgustados porque no les había dado tiempo para prepararse sobre cómo responder. Sintieron que los pusimos en un aprieto. Me pidieron que en el futuro les dijera estas cosas primero. Les expliqué los deseos de David y su miedo a que, si lo rechazaban, no volvería a verlos. Si se los decía él mismo, al menos tendría la oportunidad de despedirse. Ambos se callaron y dijeron que nunca rechazarían a su nieto. Colgamos en buenos términos y todo ha ido bien desde entonces. A veces confunden su nombre y sus pronombres. Pero algunas veces me llaman por el nombre de mi hermana o de mi hermano, así que David sabe que no es algo personal.

PADRE DE UNA HIJA TRANS DE 18 AÑOS

Si tu familia rechaza o ridiculiza a tu hija/hijo

Me tomé el tiempo de escribir una carta al abuelo de mi hija en la que abordaba todas las preocupaciones que él tenía. Hice hincapié en todas las formas en que mi hija ha crecido hasta convertirse en el tipo de persona que todos esperaríamos. Dicho esto, el abuelo nunca me contestó.

MADRE DE UNA HIJA TRANS DE 17 AÑOS

A veces los miembros de la familia son muy críticos con las decisiones que tomas para apoyar el género de tu hijo. Pueden hacértelo saber de muchas maneras. Incluso pueden burlarse de él o ella y ridiculizarlo. Esto no debes tolerarlo; permitir que continúe esta forma de rechazo da a tu hijo un mensaje muy fuerte y perjudicial. Todas las niñas y niños necesitan saber que son lo más importante de tu vida y que los honrarás y protegerás.

Si permites que tu familia ridiculice a tu hijo, le muestras que no merece la pena protegerlo.

Por otra parte, decir a un miembro de la familia que deje su tipo de comportamiento puede dar miedo, incluso cuando sabes que es lo correcto. Puede que sus burlas se dirijan solo a ti, lejos de la presencia de tu hijo. En cualquier caso, sé muy directo en tu respuesta: "Quiero a mi hijo incondicionalmente. No toleraré que sigas criticándolo y criticando las decisiones de crianza que estamos tomando".

Estas declaraciones pueden ser difíciles de hacer, pero es fundamental hacerlas. Muchas madres y padres creen que no sería justo para sus otros hijos perder la posibilidad de convivir con su tía favorita o con un abuelo a causa de un hermano de género expansivo. Pero si no defiendes a tu hijo, los otros tomarán nota. Defenderlo puede hacer que los hermanos se enfaden y se frustren, pero te respetarán. Sabrán que también los defenderás a ellos, independientemente de quienes sean.

Recuerda que, aunque tu familia inmediata deje de ver a los miembros de tu familia extensa durante un tiempo, esto no tiene por qué ser permanente. La gente cambia y crece.

Muchas madres y padres con hijos transgénero o no binarios que se han distanciado de ciertos miembros de la familia por esta cuestión siguen enviándoles cartas anuales o tarjetas de vacaciones, haciéndoles saber mediante estas insinuaciones que son bienvenidos de nuevo en su vida si deciden ser respetuosos.

Influencias culturales, religiosas, raciales y étnicas

Cada comunidad tiene diferentes expectativas sobre el género y los roles de género, también diferentes expectativas sobre lo que se discute y lo que no. Las niñas y niños no conformes con el género y los transgénero son una transgresión mucho mayor para algunas comunidades religiosas, espirituales o étnicas que para otras. Esto puede tener un gran peso en la discusión sobre si deben revelarlo o no, especialmente cuando tu comunidad es una fuente principal de tu fuerza y consuelo.

Puede ser útil hacer un balance de tu comunidad para identificar a las personas que percibes como "seguras". Acércate primero a ellas para que te apoyen y te den ideas sobre cómo hablar con las demás personas al interior de la comunidad.

Recuerda que tu hijo merece amor y respeto, y que tienes derecho a esperarlo y pedirlo. Sin embargo, es más fácil decirlo que hacerlo, sobre todo si lo que pides va más allá de la zona de confort de quienes te rodean. Recuerda que hay personas no binarias y transgénero en todas las comunidades religiosas, espirituales, raciales y étnicas.

Puede que sea necesario recurrir a nuevos sistemas de apoyo para encontrarlos, pero están ahí. Puede ser que la gente sea más reservada que tú, pero con un poco de exploración sensible encontrarás a otros en tu comunidad que sean más tolerantes, que acepten e incluso apoyen a tu familia. En el proceso de cuidar a tu hijo puede que pierdas a algunas personas significativas en tu vida, pero lo más probable es que también ganes otras nuevas e importantes para sustituirlas.

Aquí tienes algunas citas de otras madres y padres sobre este tema:

- "Soy cristiano, pero cuando las personas religiosas tienen un problema con mi hijo, les digo que todos somos hijos de Dios".
- "Ustedes pueden tener sus propias creencias personales, pero no muestren su desaprobación en mi presencia".
- "Nosotros encontramos un nuevo lugar para ir a la iglesia entrando en internet y buscando iglesias acogedoras. Cualquier iglesia que promueva la idea de que todos son bienvenidos probablemente esté bien".
- "Dios no comete errores".
- "Venimos de grandes familias mormonas. Estaba muy nerviosa por cómo decírselos en nuestra reunión familiar. Nuestro hijo no 'eligió' ser transgénero, sino que Dios lo hizo así. Mi familia fue sorprendentemente comprensiva. Ya no vivimos en el mismo estado, lo que podría habernos ayudado. Incluso nuestra congregación nos apoya, por ahora. No todo ha sido fácil. Otras familias de la Iglesia de Jesucristo de los Santos de los Últimos Días (SUD) locales creen que esto se contagiará a sus hijos y se han alejado de nosotros".
- "Mis padres son judíos ortodoxos. Les costó un tiempo entenderlo, pero tras las oraciones y el estudio de las escrituras llegaron a comprender que el cuerpo de nuestra hija (transgénero) había sido formado como varón y el alma que entró era femenina. Por tanto, es una chica en un cuerpo de chico. Utilizan su nuevo nombre y los pronombres femeninos correctos. Pero no te equivoques, su aceptación no proviene de un espíritu liberal. Son devotos, pero la aceptan".

El aspecto educativo de contarlo

Cada vez que le cuentas a alguien del género de tu hijo, hay una excelente posibilidad de que te encuentres educando a los otros. Esto es especialmente cierto con los amigos y vecinos cercanos, que verán a tu hijo con frecuencia y tendrán mucha curiosidad. Sin embargo, hay un momento y un lugar para este tipo de enseñanza. Puede que te sientas muy abrumado por la responsabilidad de educar a los demás para que puedan acoger y dar la bienvenida a tu hijo, ¡sobre todo porque puede que aún estés en proceso de educarte a ti mismo!

En tu vida diaria puede ser importante establecer límites para ti y para tu hijo. Por ejemplo, si alguien se acerca a ti y está claro que quiere hablar contigo sobre tu hijo, siempre puedes desviar la conversación de forma amable pero firme. Una forma de hacerlo es decir algo como: "Me encantaría hablar más de esto contigo, pero aquí, en la clase de gimnasia, probablemente no sea el mejor momento. Si quieres quedar para tomar un café, podríamos pasar más tiempo hablando de esto". Pero recuerda, ¡no es tu trabajo educar a todos los que te rodean!

Tienes la opción de educar a los demás tanto o tan poco como creas necesario. Si quieres hacerlo, puedes recomendarles que consigan un ejemplar de este libro, u otros sobre el tema, o sugerir ciertas películas, blogs o sitios web si quieres compartir recursos.

Si deseas ser más creativo, sin duda hay formas de hacerlo. Una familia que conocemos ha hecho tarjetas de visita con referencias y enlaces a recursos para repartirlas. Como explica esta madre: "Hay mucho que aprender sobre este tema. Como puedes imaginar, ¡podría pasarme la vida entera educando a otros sobre mi hija en lugar de criarla! Así que simplemente digo: 'Aquí tienes una tarjeta que muestra cómo y dónde puedes obtener más información. ¿Por qué no consultas estos recursos? Si todavía tienes alguna duda, solo pregúntame'".

El filtro natural de tus amigos

Si tienes un hijo transgénero o a todas luces de género expansivo, te darás cuenta rápidamente de quiénes de tus amigos adultos van a permanecer en tu vida y quiénes es más probable que se alejen. Los amigos tienden a caer en un lado u otro de la valla: aceptando y apoyando (a veces en exceso) o confundiendo y rechazando. A menudo no es quien esperamos. Algunos amigos a los que ya estás unido caminarán contigo en este viaje. Podrás confiarles tus preguntas, preocupaciones y dudas iniciales. A medida que el tiempo avanza y las cosas se aclaran, juntos podrán pasar a la aceptación y al apoyo total de tu hijo.

Estos amigos se quedarán contigo a largo plazo. Los que se alejan de forma natural son personas que no necesitas en tu vida. La pérdida puede ser muy perturbadora, especialmente en ese momento. El rechazo de los que amamos siempre duele.

Me he dado cuenta de que, o tengo que educar a mis amigos y acompañarlos en este camino con la naturaleza de género fluido de nuestro hijo, o simplemente se alejan.

PADRE DE UN NIÑO DE GÉNERO FLUIDO DE 9 AÑOS

Si no pueden enfrentarse a esto, eso me dice algo sobre ellos.

PADRE DE UN NIÑO DE GÉNERO EXPANSIVO DE 10 AÑOS

Cuando nuestros amigos nos contaron de su hija, hubiera querido más información sobre el tema para poder abordarlo rápido; aunque hoy en día hay mucha más información a la mano. El consejo que le daría a otras personas es que muestren que están ahí, aunque se desconozca del tema; brindar apoyo y ofrecer investigar el tema a profundidad por su cuenta o con un profesional para poder entender por lo que está pasando el hij@.

AMIGOS DE UNA FAMILIA DE UN NIÑO TRANSGÉNERO, MÉXICO

Otras personas en tu círculo social

Luego está la cuestión de otros adultos en tu vida, personas que quizá ni siquiera conozcan a tu hijo, tal vez la familia de alguno de los amigos de tus otros hijos. ¿Les debes una explicación? ¿Lo entenderán si lo comentas con ellos? ¿Y si lo cuentas mucho más tarde y pierden la confianza porque sienten que lo has ocultado?

A veces es más fácil cuando tu hijo es obviamente transgénero, ya que es probable que la aclaración surja de forma natural. Sin embargo, si él o ella es transgénero y ya ha encontrado la congruencia social, es posible que la gente no tenga forma de saber que es trans a no ser que tú o tu hijo, u otra persona, lo informen.

Tengo una nueva amiga. Nos estamos acercando. Pasamos tiempo juntas con nuestros hijos pequeños. Ha conocido a mi hijo mayor (trans), pero no sabe que lo es. No siento la necesidad de decírselo. Tengo muy claro que puede sentir que no confío en ella cuando se lo diga. Pero no la conozco lo suficiente como para decírselo o pedirle que no hable de ello a otras personas que conocemos en común. Mi hijo trans es muy discreto en cuanto a su condición de género. Le gusta tener el control sobre quién lo sabe y quién no. Lo respetamos, pero es complicado.

PADRE DE UN HIJO TRANS DE 15 AÑOS

Vecinos

Todo el mundo tiende a preocuparse por lo que piensan los vecinos sobre cualquier cosa. Normalmente, los vecinos están demasiado ocupados con sus propios problemas como para preocuparse mucho por los de los demás. Pero, al igual que ocurre con otras personas de tu vida que ven un cambio en tu hijo, ellos pueden acabar pidiéndote alguna explicación. Tú debes decidir si les cuentas y cuánta información compartes. Las habladurías pueden extenderse a pesar de todo, como ocurre en cualquier vecindario. Puedes optar por ser estratégico y, si hay un vecino con influencia sobre los demás, puedes primero compartirlo con él con la esperanza de que pueda marcar la pauta para el resto.

Empecé contándoselo a mis amigos más importantes y de mayor confianza. Al final envié una carta informativa a nuestros vecinos. La mayoría de la gente me ha apoyado maravillosamente. Ya han pasado casi nueve meses y he adoptado la actitud de que, si trato esto con vergüenza o bochorno, estoy perpetuando el problema que tenemos en la sociedad.

PADRE DE UNA HIJA TRANS DE 18 AÑOS

Compañeros de trabajo

Muchos entornos laborales fomentan las amistades estrechas. Ya sea viendo las fotos de tu cubículo o en las charlas en el comedor o con una copa después del trabajo, nuestros compañeros de trabajo suelen aprender mucho sobre nosotros. Como padre o madre, tendrás que decidir cuánto de la vida personal de tu hijo entra contigo a la oficina cada día en el trabajo. Aunque puedes encontrar un gran apoyo en tus compañeros de trabajo para los grandes cambios de la vida, también tienes que recordar que el trabajo es un espacio profesional y el drama de cualquier tipo es mejor dejarlo en casa. Si no quieres que toda la oficina se entere de tus asuntos, a menudo es mejor no contar a nadie noticias privadas que no deben repetirse. Dicho esto, muchas madres y padres han descubierto que un compañero de trabajo de confianza es un buen punto de partida para revelar información sobre su hijo y quienes ahora trabajan a distancia pueden decidir completamente lo que comparten de su vida familiar y con quién.

> *Hace poco decidí tomar al toro por los cuernos y les dije a los chicos del trabajo que mi hija adolescente es transgénero. Lo hice de una forma que mostraba mi apoyo hacia ella. Les hice saber que si tenían algún problema con ello íbamos a tener que llevarlo fuera. Lo que más me sorprendió fue que, en el plazo de una semana, otros dos de ellos compartieron que tenían adolescentes homosexuales. A veces merece la pena sacarlo a la luz.*
>
> PADRE DE UNA HIJA TRANS DE 16 AÑOS

> *Me resultó difícil "salir del armario" en el trabajo. La gente se confundió cuando dejé de hablar de mi hija y empecé a utilizar el nuevo nombre y pronombres de mi hijo.*
>
> MADRE DE UN HIJO TRANS DE 14 AÑOS

Encontrarse con alguien conocido

Cada madre y padre maneja esta situación de forma diferente. Algunos aprovechan la oportunidad para practicar la repentina divulgación sobre la situación de su hijo. Cuando te encuentras con alguien a quien casi no ves, puedes comprobar cómo responde sin correr un gran riesgo. También puede ser una buena forma de observar cómo reaccionas a su respuesta.

> *Estábamos comprando en la tienda cuando una mamá del equipo anterior de natación de mi hija mayor se topó con nosotros. Fue estupendo verla. Empezamos a charlar. Preguntó por los niños más pequeños. No había visto a nuestro hijo trans desde que todavía era una niña. Y allí estaba mi hijo con nosotros, completamente irreconocible. Él se puso muy tenso cuando preguntó por él. Solo seguí la corriente y le dije: "¿Judith? Es cierto, hace tiempo que no nos vemos. Judith cambió su nombre a Edward y aquí está". Parecía confundida y contestó: "Oh,*

Edward... No te he visto desde que eras un bebé". No dijimos nada directamente sobre el hecho de que antes era una niña. Nos limitamos a despedirnos y a seguir nuestro camino.

PADRE DE UN HIJO TRANS DE 14 AÑOS

Extraños

Últimamente hemos decidido que no es asunto de nadie lo que hay entre las piernas de mi hijo.

PADRE DE UN HIJO TRANSGÉNERO DE 7 AÑOS

Muchas, muchísimas familias con hijos de género expansivo y transgénero tratan a los desconocidos de forma diferente a cualquier otra persona de su vida en lo que se refiere a revelar las cosas o no. Si alguien en el supermercado percibe que tu hijo es una niña, ¿lo corriges? Nuestro consejo general sobre este punto es que dejes que tu hijo tome la iniciativa con personas desconocidas a las que probablemente no volverá a ver. Esto le da una mayor sensación de control y puede protegerlo de las reacciones negativas de la gente que ni siquiera conoce. Es importante no darle el mensaje de que hay algo malo en él sobre lo que no debe hablar. Es importante que se sienta seguro al moverse por el mundo.

Contarlo en el mundo de tu hija/hijo

Además de la decisión de revelarlo en la escuela, de la que hablamos en otro capítulo, hay otros contextos en la vida de tu hijo que merecen ser considerados con antelación en cuanto a con quién compartir qué. Muchas familias nos dicen que creen que su hijo debe ser el que hable sobre su género a todo el mundo. Nuestra perspectiva es un poco diferente. Nuestra recomendación es que tú asumas la responsabilidad de contarlo con la mayor frecuencia posible, si tu familia ha decidido ser abierta al respecto. Esto se debe a que tu hijo carga con el peso de la vida diaria como persona de género expansivo, transgénero o no binaria, y ese no es un camino fácil. Puede enfrentarse a pequeñas agresiones, como suspiros y miradas de reojo, o que se nieguen a utilizar su nombre y pronombres correctos con bastante frecuencia una vez que sale de casa. Quizá será desafiado o bombardeado con preguntas personales cada vez que intenta ir al baño. Añadir el estrés de tener que enfrentarse a las reacciones iniciales de la gente respecto a su género puede ser demasiado para que un joven pueda soportarlo. Se necesita tiempo para desarrollar un andamiaje interno que pueda mantenerse fuerte frente a la discriminación y el juicio frecuentes. Siempre que puedas, explora previamente una situación determinada que tu hijo pueda enfrentar. Busca los baños que funcionen para él o ella, identifica a las personas más seguras en una situación y determina si es un buen entorno o no.

Pensamos que, si esta identidad era real, no tendría ningún problema en compartirla por su cuenta. De hecho, pensamos que estábamos siendo buenos padres al hacer que se lo contara a todo el mundo donde quiera que fuéramos, pero "el tiro nos salió por la culata", ya que se mostró menos dispuesto a probar cosas nuevas o incluso a salir de casa. En nuestro grupo de apoyo para los padres, se sugirió que tal vez nuestros hijos se sentirían más apoyados y volverían a integrarse al mundo si nosotros compartíamos parte de la carga de contarlo. Lo intentamos primero con nuestros vecinos y vimos que no es tan fácil. Desde entonces, intentamos hacerlo con antelación. Cuando dije en la consulta del dentista que nuestro hijo había cambiado de nombre y de pronombre, y que quería que el historial reflejara ese cambio, nos recibieron con hostilidad. Cambiamos de dentista. Este tipo de reacción no es algo que queremos que nuestro hijo tenga que pasar más de lo necesario. Nos abrió los ojos. Ahora decimos a todos los padres de un niño no binario que salgan del armario con toda la gente que puedan sin que su hijo esté allí, y que le faciliten el camino siempre.

PADRE DE UN HIJO NO BINARIO DE 14 AÑOS

Reuniones para jugar

Muchas madres y padres se plantean si deben informar a las familias de los compañeros de juego de sus hijos. Esta decisión dependerá de cómo sea tu comunidad, de la edad de tu hijo, de quiénes sean sus compañeros de juego y de las circunstancias del encuentro. Tendrás que sopesar estos factores y decidir si vas a contarlo, y cuándo, en función de cada caso.

Cuando tienes un hijo de género expansivo o transgénero, a menudo tienes que decírselo a la gente incluso antes de haber empezado una amistad con ellos. Esto puede ser incómodo, ya que estás compartiendo información muy personal antes de que se haya establecido una relación auténtica y de confianza. Por ejemplo, tu hijo está en la guardería y lo han invitado a ir a nadar con un nuevo amigo después de clases. Si tu hijo es transgénero y la otra madre o padre no lo sabe, no puedes dejar que lo descubra por sí mismo cuando tu hijo se ponga el traje de baño. Debes decidir si se lo dices, si inventas una excusa para que tu hijo no pueda nadar con ellos, o si te invitas tú mismo. Es una carga incómoda que puede conducir a una dinámica incómoda con gente nueva. Sigue practicando nuevas formas de afrontarlo.

Quedarse a dormir con los amigos

Algunos niños transgénero que ya han encontrado la congruencia social y que no hablan sobre su asignación de sexo de nacimiento prefieren evitar las pijamadas por completo. En su lugar, pueden asistir a la fiesta o a la cita para jugar, pero se van temprano para evitar cambiarse de ropa y dormir en un lugar cerrado con sus amigos. Otros en la misma situación se sienten cómodos cambiándose en el baño y no les preocupa la revelación no deseada. Por desgracia, ya sea de manera abierta o privada, muchas madres y padres por ignorancia no se sienten cómodos con la presencia de una niña o niño transgénero en una pijamada. Por eso, lo mejor es no poner a tu hijo en una situación potencialmente incómoda o tensa para que la resuelva solo. Puede ser mejor que te limites a las fiestas de pijamas en casas de personas que conozcas bien o que hables con las familias con antelación para asegurarte de que están informados y de que te sientes cómodo con que tu hijo o hija pase la noche allí. Se necesita práctica para equilibrar su necesidad de vivir experiencias adecuadas a su edad con tu preocupación por su seguridad.

Clases

La decisión de revelarlo o no en una clase de arte en el centro recreativo o en un equipo de basquetbol en la YMCA depende totalmente de ti y de tu familia. A menudo, estos contextos son menos importantes y, por tanto, son una buena oportunidad para que el niño pruebe un nuevo nombre o pronombre y vea si encaja. También son buenas oportunidades para una criatura que siempre está abierta a ser simplemente un niño y no un "niño transgénero". En cualquier caso, no hay obligación de revelarlo.

Campamentos

Un número creciente de campamentos acogen a niños con diversidad de género y cuentan con políticas de inclusión. Aunque en los cursos de verano no es necesario revelarlo, al igual que en la escuela, siempre es bueno que tu hijo haya identificado al menos a un miembro del personal al que pueda recurrir si las cosas se tuercen de alguna manera. Si tu hijo prefiere no revelar nada en el campamento, lo mejor sería que tú, como madre o padre, hagas muchas preguntas al campamento con antelación sobre su actitud hacia la diversidad de género. Los campamentos fuera de casa son diferentes, ya que tu hijo estará completamente solo durante su estadía allí. Hay que tener en cuenta los aspectos ligados al lugar donde dormirá, el baño, cambiarse de ropa y la natación. Cada vez más, los campamentos ya han pasado por esto y han aprendido a tratar a los chicos transgénero y no binarios, tanto si lo manejan abiertamente como en privado. Recomendamos que informes al campamento que tu hijo es transgénero antes de la inscripción, para garantizar un entorno lo más seguro posible, incluso si su elección es ser discreto al respecto mientras asiste al campamento. Muchas veces hay personal o consejeros identificados con el colectivo LGBTQ+ que pueden echarte una mano. Otra opción es que asista a uno de los campamentos especializados que existen específicamente para los niños transgénero y de género expansivo. Estas experiencias pueden ser increíblemente afirmativas e incluso cambiar la vida de los niños.

Preparar a tu hija/hijo para la adversidad

Dedicar tiempo a ayudarlo a desarrollar mecanismos de defensa es una parte esencial de la crianza de una niña o niño no conforme con el género o transgénero. Es importante enseñarles a ser resistentes ante la adversidad y ayudarlos a desarrollar un fuerte sentido de la autoestima. Puede hacerse, por ejemplo, mediante terapia, entrenamiento en artes marciales o clases antiacoso y de defensa personal. Hay muchos recursos para las familias sobre cómo mejorar la autoestima de sus hijos. Investiga estas técnicas y utilízalas a diario. Es importante que desarrolle resistencia emocional y las habilidades prácticas necesarias para enfrentarse a situaciones incómodas o inseguras. Asimismo, enséñale a confiar en sus instintos e intuición y a identificar a las personas seguras cuando se encuentre en un entorno público.

Enséñale a hacer una evaluación de riesgos en un entorno nuevo, a utilizar las habilidades de planificación de la seguridad personal, a usar sus pulmones para pedir ayuda y a utilizar técnicas de autodefensa para protegerse. Cuando tu hijo crezca, enséñale sus derechos legales y cómo identificar, documentar y denunciar la discriminación. En todos los casos, debe saber que tiene que acudir a ti si tiene dificultades, en lugar de asumir esta carga solo.

Como padres, puede ser algo a la vez intimidante y desalentador apoyar a los hijos para que se expresen de la forma que más les convenga y, al mismo tiempo, mantenerlos a salvo en un mundo que no los comprende del todo y que a veces se siente justificado para lastimarlos. Al prepararlo para las reacciones negativas, intenta centrarte más en las habilidades y las herramientas que necesita que en los miedos que tienes, para que pueda desarrollar más confianza y seguridad en sí mismo al caminar por la vida, sin tener que cargar con tus miedos además de los suyos. Esto le servirá tanto ahora como en el futuro, cuando madure y se convierta en adulto.

Preparar a tu hija/hijo para las preguntas no deseadas

El papel de una madre o un padre es amar y aceptar a su hijo y ayudarlo a aprender a enfrentarse a un mundo que a veces no lo entiende. Sin alarmarlo, puedes prepararlo para preguntas o comentarios no deseados, ayudándolo a idear respuestas respetuosas que mantengan sus límites; de este modo, no se quedará solo para pensar una respuesta en ese momento.

Tu hija/hijo no tiene que responder a todas las preguntas

Muchos niños y adolescentes se sienten obligados a responder a todas las preguntas, sobre todo de amigos y familiares. Te sorprendería ver las preguntas tan personales que pueden hacerles. Tanto los niños como los adolescentes han compartido con nosotros que les preguntan con regularidad cómo van a tener relaciones sexuales, cómo van al baño, si se han operado o planean hacerlo y a qué edad, qué opinan sus familias de ellos ahora, qué respuestas negativas han recibido y la lista continúa. A algunos se les pide incluso que muestren sus genitales. Es importante discutir el hecho de que está bien mantener ciertas cosas privadas y que no tienen ninguna obligación de responder a preguntas invasivas ni "demostrar" que son transgénero, ni siquiera con la familia o los amigos.

La representación de posibles escenarios ayuda

Si un niño es demasiado tímido para participar en un juego de rol destinado a aprender a abordar los comentarios desafiantes, haz que dos adultos interpreten los papeles y deja que el niño observe. Los niños más pequeños pueden responder diciendo algo parecido a "Puede que a ti no te guste, pero a mí sí" o "Todo el mundo puede llevar lo que lo hace sentir bien" o "No hay cosas de chico y cosas de chica, solo cosas". Los niños mayores pueden decir "Eso es privado" o "Es grosero señalar constantemente las diferencias de alguien". También pueden optar por mantener la privacidad sobre su género, pero incluso en esos casos es útil prepararse para las preguntas incómodas con respuestas como:

- "Eso es personal".
- "No quiero hablar de eso".
- "Prefiero no decirlo".
- "Eso es privado".
- "Estos son los pronombres que me parecen correctos. Por favor, respétalo".

Hacer frente a las reacciones negativas

Conozco a algunas personas que no nos apoyan en esto; les hemos dado información al respecto y hemos intentado explicarlo sin éxito.

PADRE DE UN HIJO TRANSGÉNERO DE 7 AÑOS

La mayoría de las respuestas negativas llegaron en forma de miradas desagradables y agresiones verbales en nuestra pequeña ciudad, debido a que la apariencia de nuestro hijo no se ajusta al género. Si veo a alguien que lo mira fijamente, suelo devolverle la mirada hasta que se fija en mí, y entonces aparta la vista. No he tenido ningún altercado verbal e intento evitar cualquier cosa que crea que pueda ir en esa dirección.

PADRE DE UN ADOLESCENTE NO BINARIO DE 16 AÑOS

Prepara a tu hijo para las reacciones negativas

El juego de roles puede ser una técnica valiosa para trabajar con tu hijo cómo responder ante las reacciones negativas. Una vez que te sientas seguro con tus respuestas, puedes empezar a crear las respuestas que sean eficaces para tu hijo. Si no revela a los demás que es transgénero, siempre corre el riesgo de que alguien lo descubra. Cuando hayan explorado juntos y con antelación los peores escenarios y hayan preparado unas cuantas respuestas posibles, una reacción negativa o una exposición no deseada será menos amenazante. Recuerda que a medida que tu hijo crece y las situaciones cambian, tendrás que seguir pensando y preparar nuevas respuestas.

Hay diferentes grados de reacción negativa que pueden crearse a su alrededor. Cada situación requiere un enfoque diferente para compaginar la seguridad y el bienestar de tu hijo y tu familia con el deseo de crear espacios inclusivos en los que todos se sientan bienvenidos. A veces, el mejor enfoque es abandonar la situación inmediata; otras veces es detenerla en seco, o intentar hacer un cambio sistémico.

Cuando alguien empieza a reaccionar de forma visiblemente negativa, lo mejor es detenerlo antes de que llegue demasiado lejos. Levanta la mano y di algo como "En realidad no estaba pidiendo tu opinión" o "Por favor, no hables así delante de mi hijo". Si persisten en su negatividad, debes abandonar la situación. No huyas. No grites. Más bien, hazle saber con toda claridad que esa forma de hablar de ti, de tu hijo o de tu familia es totalmente inaceptable y, por tanto, decides irte de inmediato.

Hay ocasiones en las que alguien puede actuar de forma escandalosa y destructiva al enterarse de la situación de tu hijo. Pueden emprender una campaña para expulsarlo, burlarse de ti cuando tu familia llega al campo de beisbol o tratar de impedir que participe en campamentos, deportes y clases. Debes acudir al responsable de cualquier situación en la que esto ocurra y describir la discriminación de la que eres objeto. Es probable que trabajen contigo para encontrar una solución. Puede ser compartiendo su política de no discriminación con la persona en cuestión, cambiándola a otro equipo o día de clase, o reclutando a un miembro influyente de la comunidad para que hable directamente con la persona que lidera este ataque sobre los valores de amabilidad y respeto en los entornos dirigidos a los jóvenes y las familias.

Si tu hijo o tú sufren de discriminación continua y ya han abordado sus preocupaciones con la persona encargada, tal vez tengan que subir por la cadena de mando con la esperanza de conseguir una mejor resolución. Por ejemplo, tal vez no baste con hablar con el entrenador del equipo, sino que tengas que reunirte con el director de la liga o el director de la división. Presenta una queja formal si la situación lo requiere. Lleva un registro de cada incidente de acoso que sufra tu hijo y de cada intento que hagas para rectificarlo. Si decides emprender acciones legales, estas pruebas serán útiles para demostrar tu caso. Es posible que tengas que ponerte en contacto con asistencia jurídica con conocimientos en materia de derechos humanos o derechos de las personas transgénero. Consulta el capítulo 10 para obtener más información. La discriminación de cualquier tipo no es aceptable y puede ser ilegal. Tu familia y tú no tienen por qué vivir con ella.

Reacciones emocionales de otros a la revelación tardía

Es importante tener presente que la ansiedad crea una respuesta primitiva en las personas. Los adultos y algunos niños mayores pueden sentirse engañados y traicionados cuando descubren que alguien que conocen es transgénero y no eran conscientes de ello. Es útil recordar que lo único que los ha traicionado es su propio sistema de creencias. Ni tu hijo ni tú han hecho nada malo. La salud o la seguridad de nadie está en peligro, no se ha mentido a nadie. A nadie se le debe información sobre el sexo asignado al nacer. Es culturalmente inapropiado hablar de lo que hay en los pantalones de alguien, y cualquier suposición que hagamos sobre lo que hay ahí es pura especulación. Sin embargo, mucha gente sigue sintiéndose con derecho a conocer esta información. Sé fuerte, aférrate a tu verdad y dale a la gente la oportunidad de entrar en razón.

Fotos de la familia

Para muchas personas transgénero de todas las edades, tener fotos de sí mismas antes de la congruencia social puede provocarles fuertes emociones negativas. También pueden funcionar como una potencial fuente de divulgación no deseada. Uno de los momentos más tristes para una madre o un padre es cuando su hija o hijo transgénero le pide que retire las fotos anteriores a la transición que están en la casa. Esto puede sentirse como un movimiento concluyente, como si el bebé y el niño pequeño que conociste se fuera realmente para siempre. Puede ser muy doloroso.

Pero recuerda que puedes conservar todas esas fotos en tus propios álbumes. Seguirás teniendo los recuerdos y los recordatorios visuales del camino que ha seguido tu hijo. Tal vez incluso puedas mantener una pequeña foto expuesta en una zona privada, como junto a tu cama. Nadie puede quitarte los recuerdos ni las fotos. Solo estás mostrando respeto por tu hijo al no exponerlos de forma más pública. Recuerda que debes tener cuidado al mostrar los álbumes familiares a cualquier persona que no conozca la historia completa del género de tu hijo.

Otras familias no tienen que preocuparse por esto. Si tu hijo se muestra abiertamente como transgénero, las fotos pueden permanecer expuestas; pero si elige selectivamente a quién contárselo, lo más probable es que pida que se elimine cualquier cosa que pueda hacer la revelación en lugar de él.

Creo que lo más duro para mí fue cuando insistió con lágrimas y rabia en que quitara todas las fotos suyas de la casa.

MADRE DE UN HIJO TRANS DE 15 AÑOS

Estábamos revisando algunas fotos antiguas y nos encontramos con una de nuestro hijo cuando tenía 3 años con un vestido de verano; se la enseñó a nuestra invitada y le dijo "¿Ven qué niña tan mona era?", lo que por supuesto dio lugar a algunas explicaciones.

PADRE DE UN HIJO TRANSGÉNERO DE 7 AÑOS

Preguntas frecuentes y cómo responderlas

Terminamos con algunas preguntas que probablemente te hagan al revelar por primera vez que tu hijo es transgénero. Puede ser útil memorizar algunas para que te sientas preparado y no te pongas a la defensiva o te sientas avergonzado. Aunque mucho de esto se trata en otras partes del libro, tener estas respuestas a la mano será útil para muchas familias.

¿Por qué tu hija/hijo es transgénero (o no binario)?
Nadie lo sabe realmente, pero las investigaciones empiezan a demostrar que algunas personas simplemente nacen así.

¿Han hecho algo para provocarlo?
Nadie puede hacer que un niño sea transgénero o no binario ni cambiar su identidad de género. Es simplemente parte de lo que son, como ser zurdo.

¿Existe una cura?
Ser transgénero o no binario no es una enfermedad. Es una identidad de género. Todos tenemos una identidad de género; en la mayoría de las personas coincide con su sexo asignado al nacer, pero en otras no. Queremos que nuestro hijo sea feliz y que esté sano, y sabemos que eso significa permitirle expresar su propio género.

¿No puedes hacer que tu hija/hijo sea normal?
Intentar que un niño olvide o suprima su verdadera identidad de género es casi imposible, y los estudios demuestran que también es perjudicial. Te agradecería que vieras a nuestro hijo como alguien normal.

¿No puede ayudarlo la terapia o un médico?
Hemos acudido a un médico (o terapeuta) especializado en niños transgénero y nos ha dicho que nuestro hijo está feliz y sano tal como es.

¿Se le pasará?
Algunos niños transgénero o no binarios deciden volver a vivir como su sexo de nacimiento, pero la mayoría no lo hace. Apoyaremos a nuestro hijo en cualquier caso.

¿No se burlarán de él/ella otros niños?
Probablemente esto ocurrirá, ya que todos los niños reciben burlas en algún momento por algo. Pero nuestro papel es amar y aceptar a nuestro hijo, y lo ayudaremos a lidiar con las burlas. Haremos todo lo que podamos para educar a los que rodean a nuestro hijo, en nuestra familia, en nuestra comunidad y en sus escuelas. La educación aumenta la comprensión.

¿Qué pasa con las hormonas? ¿Se operará? ¿Cómo se hace?
Esto es algo que tendremos que discutir en familia. Si quieres saber más sobre estas cuestiones, puedo remitirte a algunos sitios web educativos.

Capítulo 8
El sistema educativo y tu familia

De todos los problemas a los que se enfrentan las familias cuando crían a un niño transgénero, no binario o con expansión de género, el que representa la mayor lucha es cómo trabajar con la escuela de su hijo. Madre y padres suelen preguntarse: "¿Es seguro, o inteligente, dejar que mi hijo vaya a la escuela como su género afirmado? ¿Es prudente permitir que lleve allí el tipo de ropa con la que se siente más cómodo? ¿Es apropiado permitir que busque la congruencia médica durante los años escolares?". Se preguntan cómo informar e incluso educar a la escuela sobre su hijo. Sienten la agonía de cómo protegerlo de las burlas y el acoso, y cómo asegurarse de que tiene un baño seguro que utilizar. Se cuestionan, si su hijo o hija planea ir a la universidad algún día, cómo encontrarán un entorno escolar y vital que comprenda y acepte la diversidad de género.

Los niños pasan la mayor parte de sus horas del día en la escuela. Sobre todo, cuando llegan a los años de secundaria y preparatoria, pasan mucho más tiempo con sus compañeros, profesores y amigos que en casa con sus progenitores.

La experiencia de un niño en la escuela aumentará o socavará mucho su sentido de la autoestima y su valoración personal. No es exagerado decir que todos los niños y adolescentes necesitan sentirse emocionalmente seguros para aprender de manera eficaz. Por tanto, una escuela acogedora y solidaria, en la que no se permitan el acoso ni las burlas de ningún tipo, y en la que se enseñe activamente a los niños a respetar y celebrar las diferencias, es el entorno de aprendizaje ideal. Esto es especialmente cierto para los niños de género expansivo, no binario y transgénero, que con frecuencia son objeto de faltas de respeto, preguntas invasivas, burlas, acoso e incluso violencia física o emocional. Un niño no puede sentirse seguro, y lo más probable es que tenga problemas de aprendizaje si se enfrenta con regularidad a la discriminación en la escuela. Incluso un centro escolar con una sólida política antiacoso y una filosofía antiprejuicios necesitará formación sobre la mejor manera de crear una cultura escolar inclusiva en materia de género y sobre cómo apoyar con mayor eficacia a los alumnos no binarios y transgénero.

La peor parte de la transición de nuestra hija ha sido, sin duda, el modo en que su escuela la ha tratado. Tuve una reunión tras otra, pero no pude solucionar ninguno de los problemas. Las cosas no mejoraron hasta que me enteré de que había un funcionario de equidad en el distrito que podía intervenir. Ella cambió de escuela y las cosas mejoraron. Fueron dos años muy duros.

MADRE DE UNA HIJA TRANS DE 17 AÑOS

Hasta ahora, la única respuesta negativa que hemos tenido ha sido la de la directora que quería que nuestro hijo utilizara un baño individual en la escuela en lugar del baño de los chicos. Dijo que le preocupaba el bienestar de los demás niños, y eso me enfadó bastante porque mi hijo no es una amenaza para el bienestar de los otros niños. Después de la reunión le envié bastante información y todo acabó funcionando. Mi consejo es que te prepares con información y argumentos para defender eficazmente a tu hijo o encontrar un defensor en tu comunidad que te ayude.

MADRE DE UN HIJO TRANSGÉNERO DE 10 AÑOS

Nos sorprendió gratamente saber que la profesora adjunta ya estaba familiarizada con las identidades no binarias y que tenía personalmente una amiga no binaria. Tuvimos la sensación de que se nos quitaba un peso de encima, de que no teníamos que empezar desde el principio, desde lo más básico, sino que ya había una comprensión y un vocabulario compartidos.

MADRE DE UN HIJO NO BINARIO DE 6 AÑOS

Nos pusimos en contacto con la directora cuando nuestro hijo cambió de pronombre y de baño. Nos apoyó y se puso en contacto con los profesores de educación especial, los conductores de autobús, los trabajadores de la cafetería y la trabajadora social. Mantuvimos el contacto mientras nuestro hijo hacía la transición, asegurándonos de que los alumnos eran respetuosos. Incluso nos pidió recomendaciones de libros para añadir a la biblioteca del colegio y colaboró con nosotros sobre cómo y qué comunicar a otros padres sobre lo que significa ser transgénero.

MADRE DE UN HIJO TRANS DE 15 AÑOS

El baño y los vestidores fueron lo más difícil para mi hijo en la escuela secundaria.

MADRE DE UN HIJO TRANS DE 14 AÑOS

Como tenemos dos hijos transgénero, hemos tenido que poner en marcha dos planes de apoyo al género en nuestra escuela. Lo mínimo que se puede hacer es utilizar el nombre, género y los pronombres afirmativos, así como ajustar la documentación en los registros escolares. El reto al que se ha enfrentado la mayor es hacer que sus compañeros no divulguen quién es a los nuevos alumnos. Esto ha sido extremadamente doloroso y, a pesar de nuestros esfuerzos por tratar de educar a los padres en la escuela sobre la importancia de celebrar a los estudiantes trans y de dominar la alfabetización de género, nos hemos topado con la indiferencia.

PADRE DE DOS NIÑOS TRANSGÉNERO DE 9 Y 13 AÑOS

Avisamos al colegio unas semanas después de que él saliera del armario, y se han portado muy bien. Inmediatamente pasaron a utilizar su nuevo nombre y pronombres. Este año cambiamos su nombre en el sistema informático de la escuela con el distrito escolar. Al parecer, fuimos la primera familia en hacerlo.

MADRE DE UN HIJO TRANS DE 14 AÑOS

Condiciones existentes en la escuela

Nuestra escuela muestra poco liderazgo e interés por proporcionar un entorno seguro y saludable a los alumnos con diversidad de género.

PADRE DE UN ADOLESCENTE NO BINARIO DE 16 AÑOS

La han acosado en la escuela y en las actividades extraescolares, incluso cuando tenía 5 años. Nos ha costado mucho trabajo llegar a donde estamos ahora, unos años después, cuando todo el mundo es bastante tolerante.

MADRE DE UNA HIJA TRANSGÉNERO DE 8 AÑOS

Ellos aprendieron y fueron haciendo distintas adecuaciones a medida que se necesitó, debido a que mi hijo fue el primer chico trans en la institución. Recibimos 100% de apoyo.

FAMILIA DE UN NIÑO TRANSGÉNERO, URUGUAY

Al principio hablamos con la orientadora y entregamos un escrito en donde solicitamos el uso del nombre y pronombre, el uso de uniforme preferido y el respeto de las autoridades y profesores. Nos apoyaron de palabra, pero todavía había mucha equivocación al nombrarla; en algún momento, mi hija habló con las autoridades y se posicionó, defendió el respeto a su nombre y esa conversación directamente con ella fue mucho más efectiva que nuestros argumentos. En cuanto a sus compañeros ha habido respeto e inclusión, el problema somos los adultos.

FAMILIA DE UNA NIÑA TRANSGÉNERO, MÉXICO

Con la escuela nos hicimos acompañar por un sexólogo para que les explicara sobre la identidad de género y solicitamos el uso de su nombre elegido, el baño acorde a su identidad, así como el resto de congruencia en las actividades. El apoyo fue inmediato. Los problemas se dieron con las familias (padres y madres) más que con los propios alumnos. La transición de nuestra hija fue pública. Ahora estamos en otra escuela donde solo el personal administrativo y el cuerpo docente saben, las familias no, y eso ha ayudado mucho en su desarrollo social.

FAMILIA DE UNA NIÑA TRANSGÉNERO, MÉXICO

Nos gustaría poder asegurarte que, con tu apoyo, todo irá bien para tu hijo en la escuela. Por desgracia, no podemos endulzar este tema. Creemos que lo mejor será que entres en este camino con los ojos bien abiertos. De este modo, podrás comprender los retos a los que se enfrenta tu hijo, o a los que probablemente se enfrentará, para que puedas asumir con eficacia el papel de defensor en la escuela. Es más que probable que lo necesites.

La vida escolar de tu hijo influye en todos los demás aspectos de su vida y, por tanto, de la de tu familia. Suponemos que la vida en casa puede no ser tan fácil como desearías que fuera estos días. Quizá a partir de que tu hijo empezó a expresar su género más abiertamente tienes más dificultades para sacarlo por la mañana. Tal vez se ha vuelto menos comunicativo, o haya empezado a decir que no le gusta la escuela o ya no quiere ir. Tu hijo puede mostrar más ansiedad, o signos de depresión, o incluso tener problemas de comportamiento o actuar "exageradamente". Ejemplos de esto pueden ser un niño pequeño que tiene una crisis cuando es hora de ir a la escuela, un niño de secundaria que se aísla en su habitación, o un adolescente que se mete en un altercado o tiene un comportamiento autodestructivo.

Con frecuencia, el niño tarda algún tiempo en expresar que hay un problema en la escuela. Es habitual que intente ignorarlo, o que se ocupe por sí mismo del problema con sus compañeros. Incluso si son capaces de decírselo a un profesor, a veces no se le toma en cuenta. Lo normal es que acaben diciéndole a su familia que los demás se burlan de ellos o los tienen en la mira. Puedes oír, por ejemplo, que un niño que los conocía de su antigua escuela primaria está diciendo a todos que ella "solía ser un chico". O escuchar que tu hijo, que se maquilla, acaba con frecuencia en el centro de detención desde que en su escuela hay un nuevo director, quien no lo aprueba.

Puede ser que al principio no entiendas del todo ninguno de estos síntomas o comportamientos por separado, pero aprenderás que todos ellos pueden estar relacionados con una creciente incomodidad con su género o con la forma en que los demás perciben su género y su expresión de género.

Hay numerosos retos que pueden poner obstáculos a la capacidad de un niño transgénero o no binario para aprender y rendir bien en la escuela. Un clima escolar no favorable, o incluso hostil, influye en el éxito académico y el bienestar psicológico del alumno. Hace tiempo que se ha documentado que los alumnos que sufren acoso y discriminación en la escuela tienen peores resultados educativos y tensiones que afectan su salud mental, como la baja autoestima y, a menudo, la ansiedad, la depresión y el suicidio. Los efectos de la estigmatización y la victimización aumentan significativamente en función de otros ámbitos de la vida de tu hijo, como la discriminación racial, la intolerancia religiosa, la situación socioeconómica y de inmigración, la discapacidad o cualquier problema de salud crónico.

Las estadísticas y la investigación lo confirman. Aunque algunos centros escolares son espacios seguros y de afirmación que permiten a los jóvenes con diversidad de género encontrarse bien, muchos siguen experimentando entornos escolares negativos, e incluso hostiles. Un estudio tras otro revela que la mayoría de los estudiantes con diversidad de género escuchan comentarios de acoso a diario. La Encuesta Nacional de Clima Escolar realizada por la Red de Educación de Gays, Lesbianas y Heterosexuales (GLSEN, por sus siglas en inglés) en 2019 reveló que 84% de los estudiantes transgénero y no binarios se sentían inseguros en la escuela a causa de su género. También tienen un promedio de calificaciones más bajo que sus compañeros cisgénero, presentan más probabilidades de faltar a la escuela por temor a su seguridad y menos de cursar estudios superiores. Según los centros para el control y la prevención de enfermedades (CDC), en 2019, 43% de los estudiantes transgénero de secundaria declararon haber sufrido acoso escolar (en comparación con 18% de los estudiantes cisgénero), 35% intentó suicidarse al menos una vez en los últimos doce meses (en comparación con 7%) y más de 50% declaró sentirse triste o desesperanzado.

No es solo el trato de sus compañeros lo que influye en las experiencias escolares de los estudiantes con diversidad de género, no binarios y transgénero; también son los administradores, el personal y los profesores quienes los señalan por su identidad o expresión de género, o no intervienen cuando deberían hacerlo para detener el acoso, la discriminación por género o la victimización. Hay una falta de capacidad para cambiar su nombre en las identificaciones escolares, las listas de clase, los exámenes estandarizados y los diplomas. Muchos estudiantes transgénero no tienen acceso a un baño que corresponda con su identidad de género y se les niega la igualdad de acceso a la educación física, las excursiones escolares y los deportes en equipo. En lugar de centrarse en el aprendizaje, estos alumnos se ven a menudo obligados a interactuar con un entorno que no les permite vestirse como se sienten más cómodos, se les niega el uso de su nombre y pronombres correctos y el uso del baño que les corresponde. Combinado con el acoso escolar, la disciplina desproporcionada y la culpabilización que se inflige a las víctimas, no es difícil ver por qué un número muy elevado de estos estudiantes acaban abandonando la escuela o incluso entrando en el sistema de justicia juvenil.

Sigue habiendo una necesidad urgente de actuar para crear entornos de aprendizaje seguros y afirmativos para todos los estudiantes de género expansivo, no binario y transgénero. Hay esperanza gracias a las madres y padres que te han precedido, a los estudiantes transgénero y no binarios que defienden sus derechos, y a otros defensores y aliados, pues un número cada vez mayor de estados y distritos escolares locales han adoptado políticas y leyes formales de no discriminación y contra el acoso que protegen los derechos de los estudiantes transgénero, no binarios y de género expansivo. Del mismo modo, un número creciente de centros escolares está proporcionando formación a todo su personal sobre cómo aplicar estas políticas y apoyar a todos los alumnos de su centro.

Tu papel

Hemos proporcionado recursos, donado libros a la biblioteca, solicitado formación, iniciado reuniones e intervenido cuando ha sido necesario. Todo el mundo ha sido muy solidario y ha estado dispuesto a escuchar nuestras preocupaciones y a ofrecer soluciones. Esperamos que esto continúe.

MADRE DE UNA HIJA TRANSGÉNERO DE 7 AÑOS

Envié un correo electrónico al director durante las vacaciones escolares diciéndole que estábamos en el proceso de cambio de nombre. Por suerte, se hizo antes de que empezara el curso escolar y todo se ha actualizado con el nuevo nombre.

MADRE DE UN HIJO TRANS DE 16 AÑOS

Muchas madres y padres se sienten nerviosos o aprensivos a la hora de acercarse a la escuela de sus hijos. Al anticipar que puede haber un problema, les preocupa que la escuela pueda reaccionar negativamente a su preocupación. Del mismo modo, si tu hijo no se ha asentado del todo en una etiqueta respecto a su identidad o esa etiqueta cambia constantemente, podrías no estar seguro de qué pedir a la escuela, así que decides esperar hasta que las cosas se estabilicen más. Las madres y padres de las ciudades pequeñas o de las zonas especialmente conservadoras esperan que, al no plantear el género de su hijo en la escuela, evitarán el gran problema que temen dentro de su comunidad. Algunos pueden incluso pensar que su hijo transgénero o no binario tiene que acostumbrarse a defenderse por sí mismo y, por tanto, pueden considerar que la comunicación con la escuela sobre las necesidades de su hijo es responsabilidad de este y no de ellos como progenitores.

Les sugerimos que, en lugar de tener una actitud de espera, adopten una actitud proactiva. Desafiamos la idea de que es responsabilidad de tu hijo hacer toda la autodefensa en su entorno y, en su lugar, proponemos que hay formas en las que puedes ayudar a que el camino sea un poco más ligero para ella o él en la vida. ¡Hazlo! Creemos que todas las madres y padres con un estudiante de género expansivo, no binario o transgénero deben trabajar con las escuelas de sus hijos para garantizar su seguridad física y emocional. Eres el aliado más firme y el defensor más destacado de tu hijo.

En la actualidad, no es una práctica habitual que las escuelas reciban formación sobre las cuestiones relacionadas con la diversidad de género y la inclusión. Algunos estados tienen incluso leyes regresivas diseñadas para dificultar a propósito la creación de un entorno escolar que apoye la equidad y la inclusión, ya sea en torno a la igualdad racial, las cuestiones de justicia social o la inclusión de género. Debes ser proactivo para garantizar la seguridad y la comodidad de tu hijo, tanto si está en jardín de infantes como si es un alumno de cuarto grado que quiere cambiarse el nombre, o un alumno de segundo de secundaria que ya no puede utilizar el casillero que se le ha asignado en la clase de gimnasia.

> *Unos días antes de que empezaran las clases, me reuní con un nervioso equipo escolar formado por un director, un profesor de segundo grado, un consejero escolar y un representante de apoyo del distrito. Hablamos de los pronombres preferidos por mi hijo, del uso del baño y de cómo responder a las preguntas curiosas de los compañeros que lo habían conocido como una niña. En general, sentí que el equipo se esforzaba por apoyar a Joe.*
>
> *El primer día de clase al principio me sentí tranquila mientras lo acompañaba a la puerta de su salón. Pero mientras estaba en la cola con los demás familiares, de repente me di cuenta de que los demás niños y familias lo miraban fijamente. Los niños se alejaron de Joe cuando él intentó hablar con ellos. Me tomó de la mano y se encogió a mi lado. En ese momento me puse a temblar de ira y mi feroz amor por Joe se convirtió en mi armadura. Levanté la cabeza y sostuve la mirada de todos los que me miraban. Le mostré una enorme sonrisa a Joe y le deseé un gran primer día. Luego me fui directamente a casa, me metí en la cama... y lloré.*
>
> MADRE DE UN HIJO TRANSGÉNERO DE 8 AÑOS

Hay algunas razones para empezar a defender a tu hijo desde el principio de este camino. En primer lugar, puede llevar tiempo que la escuela integre la información que compartes sobre la identidad de género o la expresión de género de tu hijo y para que, con suerte, se abra a un plan de apoyo al género y lo aplique (véase el apéndice 2). En algunos casos, la escuela puede resistirse, y pueden ser necesarias varias reuniones para que entiendan sus obligaciones éticas (y legales) con tu hijo. En algunos casos, puede ser necesario que intervenga el distrito escolar o incluso un abogado, o que se realicen evaluaciones y planes de educación especial si son necesarios, todo lo cual lleva tiempo, a veces hasta un año. Reducir el tiempo en que tu hijo se siente invisible, irrespetado o inseguro es primordial.

Elegir una escuela

Puede que vivas en una comunidad en la que no haya o haya pocas opciones en cuanto a la elección de escuela; pero si vives en una comunidad donde hay opciones, tu primer paso para apoyar a tu hijo será elegir la mejor escuela para sus necesidades. Para las familias con hijos pequeños de género expansivo, esto comienza con la educación infantil, incluidas las guarderías y los preescolares.

Guarderías, preescolares, centros especiales y programas prekínder

Muchas guarderías y centros preescolares son privados y los pagan directamente los padres. Las cooperativas, las guarderías a domicilio y los centros pequeños pueden ser el primer lugar de aterrizaje seguro para los niños de género expansivo y transgénero. Mantener conversaciones abiertas y sinceras con los directores y el personal sobre tus expectativas para permitir que tu hijo participe en juegos y expresiones de afirmación del género ayudará a mantenerlo seguro. Muchos preescolares privados, tanto religiosos como laicos, están abiertos a las sugerencias y la participación de las familias. Como los niños que asisten a estos centros son todavía pequeños, los preescolares suelen ser más flexibles en cuanto a las normas de vestimenta y juego con respecto a la conformidad de género. Pueden admitir ropa de vestir de todas las variedades para todos los niños, y ninguna actividad o comportamiento está etiquetado como para niños o niñas específicamente. Muchos países en todo el mundo están adoptando la noción de que los niños deben poder acceder a todo tipo de juguetes, vestidos y actividades, sin etiquetarlos por su género. Si una guardería o preescolar no se ajusta a la identidad o expresión de género de tu hijo, sueles tener la opción de llevarte a tu hijo, y tu dinero, a otro lugar. Esto puede resultar más difícil en las comunidades pequeñas.

Las escuelas para infantes en los sistemas de educación nacionales suelen ya estar sujetas a la protección contra la discriminación en materia de identidad y expresión de género. Aunque no sean conscientes de lo que significa, deben seguir las normas y directrices de las escuelas públicas de su jurisdicción.

Selección de la escuela

En algunas regiones, la familia puede elegir a qué preescolar, primaria, secundaria o preparatoria asistirá su hijo. Si este es el caso, lo mejor es elegir escuelas conocidas por aceptar todo tipo de diversidad o con un historial positivo de alumnos transgénero o no binarios. En algunas comunidades solo hay una escuela en cada nivel de edad, o hay un sorteo para la colocación. Sea cual fuere el caso, en la mayoría de los distritos escolares no suele haber muchos conocimientos sobre la mejor manera de apoyar a los alumnos transgénero y no binarios. Por lo tanto, madres y padres tienen que estar preparados para defender a sus hijos, independientemente de la escuela, y asumir que pueden ser la primera familia que lo haga.

¿Escuela privada o pública?

Para algunas familias, hay que elegir entre la escuela pública y la privada. Es posible que la economía familiar permita una escuela privada, que se disponga de ayudas económicas, o tal vez haya una escuela privada de menor costo, como la educación religiosa subvencionada.

Hay dos ventajas principales para los niños transgénero, no binarios y de género expansivo al asistir a escuelas privadas progresistas: la filosofía de la escuela puede ser inclusiva con la diversidad de género, o al menos abierta a ella, y como el tamaño de las clases es menor y los profesores suelen estar más motivados, puede haber más oportunidades de enseñar la comprensión y el respeto a las diferencias. Ciertamente muchas escuelas públicas también ponen el listón muy alto en cuanto a la inclusión, pero las escuelas privadas pueden realmente buscar una diversidad de familias y niños, y trabajar estrechamente con ellos para garantizar que su experiencia sea buena. Esto también puede dar lugar a una formación del personal más frecuente y completa, con un profesorado y unos administradores abiertos a nuevas ideas.

Además, las familias pueden influir más en las políticas escolares en las escuelas privadas, donde el cuerpo de madres y padres es más pequeño y está más implicado. Esto ha hecho que algunas escuelas privadas tengan la libertad de infundir la diversidad de género y la inclusividad en su plan de estudios, el clima escolar y la cultura.

> La escuela de mi hijo es maravillosa. Mi hijo es aceptado por sus profesores y compañeros, y puede vestir como quiera. Pero esto se debe a que he investigado mucho para encontrar esta escuela y he pagado mucho dinero para que vaya allí.
>
> MADRE DE UN HIJO DE GÉNERO EXPANSIVO DE 6 AÑOS

Al igual que ocurre con otras cuestiones donde puede haber alguna parcialidad, la disposición de una escuela a trabajar abiertamente en cuestiones de género puede verse afectada por la afiliación religiosa, la filosofía de la escuela y su ubicación geográfica, por no mencionar las creencias personales de la administración, los profesores y el personal. Así, no todas las escuelas privadas ni las parroquiales están abiertas a ser más inclusivas en materia de género. De hecho, es posible que las escuelas privadas y parroquiales no estén obligadas legalmente a crear un entorno de aprendizaje seguro y acogedor para los alumnos transgénero o no binarios. Esto se debe a que la mayoría no recibe financiamiento federal, y pueden estar situadas en un estado sin leyes que prohíban la discriminación por identidad de género en las escuelas. Por desgracia, algunas de esas escuelas no están dispuestas a acoger a los alumnos transgénero o no binarios en absoluto, y otras se resisten activamente a hacerlo.

Un número cada vez mayor de escuelas públicas en Estados Unidos está a la vanguardia de la sensibilidad y la inclusión de género. Aunque las zonas urbanas suelen ser más progresistas en muchas cuestiones, se están adoptando filosofías inclusivas en todo el país, incluso en las áreas rurales, especialmente cuando madres y padres abogan por estos cambios.

En Estados Unidos, la ley federal obliga a las escuelas públicas a ser inclusivas y sin discriminación. En julio de 2021, el Departamento de Educación de Estados Unidos confirmó que la identidad y la expresión de género de los alumnos transgénero y no binarios en las escuelas públicas están protegidas por el Título IX. Si tu hijo asiste a una escuela pública, esto significa que, a partir de este momento, tienes la fuerza de la ley federal para defenderlo. Esto incluye el derecho a que se utilicen nombres y pronombres afirmativos, el derecho a vestirse con ropa que coincida con su identidad de género y el derecho a utilizar los baños y los vestidores que mejor se ajusten al género afirmado del menor. El Título IX también protege a tu hijo de la intimidación y el acoso si la escuela lo sabe y no lo aborda adecuadamente. El hecho de ser acosado no es una violación al Título IX. Más bien, una escuela viola el Título IX cuando no aborda adecuadamente los incidentes conocidos de intimidación y acoso de tal manera que el entorno escolar se vuelve tan hostil que se niega al alumno el acceso a su educación.

Otros ámbitos de la legislación federal y estatal pueden proporcionar protecciones adicionales a tu hijo, como el derecho a la privacidad (que no está protegido por el Título IX) y el derecho a fundar y unirse a clubes como las Alianzas de Género y Sexualidad (antes Alianzas Gay–Heterosexuales). Organizaciones de base educativa como la Red de Educación de Gays, Lesbianas y Heterosexuales (GLSEN) y organizaciones jurídicas como la Unión Estadounidense por las Libertades Civiles (ACLU, por sus siglas en inglés) y el Centro Nacional para los Derechos de las Lesbianas (NCLR, por sus siglas en inglés) pueden proporcionar más información a los cuidadores sobre cómo trabajar con los distintos distritos escolares de su estado. El Centro de Acción Escolar del sitio web del Centro Nacional para la Igualdad Transgénero (National Center for Transgender Equality) también te será útil, así como el proyecto conjunto de muchas organizaciones de defensa de los derechos escolares, Escuelas en Transición, que se encuentra en el sitio web de Gender Spectrum.

En varios países de Hispanoamérica las leyes obligan a las escuelas públicas a ser inclusivas y evitar la discriminación. Esto significa que tu hijo puede tener el derecho a que se utilicen nombres y pronombres afirmativos, el derecho a vestirse con ropa que coincida con su identidad de género y el derecho a utilizar los baños y los vestidores que mejor se ajusten a su género afirmado. También la ley puede protegerlo de la intimidación y el acoso si la escuela lo sabe y no lo aborda adecuadamente. El hecho de ser acosado es una violación a los derechos humanos que ya muchas legislaciones en el mundo han incorporado.

Otros ámbitos de las leyes pueden proporcionar protecciones adicionales para tu hijo, como el derecho a la privacidad y el derecho a fundar y unirse a grupos integrados por miembros de la comunidad LGBTQ+.

Aunque aún no hay en todos los países políticas de inclusión instituidas en los sistemas educativos, hay algunos ejemplos que muestran signos progresistas, como en la Ciudad de México, donde los niños pueden elegir el uniforme que usan para ir a la escuela. La política se aplica a las escuelas preescolares, primarias y secundarias. En 2019, la autoridad educativa de la Ciudad de México emitió un comunicado que establece que "a partir de ahora, el uso de falda o pantalón será de libre elección en las escuelas públicas y privadas de educación básica de la Ciudad de México".

Opciones de educación en casa

Familias de todos los orígenes optan por escolarizar a sus hijos en casa. Para algunas ha sido el resultado de la pandemia, ya sea por necesidad, o porque han aprendido que su hijo se desenvuelve mejor académica o emocionalmente sin las presiones sociales del aprendizaje en persona. Para otras, la educación en casa ha sido siempre el método educativo elegido. La educación en casa puede ser una opción excelente para el alumno adecuado. Para algunos alumnos transgénero y no binarios que experimentan acoso o intimidación en la escuela, la educación en casa puede ser un alivio del dolor o el estrés de la escuela presencial. Esta elección puede ser el último recurso después de haber trabajado sin éxito con una escuela, o puede ser una medida temporal mientras se determina un mejor entorno escolar presencial para tu hijo.

Otro momento en el que algunas familias empiezan a educar en casa es cuando un adolescente se declara transgénero y no quiere estar en la escuela durante los primeros pasos hacia la congruencia. El adolescente puede tomarse un año o parte de un año libre mientras empieza a tomar hormonas y aprende a vivir a tiempo completo con un género nuevo. Para algunos, esta opción puede reducir significativamente el estrés al que se enfrentan al realizar cambios externos e internos tan radicales bajo el escrutinio público. Estos estudiantes a veces vuelven al mismo centro educativo con su nueva identidad, mientras que otros empiezan el año siguiente en un nuevo centro.

Si estás considerando la posibilidad de educar en casa porque tu hijo te acaba de decir que es transgénero o no binario, y crees que es la mejor manera de mantenerlo a salvo, asegúrate de que realmente tienes en cuenta el interés superior de tu hijo. Sabemos que el deseo de protegerlo del acoso es primario, pero la elección de la escuela en casa debe equilibrarse con la capacidad de tu hijo de aprender a caminar por el mundo, sintiéndose seguro de su expresión de género y de su identidad de género. Además, si tu hijo asiste a la escuela, puede recibir un importante apoyo de sus profesores y compañeros durante este proceso, lo que también beneficiará su salud y bienestar. Las familias que deciden educar a sus hijos en casa porque tienen miedo de lo que su hijo pueda experimentar deben trabajar con diligencia para asegurarse de que tiene oportunidades de socializar con otros y de que entiende que no hay nada malo o vergonzoso en él o ella. En otras palabras, ten claras tus motivaciones y lo que estas le comunican a tu hijo. Como padres, es esencial enseñarles habilidades de integración y orgullo, tanto si asisten a la escuela desde casa por internet, contigo o con otros en un entorno escolar tradicional.

CAMBIO EN EL ESTATUS DE GÉNERO, CAMBIO DE ESCUELA

Algunas familias, niñas y niños hacen coincidir el cambio de nombre y estatus de género con un nuevo comienzo en una nueva escuela. Puede ocurrir en una transición natural de la escuela secundaria a la preparatoria o ser un traslado a otra escuela de este o de otro distrito. Como sucede con todas las decisiones relacionadas con el género, hay pros y contras en este enfoque.

Trabajar con la escuela de tu hija/hijo

La secretaria de la escuela no sabía que los niños transgénero podían cambiar su nombre en su expediente escolar y se resistía a hacerlo. El director ayudó a garantizar que esto ocurriera.

MADRE DE UN HIJO TRANSGÉNERO DE 12 AÑOS

Fue volviéndose más fácil. Algunos niños le preguntaban a Mimi sobre su género. Ella les aseguraba que se había convertido en una niña, y ellos asentían con la cabeza y seguían su camino. La profesora de Mimi (a la que siempre tendré en gran estima) organizaba círculos matinales y creaba un ambiente de seguridad y conexión. Gracias a esta estructura, Mimi pronto encontró un lugar donde encajar. El año transcurrió sin problemas. Se sentía plena, feliz y, lo mejor de todo, vivía la vida en sus propios términos.

MADRE DE UNA HIJA TRANSGÉNERO DE 12 AÑOS

Ha habido algunos baches en el camino después de que mi hijo hiciera su transición en la escuela primaria. El año pasado un compañero lo sacó del armario y lo llamó por su nombre de niña durante el recreo. Ryan lo ignoró y no dejó que nadie lo supiera. Continuó durante meses hasta que un día se quedó después del colegio y se puso a llorar con su profesora. El director intervino, hizo una llamada a la familia y se produjo una plática reconfortante en el despacho del consejero. Me sentía preocupada y estaba segura de que esto continuaría, pero Ryan volvió a jugar al básquet y al futbol y a comentar con sus amigos sobre las películas de Marvel. Él y su compañero se han hecho amigos. Al parecer, se dieron cuenta de que a los dos les gusta jugar Roblox y a menudo se sientan juntos durante el almuerzo. Como alumno de quinto año, parece estar a gusto en su cuerpo y ha aprendido a navegar por el intrincado equilibrio de ser un chico normal. Comprendo perfectamente que esta no es la experiencia de todo el mundo y no quiero minimizar los retos de los demás. Cada historia es diferente. Solo quiero compartir que las cosas también pueden ir bien.

MADRE DE UN HIJO TRANSGÉNERO DE 10 AÑOS

Muchas familias asumen que los profesores y los administradores harán el trabajo necesario para reducir la probabilidad de que se produzcan intimidaciones, burlas y acoso por razón de género y también trabajarán para garantizar la inclusión en la escuela. Este no es el caso en la mayoría de los entornos escolares. A menos que guíes a tu centro escolar y les hagas saber cuáles son tus expectativas y dónde pueden formarse sobre el tema, lo más probable es que, a pesar de sus mejores intenciones, no sepan en absoluto cómo ayudar a tu hijo de forma proactiva.

Si esperas a que tu hijo te hable de problemas en la escuela, habrás perdido un tiempo valioso para ayudar al personal a aprender a garantizar el bienestar emocional e incluso la seguridad física de tu hijo. Entonces estarás obligado a ponerte al día.

Una de las razones por las que hemos escrito este libro es para ofrecer a las madres y padres un recurso que puedan compartir con el director, los profesores, el orientador y la enfermera del colegio de su hijo en las reuniones que deberían mantener con ellos para desarrollar un plan de apoyo al género y un plan de comunicación para sus hijos. Considera la posibilidad de compartir este libro con tu asociación de madres y padres de familia y con los consejos escolares locales y de distrito. Lleva el libro al comité de diversidad, equidad e inclusión de tu escuela. Si este comité no existe actualmente, considera la posibilidad de crear uno.

Cuándo reunirse con la escuela

Recomendamos que todas las familias con un estudiante no binario, de género expansivo, con dudas de género o transgénero hablen directamente con la escuela antes del inicio del ciclo escolar, a mitad de curso si su hijo va a cambiar su condición de género o su expresión de género, y en cualquier momento en que surja un problema que deba abordarse. Cuando se planifica un nuevo ciclo escolar, es mejor no dejarlo para el último momento. Presentarte a ti mismo y tu situación con antelación, así como establecer un plan de apoyo al género, permite a la escuela hacer el trabajo necesario para garantizar la seguridad y el apoyo a tu hijo. Incluimos un plan de apoyo al género en el apéndice 2.

Es de esperar que esta defensa permita al director la posibilidad de asignar a tu hijo al profesor más capacitado y motivado para enseñarle. Las primeras semanas de vuelta a la escuela pueden hacer o deshacer el año de tu hijo, por lo que sentar las bases antes de que empiece el ciclo escolar es imprescindible, y esto ayuda a tu hijo a saber a dónde dirigirse para buscar apoyo en sus necesidades únicas.

En la escuela primaria también es conveniente solicitar una reunión con el profesor de tu hijo antes del comienzo del curso. Aunque la política de la escuela sea no anunciar el profesor hasta que el ciclo escolar inicie, a menudo la escuela hará una excepción cuando haya necesidades especiales que deban abordarse desde el primer día. Si no puedes saber qué profesor se asignará a tu hijo, intenta reunirte con todos los posibles profesores antes de que empiecen las clases. Esto les da tiempo para asimilar tu situación y hacerte las preguntas pertinentes sobre tu hijo. También les da tiempo para hacer el trabajo personal necesario si tienen creencias que puedan interferir con el apoyo natural de tu hijo.

Todos los niños tienen derecho a aprender en un entorno seguro y libre de acoso. Para garantizar la seguridad de un menor de género expansivo o transgénero, un profesor tiene que ser proactivo y marcar la pauta para toda la clase. Por eso es necesario que esté prevenido, que cuente con el apoyo de la administración y que reciba formación para hacerlo de la manera más eficaz.

Apoyar a tu hija/hijo

Antes de reunirse con la escuela, el primer paso es mantener una conversación abierta con tu hijo sobre sus deseos y temores acerca de una expresión más auténtica de sí mismo y de su género en la escuela. Intenta escuchar lo que quiere sin introducir tus propias preocupaciones ni acallar sus deseos. Asegúrate de escuchar sus ideas sobre su ropa, su nombre, sus pronombres y los baños. Es probable que escuches sus preocupaciones sobre la dinámica social, el rechazo, las burlas, la exclusión y la discriminación. Es importante estar atento a todas sus esperanzas y temores, y tranquilizarlo diciéndole que harás todo lo posible para ayudar a la escuela a desarrollar un buen plan. Intenta tener en cuenta que su deseo de cambiar su condición de género o de tener más libertad de expresión en la escuela surge de la necesidad de ser reconocido por su auténtico yo. Esto es valiente.

Asegúrale que siempre estarás ahí para él y que su casa será un lugar seguro al que podrá volver después de cualquier día difícil. Algunos niños quieren que se valide su auténtica identidad y expresión de género en casa, pero no sienten la necesidad o no están preparados para expresarla en la escuela. Si ese es el caso, respeta sus deseos. Pero ten en cuenta que sus deseos pueden cambiar con el tiempo.

Entender los derechos de tu hija/hijo en la escuela

Antes de reunirte con la escuela, es importante que entiendas la totalidad de los derechos de tu hijo. En muchos países, las leyes federales, estatales y locales determinan los derechos legales de los alumnos transgénero, no binarios y de género expansivo. En Estados Unidos, y en el caso de las escuelas privadas, estas pueden proporcionar derechos adicionales a sus estudiantes transgénero y no binarios, pero dado que no están sujetas al Título IX en realidad pueden promulgar prácticas más discriminatorias que las escuelas públicas. Las escuelas privadas todavía están sujetas a las leyes estatales y la Constitución.

En Estados Unidos, por ejemplo, los alumnos transgénero y no binarios tienen derecho a los siguientes puntos. Los que tienen un asterisco (*) también están protegidos por la Primera Enmienda (libertad de expresión), los que tienen una cuña (^) por la Cuarta Enmienda (derecho a la intimidad), y los que están señalados con un signo de más (+) por la Decimocuarta Enmienda (derecho a la igualdad de trato ante la ley), así como por la Ley de Privacidad y Derechos Educativos de la Familia (FERPA, por sus siglas en inglés).

1. Estar protegidos contra la intimidación, el acoso y la violencia basados en la expresión o la identidad de género. +
2. Ser llamados por, y que los registros así lo reflejen, el nombre y los pronombres correctos (es decir, los nombres elegidos, independientemente de que hayan cambiado legalmente su nombre o marcador de género). *+
3. Vestirse y presentarse de acuerdo con su identidad de género (siempre que sigan el código general de vestimenta de la escuela). *+
4. Acceder a las mismas oportunidades educativas y a los mismos actos escolares que los niños cisgénero. +
5. Mantener su privacidad, incluido el derecho a no revelar que son transgénero. Esto significa que, sin tu permiso, la escuela no puede revelar la identidad de género de tu hijo, su nombre legal o su sexo asignado al nacer, ni siquiera si tu hijo ha salido del armario con otras personas de la escuela. ^+
6. Aunque la interpretación de la ley en esta área está evolucionando, un mayor número de cortes a lo largo del país han considerado que la Constitución protege los derechos de los estudiantes transgénero a los baños, vestidores y equipos deportivos que vayan de acuerdo con su identidad de género expresada en la escuela.*

Cómo trabajar con tu escuela

Formar un equipo de apoyo en materia de género

Mientras te preparas para trabajar con tu escuela, te recomendamos que establezcas un equipo con los distintos adultos que trabajarán con tu hijo. Un enfoque que puede ser especialmente útil es que la escuela forme un equipo de apoyo al género, que es un grupo designado de personas que ayudarán a crear las condiciones para apoyar a tu hijo allí. Tu hijo, tú, los administradores, los profesores, los consejeros, la enfermera escolar e incluso el terapeuta externo de tu hijo o el defensor de género local, si los tienen, pueden ser miembros importantes de este equipo. Cada nuevo colegio requerirá un nuevo equipo de apoyo al género.

A veces es útil, como parte de la reunión inicial en un nuevo colegio, traer a uno o más miembros del equipo anterior. Como hay rotación de personal, es posible que tengas que añadir nuevos miembros al equipo cada año. Tu hijo tiene que ser el miembro central de este equipo. En última instancia, tiene que sentirse cómodo con los planes que se hagan para apoyarlo e incluirlo.

Evidentemente, si la identidad de género de tu hijo no es conocida por nadie en el centro escolar —ya sea porque ya ha sufrido un cambio en su condición de género y es privado al respecto, o porque no desea expresar su identidad de género y prefiere seguir viviendo como su sexo asignado/género asumido mientras esté en este centro—, un equipo de apoyo no será apropiado.

Sin embargo, si la condición de transgénero de tu hijo va a permanecer en privado entre el personal y el alumnado de la escuela en general, pero va a ser conocida por un grupo más reducido de adultos en la escuela, existe la oportunidad de reunir un equipo de apoyo al género eficaz. El equipo debe reunirse con la frecuencia necesaria para garantizar una experiencia escolar lo más grata posible.

Crear un plan de apoyo al género

Hay muchas cosas que considerar para tu hijo en la escuela. ¿Su nombre elegido será el que utilicen los profesores? ¿Podrá ser el nombre que aparezca en la lista, en su identificación escolar, en la pantalla de Zoom y en los registros de los alumnos? ¿Se respetarán sus pronombres? ¿Quién será el "adulto al que acudir" si se siente inseguro? ¿Dónde irá al baño o se cambiará de ropa cuando sea necesario? ¿Qué debe hacer si es acosado o intimidado?

¿Cómo se mantendrá su privacidad si lo desea? ¿Se le permitirá jugar en el equipo deportivo del género apropiado? ¿De qué se trata un cambio de género en la escuela? ¿Cómo se comunicará? Estas y otras muchas preguntas pueden causar noches de insomnio tanto a madres y padres como a los adolescentes.

Dependiendo de la situación específica de tu hijo, hay una variedad de maneras para responderlas. Nuestros muchos años de experiencia trabajando con escuelas y familias y con niños con diversidad de género han demostrado que no hay un único enfoque para apoyar a un niño no binario o transgénero en la escuela.

Trabaja con tu equipo de apoyo al género para elaborar no solo un plan de apoyo al género, sino también un plan de comunicación de género que funcione para tu situación específica. Estos planes deben tener en cuenta la seguridad de tu hijo en la escuela, así como ayudarlo a pensar y llevar a cabo la planificación necesaria para que comunique un cambio en uno o más aspectos de su género. En los apéndices hemos incluido los excelentes formularios que Gender Spectrum utiliza para orientar estas discusiones y decisiones.

Todos desean sentirse seguros y respetados en la escuela

Uno de mis mensajes importantes cuando me comunico con la escuela es el beneficio universal de que TODOS los niños tengan libertad de género.

MADRE DE UNA HIJA TRANSGÉNERO DE 7 AÑOS

A muchas madres, padres y profesores les preocupa que, aunque tengan un plan sobre los nombres, los pronombres y los baños, no puedan hacer nada para detener la intimidación, las burlas y el acoso a los alumnos no conformes con el género. De hecho, ¡sí hay cosas que se pueden hacer! Cada elemento que se pone en marcha tiene un impacto de gran alcance no solo en los niños con diversidad de género, sino en la comunidad escolar en su conjunto.

Las investigaciones constatan sistemáticamente que tomar medidas activas para crear un entorno inclusivo y de afirmación del género no solo puede reducir en gran medida el acoso por razón de género, sino que también aumenta la probabilidad de que todos los alumnos acudan a los adultos en busca de ayuda cuando son acosados o se sienten inseguros. La creación de escuelas más inclusivas beneficia a todos los alumnos, ya que aumenta la seguridad en general y demuestra a la comunidad que cada miembro tiene su valor.

Las investigaciones demuestran que, para desarrollarse, los niños transgénero y no binarios necesitan afirmación e inclusión en casa y en la escuela. Las escuelas deben ser asertivas a la hora de establecer un sentido de pertenencia para los alumnos con diversidad de género.

Con un sentido de pertenencia e inclusión, se reducen la depresión, la ansiedad, las autolesiones y el suicidio. Un sentimiento de pertenencia también conduce a una mejor gestión del estrés y a la capacidad de imaginar un futuro positivo.

Lenguaje inclusivo de género

Cuando hay una persona no binaria en un grupo, o en ciertas situaciones cuando el género masculino no representa a todas las personas en el contexto, sería bueno usar un lenguaje inclusivo. La palabra *amigues*, de género neutro, es un ejemplo de lenguaje inclusivo. Por ejemplo, para adoptar este modo de expresión, los docentes pueden decir: "¡Buenos días, amigos, amigas y amigues!".

> *A través de los años he tenido estudiantes binarios y no binarios, y en más de una ocasión me he enfrentado a situaciones en las que refiriéndome a un estudiante no binario usé el pronombre "él" o "ella". Sé que no es justo. Cada estudiante tiene derecho a ser reconocido y tratado como lo prefiera.*
>
> MAESTRO, COLOMBIA

Abuso, acoso y microagresiones de género

A menudo es fácil identificar el abuso físico y verbal, pero no siempre es fácil identificar el acoso diario, las pequeñas agresiones y los comportamientos invalidantes que tu hijo puede sufrir. He aquí las experiencias más comunes que, por desgracia, les pueden ocurrir con frecuencia a muchos niños transgénero y no binarios. Ten en cuenta que incluso amigos y profesores bienintencionados tienen comportamientos que entran en estas categorías.

A QUÉ SE ENFRENTAN LAS NIÑAS, NIÑOS Y ADOLESCENTES TRANSGÉNERO Y NO BINARIOS EN LA ESCUELA

Preguntas invasivas

- ¿Qué baño vas a utilizar?
- ¿Qué eres realmente?
- ¿Eres un chico o una chica de verdad?
- ¿No binario solo significa que eres gay o qué eres realmente?
- ¿Qué tipo de ropa interior llevas?
- ¿Cómo te trata tu familia?

Preguntas personales sobre su cuerpo

- ¿Qué partes del cuerpo tienes?
- ¿Te vas a operar?
- ¿Cómo vas a tener o tienes sexo?

No respetar sus nombres o pronombres

- "Ese no es tu verdadero nombre".
- "No tengo por qué decirte él/ella".
- "He oído que en realidad eres un/una él/ella".
- "Nunca serás un/una él/ella".
- "En realidad, eres él/ella".
- "No puedes cambiar tu sexo/nombre/pronombre".
- "Te conozco de toda la vida, así que no tengo que llamarte así, ¿verdad?".

Otras microagresiones y microinvalidaciones, u opiniones no solicitadas

- Mirar hacia arriba cuando se utilizan el nombre y los pronombres correctos.
- Confundir intencionadamente el género.
- Suspirar cuando un alumno transgénero entra en el baño.
- "Tienes muy buen aspecto para ser un chico/chica transgénero. Nunca podría haberlo notado".
- "Soy muy cool, ¡tengo un amigo trans!".
- "A nadie le gustabas cuando eras una chica, ¿por eso ahora eres un chico?".
- Irse cuando la persona de género expansivo se acerca a un grupo.
- "¿Por qué te haces la vida imposible?".

- "¿No puedes quererte tal y como eres?".

Prohibir su participación en eventos sociales

- No ser invitado a pijamadas, fiestas en la alberca, reuniones sociales u otras convivencias.
- Rechazarlo de dichas reuniones después de que la familia anfitriona se entere de su condición transgénero.

Chistes transfóbicos

- Escuchar chistes transfóbicos.
- Tener que soportar bromas y burlas transfóbicas.

Que les digan que se lo merecen

- "Qué esperabas, eres un chico que lleva maquillaje y mallas..."
- "Por supuesto que no quieren jugar contigo: creen que no pareces una chica".
- "Supongo que no puedes jugar porque no eres ni niña ni niño".
- Insultos generalizados sobre su expresión de género, como que son raros, extraños, enfermos, mentirosos, asquerosos, desagradables, etcétera.

Datos sobre estudiantes transgénero en las escuelas de América Latina

Hasta hace poco, la mayoría de los datos sobre las experiencias de los estudiantes transgénero y de género diverso en la escuela provenían de Estados Unidos. Con el informe de 2019 titulado *Una crisis global en el clima escolar: perspectivas sobre estudiantes lesbianas, gays, bisexuales, transgénero y queer en América Latina* esto cambió. La Red de Educación de Gays, Lesbianas y Heterosexuales (GLSEN, por sus siglas en inglés) y Todo Mejora se asociaron con organismos en Argentina, Brasil, Chile, Colombia, México, Perú y Uruguay para realizar encuestas nacionales de jóvenes LGBTQ+ y cada país también publicó un informe nacional a partir de esos datos.

Aunque no realizaron investigaciones únicamente sobre la identidad de género, incluyeron la expresión de género (la manera en que un estudiante expresa su género) como uno de los principales puntos de datos recopilados.

Los estudios mostraron que los estudiantes LGBTQ+ en cada uno de los siete países comúnmente experimentan la escuela como un ambiente inseguro y hostil.

Además, los estudiantes LGBTQ+ en cada uno de los siete países manifestaron:

- Sentirse inseguros y evitar espacios en sus escuelas por esa sensación de inseguridad. Las áreas más evitadas fueron los baños, los vestidores y las clases de educación física y gimnasia.
- Experimentar acoso verbal.
- Sufrir acoso físico y agresión.
- No presentar denuncias ante el personal de la escuela, o incluso ante los miembros de su familia, porque cuando lo hacen, no sienten que ayude.
- Perder días de escuela porque se sienten inseguros.
- Oír comentarios homofóbicos y despectivos sobre la expresión de género en la escuela.
- Escuchar expresiones peyorativas de sus maestros y del resto del personal de la escuela, especialmente sobre la expresión de género.

Datos específicos por país

- Los estudiantes de Chile y Brasil reportaron con mayor frecuencia contar con personal de apoyo en la escuela.
- Los estudiantes de Argentina y México se sintieron más cómodos hablando con los educadores sobre temas LGBTQ+.
- Los estudiantes de Perú informaron un número más reducido de personal escolar que los apoya y una menor probabilidad de sentirse cómodos hablando con los educadores sobre temas LGBTQ+. Sin embargo, en Perú, era mucho menos probable que faltaran a la escuela cuando ese apoyo estaba disponible.
- Los estudiantes de Argentina fueron más propensos a informar que habían escuchado comentarios homofóbicos y negativos de estudiantes sobre las personas transgénero.
- Los estudiantes de México y Colombia respondieron tener más probabilidades de escuchar comentarios negativos de los estudiantes sobre la expresión de género.

- Los estudiantes de Colombia y Perú reportaron una mayor probabilidad de escuchar comentarios negativos del personal educativo.
- Los estudiantes de Chile y Uruguay informaron menos probabilidades de escuchar comentarios negativos del personal escolar.
- Los estudiantes de Argentina y Chile contestaron que el personal había intervenido con más frecuencia cuando otros estudiantes hacían comentarios homofóbicos.
- Los estudiantes de Colombia fueron más propensos a reportar que se sentían inseguros debido a la forma en que expresaban su género e identidad de género.
- Colombia tiene el porcentaje más alto de políticas *antibullying* o acoso y de políticas que incluyen específicamente la orientación sexual y la expresión de género.
- Los hallazgos indican que estas políticas también fueron más efectivas en Colombia.

Conclusiones y recomendaciones

Los resultados de este informe indican una necesidad urgente y generalizada de crear entornos de aprendizaje seguros para los estudiantes LGBTQ+ en toda América Latina. La investigación encontró que la victimización que enfrentan muchos de ellos puede conducir a peores resultados tanto en términos de educación como de bienestar general.

La promulgación de enfoques específicos, como la capacitación del personal, el uso de un plan de estudios inclusivo y la implementación de políticas contra el acoso pueden mejorar los resultados académicos de estos estudiantes. Como parte del proyecto, cada país delineó recomendaciones para mejoras en su país específico.

Las recomendaciones comunes entre los siete países consideraron lo siguiente:

- Promulgar y hacer cumplir políticas para abordar la discriminación y la violencia antiLGBTQ+ en las escuelas y desarrollar protocolos nacionales para informar y responder a tales incidentes.
- Garantizar que las políticas y prácticas escolares no discriminen a los estudiantes LGBTQ+ y que se eliminen las políticas y prácticas discriminatorias existentes.
- Diseñar intervenciones escolares para promover una mejor convivencia escolar, específicamente con respecto al acoso y la violencia

antiLGBTQ+, incluida la orientación para estudiantes y familiares sobre cómo responder de manera efectiva al acoso y la violencia.

- Brindar educación sexual precisa, pertinente y completa que no margine a las personas de diversas orientaciones sexuales e identidades de género.

- Capacitar a los maestros para que respondan mejor a las necesidades de sus estudiantes LGBTQ+, brindando un desarrollo profesional a los educadores actuales.

- Requerir que los temas LGBTQ+ se cubran en los cursos de capacitación para educadores tanto de pregrado como de posgrado.

- Desarrollar campañas de concientización pública y proporcionar materiales educativos para las familias en la comunidad escolar a fin de promover un entorno escolar más inclusivo para todos los estudiantes.

- Financiar, realizar y divulgar investigaciones que continúen examinando las experiencias de los estudiantes LGBTQ+ en cada país y que evalúen las prácticas para mejorar el ambiente escolar en el que se desenvuelven.

Baños en la escuela

Muchas personas, incluidos los administradores escolares y las familias, tienen fuertes sentimientos sobre los baños que deben utilizar los alumnos transgénero en la escuela. A primera vista, el argumento parece referirse a la seguridad, pero en un nivel más profundo, se trata de una cuestión sobre si los alumnos transgénero tienen el mismo valor inherente que los demás alumnos o, incluso, si los alumnos transgénero existen realmente.

Señalar a los alumnos transgénero y a otros alumnos con diversidad de género y decirles que deben utilizar baños separados del resto del alumnado es denigrante y discriminatorio, y se suma a la estigmatización y el maltrato que ya sufren muchos de estos niños. Los baños del personal o de las enfermeras que algunos alumnos transgénero deben utilizar suelen estar demasiado lejos para acceder a ellos durante los descansos cortos, lo que los hace accesibles en teoría, pero inaccesibles en la práctica.

Asimismo, obligar a los estudiantes transgénero a ir a un baño que no coincide con el género que viven cada día pone en peligro su seguridad. Muchos alumnos, cuando se les ofrece esta opción, deciden no utilizar el baño en la escuela. En absoluto. En su lugar, limitan su ingesta de alimentos y líquidos durante el horario de clases, lo que pone en riesgo su salud física, al aumentar la probabilidad de desarrollar infecciones del tracto urinario o de los riñones, y les impide concentrarse en clase. También puede significar que los alumnos transgénero o no binarios falten a la escuela o la abandonen para buscar otro baño fuera del campus.

Aunque los baños unipersonales o los del personal o los de la enfermería pueden funcionar para algunos estudiantes transgénero y no binarios, otros pueden sentir que esa disposición los separa negativamente y los aísla de sus compañeros. En última instancia, lo que es correcto para cada estudiante debe decidirse en su plan de apoyo al género. Es probable que haya un debate continuo sobre esta cuestión, dado el clima político actual, pero la cuestión sigue siendo una cuestión de dignidad humana básica.

Se ha demostrado que el acoso escolar deteriora la autoestima, aumenta el aislamiento, las tasas de depresión y la ansiedad, conduce a la disminución de la asistencia y el rendimiento escolar, por nombrar solo algunos factores. Ser acosado, o ver cómo otros niños son acosados por su expresión o identidad de género, puede dificultar la afirmación de la identidad de género de cualquier niña o niño.

Crear un entorno seguro en la escuela

Es importante combinar tu plan de apoyo al género y tu plan de comunicación de género, ya que ambos están dirigidos a apoyar a tu hijo o hija individualmente en la defensa de la causa para fomentar un entorno escolar seguro e inclusivo en toda la escuela y el distrito. Deberías encontrar formas de colaborar con los administradores de la escuela, la asociación de madres y padres de familia, el comité de diversidad, equidad e inclusión del distrito, o el consejo escolar, para aplicar enfoques de inclusión en toda la escuela. Los estudios han identificado numerosas estrategias para crear un entorno seguro para los alumnos transgénero y no binarios de todas las edades:

- Modificar las políticas existentes para incluir específicamente la identidad de género y la expresión de género en las políticas antiacoso.

- Formar a todo el personal sobre cómo intervenir en estos incidentes, interrumpir los comentarios negativos sobre el género y hacer cumplir las políticas antiacoso.
- Formar a todos los profesores, consejeros escolares, personal de apoyo y otras personas que trabajen con los alumnos transgénero y no binarios.
- Responder, documentar y tratar oportunamente todos los incidentes de victimización y agresión por razón de género.
- Establecer espacios seguros, como la oficina del consejero, donde los estudiantes puedan explorar con seguridad problemas de género y denunciar el acoso.
- Informar a todo el personal, los alumnos y las familias sobre las políticas contra el acoso y sobre todas las políticas actualizadas relativas a la identidad y la expresión de género. Esto puede incluir la garantía de que el personal de la oficina reciba formación sobre leyes, políticas y procedimientos relativos al cambio de nombre de un estudiante en todos los sistemas internos.
- Promulgar y hacer cumplir las políticas escolares que permiten a los estudiantes transgénero y no binarios la igualdad de acceso a todas las instalaciones y actividades escolares.
- Garantizar que las políticas escritas del código de vestimenta de la escuela y su aplicación no discriminen por razón de género.
- Añadir la identidad de género y la expresión de género a todos los tipos de diversidad.
- Pedir, respetar y utilizar nombres y pronombres correctos en todas las comunicaciones.
- Adaptar e implementar en todos los ámbitos sistemas de información estudiantil que garanticen la privacidad de los estudiantes transgénero o no binarios.

El andamiaje de las políticas inclusivas y la formación sobre cómo aplicarlas funcionan de verdad. Cuando las escuelas aplican una política antiacoso que los alumnos conocen, es más probable que el personal intervenga para detener los comentarios negativos sobre la expresión de género: implica el doble de probabilidad de intervención cuando solo hay una política genérica y cinco veces más en comparación con la ausencia de una política.

Además, es importante actualizar los planes de estudio y los servicios de apoyo con el objetivo de que todos los estudiantes se sientan incluidos, seguros y protegidos en sus escuelas.

- Incluir representaciones positivas de la diversidad de género en el plan de estudios.
- Aumentar el acceso de los estudiantes a la representación positiva y a la información precisa sobre las personas transgénero y no binarias, e incluir sus historias y figuras históricas importantes en la biblioteca estudiantil.
- Apoyar la formación de un club de género y sexualidad para construir una comunidad y organizarse en torno a cuestiones de sexualidad y género.

LA BUENA NOTICIA

Todos los estudiantes merecen un entorno escolar seguro, y las políticas escolares deben proteger a todos los estudiantes por igual.

La Encuesta Nacional de Clima Escolar de GLSEN de 2019 encontró que, entre los estudiantes transgénero y no binarios, aquellos en escuelas con políticas o directrices específicas de género:

- Tenían menos probabilidades de experimentar discriminación generalizada que los estudiantes transgénero y no binarios en escuelas sin tales políticas y directrices.
- Era menos probable que se les impidiera utilizar el nombre o pronombre de su elección en la escuela (18.8% frente a 44.9%).
- Era menos probable que se les impidiera utilizar los baños de acuerdo con su género (26.7% frente a 53.6%).
- Es menos probable que se les impida utilizar los vestidores alineados con su género (25.5% frente a 50.7%).
- Es menos probable que se les impida llevar ropa que se considera "inapropiada" en función del género (6.9% frente a 23.9%).
- Es menos probable que falten a la escuela por sentirse inseguros o incómodos (36.5% frente a 42.4%).
- Tenían un mayor sentido de pertenencia a su comunidad escolar que los estudiantes transgénero y no binarios en los centros sin estas políticas y directrices.

Consejos y trucos

Puede resultar desalentador seguir defendiendo las necesidades de tu hijo en una escuela o distrito escolar en el que no hay políticas establecidas ni donde estén familiarizados con proveer facilidades para los estudiantes con diversidad de género. No te rindas. Sé persistente e insiste en que la escuela satisfaga las necesidades de tu hijo.

Un diagnóstico podría facilitar las cosas

A los alumnos transgénero o no binarios a veces les resulta más fácil obtener facilidades en sus centros escolares cuando tienen un diagnóstico oficial de disforia de género de un médico o terapeuta. Es más eficaz si un profesional de la institución médica de tu hijo está dispuesto a hablar con la escuela o a escribir una carta en la que se afirme que el reconocimiento de la identidad de género de tu hijo es lo que se necesita desde el punto de vista médico, pues esto permitirá identificar las formas específicas en que la escuela debe apoyar a tu hijo para garantizar que esa necesidad se satisfaga. En ciertas zonas puede ser difícil conseguir un diagnóstico de disforia de género para los alumnos de género expansivo, no binario o agénero cuando el personal médico no está al día en la amplitud de la diversidad de género, incluidos los espectros que figuran en la guía de buenas prácticas establecida por la Academia Americana de Pediatría. En estos casos, puede merecer la pena que visites en persona, o por una consulta en videollamada, a un especialista que esté dispuesto a proporcionar un diagnóstico y una carta para tu hijo.

La congruencia legal puede facilitar las cosas

Una vez que estés seguro de la identidad de género de tu hijo, puede ser útil buscar la congruencia legal. Esto permite actualizar el marcador de género legal de tu hijo o su nombre legal en todos los sistemas escolares. Hablamos de esto en el capítulo 10.

Planes de educación especial

Las leyes federales de educación especial en muchos países tienen un mecanismo para atender las necesidades de los alumnos con dificultades en la escuela. Están diseñadas para proporcionar un apoyo adicional a los alumnos de la escuela pública con alguna situación excepcional, discapacidades o condiciones médicas que les impiden alcanzar el currículo de educación general. Esa dificultad no tiene por qué ser únicamente académica; puede incluir el bienestar y el desarrollo social y emocional. Ser transgénero o no binario no es una discapacidad, pero el impacto emocional y educativo de vivir como un estudiante transgénero o de género expansivo puede interferir en su capacidad de aprendizaje. Incluso sin un diagnóstico formal de disforia de género, o en situaciones en las que este diagnóstico en sí no es válido, muchos otros lo serán por razones de ansiedad, depresión, angustia psicológica u otros trastornos que les provoca no tener afirmada su identidad de género en la escuela.

En Estados Unidos, la Ley de Educación para Personas con Discapacidades (IDEA, por sus siglas en inglés) y la sección 504 de la Ley de Rehabilitación son las dos principales leyes de educación especial. La IDEA regula la creación y aplicación de los planes educativos individualizados (PEI) y la sección 504 establece las normas de sus propios planes. Los PEI y los planes 504 están a disposición de los alumnos de las escuelas públicas desde preescolar hasta tercer grado de preparatoria. Son jurídicamente vinculantes e imponen requisitos legales específicos a los distritos escolares para garantizar que el PEI o el plan 504 de tu hijo cumpla con la ley federal. Aunque estos planes tienen propósitos similares y deben adaptarse a las necesidades únicas de tu hijo, el nivel de apoyos y adaptaciones que debe proporcionar una escuela para cumplir sus obligaciones legales en virtud de los PEI tiende a ser mayor que los de la sección 504.

Muchas familias han utilizado los PEI o los planes 504 con sus hijos transgénero y no binarios para garantizar el acceso al baño, el uso correcto del nombre y el pronombre, y otras necesidades esenciales en la escuela. Dado que deben abordar las necesidades únicas de un alumno, estos planes garantizan que el niño pueda acudir a un consejero para una revisión necesaria u otras modificaciones y facilidades cuando sea necesario.

Estos planes pueden no ser necesarios si tu hijo va bien, o la escuela ya lo apoya, pero ponerlos en marcha de todos modos puede ser beneficioso, dado que son legalmente vinculantes y permanecen con tu hijo a lo largo del tiempo. Si estás o llegas a encontrarte en un distrito en el que las políticas de apoyo a los estudiantes transgénero o no binarios son nuevas o inexistentes, o la aplicación de las políticas existentes es irregular, o si tu hijo ya ha sufrido acoso, las adaptaciones necesarias se detallarán en estos planes. Esto permite un nivel de apoyo consistente independientemente de los cambios de personal en la escuela o en el distrito, y permanecerá con tu hijo si cambia de escuela o distrito.

¿No significa eso que mi hijo tiene que ir a clases de educación especial?

Los padres suelen tener la impresión errónea de que los alumnos con PEI o planes 504 deben ir a clases especializadas separadas. Esto no es cierto; de hecho, es todo lo contrario. Más bien, las leyes están diseñadas para mantener a los alumnos con PEI o planes 504 en clases de educación general, a menos que tengan problemas de aprendizaje o necesidades graves de comportamiento que requieran un entorno educativo separado. Los planes especializados se ponen en marcha para contrarrestar el impacto de las dificultades académicas, emocionales y sociales que dificultan la capacidad del alumno para participar y avanzar en una escuela convencional.

¿Cómo se consiguen los servicios de educación especial?

Deben ocurrir tres cosas antes de que tu hijo pueda recibir servicios de educación especial, y esto puede llevar tiempo: a menudo se requieren al menos seis meses y a veces más de un año. El primer paso es una evaluación, el segundo, una decisión sobre la elegibilidad y el tercero, un plan. La evaluación debe solicitarse por escrito y puede hacerla un padre, un profesor, un médico o un profesional de la salud mental.

El psicólogo de la escuela y otros profesionales probablemente harán a tu hijo varias evaluaciones diagnósticas estandarizadas. A veces, la observación en el aula forma parte del proceso de evaluación.

Una vez terminada la evaluación, el equipo del PEI, formado por los padres y los responsables del centro escolar, revisa la evaluación y determina si los resultados demuestran la necesidad de servicios y apoyos de un nivel de PEI. Si están de acuerdo en que tu hijo necesita los servicios, el siguiente paso es crear ese plan. Si se considera que tu hijo no es elegible, puedes solicitar un plan 504.

Es posible que tu hijo no tenga que someterse a una evaluación si ya tienes documentación que cumpla con los requisitos, como cartas o diagnósticos del terapeuta o del médico de tu hijo. Estas deben incluir documentación sobre la angustia debilitante relacionada con su género o con el impacto de no tener su género apoyado y afirmado en la escuela. La fobia escolar, la ansiedad, la depresión o los problemas de comportamiento resultantes tienen que haber perjudicado la capacidad de aprendizaje de tu hijo. Los CDC afirman claramente que el estrés que pueden experimentar en la escuela los alumnos transgénero y los no transgénero los expone a un mayor riesgo de depresión y ansiedad. Estas alteraciones de la salud mental pueden implicar la elegibilidad de la sección 504, incluso en los casos en que la escuela decida que la disforia de género no es un factor de calificación. Lo que hay que destacar en todas las evaluaciones es que la angustia psicológica de no tener su género afirmado en la escuela impide el aprendizaje de tu hijo. Con las adaptaciones se reduce el estrés y se crean condiciones más propicias para el aprendizaje. Si se establece la elegibilidad, entonces el equipo puede comenzar el siguiente paso de crear el PEI o el plan 504.

Insistir en un evaluador adecuado

Para garantizar que la evaluación proporciona resultados precisos conforme las necesidades de tu hijo, la propia evaluación debe realizarse de forma que respete y afirme su género. Además de referirse a él o ella por su nombre y pronombres elegidos, el evaluador debe estar al día en la literatura sobre los jóvenes no binarios y transgénero y acerca de las necesidades basadas en la investigación que mejoran la vida cotidiana en la escuela para estos estudiantes.

Tener experiencia en su trabajo con jóvenes transgénero y no binarios permitirá una evaluación más precisa de las necesidades de tu hijo. Tendrás que insistir en que la escuela encuentre un evaluador calificado. Esto puede ser difícil en algunas zonas.

Mi hijo ya tiene un plan PEI o plan 504

Si tu hijo ya tiene derecho a la educación especial, hay que añadir a los planes existentes los requerimientos para respetar y afirmar su género. Respetar la identidad y expresión de género de tu hijo sigue siendo un calificativo válido, independientemente de sus otras necesidades educativas.

Te sugerimos buscar en tu región los planes de educación especial gubernamental que puedan apoyar a tu hijo.

Cómo afrontar problemas graves: qué hacer si tu hija/hijo sufre acoso o discriminación en la escuela

Si tu hijo sufre discriminación en la escuela, no tienes por qué tolerarla. Actúa. Entre las situaciones que se incluyen como acoso o discriminación en las legislaciones que protegen los derechos humanos están ser separado de las actividades de grupo, ser acosado o intimidado, o ser excluido o negársele una oportunidad educativa, ser disciplinado de forma discriminatoria, sometido a estereotipos basados en el sexo o en el género en sus actividades académicas o extracurriculares, y en otros programas o actividades educativas o de recreación, o ser tratado de forma diferente por su expresión de género o identidad de género.

Documentarlo todo

Ante todo, es esencial documentarlo todo. En cuanto te enteres de un incidente o de un suceso repetido, obtén todos los detalles posibles y anótalos. Incluye: quién estuvo involucrado, qué ocurrió, dónde ocurrió, cuándo ocurrió (hora del día, periodo escolar, fecha completa con el año), cualquier testigo y a quién se le comunicó el incidente. Sigue documentando todas las comunicaciones con la escuela y cualquier otro caso de discriminación o falta de respeto por la identidad o expresión de género de tu hijo. Si se cometió un delito, como una agresión física o sexual, deberías considerar seriamente presentar una denuncia ante la policía.

Informa de todo a las autoridades de la escuela

A continuación, es esencial informar de todas tus preocupaciones y de los incidentes a la escuela de la forma más oportuna posible. Concierta inmediatamente una cita con el director de la escuela. Lleva toda tu documentación a esta reunión. Lleva también una copia de las políticas de no discriminación y antiacoso de la escuela o del distrito escolar. Dependiendo de la edad de tu hijo, también puedes llevarlo a esta reunión. Es importante informar a los responsables de la escuela de cualquier incidente de discriminación o acoso, por pequeño que sea. Si es en la escuela primaria, puedes empezar por programar una reunión con el profesor de tu hijo para resolver el problema antes de hablar con el director de la escuela. Muchas escuelas están dispuestas a encontrar una solución una vez que entienden lo que está pasando. Pero si se resisten en lugar de comprometerse, asegúrate de que la escuela es consciente de que conoces tus derechos legales y de que tomarás medidas si no protegen a tu hijo.

Documenta todas las reuniones y los compromisos adquiridos en dichas reuniones. La mejor manera de hacerlo es enviar un correo electrónico después de cada junta o conversación al profesor o administrador con el que hayas hablado, resumiendo tus preocupaciones (con detalles) y enumerando las acciones que la escuela dijo que iba a tomar o no, y en qué fecha.

Si consideras que esto no te satisface, o si no se produce el seguimiento esperado, pide una cita con el supervisor de tu distrito escolar público. Si tu hijo asiste a un colegio privado, puedes volver a intentar otra cita con el director y pedir al consejero escolar o a un miembro del personal escolar que asista.

Antes de presentar una denuncia formal, primero tienes que haber notificado al director del centro la discriminación o el acoso para que sea legalmente responsable de abordarlo. Guarda siempre copias de todo lo que entregues a la escuela y de cualquier correspondencia con esta, incluidos los correos electrónicos.

Presenta una denuncia ante la escuela y el distrito escolar

Si la situación no se resuelve a partir de estas conversaciones, puedes presentar una queja formal ante la escuela o el distrito. Tanto las escuelas privadas como las públicas tienen un proceso de reclamación formal. En las escuelas públicas, también puedes presentar simultáneamente una queja ante la administración de la escuela y del distrito. La presentación de una queja formal debe hacerse con rapidez; cada escuela y distrito tiene diferentes requisitos, desde quién está autorizado a recibir e investigar las quejas hasta el plazo para presentarlas. Si la escuela o el distrito de tu hijo recibe algún tipo de financiamiento del gobierno federal, la escuela debe mantener la identidad de tu hijo en secreto y no puede tomar represalias contra ti o contra él.

Si su escuela privada no tiene un componente escrito para el proceso de reclamación, te aconsejamos que lo escribas todo y guardes todos los correos electrónicos para crear un rastro de documentación en papel. De nuevo, asegúrate de ser lo más detallado posible en tu queja, ya que más información puede hacer que la queja sea más sólida. Da detalles sobre lo que ocurrió, cuándo, dónde, quién estuvo involucrado, quién observó el incidente o los incidentes, y a qué personal de la escuela o del distrito se lo contaste inicial y posteriormente. Incluye la documentación de las reuniones en persona y cualquier correspondencia escrita que hayas mantenido con los profesores o la escuela. Si tienes otras pruebas que respalden la denuncia, como declaraciones de testigos o fotografías, debes adjuntarlas al formulario. La mayoría de los formularios de queja pueden ser rellenados por cualquier alumno, por la madre o el padre o por una tercera persona u organización interesada, en nombre de un alumno.

Entrega la denuncia directamente a tu director o al supervisor del distrito escolar y envía también una copia por correo electrónico. Si presentas una queja en un centro escolar público, la ley los obliga a investigar y solucionar el problema.

Lo reiteramos: asegúrate de guardar una copia de tu queja, la documentación de su presentación y un registro de las declaraciones o acciones realizadas en respuesta a ella.

Otras medidas que puedes tomar

Si después de presentar una queja formal a la escuela, la situación sigue sin resolverse de forma satisfactoria, hay otras opciones. Te sugerimos que hables con alguien de las organizaciones y grupos con experiencia en la representación de estudiantes transgénero y no binarios que aparecen al final de este libro, las cuales pueden ayudarte a determinar los siguientes pasos adecuados para ti.

Pueden ayudarte a trabajar con tu escuela o distrito escolar, presentar las denuncias adecuadas para el siguiente nivel o llamar la atención de los medios de comunicación sobre la situación. También puedes consultar a organizaciones de defensa legal o a abogados privados que ejerzan el derecho educativo o el derecho transgénero, para ver qué opciones legales tienes si no obtienes resultados en la escuela. Estos abogados suelen donar su tiempo para estas consultas.

Si no estás satisfecho con la investigación o los resultados de tu queja, las posibles acciones adicionales incluyen:

- Presentar un recurso ante el Departamento de Educación de tu estado, o ante las autoridades locales. En el caso de Estados Unidos, también puedes presentar una queja formal ante la Sección de Oportunidades Educativas de la División de Derechos Civiles (CRT) en el Departamento de Justicia estadounidense y en la Oficina de Derechos Civiles (OCR) en el Departamento de Educación. Esas agencias federales son responsables de hacer cumplir el Titulo IX de la ley federal que hace que sea ilegal que las escuelas discriminen a los estudiantes no binarios y transgénero. Una forma en que hacen cumplir el Titulo IX es investigando las quejas presentadas por los padres y los estudiantes que alegan violaciones a esa ley.
- Presentar una demanda alegando violaciones de las leyes constitucionales y estatutarias federales, y posiblemente estatales. Si decides presentar una demanda contra la escuela, debes saber que se trata de un proceso largo y que podría requerir que reveles información privada a los abogados del distrito escolar, así como registros médicos o de salud mental que corroboren tus alegatos.

¿Qué hacer si la escuela se niega a apoyar a tu hija/hijo?

Nuestro hijo se enfrentó a múltiples problemas, como el acoso, la intimidación física manifiesta, la intimidación verbal y las microagresiones frecuentes y continuas. En retrospectiva, mi mejor consejo sería no tener miedo de insistir con el sistema escolar. Los distritos escolares públicos tienen recursos. A nosotros nos costó mucho tiempo averiguar cuáles eran los nuestros, y creo que los pusimos sobre la mesa demasiado tarde. Ya habíamos perdido la capacidad de nuestro hijo para participar en ese entorno. Al final llegamos a un punto en el que pensamos que estabilizar las necesidades de salud mental de nuestro hijo era más importante que lo académico. Primero fue virtual y, cuando eso no funcionó, abandonó los estudios y buscó el General Education Development [GED, por sus siglas en inglés].

PADRE DE UN ADOLESCENTE NO BINARIO DE 16 AÑOS

Algunas escuelas simplemente se negarán a respetar la expresión de género y la identidad de género de tu hijo. Pueden negar los servicios de apoyo a la educación especial y también negarse a cambiar sus políticas. ¿Qué hacer entonces? Algunas familias se enfrentan a un sistema que simplemente es demasiado refractario y lento para la salud y el bienestar de su hijo. Otras familias viven en una comunidad tan pequeña que seguir presionando a la escuela para que apoye a su hijo podría dar lugar a represalias contra toda la familia, incluidos los hermanos. Cuando este es el caso, es posible que tengas que cambiar de estrategia: escuela en línea, educación en casa, educación abierta o a distancia o la obtención del certificado escolar por medio de un examen.

Iniciativas internacionales sobre violencia y discriminación en las escuelas

La Organización de las Naciones Unidas para la Educación, la Ciencia y la Cultura (Unesco) y la Comisión Interamericana de Derechos Humanos (CIDH) de la Organización de los Estados Americanos (OEA) han recomendado cómo deben actuar los Estados para prevenir la violencia y la discriminación en las escuelas, así como para promover mejores entornos de aprendizaje para los estudiantes LGBTQ+. Estos organismos han sido muy claros al respecto.

El *Llamado a la acción* elaborado por los ministros de la Unesco lo firmaron 45 países, incluidos Argentina, Bolivia, Chile, Colombia, Costa Rica, El Salvador, Guatemala, Honduras, México, Nicaragua, Panamá, Perú, España, Estados Unidos y Uruguay. Este afirma:

> Trabajaremos para desarrollar e implementar respuestas integrales para prevenir y abordar la discriminación y la violencia en todos los entornos educativos de nuestros países. Específicamente, nos comprometemos a reforzar nuestros esfuerzos para prevenir y abordar la violencia, incluida la basada en la orientación sexual y la identidad o expresión de género, dentro del marco amplio de una respuesta integral del sector de la educación a la violencia relacionada con la escuela, incluido el acoso escolar, teniendo en cuenta las especificidades de los diferentes contextos legales y socioculturales, y asegurando la cooperación entre países para compartir las mejores prácticas.[1]

Asimismo, la CIDH hizo un llamado internacional:

> La CIDH llama a los Estados Miembros de la OEA a cumplir con sus obligaciones de respetar, garantizar y adoptar medidas a nivel interno para garantizar plenamente los derechos de las niñas, niños y adolescentes LGBT, o percibidos como tales, a una vida libre de discriminación y violencia, dentro de la familia y la escuela.[2]

¿Se debe informar a otras familias sobre el género de tu hija/hijo?

La información sobre los alumnos es privada, a no ser que desees que otros la conozcan. Por ejemplo, ningún administrador o profesor puede compartir información personal sobre tu hijo con otras familias. Es confidencial.

Sin embargo, si deseas informar a la clase que tu hijo es no binario o transgénero, puedes hacerlo. El profesor entonces puede seguir tu ejemplo en cuanto a cómo quieres manejar esto.

A algunas familias les ha resultado beneficioso, con el apoyo de la escuela, enviar una carta a las madres y padres con alguna información básica

---

[1] Inter-American Commission on Human Rights. (2018). *Advances and challenges towards the recognition of the rights of LGBTI persons in the Americas*. https://www.oas.org/en/iachr/reports/pdfs/lgbti-recognitionrights2019.pdf

[2] *Ídem.*

sobre la situación, bien antes del inicio de clases o durante la primera semana. Esto puede ser especialmente útil, por ejemplo, si tu hijo asistió el año pasado a la misma escuela con un género diferente o usando pronombres diferentes, y la administración de la escuela y tú perciben al cuerpo de madres y padres como una comunidad acogedora.

Algunos progenitores de niños de género expansivo han optado por escribir este tipo de carta cuando su hijo empieza el kínder. Esto suele funcionar mejor con niños en los cursos inferiores y con niños de todas las edades en pequeños colegios privados. La posibilidad de que se produzcan reacciones adversas debe discutirse para planificar con antelación el modo de proceder en conjunto con la dirección del centro educativo, para que estén preparados con estrategias sobre cómo abordar las reacciones de otras familias. Este es otro ejemplo de cómo contar con políticas escritas de diversidad para la inclusión de personas transgénero y no binarias ayudará a la escuela y al profesor de tu hijo.

Si decides escribir una carta, debe tener un tono no apologético, ser explicativa de forma rudimentaria y breve, y dejar claro que este es solo otro factor de tu hijo, junto con aspectos comunes como que le encantan los cachorros, el color verde y los espaguetis. También debe indicar de forma positiva que esperas apoyo y amabilidad hacia él o ella. Subraya también que eres consciente de que otras madres y padres pueden tener preguntas y que estas pueden abordarse en un lugar apropiado si es necesario, no con tu hijo. Algunas familias han animado a las escuelas a tener "libros comunitarios" en cada salón de clases, en donde cada niño o familia contribuye con una breve descripción personal. Esto quita la carga a una familia en particular por ser "diferente" y permite que todos compartan lo especial y único en ellos.

El enfoque de la carta no es para todo el mundo y puede funcionar mejor en zonas más liberales o en las que tu familia no es la única en abrir camino para la diversidad de género. Hay que sopesar cuidadosamente los riesgos y los beneficios. Algunas escuelas consideran que una carta de este tipo incitaría reacciones negativas de las familias y pondría todo el foco en tu hijo, mientras que otras consideran que aumenta el apoyo y la comprensión del cuerpo de madres y padres.

Lo ideal sería que también hubiera un programa sistemático de formación en la sensibilidad de género en la escuela. Como comentó un padre: "Esto forma parte de un proceso continuo para la escuela en su conjunto, no se trata solo de pasar por el aro para nuestro hijo. Sí, tal vez la escuela se haya dado cuenta de la necesidad de hacer este trabajo por nuestro hijo, pero se han comprometido a enseñar la diversidad de género a todos los miembros de la escuela".

Otro dijo: "Al principio pensamos en enviar una carta. Pensamos que eso evitaría las burlas para nuestro hijo, pero después de trabajar con el director nos dimos cuenta de que sería mejor organizar una formación para el personal y luego una noche de educación para los padres sobre la diversidad de género. De este modo, la sensibilización se lleva a cabo, pero las reacciones no se dirigen tanto hacia mi hijo, sino más bien hacia la administración por sus políticas de aceptación. Nos sentimos muy aliviados de haberlo enfocado así". Somos conscientes de que madres y padres están abriendo caminos nuevos y recomendamos que se pongan en contacto con otras familias que hayan tratado este tema con éxito en la escuela para obtener más ideas.

Cuando tu hija/hijo es el blanco de las quejas de otras familias

Otras madres y padres pueden tener mucho miedo a cualquier expresión de género fuera del binario, especialmente si no han recibido ninguna educación sobre la diversidad de género. Su ansiedad y sus miedos ante lo desconocido suelen manifestarse exigiendo que el niño transgénero no utilice el baño de su género afirmado, prohibiendo las reuniones de juego e incluso insistiendo en que su propio hijo lo ponga en evidencia públicamente o rehúya al niño transgénero.

Algunas familias piden que su hijo sea trasladado a otra clase y algunos incluso optan por sacarlo de la escuela. En algunos casos, estos padres han creado una campaña de desprestigio contra la familia del niño, hablando con el mayor número posible de madres y padres y miembros de la comunidad de forma incendiaria.

Si este tipo de reacción se produce en tu comunidad escolar, debes solicitar el apoyo de tu administración. También aquí ayuda tener una política establecida sobre la discriminación de género. En este sentido, resulta fácil ver por qué es importante haber discutido las necesidades especiales de tu hijo y las expectativas de tu familia con respecto a la escuela antes del comienzo del ciclo escolar y tener un plan de apoyo al género y un plan de comunicación de género.

Si resulta abrumador para ti o para el personal saber qué hacer en esta situación, ponte en contacto con Gender Spectrum o alguna otra organización que apoye a la comunidad transgénero en tu localidad para obtener formación y recursos. Al final de este libro encontrarás una lista con este tipo de organizaciones. La escuela de tu hijo tiene la obligación moral y, en la mayoría de los casos, legal de protegerlo. Puede ser necesario recordárselo.

Formas de seguir apoyando a tu hija/hijo en edad escolar y a sus hermanos

A lo largo de los años, las necesidades de tu hijo cambiarán y evolucionarán. Para la mayoría de las familias de alumnos de género expansivo, no binario y transgénero, la mayor parte del trabajo con la escuela se requiere en las primeras transiciones sociales o médicas, en cualquier cambio de género o siempre que tu hijo asista a una nueva escuela. Sin embargo, habrá momentos inesperados en los que tendrás que volver a desempeñar un papel activo en la escuela de tu hijo.

Resiste la suposición de que, si hablaste con un profesor el año anterior, el personal recibió cierta formación y tienes un plan de apoyo al género, no es necesario que vuelvas a hablar con el centro educativo ni con el profesor. Debes comunicarte con la administración y los profesores de tu hijo cada año.

Es importante reunir al equipo de apoyo al género al menos una vez cada verano, antes del inicio de clases, para revisar el plan, ver si es necesario hacer ajustes y recordarle al director que debe seleccionar a los profesores del próximo año teniendo en cuenta la situación especial de tu hijo. Cada vez que lleguen nuevos docentes a la escuela, como profesores de gimnasia o música, tú o la escuela tendrán que discutir con ellos las particularidades de tu hijo y lo que se espera de ellos como profesores.

Si tienes otro hijo en el mismo centro, o incluso en el mismo distrito, es importante que te asegures de que este hermano también recibe apoyo. Si es posible, asegúrate de que los centros ofrecen formación a todos los profesores, familias y alumnos a los que se expondrá cada uno de tus hijos. Al principio, madres y padres pueden pensar que esto no es importante, pero muchas familias llegan a darse cuenta del valor de apoyar a cada niño de la familia desde el principio.

No era mi hijo transgénero el que sufría burlas, sino su hermana pequeña. Se burlaban de ella sin piedad. Su profesor no tenía ninguna formación y el colegio se negó a pagar por ella porque nuestro hijo mayor estaba en secundaria, y esto ocurría en la primaria. Finalmente, contratamos a un formador experto para que hablara con el profesor. Los resultados fueron notables. Solo lamentamos no haber pensado en organizarlo desde el principio. Por supuesto, se corrió la voz, otros niños también tienen hermanos mayores.

PADRE DE UN HIJO TRANSGÉNERO DE 13 AÑOS
Y UNA HIJA CISGÉNERO DE 10 AÑOS

Ir a la universidad: elecciones y desafíos

Aunque somos conscientes de que la universidad puede no ser para todo el mundo, ni todas las universidades son asequibles para todos los niños transgénero y sus familias, sigue siendo un rito de paso para muchos jóvenes. Puede que tengas preocupaciones y preguntas sobre cómo será para tu hijo una vez que salga de casa. Puede ser un alivio imaginar un mundo más allá del colegio para tu hijo. Mientras que la escuela tiende a ser insular, la universidad es una oportunidad para expandirse más allá de lo familiar, para romper con las regiones y las actitudes que pueden ser opresivas para un joven transgénero o no binario. Mientas esto puede ser cierto en el caso de universidades con alojamiento en Estados Unidos, algunos adolescentes encuentran que las universidades locales de su comunidad les dan mejor bienvenida aun cuando esto signifique seguir viviendo en sus casas.

En cualquier tipo de entorno universitario, a tu hijo se le ofrecerá la oportunidad de transformarse de varias maneras importantes y empoderadoras. Abandonar zonas geográficas con más prejuicios, compañeros insolidarios e incluso traumas familiares es increíblemente liberador para los adolescentes transgénero o no binarios, ya que a menudo los expone por primera vez a un mundo que incluye a más personas como ellas o ellos y versiones de género que nunca antes habían visto en persona. Puede ser muy afirmativo proporcionar a tu hijo una visión del futuro que incluya amigos, comunidad y otras personas afines.

Dado que algunos adolescentes transgénero y no binarios pueden no darse cuenta de lo diferente que puede ser la universidad en comparación con las limitaciones que han encontrado en la escuela, podría valer la pena que tu familia se dirija a una que tenga un centro comunitario o programa *queer* activo y organice una visita al campus. Puedes llamar con antelación y pedir que te pongan en contacto con un estudiante transgénero o no binario para que sea tu guía.

El mundo académico ha liderado a menudo al resto de la sociedad en la aceptación de nuevas ideas sociales. Lo mismo ha ocurrido en gran medida a la hora de acoger a los jóvenes transgénero y no binarios. Esta sección examina las muchas consideraciones que hay que tener en cuenta para encontrar el entorno más inclusivo en cuanto a género para lanzar a tu hijo a la independencia.

Encontrar una universidad no binaria y transgénero amigable

Al explorar opciones universitarias, los estudiantes de preparatoria transgénero, no binarios y de género expansivo, y sus padres, tienen ciertas consideraciones únicas que deben tener en cuenta.

Si vives en Estados Unidos, tu primera parada para reunir información debería ser el Índice de Orgullo Universitario, un recurso en línea que proporciona información detallada sobre las políticas y prácticas de las universidades en Estados Unidos. Una buena siguiente parada es la Campaña de Derechos Humanos (HRC, por sus siglas en inglés), que también tiene listas completas de colegios y universidades con alojamiento inclusivo y cobertura sanitaria, la cual incluye atención de congruencia de género, como hormonas y algunas cirugías.

Puede ser una ardua tarea sumergirte en toda la información en línea sobre cada escuela potencial para encontrar los pocos indicadores que harán que un estudiante transgénero o no binario se sienta seguro y acogido en esa institución. Así que, en primer lugar, reduce la búsqueda. Empieza por el sitio web oficial. Aunque es probable que no veas ninguna entrada destacada para los estudiantes transgénero que deseen solicitar admisión, debes fijarte en si el lenguaje hace hincapié en la diversidad y promueve una actitud de acogida para todos los estudiantes. De hecho, las palabras "diversidad" e "inclusión" son grandes marcadores hoy en día en las instituciones más progresistas, y es probable que estos términos se destaquen repetidamente en los sitios web de las escuelas que buscan un amplio abanico de diferencias en cuanto a diversidad racial, cultural, económica, de orientación sexual y de género entre sus estudiantes. Observa también si las fotos del sitio web reflejan visiblemente este énfasis. Los periódicos estudiantiles y la información de salud y bienestar publicada, mucho de lo cual está disponible en línea, también serán reveladores.

En segundo lugar, asegúrate de que las universidades que estás considerando tienen políticas explícitas de no discriminación que incluyen la identidad y la expresión de género. Esta es una de las cosas más importantes que hay que buscar al considerarlas. Para que tengas una idea del apoyo y condiciones que puede brindar una institución educativa puedes consultar el Campus Pride Index que valora las opciones educativas universitarias para la comunidad LGTBQ+ en Estados Unidos.

Por supuesto, a menudo existe una incoherencia entre las políticas declaradas o publicadas y las prácticas reales en cada centro. Los alumnos inscritos, especialmente los que participan activamente en organizaciones LGBTQ+ y que llevan al menos uno o dos años en esa universidad, tendrán una idea de esta diferencia entre la política y la realidad. ¿Cómo gestiona la universidad las denuncias de prejuicios y acoso? ¿Qué progresos está haciendo en las cuestiones que han planteado los alumnos transgénero y sus aliados?

Es importante recordar que el Título IX, del que hemos hablado antes en este capítulo, prohíbe la discriminación por razón de sexo en las instituciones educativas que reciben financiamiento federal. Esto significa que todas las escuelas y universidades estatales tienen la obligación de crear un entorno de aprendizaje libre de discriminación por motivos de identidad y expresión de género. A diferencia de las escuelas privadas, la mayoría de las universidades privadas también están sujetas a los requisitos del Título IX, porque aceptan préstamos federales de sus estudiantes.

Otra cosa que hay que tener en cuenta es si la universidad tiene un programa académico de estudios LGBTQ+, un centro estudiantil LGBTQ+ o alguna mención de grupos para estudiantes transgénero o no binarios en su sitio web.

No olvides investigar el nivel de diversidad general y la actitud previa hacia las personas transgénero, no binarias y LGBTQ+ en cada ciudad o estado al que estés considerando enviar a tu hijo a la universidad. Es posible que no quieras que viva en un territorio hostil, aunque la universidad que estén considerando sea progresista.

El sistema de universidades comunitarias de este país es amplio, y en muchas zonas hay múltiples opciones entre las cuales elegir. Dependiendo de la universidad, puede haber programas que ofrezcan especialidades en estudios LGBTQ+, así como actividades y clubes centrados en LGBTQ+ o inclusivos. Las universidades comunitarias pueden ser examinadas de forma similar a lo que hemos descrito, aunque la mayoría de los estudiantes vive en casa o con amigos mientras asisten a estos centros y puede que no haya tantas oportunidades extracurriculares o sociales disponibles.

Buscando alojamiento o residencias

Cuando busquen una residencia universitaria, los estudiantes transgénero y no binarios deben buscar medidas específicas que la universidad haya tomado para garantizar su comodidad y seguridad. Un alojamiento seguro y acogedor es esencial para una experiencia de vida positiva en el campus.

Cada vez son más los centros que ofrecen pisos especiales de género neutro en las residencias. Las "viviendas de género neutro" o "viviendas de género inclusivo" indican pisos o departamentos en los que pueden convivir personas de todos los géneros. Los estudiantes pueden pedir que se les asigne un alojamiento con inclusión de género o que se les aloje en la planta LGBTQ+ o en la residencia LGBTQ+. Cuando no se disponga de este tipo de alojamiento, los centros deberían poder proporcionar habitaciones individuales a los estudiantes aceptados que se identifiquen como transgénero o no binarios y que no se sientan cómodos en otras opciones de alojamiento disponibles. Si no se encuentra ninguna otra solución, considera la posibilidad de un alojamiento fuera del campus, si es posible.

LISTA DE COMPROBACIÓN PARA UN CAMPUS AMIGABLE CON LA DIVERSIDAD DE GÉNERO

☐ ¿El campus designa algunos baños como neutros en cuanto al género o proporciona baños de uso individual? ¿Hay una lista pública de ellos en algún lugar de la universidad?

☐ ¿Existe un alojamiento de género neutro o inclusivo en las residencias?

☐ ¿Hay una planta LGBTQ+ en las residencias?

☐ ¿La universidad incluye la "identidad y expresión de género" en sus políticas de no discriminación?

☐ ¿Ha demostrado la universidad su compromiso de contratar y formar a profesionales de la salud, incluidos consejeros de salud mental, que conozcan las necesidades de atención de los estudiantes transgénero y no binarios?

☐ ¿Hay personal y profesorado transgénero o no binario, que sea visible?

☐ ¿Se han revisado los formularios para que los estudiantes puedan identificar su género y sus pronombres?

☐ ¿Hay formación para todo el profesorado y el personal sobre las formas de mantener la seguridad de los estudiantes transgénero, no binarios y de género diverso?

☐ ¿Los materiales impresos y del sitio web son inclusivos para los estudiantes LGBTQ+, celebran la diversidad y utilizan un lenguaje neutro o inclusivo en cuanto al género?

☐ ¿Los materiales informativos dan el nombre y la información de contacto de personal o profesorado específico (como un responsable del programa LGBTQ+) al que se puede acudir para hacer preguntas concretas?

☐ ¿Ofrece el centro de salud estudiantil terapia hormonal y otros cuidados sanitarios específicos y sensibles al género? ¿El plan de seguro médico de la universidad cubre las hormonas o las cirugías de confirmación de género?

☐ ¿Aborda la universidad adecuadamente los problemas de insensibilidad o acoso por razón de género, y parece que lo hace con rapidez o va demasiado lento?

☐ ¿Hay pruebas de activismo de género en el campus?

Hormonas y cuidados de salud

Para los estudiantes transgénero y no binarios, el paso de la preparatoria a la universidad puede presentar oportunidades únicas para algunas familias y, para otras, retos a la hora de buscar una cobertura médica que afirme su género. Algunos estudiantes que van a ir a la universidad ya estarán utilizando hormonas para la congruencia de género, otros estarán preparados para iniciar la terapia hormonal cuando estén en la universidad. Cada vez hay más universidades que ofrecen cobertura médica para la congruencia de género, pero el proceso es lento. Aunque la terapia de reemplazo hormonal es relativamente barata y fácil de recetar y controlar, pocos centros universitarios y universidades de Estados Unidos la cubren actualmente en su seguro médico para estudiantes —aproximadamente 112 de unos 4 700 en el momento de la publicación—, según Campus Pride. Por lo tanto, puede ser necesario que investigues un poco en tu país para entender realmente lo que está disponible en cada centro educativo concreto, dada esta complejidad.

Dependiendo de la situación, tu hijo puede necesitar establecer atención y tratamiento con un médico o proveedor de hormonas fuera del campus.

Conseguir que se establezca esta relación es algo que tu familia debería considerar hacer antes de que comiencen las clases. Es importante mencionar que, en Estados Unidos, en los casos en los que las hormonas no están oficialmente cubiertas en el plan de seguros, algunos médicos del campus (y fuera de él) proporcionan hormonas a los estudiantes transgénero y no binarios mediante un diagnóstico de "deficiencia endocrina", de modo que la terapia de sustitución hormonal pueda cubrirla el seguro.

Algunas familias consideran que lo mejor para su hijo es permanecer en su plan de salud actual si este cubre la atención de afirmación del género, enviar las recetas a un lugar adecuado para el campus, y ver a su médico en persona para las revisiones cuando esté de vuelta en casa.

Como en todos los entornos, los estudiantes universitarios transgénero tienen derecho a una atención respetuosa e informada, en la que sientan que los proveedores de servicios médicos y de salud mental pueden satisfacer sus necesidades.

Capítulo 9

Apoyo médico y psicológico para infancias transgénero y no binarias

De todos los problemas a los que se enfrentan las familias y cuidadores a la hora de aprender a apoyar a su niño transgénero o no binario, identificar, obtener y comprender la atención médica adecuada puede ser la cuestión más difícil. Madres y padres tienen muchas preguntas y, a menudo, mucho miedo sobre lo que implican las medidas de congruencia médica. Incluso al principio pueden oponerse rotundamente a que su hijo "cambie de cuerpo" o a que tome los tratamientos de terapia hormonal que ahora son la norma de atención para los jóvenes transgénero y no binarios que los necesitan. Las familias y cuidadores pueden sentir que tienen que proteger al niño de hacer cambios permanentes en su cuerpo de los que les preocupa que se pueda arrepentir más tarde. Se preguntan si deben dejar pasar el tiempo y "esperar a ver" lo que sucede. A lo largo de los años hemos escuchado muchas preocupaciones de este tipo y, como madres y padres, comprendemos que los temores e incluso las objeciones suelen proceder de un lugar de amor.

Cuando escribimos la primera edición de este libro en 2007, solo había una clínica de género para niños y adolescentes en Estados Unidos, la Clínica de Servicio Multiespecializado de Género (GEMS), dirigida por el doctor Norman Spack en el Hospital Infantil de Boston. ¡Cómo han cambiado las cosas! Ahora, al escribir este capítulo, hay más de 80 instituciones en Estados Unidos con programas de este tipo, así como clínicas en países de todo el mundo, como Gran Bretaña, Canadá, China, Italia, Sudáfrica y Holanda. Las grandes organizaciones para la administración de la salud de Estados Unidos, como Kaiser Permanente, tienen clínicas especializadas en género dentro de sus instalaciones. Es una época diferente.

Todas las organizaciones médicas importantes, incluidas la Academia Americana de Pediatría (AAP) y la Asociación Médica Estadounidense (AMA, por sus siglas en inglés), declaran formalmente que la atención médica de afirmación del género es el mejor enfoque para los jóvenes transgénero y no binarios. La atención médica de afirmación del género es individual y sin juicios, orientada a comprender y apreciar el género de cada niño (véase el recuadro de la página 312 sobre este modelo por parte de una de sus fundadoras, la doctora Diane Ehrensaft). También hay cada vez más evidencia empírica de que proporcionar medidas de congruencia médica afirmativa a los jóvenes de forma oportuna reduce hasta en 30% el riesgo de que sufran problemas de salud mental más graves en el futuro.

En una clínica de género, los médicos suelen trabajar en equipo con los miembros de la familia, las enfermeras, los trabajadores sociales especializados en cuestiones médicas y los terapeutas, para asegurarse de que la familia tiene todo lo que necesita para navegar el género de su hija o hijo. A veces se ofrecen servicios complementarios, como talleres en materia legal para ayudar en cuestiones tales como el cambio de documentos de identidad personal, o clases informativas o grupos de apoyo. Un número cada vez mayor de pediatras y médicos familiares también ofrecen a los niños pequeños con diversidad de género y a sus familias un entorno de apoyo, sin prejuicios, para responder a sus preguntas y preocupaciones y orientarlos sobre cómo es la crianza afirmativa de un niño con diversidad de género.

Con el modelo de atención afirmativa de género, se apoya a los niños para que busquen la congruencia social (nombre, pronombres, peinado, ropa, etc.) cuando sea necesario para afirmar su identidad o expresión de género y, si se considera apropiado para su situación particular, para que busquen la congruencia médica. Si llega el momento de las intervenciones médicas, el pediatra, el médico de adolescentes o el médico de familia pueden prestar estos servicios ellos mismos o remitir a otro proveedor o equipo de apoyo especializado en la atención afirmativa de género. Además de los médicos, un número cada vez mayor de terapeutas especializados en género están alineados con este modelo y están disponibles para consultas o atención continua, tanto a través de las consultas en línea como durante las citas en persona.

En abril de 2021, el director general de la Asociación Médica Estadounidense escribió:

> Las evidencias empíricas han demostrado que las identidades de género trans y no binarias son variaciones normales de la identidad y la expresión humanas. Para las personas con diversidad de género, las normas de atención y los servicios médicamente necesarios y también aceptados que afirman el género

o tratan la disforia de género pueden incluir el asesoramiento en salud mental, la transición social no médica, la terapia hormonal de afirmación del género y las cirugías de afirmación del género. Las directrices clínicas establecidas por las organizaciones médicas profesionales para la atención a los menores promueven estas intervenciones de apoyo basadas en las pruebas actuales que permiten a los jóvenes explorar y vivir el género que elijan. Todas las asociaciones médicas importantes de Estados Unidos reconocen la necesidad médica de la atención relacionada con la transición para mejorar la salud física y mental de las personas transgénero.

Encontrar el médico de cabecera adecuado para tu hija/hijo

El médico de cabecera puede desempeñar un papel fundamental en el apoyo a tu familia durante la exploración de género de tu hijo. Por desgracia, hay muchas posibilidades de que este no haya recibido nunca ninguna formación sobre el tema de las infancias transgénero o no binarias. Por tanto, es posible que tu pediatra solo aporte sus opiniones y prejuicios personales, en lugar de información sólida, clínica y basada en pruebas.

Muchos pediatras y terapeutas bienintencionados que no están al día de las mejores prácticas y directrices escritas para su profesión no se dan cuenta de que sus recomendaciones mal informadas pueden aumentar el estrés y los riesgos a corto y largo plazo para estos niños. Si te han sugerido que intentes imponer una disciplina a tu hijo en cuanto a la variación de género, o que no permitas ni apoyes su autoexpresión, o que tu hijo es demasiado joven para conocer su identidad de género, o que te equivocas al apoyar su expresión natural de género, todas estas son señales de alarma. Si has recibido este tipo de mensajes, es imprescindible que busques otro especialista médico.

No hay que subestimar la importancia de encontrar un profesional de la salud de mente abierta. Recuerda que la tasa de depresión, ansiedad, autolesiones y suicidio en niños y adolescentes transgénero y no binarios es extraordinariamente alta. Busca un médico o especialista que sea consciente de estos riesgos mayores y que se mantenga al día en la investigación basada en la evidencia para que te guíe mejor en tu crianza y en el cuidado médico de tu hijo.

Aunque tal vez no haya profesionales informados en tu ciudad, es esencial que encuentres a aquellos que al menos no juzguen y estén dispuestos a dedicar tiempo a investigar la información más reciente sobre este tema. Cada vez se publican más estudios sobre los beneficios de la atención afirmativa, y los médicos deberían tener acceso a ellos. Por supuesto, llévales este libro y también a aquellos que podrían trabajar contigo. Aunque todavía no tengan mucha experiencia o formación específica en este campo, es perfectamente razonable esperar que aprendan todo lo que puedan cuando sea necesario.

Muchos pediatras son hábiles y abiertos. Si tu pediatra ha visto a tu hijo durante muchos años, es posible que ya haya anotado en el historial que tu hijo utiliza un nombre diferente al de nacimiento, que muestra comportamientos de expansión de género o incluso que ha expresado sentimientos transgénero.

Algunas familias están tan preocupadas por cómo responderá una persona al cuidado de su hijo sobre sus diferencias de género que no comparten esta información con su médico. Estas madres y padres pueden sentirse un poco avergonzados de él o ella y suelen querer determinar por sí mismos si se trata tan solo de una fase antes de hablar de ello con el médico. Esto no es lo que recomendamos. Como bien sabes, hay una pronunciada curva de aprendizaje para la comprensión y la aceptación cuando se trata de la diversidad de género.

Como has llegado al punto en el que estás leyendo este libro, para tu hijo ya no es una fase, o bien se trata de una fase prolongada que está teniendo un impacto en su vida. Por favor, comparte esta información con tu médico. Así tendrá tiempo de ponerse al día en la investigación sobre los modelos afirmativos de atención y en las cuestiones médicas contemporáneas sobre los niños de género expansivo y transgénero. También te permitirá reconocer si será necesario encontrar otro proveedor de servicios médicos.

Acabo de darme cuenta de que nuestra pediatra no ha visto a mi hijo desde hace tiempo, y no está al tanto de su transición social. Supongo que será mejor que llame por teléfono para asegurarme de que, con respecto al género, ella está con nosotros en esto.

PADRE DE UN HIJO TRANSGÉNERO DE 7 AÑOS

En cuanto a lo que habría hecho de forma diferente, habría investigado a los médicos que encontré antes de seguir su consejo. ¿Habían buscado información? ¿Sabían algo sobre los niños transgénero?

PADRE DE UN HIJO TRANSGÉNERO DE 8 AÑOS

Puedes considerar la posibilidad de programar una consulta especial para mamá y papá —sin tu hijo— para hablar de los contratiempos a los que se enfrenta tu familia. Acude con una actitud positiva y con los recursos que tienes a este respecto. Toma buena nota de las respuestas de tu médico, incluido su lenguaje corporal. He aquí algo que ha funcionado para otras familias para iniciar la conversación:

- "Sabemos que este tema es difícil para algunas personas, pero nos hemos dado cuenta de que necesitamos ver a un médico que pueda ayudarnos en este camino sin que sus prejuicios personales influyan en la atención que recibimos. Nos parece muy bien si, por cualquier motivo, usted no cree que sea el mejor médico para nosotros. Apreciaríamos mucho si nos recomendara otro, si conoce a alguno".

Si eres directo, tendrás una idea más clara de si este médico o especialista podrá atender las necesidades de tu familia a largo plazo.

Examinar a los médicos con una llamada telefónica

Se podría pensar que el personal que atiende el teléfono en una consulta médica conoce las áreas de especialización de los doctores. Pero a menudo no es así. Para investigar este punto, Stephanie llamó a tres oficinas de pediatras que actualmente trabajan de forma solidaria con infancias de género expansivo y transgénero. Preguntó si podía hablar con el médico más familiarizado en cuestiones de género en niñas y niños. Las recepcionistas tuvieron que preguntar varias veces qué significaba eso; cada vez lo explicaba. Aunque Stephanie ya sabía que los médicos trabajaban con menores transgénero, en ninguno de los consultorios había personal que supiera algo sobre este tema. Cuando Stephanie volvió a llamar con el nombre del médico que conocía, el personal de uno de los consultorios negó con vehemencia que el médico supiera algo así, a pesar de que Stephanie y él se habían reunido en un taller dos semanas antes y habían mantenido una conversación informativa sobre este particular.

Todo esto quiere decir que, por desgracia, no siempre puedes confiar en el comportamiento, las opiniones o las perspectivas del personal de los consultorios como medida de los conocimientos y la sensibilidad del médico del mismo. Si encuentras algún obstáculo, considera la posibilidad de concertar una cita en persona o por teléfono con los propios médicos. Una vez que encuentres una buena combinación, puedes sugerir una formación para todo el consultorio, de manera que no se rechace a otras familias y puedan tomar medidas encaminadas a crear un lugar más inclusivo desde el punto de vista del género, ¡incluyendo la garantía de que se llame por los nombres correctos en la sala de espera! Nos han contado muchas historias de niños a los que el personal llama por sus nombres de nacimiento en la sala de espera de muchos consultorios y clínicas, a pesar de las notas en los historiales que especifican cuál es su nombre actual elegido. Esto puede ocurrir incluso en clínicas que tratan específicamente cuestiones de género en niños. Por supuesto, muchos empleados del consultorio serán maravillosos, pero basta un mal encuentro para que un niño, que probablemente ya se siente sensible o ansioso por su cita, se vuelva dudoso de volver a ver a ese médico.

¿Cuáles son las acciones que deben tomar los padres de niños transgénero?

- Integrarse a grupos o a las organizaciones que trabajan con esta población.
- Consultar a los profesionales que atenderán a su hij@ para saber si cuentan con alguna especialización o sensibilización antes de recetar hormonas.
- *Esforzarse* en acompañar los procesos que vivirá su hij@ trans.

JUAN CARLOS TAPIA, FUNDADOR Y PRESIDENTE DE LA
FUNDACIÓN JUNTOS CONTIGO, CHILE

Servicios de salud generales para tu adolescente

Si tu hijo adolescente es transgénero o no binario (tome o no hormonas), tienes que encontrar un médico que lo respete y pueda hablar con ella o él sobre sus necesidades médicas específicas. La experiencia de que un médico reconozca el género de tu hijo, haga y responda a las preguntas pertinentes sobre su género y su sexualidad puede suponer un estímulo para su autoestima que durará mucho, mucho tiempo. También es esencial que tu chico o chica adolescente reciba un buen asesoramiento e información actualizada sobre las citas, las prácticas sexuales seguras y la detección de infecciones de transmisión sexual, así como información sobre el control de la natalidad. A menudo, madres y padres se sienten incómodos simplemente hablando con sus hijas o hijos sobre sexo y sexualidad. Tener un hijo transgénero puede complicar aún más la capacidad del progenitor mejor intencionado para hablar con su hijo con conocimiento y sensibilidad sobre sexo (incluido el sexo seguro), la intimidad y las relaciones. Otra gran fuente de atención primaria que afirma el género puede ser alguna clínica local. Además de la atención médica general, en algunos lugares las clínicas pueden recetar hormonas y ofrecer educación sexual segura que incluya el género.

Encontrar un profesional de la salud que afirme el género de tu hijo es una forma concreta de ayudarlo. Si no puedes encontrar un médico de este tipo en tu zona, considera la posibilidad de desplazarte a una clínica de género o con un médico conocido que tenga en cuenta el género en tu zona geográfica, aunque suponga un viaje de varias horas para llegar hasta allí. Las citas médicas en línea también son una posibilidad y se han vuelto más comunes debido a la pandemia de covid-19.

¿Cuándo niñas y niños requieren una atención médica especifica de género?

Muchas familias y cuidadores mencionan que se enfrentan a continuas preguntas de amigos y familiares sobre las intervenciones médicas, incluso cuando sus hijos son bastante jóvenes. Es un error pensar que la aceptación de quién es tu hijo significa una transición médica inmediata, especialmente en el caso de los preadolescentes o los niños pequeños. Está bien como madre o padre establecer un límite para estos interrogatorios invasivos.

Los estándares de atención para la intervención médica han cambiado considerablemente en los últimos veinte años. En la actualidad, en un modelo de atención afirmativa, si una evaluación lo justifica, los jóvenes transgénero y no binarios pueden utilizar medicamentos de bloqueo hormonal para suprimir por completo el desarrollo puberal de su sexo de nacimiento. Los bloqueadores de hormonas no se administran hasta que la pubertad haya comenzado realmente. Esto significa, en un sentido práctico, que un bloqueador hormonal puede administrarse en algún momento entre los nueve y los 14 años, dependiendo del inicio de la pubertad y de la evaluación de un médico calificado. Como los niños se desarrollan a ritmos diferentes, no hay una edad específica en la que se recomiende esta intervención. Los especialistas médicos subrayan que el desarrollo de un plan de intervención médica para cualquier joven es siempre completamente individualizado y la mejor práctica es trabajar en colaboración con la familia y el terapeuta del niño con el fin de determinar el mejor camino a seguir. *No* hay intervenciones médicas para los niños transgénero *antes* del inicio de la pubertad.

A algunas madres y padres les resulta útil discutir aspectos del desarrollo humano desde una perspectiva de género incluyente, utilizando un lenguaje no sexista al hablar de los cuerpos y del desarrollo puberal. Por ejemplo, uno de los padres mencionó que, en su casa, las conversaciones sobre el desarrollo ponen un énfasis en lo que hacen las hormonas en contraposición a lo que las niñas o los niños "llegan a ser".

He aquí otras citas de madres y padres sobre cuestiones de congruencia médica:

Nuestra hija está bastante angustiada por la posibilidad de que le crezca vello facial y por tener pene, pero le hemos hecho saber, con un lenguaje apropiado para niños, que no necesita ninguna de esas cosas y que podemos conseguirle ayuda médica cuando llegue el momento.

MADRE DE UNA HIJA TRANSGÉNERO DE 7 AÑOS

Buscamos un endocrinólogo desde el principio para obtener más información sobre los bloqueadores hormonales. Cuando nuestro hijo estaba preparado para recibirlos, ya habíamos procesado esta decisión y sentíamos que era la correcta. El seguro cubrió el costo del implante de suprelina, que tendrá hasta que inicie la terapia hormonal. Al iniciar la conversación pronto, pudimos reaccionar rápido cuando llegó el momento, lo que evitó que nuestro hijo tuviera que soportar una pubertad femenina. Estoy muy agradecida de que esta intervención médica estuviera disponible y es muy importante luchar por el derecho a que nuestros hijos reciban esta atención esencial.

MADRE DE UN HIJO TRANS DE 12 AÑOS

Mi hijo estaba bastante bien informado sobre los tratamientos que quería y acerca de las cirugías que necesitaría para convertirse en la persona que quiere ser.

MADRE DE UN HIJO TRANSGÉNERO DE 13 AÑOS

Algunos aspectos de esto han sido difíciles, pero la parte de la toma de decisiones médicas ha sido realmente maravillosa. Creo que es la principal razón por la que nuestra hija está volviendo a ganar confianza y a sentir que hay una luz al final de este oscuro túnel. Como tenemos la capacidad de ayudarla a hacer la transición médica y legal de la forma que ella quiere, por fin estamos empezando a ver a la mujer inteligente, fuerte y encantadora que va a ser.

MADRE DE UNA HIJA TRANS DE 17 AÑOS

Siempre hemos apoyado y amado a nuestra hija y, como pareja, siempre hemos caminado de la mano en todo lo que a decisiones sobre su futuro se refiere. Desde el cambio de su acta de nacimiento para que refleje su nombre elegido y el género correcto hasta el buscar al equipo de trabajo que la ayudará a sentirse en paz con su cuerpo.

No obstante lo anterior, no siempre esas decisiones han sido fáciles y mucho menos han sido tomadas a la ligera, especialmente las médicas. Sin decirlo abiertamente entre nosotros, sin duda evitábamos tocar ese tema, creyendo (y quizá anhelando) por un momento, que el tiempo se detuviera para que los cambios de la pubertad no llegaran. La realidad es otra; los años pasaban y conforme sus amigas empezaban a entrar en la pubertad, la ansiedad y miedo de mi hija se hacía cada vez más grande. Poco a poco su cuerpo la empezaría a traicionar y podíamos ver en su cara, en sus pensamientos, que esto la aterrorizaba. Después de mucho investigar y entrevistar a varios profesionales de la salud (endocrinólogos), así como también con el apoyo de la psicóloga, decidimos, junto con mi hija, que era tiempo de recurrir al bloqueo de la pubertad con inhibidores hormonales.

El día que mi hija pudo al fin tener acceso a estos, de inmediato la notamos más tranquila, más en paz consigo misma y su cuerpo, al menos por un tiempo. Es, sin duda, de las decisiones de las cuales no nos arrepentimos como padres en cuanto al apoyo que le dimos.

Sabemos que quizá vengan más retos y más decisiones que como familia debemos tomar para apoyarla en este camino diferente… Estoy convencida de que con la información adecuada y profesional haremos lo correcto por el bien de ella y su felicidad.

FAMILIA DE UNA ADOLESCENTE TRANSGÉNERO, MÉXICO

Opciones de congruencia médica

Para algunos jóvenes transgénero y no binarios, un aspecto importante para alcanzar la congruencia y la salud de género es buscar tratamiento médico para que su cuerpo refleje con mayor precisión su sentido de género.

Se ha demostrado repetidamente que las medidas de congruencia médica para afirmar el género fomentan el bienestar social y emocional, y son un componente muy importante para ayudar a los jóvenes transgénero y no binarios a convertirse en adultos sanos y plenamente funcionales.

Las opciones disponibles para menores transgénero y no binarios que están a punto de entrar en la pubertad, o que ya están en ella, incluyen medicamentos supresores (bloqueadores), terapia hormonal de afirmación del género (tratamiento hormonal) y potencialmente cirugías de afirmación del género. Dedicaremos algún tiempo a todas estas opciones en este capítulo.

La pubertad puede ser extremadamente angustiosa para algunos jóvenes transgénero y no binarios, ya que se desarrollan nuevas características sexuales, como el vello facial, los pechos o la menstruación. Los cambios físicos y hormonales pueden desencadenar la disforia de género de un joven o empeorarla mucho, a veces hasta llegar a una crisis de salud mental. Además, algunos de los cambios físicos de la pubertad son irreversibles o requieren de una intervención quirúrgica para reversarlos.

Demorar o pausar la pubertad: bloqueadores hormonales

La supresión de la pubertad mediante bloqueadores es una piedra angular del tratamiento en los jóvenes que experimentan disforia de género, confusión de género o exploración de género. Los bloqueadores de la pubertad pueden ayudar con esta angustia presionando el "botón de pausa". Los bloqueadores, conocidos formalmente como agonistas de la hormona liberadora de gonadotropina (GnRH), son medicamentos que consiguen que el cuerpo deje de producir hormonas sexuales, y evitan que alguien pase por una pubertad que no coincida con su identidad de género. Estos medicamentos se consideran totalmente reversibles. Son una parte importante de la atención afirmativa de género, tal como lo confirman la Asociación Médica Estadounidense y la Academia Americana de Pediatría.

Los bloqueadores de la pubertad son en sí mismos un tratamiento y no siempre son un paso previo a la terapia hormonal. A veces se utilizan para un joven que se cuestiona su género y que decide que su pubertad natural es lo mejor para él después de todo. También los utilizan los jóvenes no binarios o de género fluido que necesitan tiempo para elegir un camino de características sexuales secundarias cuando ninguna de ellas parece del todo correcta.

¿Por qué los utilizamos?

Los medicamentos bloqueadores de la pubertad son una opción increíble para las familias con niños transgénero, no binarios o con dudas de género en la pubertad. Hay varios propósitos principales para usar un bloqueador que pause o retrase la pubertad que de otro modo un adolescente experimentaría, lo que a veces se llama "pubertad natal".

Los bloqueadores te compran tiempo

La primera razón para considerar el uso de un bloqueador hormonal es que te permite comprar tiempo. Al poner en pausa la pubertad, tu hijo y tú, probablemente junto con el médico o el profesional de la salud mental, pueden determinar cuál es el mejor enfoque para abordar la pubertad de tu hijo. Es probable que en este momento tengas un sinfín de preguntas sobre la realidad de esta situación y sobre la mejor manera de avanzar. ¿Es la pubertad natal el camino correcto a seguir o la terapia hormonal de afirmación del género es el tratamiento óptimo para tu hijo? ¿Cuáles son los objetivos de él o ella en relación con el género? El uso de un bloqueador hormonal puede dar tiempo para que todos los implicados tengan claridad y para desarrollar un plan y un calendario que se adapte mejor a las necesidades de tu hijo y de tu familia, al tiempo que se evitan más cambios físicos puberales (y a menudo emocionales). Para los niños no binarios que no tienen claro si una pubertad basada en estrógenos o una basada en la testosterona es la mejor opción, les permite tener tiempo para decidir cuál van a vivir.

Al retrasar la pubertad, tu familia y tu hijo ganan tiempo —normalmente uno o dos años, y a veces hasta tres— para explorar los sentimientos y las opciones relacionadas con el género. Los supresores de la pubertad solo deben utilizarse por sí solos durante el tiempo necesario para que todas estas piezas estén en su sitio. También pueden utilizarse en adolescentes algo mayores, incluso si ya han empezado la pubertad. Algunos permanecen con los bloqueadores mientras se les administran las primeras hormonas de afirmación del género.

Aunque un pequeño porcentaje dejará los bloqueadores y continuará con su pubertad natal, la mayoría de las niñas y niños que han experimentado una disforia de género persistente durante la infancia y la adolescencia temprana (o que han sufrido una transición social temprana) seguirán teniendo una identidad transgénero durante toda su vida. Por lo tanto, el medicamento supresor de la pubertad puede mejorar drásticamente su vida, al no tener que pasar nunca por una pubertad que les parece incorrecta.

Los bloqueadores evitan los cambios corporales irreversibles

El segundo propósito para bloquear la pubertad es que impide su progresión natal, que puede ser difícil o incluso imposible de revertir más adelante. Para algunas personas, los bloqueadores de la pubertad reducirán la necesidad de cirugías u otros tratamientos en el futuro. Se trata de un gran avance en la atención a las personas transgénero, ya que la norma de atención anterior implicaba intentar revertir o anular los rasgos corporales del sexo asignado al nacer. Sin embargo, las directrices de buenas prácticas más recientes permiten que los adolescentes identificados como transgénero se salten su desarrollo natal y se desarrollen plenamente en su género afirmado. Se trata de una opción con la que las pasadas generaciones transgénero solo habrían soñado.

Por ejemplo, sin el desarrollo de los pechos, no habrá necesidad de extirparlos quirúrgicamente en el futuro. Sin el desarrollo de la manzana de Adán o de una voz más grave, el crecimiento del vello facial y el vello corporal, o cambios estructurales como la cuadratura de la mandíbula, no habrá necesidad, o mucho menos, de cirugías faciales o electrólisis extensas, y a menudo dolorosas, para tratarlas más adelante. Tampoco todos los cambios puberales pueden resolverse con cirugías. Considera el ejemplo de una mujer transgénero que ya ha crecido hasta 1.80 m, con hombros muy anchos, y que siempre tendrá estos rasgos distintivos, lo que hace más difícil que la perciban como mujer.

Los bloqueadores pueden cambiar la vida, o incluso salvarla

Estas son las palabras de un joven que se cuestiona el género sobre el empleo de los bloqueadores:

Cuando empezó la pubertad, mi cuerpo se sentía como un tren corriendo a toda velocidad. Me sentía desesperado, pero no sabía por qué. Pensé que tal vez era gay o que estaba sufriendo una crisis nerviosa. Empezaba a odiarme y me negaba rotundamente a ir a la escuela. Las mañanas eran horribles. Mi consejero escolar nos ayudó a entender que tal vez estaba luchando con mi género. Eso me hizo eco, pero también me dio mucho miedo. Mis padres estaban tan preocupados por mí que me llevaron al médico para que me diera bloqueadores. Cuando empecé a usarlos fue como si le hubieran quitado una capa de estrés a todo mi ser. Es extraño describirlo; pero, después de unas semanas, una vez que hicieron efecto, fue increíble. Me alegro mucho de que mis padres tomaran la decisión por mí, porque creo que me

*salvó la vida. Realmente sentí que me habría suicidado impulsivamente
y nadie habría sabido por qué, ni siquiera yo. Ahora estoy en terapia
y estoy observando todas las partes de mi ser. No estoy seguro de si
dejaré los bloqueadores y no haré nada, o dejaré los bloqueadores y
empezaré con las hormonas, pero tengo tiempo para averiguarlo y sé
que mis padres estarán de acuerdo con lo que sea adecuado para mí.*

ADOLESCENTE DE 14 AÑOS CON DUDAS DE GÉNERO

Las investigaciones han demostrado que los jóvenes transgénero y no binarios a los que se les permite obtener bloqueadores son más felices en general y tienen mejores relaciones tanto con su familia como con sus compañeros. Cuando madres y padres no saben cómo aligerar la angustia de su hijo y sospechan firmemente que está relacionada con el género, suele ser el momento de pausar la pubertad. Esto demuestra a tu hijo que lo escuchas y que quieres hacer lo mejor para él. Recomendamos que, si tu hijo tiene conductas autolesivas, como cortarse, si tiene fobia escolar, está muy deprimido o ansioso, tiene tendencias suicidas o, de hecho, está pidiendo bloqueadores, lo mejor será que lo apoyes para que tome supresores de la pubertad lo antes posible. A menudo esto elimina la tensión y permite que todos tengan tiempo para evaluar la situación sin que los problemas de salud mental se agraven.

Sin embargo, suprimir la pubertad puede no aliviar toda la disforia de un joven. Para algunos, solo puede hacerlo el avance en las medidas de congruencia médica, como las hormonas de afirmación del género, pero los bloqueadores pueden dar tiempo a todos para determinar el mejor paso que tu hijo debe dar a continuación.

¿Qué hacen realmente los supresores de la pubertad?

Los agonistas de la GnRH —bloqueadores— frenan las oleadas hormonales iniciales de los adolescentes y detienen eficazmente el desarrollo puberal. Lo hacen impidiendo que la hipófisis, situada en la base del cerebro, envíe señales a los ovarios y los testículos para que produzcan las hormonas sexuales (estrógeno y testosterona). Al "bloquear" estas hormonas sexuales, se retrasan los cambios característicos de los cuerpos adultos. En todos los cuerpos, los bloqueadores de la pubertad detendrán temporalmente los brotes de crecimiento, el impulso sexual, la fertilidad, la acumulación de calcio en los huesos y algunos de los rasgos distintivos del comportamiento adolescente: conducta impulsiva, rebelde, irritable o arriesgada.

Si tu hijo tiene testículos, los bloqueadores de la pubertad detendrán temporalmente el crecimiento de vello facial y corporal, el ensanchamiento de los hombros, la voz más grave, el crecimiento de brazos y piernas, el ensanchamiento de la mandíbula y el crecimiento de la manzana de Adán. El tamaño de los testículos puede disminuir y se detendrá el crecimiento del pene.

Si tu hija tiene ovarios, los bloqueadores de la pubertad detendrán temporalmente el crecimiento de las mamas, harán más lento el crecimiento de las zonas en las que se desarrollan "curvas", como el ensanchamiento de las caderas, y detendrán los periodos menstruales (esto puede durar hasta unos meses). La estatura general de cualquier joven que tome un bloqueador también puede verse afectada.

Los efectos de estos medicamentos son de corta duración y, si una persona deja de tomarlos, su cuerpo reanudará la producción de hormonas sexuales como lo habría hecho antes de empezar, normalmente en un plazo de tres a seis meses.

¿Los bloqueadores de la pubertad detendrán todos los cambios puberales?

Los bloqueadores de la pubertad no detienen ni mejoran el acné, el olor corporal o el desarrollo del vello axilar y púbico. Tu hijo seguirá creciendo al mismo ritmo que antes de la pausa de la pubertad, pero no tendrá los brotes de crecimiento asociados hasta que reanude su pubertad natal o empiece a usar hormonas cruzadas.

¿A qué edad puede empezar a tomar bloqueadores de la pubertad?

Tu hijo necesitará el consentimiento de sus progenitores o tutores para empezar a tomar bloqueadores hormonales si no ha alcanzado la edad de consentimiento médico autónomo en su país. La eficacia del bloqueador depende del momento de la pubertad en que empiece a tomar el medicamento. Los medicamentos supresores de la pubertad no pueden utilizarse antes del umbral o el inicio de la pubertad, que varía de una persona a otra. En la mayoría de las niñas y niños, la pubertad comienza alrededor de los 10-12 años. Esto se conoce comúnmente como "etapa II de Tanner", una fase que indica el inicio de los cambios puberales. En las primeras fases de la pubertad (etapas II-III de Tanner), los inhibidores evitan cambios adicionales en las características sexuales primarias y secundarias, e incluso pueden disminuir o revertir algún crecimiento mamario o testicular existente.

Antes de recetar los bloqueadores, los médicos suelen recomendar pruebas para confirmar que la pubertad ha comenzado. Esto incluye un análisis de sangre y un examen físico. Este último puede provocarle ansiedad a tu hijo, ya que es probable que tenga que someterse a un control del desarrollo, a menudo por un médico que no conoce. Prepáralo de antemano para esta posibilidad y recuérdale que este examen es necesario para empezar el tratamiento, o discute otras opciones con el médico. En general, iniciar los bloqueadores en la pubertad temprana conduce a mejores resultados y evita las dificultades de por vida que pueden derivarse de vivir con características sexuales no deseadas.

¿Qué ocurrirá si los bloqueadores se empiezan a tomar tarde en la pubertad?

En etapas ligeramente posteriores de la pubertad, los bloqueadores pueden utilizarse para detener la menstruación o las erecciones no deseadas, o para evitar que se sigan desarrollando características sexuales secundarias no deseadas. Si los bloqueadores de la pubertad se inician en la pubertad media o tardía (etapas III-IV de Tanner), no pueden revertir la mayoría de los cambios que ya se han producido, pero pueden detener cualquier desarrollo puberal posterior. En el caso de una persona joven a la que le está cambiando la voz, o a la que le está creciendo vello facial, o a la que le pueden crecer los pechos unas cuantas tallas más, esto podría suponer una gran diferencia.

¿Son seguros los bloqueadores de la pubertad?

Como ya se ha mencionado, muchas organizaciones profesionales, como la Sociedad de Endocrinología, la Asociación Profesional Mundial para la Salud Transgénero (WPATH, por sus siglas en inglés), la Academia Americana de Pediatría y la Asociación Médica Estadounidense, apoyan el uso de bloqueadores de la pubertad para los jóvenes que cumplen los criterios y quieren retrasar o prevenir los cambios físicos no deseados.

Aunque los medicamentos supresores de la pubertad se utilizan en Estados Unidos desde 2007, e incluso desde hace más tiempo en los Países Bajos, este uso todavía no cuenta con total aprobación oficial. En el curso de sus prácticas, los endocrinólogos pediátricos utilizan regularmente estos mismos medicamentos para tratar otras afecciones, como la pubertad precoz y la hiperplasia suprarrenal congénita. Los agonistas de la GnRH también se utilizan en adultos para tratar el cáncer de próstata, como parte del tratamiento de fertilidad por fecundación in vitro (FIV) y para el tratamiento de trastornos uterinos como la endometriosis o los fibromas. Incluso se están investigando como tratamiento del cáncer de mama sensible a las hormonas, como tratamiento de la hiperplasia prostática benigna y como posible anticonceptivo.

Cuando escuches las controversias sobre el uso de estos medicamentos, recuerda que estos fármacos tienen un historial, con treinta años de datos de seguimiento que demuestran que son seguros y eficaces. El centro de la controversia es sobre la conveniencia o no de proporcionar atención afirmativa al género, no sobre la seguridad de los medicamentos.

¿Los bloqueadores de la pubertad son permanentes?

No se conocen efectos irreversibles de los bloqueadores de la pubertad. Cuando un niño interrumpe el uso de agonistas de la GnRH, aunque los haya tomado durante varios años, el cuerpo retoma su curso natural en unos seis meses, y el desarrollo continúa donde se atajó. Tras la interrupción de los medicamentos, el desarrollo se retrasa al principio, pero finalmente se recupera, y el cuerpo pasará por la pubertad de la misma manera que lo habría hecho originalmente. Sin embargo, si tu hijo no reanuda su etapa de pubertad natal y, en cambio, utiliza la terapia hormonal para inducir una pubertad afirmada, la fertilidad futura se verá afectada. Abordaremos este tema más adelante en este capítulo.

¿Existen efectos secundarios de los bloqueadores de la pubertad?

Aunque los bloqueadores de la pubertad se consideran seguros, tienen algunos efectos secundarios. A continuación, hablaremos de ellos.

Efectos secundarios mientras se toma el medicamento

Desarrollo cognitivo. Mientras tu hijo esté en tratamiento con inhibidores de GnRH, no experimentará el desarrollo cognitivo que se produce de forma natural en los adolescentes con el aumento de la actividad hormonal en el cuerpo. Una vez más, esto es simplemente un retraso y no es permanente, y se reanuda en cuanto se incorporan las hormonas natales o de afirmación del género. Por lo que se sabe, estos medicamentos no tienen un efecto permanente en el desarrollo cognitivo.

Disminución del ritmo de crecimiento. Los inhibidores de GnRH ponen en pausa el desarrollo del cuerpo, impidiendo o pausando los brotes de crecimiento de la pubertad y (si se toman al inicio de esta) manteniendo el cuerpo prepuberal. Como resultado, mientras dure el tratamiento, tu hijo puede ser significativamente más bajo que sus compañeros y parecer más joven. Sin embargo, ten en cuenta que muchos niños tienen un desarrollo tardío: si caminas por los pasillos de cualquier escuela secundaria o preparatoria, verás una amplia gama de desarrollo físico en los niños.

Los dolores de cabeza, la sensibilidad en el lugar de la inyección o del implante, y el aumento de peso. También son efectos posibles en todos los adolescentes que toman bloqueadores. Aunque no es frecuente, algunos jóvenes asignados como mujeres al nacer han informado de síntomas similares a los bochornos después de recibir un bloqueador.

Posibles efectos secundarios a largo plazo

Como ocurre con todos los medicamentos, no todo el mundo experimenta los siguientes efectos secundarios, pero algunas personas sí. Así que es importante estar bajo el cuidado de un médico que los vigile en caso de aparecer.

El efecto secundario que más preocupa a las personas es la posibilidad de que afecte la densidad ósea. La exposición a las hormonas sexuales durante la pubertad es importante para la fortaleza de los huesos. Como el bloqueador hormonal limita estas hormonas, la disminución de la densidad ósea se convierte en una preocupación. Los especialistas deben vigilar estrechamente la densidad ósea de tu hijo y tú puedes ayudar recordándole que haga suficiente ejercicio y que tome calcio y vitamina D, nutrientes que pueden ayudar a mantener los huesos sanos y fuertes. Las consideraciones sobre la densidad ósea son la razón por la que algunas clínicas limitan el tiempo de toma de estos medicamentos; de uno a dos años es su duración habitual. La densidad ósea se recupera tras la reanudación de la pubertad, pero tu hijo debe seguir bajo vigilancia hasta que sus huesos se hayan recuperado. Los bloqueadores también pueden influir en el cierre de la placa de crecimiento y, por tanto, la estatura puede verse afectada. Aún se desconoce si las personas que utilizaron bloqueadores de la pubertad en esta etapa del desarrollo corren el riesgo de padecer osteoporosis en el futuro.

Si tu hijo no reanuda su pubertad natal, sino que pasa de la supresión a las hormonas de afirmación del género, su tamaño genital generalmente seguirá siendo el mismo que cuando se iniciaron los bloqueadores de la pubertad. Especialmente, en el caso de las mujeres trans, esto puede limitar las opciones o requerir técnicas quirúrgicas alternativas para la cirugía de reconstrucción genital de afirmación del género más adelante.

En el caso de los niños que quieren retrasar o evitar cambios físicos no deseados, madres y padres suelen decidir que los beneficios de los supresores de la pubertad superan estos riesgos.

Los estudios muestran que los jóvenes transgénero que toman bloqueadores de la pubertad mejoran su salud mental en comparación con quienes no los toman. Los jóvenes transgénero que toman bloqueadores de la pubertad están menos deprimidos y tienen menos ansiedad, y su salud mental es comparable a la de sus compañeros cisgénero.

¿Cuáles son los distintos tipos de medicamentos inhibidores de la pubertad?

Actualmente hay dos tipos de medicamentos supresores de la pubertad ampliamente disponibles en Estados Unidos. Uno se administra por inyección y otro como implante en el brazo.

Lupron Depot o Leuprolida

Este medicamento se administra en forma de inyección una vez cada uno, tres, cuatro o seis meses.

Acetato de histrelina

Este medicamento se administra en forma de implante en el brazo. Se adormece el brazo y se introduce una varilla de plástico muy pequeña bajo la piel en la parte superior del brazo.

Tras la hinchazón inicial, no debería notarse ni causar molestias. El implante funciona durante uno o dos años y es probable que el médico de tu hijo compruebe su eficacia después de este tiempo. Entonces puede ser necesario retirarlo y sustituirlo. La mayoría de las veces puede hacerse en una clínica como procedimiento ambulatorio.

¿Cuánto tiempo puede permanecer una persona con bloqueadores de la pubertad?

El protocolo médico actual suele ser de uno a tres años. Como hemos explicado, parte de esta determinación se debe al riesgo de reducción de la densidad ósea, por lo que no se considera un tratamiento de largo plazo por sí mismo.

ALINEACIÓN MÉDICA NO BINARIA

Todos los cuerpos deben pasar por la pubertad por razones de salud. Para algunos jóvenes no binarios, decidir qué pubertad atravesar puede ser difícil. Para un número creciente de elles, el uso de supresores de la pubertad para explorar esta cuestión es importante.

Incluso después de pasar por su pubertad (ya sea natal o mediante hormonas de afirmación del género), las personas no binarias pueden buscar una cirugía de afirmación del género para sentirse congruentes en su cuerpo.

La doctora Jen Hastings, profesora clínica adjunta del Departamento de Medicina Familiar y Comunitaria de la Universidad de California en San Francisco, anima a los especialistas que evalúan a los jóvenes no binarios a "reflexionar sobre lo que escuchan y entablar una conversación basada en la escucha profunda mutua, apoyar a los jóvenes para que aprendan a escucharse a sí mismos, alimentar ese autoconocimiento y ayudar a empoderar a estos jóvenes para que desarrollen una comprensión conectada en profundidad consigo mismos. Para los jóvenes no binarios, el proceso de identificar y decidir sobre las intervenciones médicas con el fin de apoyar sus objetivos individuales puede ser desafiante. Puede ser útil y reafirmante hablar de las intervenciones médicas —incluida la supresión de la pubertad, las hormonas y las cirugías— a través de sus efectos físicos individuales, en lugar de con terminología masculinizante o feminizante".

¿Cuánto cuesta?

Desde la época de nuestra primera edición, las opciones de cobertura por parte de los seguros y los sistemas de seguridad social en varios países se han ampliado mucho. En muchos estados y bajo muchos planes, los bloqueadores hormonales están ahora cubiertos. Esta es una buena noticia, ya que pueden ser muy caros, alrededor de varios miles de dólares al año.

Aunque algunas compañías de seguros y sistemas de salud los cubren, la cantidad y el tipo dependen de dónde vivas y de tu plan. A veces las aseguradoras y la seguridad social solo ayudan a pagar el Lupron Depot (la inyección) y no el Histrelin (el implante). Llama a tu agente asegurador o investiga qué opciones te ofrece el sistema de salud de tu región para ver qué está cubierto.

Aquí tienes algunas preguntas para tu aseguradora:

- ¿Cubre los medicamentos para la supresión de la pubertad y, en caso afirmativo, los cubre para el diagnóstico de disforia de género o el de trastorno endocrino?
- ¿Cubre alguno o todos estos medicamentos para la supresión de la pubertad: Lupron, Supprelin LA o Vantas?
- ¿Cubre el costo del procedimiento para implantes e inyecciones?

Consejos y trucos

Si tu seguro rechaza la cobertura de los supresores de la pubertad, apela su decisión. Ten en cuenta que esto lleva tiempo, a menudo algunos meses, así que planifica en consecuencia cuando sea posible.

Hay dos marcas del implante de acetato de histrelina: Supprelin LA y Vantas. Son idénticas, pero se denominan y se codifican para el seguro de forma distinta, y también tienen un precio diferente. Vantas, la forma genérica de Supprelin LA, es notablemente menos costosa (ocho veces más barata) que el medicamento de marca.

Si tu compañía de seguros te la niega completamente, o no tienes seguro médico, algunas familias han optado por pagar de su bolsillo este implante. Tu médico puede enviar una receta a una farmacia especializada para que la rellenen y para que sea entregada en su consultorio para su colocación.

Los fabricantes de medicamentos ofrecen cupones para ayudar con los copagos y la compañía suele ofrecer diferentes tarifas para los que pagan de su bolsillo si los llamas.

A veces, tu compañía de seguros tiene un medicamento "preferido" para la supresión de la pubertad. Eso no significa que no puedas elegir otra forma, pero podría requerir una autorización adicional o más gastos de tu parte. Mantén un registro de las comunicaciones con las compañías de seguros, siempre que sea posible. Tener una carta o un formulario de tu compañía diciendo que el tratamiento está aprobado es mucho mejor a que alguien lo diga por teléfono.

También es posible que necesites una carta de un terapeuta para obtener un bloqueador en algunos hospitales o clínicas. La mayoría de los especialistas en género se sienten cómodos proporcionando dicha carta tras una evaluación exhaustiva o después de unas cuantas sesiones de terapia con el joven y su familia.

Terapia hormonal de afirmación del género

La terapia hormonal de afirmación del género es la principal medida de congruencia médica que buscan las personas transgénero y no binarias. La terapia hormonal sustituye las hormonas natales de una persona por las hormonas acordes con su género afirmado, lo que conduce al desarrollo de características sexuales secundarias más alineadas con su identidad de género. Hay dos razones, normalmente entrelazadas, por las que las personas transgénero y no binarias utilizan hormonas. La primera es para sentirse más alineadas con su propio cuerpo y la segunda es para que los demás las perciban como ellas se perciben a sí mismas. Estas hormonas crean los atributos físicos que consideran que son los que mejor representan externamente lo que son. Aparte de estos cambios físicos, también se ha demostrado repetidamente que las hormonas de afirmación del género disminuyen la depresión y la ansiedad, a la vez que aumentan la autoestima y la autovaloración.

MEDICAMENTOS

Es importante señalar que para las familias que no están preparadas para iniciar el tratamiento con hormonas de afirmación del género (ya sea porque no tuvieron acceso a los supresores hormonales para su hijo, porque necesitan tiempo para explorar las cuestiones de género, porque no están seguros de que las hormonas son el mejor paso para su hijo, o bien porque los jóvenes no pueden tomar hormonas de afirmación del género por otras razones), hay otras intervenciones médicas que pueden utilizarse. Hay medicamentos que pueden controlar algunos de los angustiosos efectos secundarios de la pubertad natal de una persona y pueden hacer cosas como detener o reducir los periodos menstruales o reducir el crecimiento del vello.

Aunque la mayoría lo hace, muchas personas transgénero y no binarias deciden no utilizar la terapia hormonal. Algunas desearían utilizar hormonas de afirmación del género, pero no pueden debido a condiciones médicas preexistentes o a la falta de acceso. Otras deciden que las intervenciones médicas simplemente no son para ellas.

Recuerda que no hay una "forma correcta" de ser transgénero o no binario. Es muy importante que las familias y los cuidadores lo entiendan. El objetivo no es que tu hijo tenga una apariencia que te haga sentir cómodo a ti como padre o madre; el objetivo es que tu hijo se sienta lo más cómodo posible en su propio cuerpo. La decisión de realizar cualquier alteración física en su cuerpo debe depender de él o ella y no de su madre, padre, médico, terapeuta u otros miembros de la familia.

Iniciativas internacionales y nacionales para la afirmación de género

La Organización Mundial de la Salud (OMS) apoya la atención de afirmación de género

Según un documento de 2022, "el papel de la OMS, para promover la salud para todos, significa que está comprometida con la atención médica inclusiva y el acceso equitativo para las personas trans y de género diverso". Asimismo, este organismo enfatiza la importancia de que los países reconozcan la identidad de género de las personas transgénero y de género diverso en los documentos oficiales para mejorar el acceso a la atención médica.

También destaca "la importancia de que los programas nacionales establezcan y brinden atención que afirme el género o vinculación efectiva y derivación a servicios que puedan brindar dicha atención". Este documento reafirma el compromiso de las Naciones Unidas con el acceso universal a la atención médica.[1]

Chile: atención médica a personas transgénero

La Ley de Identidad de Género (Ley 21,120) establece que la red de salud y las organizaciones de la sociedad civil (OSC) acreditadas por el Ministerio de Desarrollo Social y Familia y Subsecretarías de la Niñez otorguen programas de acompañamiento psicosocial, y de esta forma toda persona trans menor de edad puede desarrollar su personalidad de acuerdo con su identidad autopercibida con un acompañamiento. Cualquier acción que contradiga lo anterior es una violación de la ley, según el Ministerio de Justicia y Derechos Humanos de Chile.

¿Qué pasa en Chile para los menores de 18 años?

---

[1] *Trabajo y recomendaciones para mejorar la salud de las personas trans y de género diverso de la Organización Mundial de la Salud,* Virginia Macdonald, Annette Verster, Maeve B. Mello, Karel Blondeel, Avni Amin, Niklas Luhmann, Rachel Baggaley y Meg Doherty, Primera publicación: 12 de octubre de 2022.

- Para someterse a algún procedimiento quirúrgico, se necesita ser mayor de edad. Si es un menor, necesita autorización judicial.
- Para tratamientos hormonales integrales se recomienda iniciarlos desde la etapa II de Tanner y en adelante. No hay una edad fija; depende del grado de madurez y se requiere la autorización de al menos uno de los progenitores, un consentimiento informado, informes de acompañamiento en salud mental y emocional.
- Pueden usarse bloqueadores hormonales a partir de los 10 años, también con autorización de los progenitores.

Asimismo, el Ministerio de Salud chileno recomienda:

> El apoyo del grupo familiar y entorno próximo de niños y niñas trans y de género no conforme ha sido asociado a mejores resultados en el bienestar y la salud mental… En la medida en que un niño o niña trans y de género no conforme crezca en ambientes protectores y afirmativos, menor será la necesidad de apoyos intensivos o atención de salud mental durante su infancia.[2]

Argentina: atención integral de salud para personas trans, travestis y no binarias

El Ministerio de Salud ha emitido las siguientes recomendaciones para el personal de los servicios médicos:

> El equipo de salud siempre debe abordar la situación desde una perspectiva integral de salud, considerando: la última evidencia científica disponible, los beneficios y consecuencias que podrían asociarse tanto con el acceso como con el no acceso al tratamiento hormonal o la inhibición de la pubertad. Es importante considerar que, ante la falta de acceso a los entornos de salud, muchas personas recurren o podrían recurrir a diversos procesos para encarnar o expresar su identidad de género, que ponen en riesgo la salud o la vida, incluyendo: autohormonización, uso de métodos anticonceptivos con fines feminizantes, inyección de aceites o siliconas líquidas, etc. Al mismo tiempo, la falta de acceso a las hormonas, en muchos casos, está relacionada con comportamientos autolesivos, depresión o intentos de suicidio.[3]

[2] *Recomendaciones para la Implementación del Programa de Acompañamiento para Niños, Niñas y Adolescentes Trans y Género no Conforme*, Subsecretaría de Salud Pública, Ministerio de Salud, Gobierno de Chile, 2021.

[3] https://bancos.salud.gob.ar/sites/default/files/2020-10/guia-salud-personas-trans-travestis-nobinarias.pdf

En lo que respecta al uso de hormonas y bloqueadores hormonales:

- Las personas mayores de 16 años pueden consentir por sí mismas el tratamiento con hormonas de afirmación del género.
- Los adolescentes de 13 a 16 años pueden dar su consentimiento para recibir hormonas y bloqueadores por su cuenta si su equipo de atención médica determina que su uso no representa un riesgo grave.
- Los menores de 13 años pueden consentir, con la autorización adicional de al menos un adulto (madre, padre, representantes legales, personas que ejerzan formal o informalmente funciones de cuidado, "familiares" o referentes afectivos).

En relación con las cirugías:

- Las personas mayores de 16 años pueden consentir por sí mismas las cirugías de afirmación del género.
- Los adolescentes menores de 16 años pueden consentir con la autorización adicional de al menos un adulto (madre, padre, representantes legales, personas que ejerzan formal o informalmente funciones de cuidado, "familiares" o referentes afectivos).
- La atención médica de afirmación del género está completamente cubierta por el Estado, a menos que elija usar un proveedor privado.

Esta atención no es exclusiva para ciudadanos argentinos, cualquier persona que vaya a Argentina puede recibir esos servicios.

Uruguay: tratamientos hormonales para personas transgénero

Los bloqueadores hormonales y la terapia hormonal están cubiertos por el sistema público de salud. De acuerdo con la *Guía clínica para la hormonización en personas trans* del Ministerio de Salud Pública:

> Es criterio para iniciar el tratamiento tener el grado de madurez necesario para la toma de decisiones de forma válida. Rigen aquí los mismos criterios que para las demás consultas médicas y de salud sexual y reproductiva. La madurez, en caso de adolescentes, es valorada por el médico de referencia de ese adolescente. Como establece la normativa se propenderá que las decisiones se adopten en concurrencia con sus familiares o referentes responsables, debiendo respetarse la autonomía progresiva de las y los adolescentes [...] Cuando

los sentimientos de pertenencia a un género que no corresponde al socialmente esperado son intensos y se mantienen en el tiempo, se recomienda el tratamiento para suprimir el desarrollo puberal, pero no antes de los estadios 2-3 de Tanner y antes de la aparición de las características sexuales irreversibles [...] No se recomienda iniciar tratamiento estrogénico o androgénico previo a los 16 años.

COMENTARIOS SOBRE LA ATENCIÓN MÉDICA PARA LAS PERSONAS TRANSGÉNERO

Entrevista a la Dra. María Fernanda Castilla Peón*

¿Cuál es el alcance de su práctica médica?
Soy endocrinóloga pediátrica en la Ciudad de México. Mi principal interés es promover la salud general de los niños y adolescentes. En cuanto a los niños, niñas y adolescentes trans, es importante el acceso digno a los servicios de salud en general. También participo en intervenciones endocrinológicas para la afirmación del género como bloqueadores hormonales y hormonas para quienes deciden este camino. Además, ofrezco atención pediátrica general para niños transgénero. Desde 2013 he trabajado con entre 50 y 60 niños transgénero y sus familias.

¿Qué porcentaje de los niños que atiende son no binarios?
Están aumentando, en términos generales, tal vez 30%. Sin embargo, son menos propensos a solicitar terapia hormonal.

¿Los niños transgénero con los que trabaja ven a profesionales de la salud mental?
La mayoría de mis clientes ya tienen psicoterapeuta, de lo contrario los remito a uno. También los refiero a un psiquiatra, miembro de la WPATH, para una evaluación antes de recibir la terapia hormonal de afirmación del género, pero no estamos realmente integrados en una clínica ni trabajamos como un equipo. Para otros temas sociales y legales, los contacto con las OSC que trabajan para familias con niños transgénero.

¿Todos estos gastos provienen del bolsillo de las familias o el seguro nacional de salud cubre algún aspecto?
En la práctica privada provienen principalmente de su bolsillo. Conozco al menos un caso en el que un seguro privado cubrió los bloqueadores.

* Endocrinóloga pediátrica con maestría en Ciencias Médicas y miembro de la Asociación Profesional Mundial para la Salud Transgénero (WPATH).

El sistema de salud pública en México es complicado y está pasando por un cambio radical en la actualidad. Existen diferentes sistemas de salud pública, cada uno con sus propias reglas. Sé de algunos clientes que reciben bloqueadores de la pubertad de algunos servicios públicos, frecuentemente con una indicación de "pubertad precoz". En los servicios de salud para personas sin seguro público ha habido un cambio hacia tener medicamentos que puedan adquirirse sin que las familias deban desembolsar cantidad alguna, al menos en papel, pero en realidad estos medicamentos no están disponibles en la farmacia.

¿Cuáles cree que son los desafíos más grandes para estas familias?
En la Ciudad de México, las cosas han cambiado mucho. En comparación con las familias que conocí hace siete años, hoy los niños y adolescentes tienen menos problemas en la escuela y perciben una mayor aceptación, particularmente de sus pares. Aun así, todavía queda un largo camino por recorrer. Me di cuenta de que con el confinamiento por la pandemia muchos se sintieron más conscientes de no tener que ir a la escuela, y eso no es buena señal. Si un niño o adolescente no quiere asistir a clases, significa que todavía no son lugares seguros y positivos. También he trabajado con familias de otros estados de la república mexicana y países centroamericanos. Me han contactado porque no tienen proveedores que ofrezcan tratamiento de afirmación de género en sus localidades.

¿Qué sugerencias o consejos tiene para las familias?
Acostumbrar a los niños a hablar del cuerpo desde pequeños. Estar atentos al inicio de la pubertad, que en personas con ovarios puede comenzar a partir de los 8 años y en personas con testículos a partir de los 9 años, y saber que es posible detenerla si se prevé que el desarrollo de los caracteres sexuales secundarios provocará mucha incomodidad. Esto se debe a que una vez que ocurren los cambios (es decir, crecimiento de los senos, cambio de voz), ya no se pueden revertir con un tratamiento farmacológico. Por otro lado, reforzar que las modificaciones corporales no son el centro de un acompañamiento para la afirmación del género, que no son indispensables y que muchas personas trans deciden no realizarlas. Que para sentirte a gusto con tu cuerpo puedes hacer diferentes modificaciones corporales, y contamos con profesionales de la salud capacitados para que sea lo más seguro posible, pero al mismo tiempo hay que trabajar la aceptación integral sin importar la forma que tome el cuerpo.

¿Qué sugerencias o consejos tiene para otros proveedores?
Averiguar. Hay varias asociaciones internacionales, como WPATH, que han desarrollado, y continúan actualizando, recomendaciones basadas en evidencia para el apoyo profesional de la salud de las personas trans.

¿Qué sugerencias o consejos tiene para las escuelas?
Informarse y trabajar con sus comunidades escolares para lograr la inclusión. Identificar a las personas transgénero que puedan estar en riesgo de violencia en la escuela o en el hogar de manera que puedan recibir apoyo con las intervenciones adecuadas.

¿Qué protecciones existen para los jóvenes transgénero en su país o región?
En la Ciudad de México y otros estados de la república mexicana se ha avanzado mucho. En la Ciudad de México puedes cambiar tu acta de nacimiento de manera administrativa, lo que te abre muchas puertas en otros servicios, como educación y salud. Incluso hay una clínica de salud del gobierno para personas trans que también recibe a niños y adolescentes.

¿A qué edad se inicia la terapia hormonal?

El momento de iniciar la terapia hormonal de afirmación del género ha cambiado en los últimos años. En el pasado, la mayoría de los especialistas seguían el protocolo utilizado en los Países Bajos, que iniciaba las hormonas a los 16 años, su edad legal adulta o para dar el consentimiento. Actualmente, los médicos reconocen que el momento de comenzar con las hormonas de afirmación del género debe ser personalizado, basarse en que estén preparados para ello y no en función de una edad arbitraria. Los jóvenes y sus familias se están dando cuenta de que a los 16 años a veces es demasiado tarde, cuando los cambios puberales pueden empezar a los doce o incluso antes. Con la mayor disponibilidad de bloqueadores y la atención afirmativa del género, que es ahora una norma, ha descendido la edad para el inicio de las hormonas de afirmación del género. En la mayoría de los casos, el personal de salud no recomienda la terapia hormonal hasta los 13-14 años, siendo los 14-16 años la edad media, y algunos solo las prescriben tras el uso de un bloqueador durante uno o dos años.

La terapia hormonal de afirmación del género comienza cuando la familia y el equipo de salud implicado están de acuerdo. Los efectos en el cuerpo de tu hijo dependerán en parte de la fase de la pubertad en la que se encuentre cuando empiece a tomar las hormonas.

Hormonas de afirmación del género para los jóvenes que usan bloqueadores

Los jóvenes que ya utilizan supresores de la pubertad tienen la oportunidad de crear una pubertad más sutil con hormonas que afirmen su género escogido. Los médicos pueden utilizar en estos casos las dosis mínimas de hormonas para reflejar una pubertad natural, porque las hormonas no necesitan sobrepasar la producción innata del cuerpo. Esto toda vez que los supresores de la pubertad ya lo han hecho.

El impacto de la terapia hormonal

Las hormonas son medicamentos potentes y provocan cambios en la estructura corporal del joven, así como en su desarrollo cognitivo y emocional. Estos cambios serán controlados por los especialistas médicos de tu hijo, pero como cualquier adolescente, un joven transgénero o no binario debe tener privacidad y puede sentirse avergonzado de hablar sobre estos cambios con su familia o cuidadores.

Lo que puede esperarse de la terapia hormonal

Para aquellos con sexo masculino asignado al nacer y que están en el espectro transfemenino, la toma de estrógenos en forma de estradiol provocará el desarrollo de las mamas, el desarrollo de curvas debido a la distribución de la grasa en zonas como las caderas, el ablandamiento de la piel y los rasgos faciales, cambios en la textura del pelo (a menudo se engrosará) y posiblemente un tono de voz más agudo. Además, habrá una reducción de la función eréctil, cambios en el impulso sexual, reducción o ausencia de esperma y líquido eyaculatorio, y reducción del tamaño testicular. La fertilidad se verá afectada por estos últimos cambios. Dependiendo del momento en que se inicie, puede dar lugar o no a algunos reajustes en la estructura ósea facial y corporal. La terapia con estrógenos para afirmación del género también provoca cambios en el funcionamiento emocional y social.

Por supuesto, tu adolescente nunca menstruará, ya que aún tiene su anatomía reproductiva masculina original. Las hormonas tampoco revertirán los cambios puberales que ya se hayan producido o establecido, como la altura, la manzana de Adán, los patrones de crecimiento del pelo o los cambios en las cuerdas vocales.

El estrógeno y los bloqueadores pueden administrarse juntos hasta la extirpación de los testículos (si este es un objetivo quirúrgico posterior), ya que reducen la cantidad de hormonas necesarias para suprimir los niveles naturales de testosterona. Ese proceso quirúrgico se llama "orquiectomía". El estradiol ayudará a suprimir la producción de testosterona, pero, si no se utilizan bloqueadores, suele administrarse junto con un antiandrógeno como la espironolactona, ya que el estrógeno por sí mismo, a menos que se administre en dosis elevadas, no puede anular los niveles naturales de testosterona en el cuerpo.

A algunas personas no les gustan los efectos secundarios de la espironolactona y trabajan con su equipo médico para utilizar agonistas de GnRH (bloqueadores), además del estradiol, como alternativa al uso de antiandrógenos.

Si a tu hija se le asignó un sexo masculino al nacer y empezó a utilizar bloqueadores justo antes de la pubertad, y luego empieza a utilizar estradiol, pasará por una pubertad solo con estrógenos (aquella que se considera como "femenina").

Para las personas con sexo femenino asignado al nacer y que están en el espectro transmasculino, la toma de testosterona provocará una redistribución de la grasa corporal, disminuyendo las curvas. La testosterona también mejora la capacidad de ganar masa y fuerza muscular, provoca vello facial y corporal, elongación del clítoris, engrosamiento de la piel y, normalmente, un tono de voz más grave.

Dependiendo de la genética, la calvicie o el retroceso de la línea del pelo pueden ser factores en el futuro. La terapia de testosterona para la afirmación del género acabará por detener la menstruación y frenar el desarrollo de los pechos.

Según el momento en que se inicie, el tratamiento puede permitir o no cambios adicionales en la altura y la estructura ósea. Tu adolescente puede experimentar episodios intensos de agitación o ira, o de euforia, relacionados con la testosterona.

Si a tu hijo se le asignó el sexo femenino al nacer y empezó a usar los bloqueadores antes del desarrollo de los pechos y de la primera menstruación, y luego empieza a usar la testosterona para afirmar su género, pasará por una pubertad solo con testosterona (aquella que se considera como "masculina").

Cómo se administran las hormonas

Hay varias formas de administrar las hormonas. La más habitual para la testosterona son las inyecciones, que suelen programarse semanalmente (normalmente subcutáneas, en zonas como el estómago, con una aguja pequeña) o quincenalmente (normalmente intramusculares, en zonas como el muslo, con una aguja más grande).

Por lo general, una vez que se enseña a los adolescentes a autoadministrarse estas inyecciones, pueden hacerlo por sí mismos, sin necesidad de ayuda o con una ayuda mínima. También pueden utilizarse los geles, que deben aplicarse a diario, y los parches, que deben sustituirse regularmente, pero estos métodos se utilizan menos. El estradiol puede administrarse mediante pastillas, geles cutáneos, un parche o inyecciones.

Los antiandrógenos o los bloqueadores de los receptores, como la espironolactona, que pueden utilizarse en combinación con el estradiol, se administran por vía oral.

Consideraciones sobre la fertilidad

Los médicos deben proporcionar información detallada sobre el efecto de las hormonas en la futura fertilidad de tu hijo. Este tema se aborda con frecuencia en las conferencias para familias de niñas y niños transgénero. Se trata de un área en la que la ciencia seguirá desarrollándose, y cada vez más jóvenes transgénero y no binarios se plantean lo que significarán para ellos la fertilidad y las opciones reproductivas.

Sin embargo, este tipo de preocupaciones suelen pertenecer más a madres, padres y miembros de la familia extensa que a los propios jóvenes, especialmente al principio de la terapia hormonal de afirmación del género.

Según el terapeuta familiar Reid Vanderburgh, que trabaja con muchas familias de chicos transgénero, "los padres se darán cuenta de que su hijo trans se imagina a sí mismo como padre cuando se plantea la labor de crianza, y no [el dar a luz] como madre, y viceversa para las hijas trans. Los padres con los que he trabajado entonces han podido aceptar más plenamente que el impulso de la transición supera el deseo de tener un hijo biológico, porque la necesidad de transición del niño es una fuerza motriz significativamente anterior a que tenga edad suficiente para sentir cualquier deseo de reproducirse".

Unas palabras para madres y padres que son tutores temporales (FOSTER PARENTS)

Si eres un tutor temporal que afirma el género de su hijo, por lo general no tendrás el poder de decisión médica sobre él o ella. A menos que tengas una tutela, es el tribunal quien tiene el poder de decisión médica sobre cualquier joven a tu cargo. Si un joven revela que es transgénero o no binario mientras está a tu cargo, tendrás que consultar con otros miembros del equipo de tu hijo para avanzar en la búsqueda de una plena congruencia social y para cualquier intervención médica necesaria. Principalmente, esto incluirá al trabajador social de tu hijo y al abogado del niño designado por algún tribunal. Es probable que se necesite una orden judicial para permitir la atención médica que ayude a tu hijo a lograr la congruencia de género. Existen leyes y políticas especiales diseñadas para proteger a los jóvenes en el sistema con tutores temporales, pero a veces frenan o detienen la atención especializada. De hecho, a menudo es la madre o el padre biológico o legal original el que puede seguir teniendo los derechos de aprobar o denegar algunos aspectos de la atención médica y también tendrá los derechos educativos del niño. Las familias que son tutores temporales deberán encontrar el equilibrio entre defender a su hijo y cumplir las órdenes del tribunal, o el niño podría ser retirado de su cuidado.

En contraparte, dependiendo del estado en el que se encuentren en Estados Unidos, los jóvenes en el sistema de tutelaje temporal suelen tener derecho a que se les llame por el nombre y el pronombre que hayan elegido, no se les puede obligar a asistir a una terapia de conversión, no se les puede discriminar ni acosar por su identidad de género y, en general, sus tutores temporales deben respetar su género afirmado. Si tienes dudas, contacta al defensor de tu estado para jóvenes en el sistema de tutelaje temporal o consulta una organización nacional de LGBTQ+.

Algunos adolescentes y adultos transgénero deciden que la contribución genética o la gestación son opciones que desean explorar. En esos casos, pueden optar por dejar sus bloqueadores o la terapia hormonal y avanzar en su pubertad natal para congelar su esperma o recoger sus óvulos o tener un embarazo. Para los adolescentes y los adultos transgénero que ya se han sometido a algún grado de congruencia médica, pero que no se han sometido a ninguna intervención quirúrgica, estas siguen siendo opciones posibles, aunque puede ser un proceso de varios años. Se necesita atención médica especializada para tomar este camino. Sin embargo, si el cuerpo de una persona fue transformado en las primeras etapas de la pubertad, seguido de hormonas de afirmación del género, es poco probable que se desarrollen en el futuro óvulos o espermatozoides maduros. Recuerda que hay muchas formas de crear una familia, y tu hijo tendrá sus propias ideas al respecto en el futuro.

¡SE NECESITAN MADRES Y PADRES QUE FUNJAN COMO TUTORES TEMPORALES!

Un número elevado de jóvenes con género expansivo, no binario y transgénero terminan en hogares de tutela temporal debido al rechazo de sus familias. También pueden ser discriminados en el sistema de tutela temporal debido a la ignorancia, el miedo y los prejuicios. Puede ser difícil, incluso para un trabajador social bien informado, encontrar un hogar de tutela temporal para los adolescentes transgénero. Se necesitan desesperadamente más hogares con conciencia de género y de afirmación del género para esta comunidad a lo largo de todo el país.

Encontrar un médico que prescriba medicamentos para retrasar la pubertad y hormonas para la afirmación del género

Tenemos un gran hospital en nuestra zona con una clínica especial que trata y apoya a los niños transgénero, pero tienen una lista de espera de seis meses. Estamos muy aliviados de tener una cita programada para este mes.

MADRE DE UNA HIJA TRANS DE 14 AÑOS

Nuestro hijo tiene ahora 10 años, y acabamos de tener una reunión con un médico familiar local que se dedica a la atención de la afirmación del género. Fue muy útil conocerlo en persona y hablar sobre cuándo deberíamos empezar a utilizar los bloqueadores de la pubertad.

MADRE DE UN HIJO TRANSGÉNERO DE 10 AÑOS

Cada vez hay más pediatras, médicos familiares y especialistas en medicina de adolescentes que trabajan con las familias para retrasar la pubertad de las niñas y niños no binarios, con dudas de género y transgénero; pero muchas familias tienen que recorrer largas distancias para obtener la atención de salud que necesitan para su hijo, en algunos casos en otro estado o incluso en otros países. La doctora Irene Sills, endocrinóloga pediátrica, cree que todos los pediatras podrían formarse fácilmente para administrar con seguridad tanto agonistas de GnRH como hormonas de afirmación del género a sus pacientes. "Es hora de que otros médicos pongan manos a la obra", dice. Los doctores que atienden a niñas y niños transgénero pueden imponer ciertos requisitos antes de iniciar cualquier tratamiento. En la actualidad, la mayoría exige el consentimiento de la madre y el padre, así como una evaluación de salud mental o una carta del terapeuta para comenzar el tratamiento.

El doctor A.J. Eckert, director médico del Programa de Medicina de Afirmación de la Vida y el Género (GLAM), explica que empieza una evaluación:

> preguntando los pronombres y la identidad de género y haciendo un historial para evaluar la etapa de Tanner, si procede. Hablamos de cómo ha sido la experiencia de reconocer su identidad de género y revelarlo a la familia, de los informes personales y de los informes de la familia sobre cuándo notaron por primera vez que su identidad difería del sexo asignado al nacer, cómo puede haber cambiado su expresión o presentación de género, qué ven cuando se miran en el espejo, cómo ha sido la pubertad hasta ahora, si experimentan o no disforia o euforia, su historial de salud mental (depresión, ansiedad, pensamientos suicidas), quiénes lo saben y quiénes los apoyan, cómo los apoya su escuela, qué esperan que hagan por ellos los bloqueadores o las hormonas, sus planes y objetivos futuros, preocupaciones e inquietudes. Evaluamos la estabilidad en cuanto a otras condiciones médicas y si los padres o cuidadores pueden dar su consentimiento informado para iniciar el tratamiento. Dejo claro a mis pacientes que no es mi trabajo evaluar "qué tan trans" es alguien. Estoy aquí para apoyar la trayectoria de género de los pacientes, independientemente de su aspecto. Hago hincapié en que la afirmación del género de cada persona tiene un aspecto diferente, y proporcionamos una atención individualizada en una estructura en la que me reúno con mis chicos al menos cada dos meses después de iniciar cualquier afirmación médica.

El doctor Eckert afirma que están codificados bajo la condición "trastorno endocrino", ya que "ser trans no es un trastorno de salud mental, y no todas las personas trans tienen disforia de género. Esto hace que lo que tratamos sea una condición médica".

Las madres, padres o cuidadores médicos de los jóvenes menores de 18 años firman formularios de consentimiento para el tratamiento con bloqueadores de la pubertad u hormonas de afirmación del género cuando deciden que ya es momento de que las cosas avancen.

El doctor Eckert está comprometido personal y profesionalmente con la atención a sus pacientes transgénero y no binarios. Afirma: "Como médico transmasculino no binario, con una amplia experiencia en el trato con profesionales de la salud que en el pasado no afirmaban el género de ninguna manera, es importante para mí hacer que la atención que afirma el género sea lo más accesible y desestigmatizada posible. Creo que escuchar a nuestros pacientes es lo más importante que podemos hacer, así como animar a sus familias a escuchar y apoyar".

Doble pubertad: ¿no fue suficiente la primera vez?

Si tu hijo ya ha entrado en la pubertad, y en algún momento utiliza hormonas de afirmación del género, te encuentras en una posición muy singular como progenitor: tener que vivir con tu hijo dos pubertades, ¡una de cada género! Las familias que han pasado por esta experiencia suelen sentirse emocionalmente agotadas tras un sólido recorrido de cambios y estados de ánimo puberales. Nuestra recomendación para ti como madre o padre es la siguiente: ¡Toma tus vitaminas, practica un cuidado personal óptimo, mantén tu sentido del humor y prepárate para el camino hormonal!

Elegir no usar hormonas

No existe un enfoque único para el proceso de afirmación del género. Puede ser interesante para las familias saber que muchos adolescentes que se identifican como transgénero y no binarios eligen no utilizar hormonas. Eligen no cambiar su cuerpo, sino que quieren cambiar el mundo. También es posible que no estén del todo preparados para definirse a sí mismos. Por favor, recuerda que es esencial que tu hijo adolescente esté expuesto a muchas formas diferentes de ser transgénero y no binario. Asistir a la Conferencia de Familias de Gender Spectrum o de alguna organización similar en tu país es una forma estupenda de hacerlo: reúne a adolescentes de todo el país para hablar sobre lo que es importante para ellos. Una reunión como

APOYO MÉDICO Y PSICOLÓGICO

esta les permite ver que todo el mundo toma diferentes decisiones sobre lo que es correcto para ellos. Tu hijo puede querer vivir en su cuerpo tal como es. Eso no hace que su identidad transgénero sea menos válida que la elección de otra persona de tomar hormonas o someterse a una operación.

Cirugías de afirmación del género

Las cirugías de afirmación del género son un grupo de procedimientos quirúrgicos que algunas personas transgénero y de género diverso utilizan para ayudar a afirmar su identidad de género. Para que se sientan más cómodas en su cuerpo y para aliviar la disforia, la cirugía forma parte del proceso de congruencia de algunas personas. De nuevo, no todas las personas transgénero o no binarias necesitan intervenciones quirúrgicas, ya que algunas encuentran la congruencia sin afirmación quirúrgica. Sin embargo, las cirugías de afirmación del género se consideran apropiadas y son el estándar de atención cuando se necesitan para aliviar la disforia de género, tanto que han sido consideradas médicamente necesarias por la WPATH y otras organizaciones profesionales. La cirugía no es el primer paso en el proceso de congruencia de género. Es algo que ocurre después de que tu hijo haya encontrado la congruencia social y normalmente haya utilizado otras formas de congruencia médica, como las hormonas.

¿Qué cirugías hay disponibles?
Aunque hay más cirugías y procedimientos disponibles para los adultos con diversidad de género, como las histerectomías y la feminización facial, hay dos categorías principales para las personas de 18 años o menos. Son las cirugías de reconstrucción del pecho o de aumento de las mamas y las de reconstrucción genital. La más común cuando están en la educación media es la de extirpación del pecho o su reconstrucción.

¿Qué es la cirugía de reconstrucción del pecho?
La cirugía de reconstrucción del pecho es la extirpación del exceso de tejido mamario para crear un aspecto más plano y "masculino" en esa área. La reconstrucción del pecho puede permitir a las personas transmasculinas y no binarias vivir más fácilmente en su género afirmado. Algunas personas eligen la reconstrucción del pecho y no utilizan la terapia de testosterona de afirmación del género.

¿Qué es la cirugía de aumento de pecho?

La cirugía de aumento de pecho es un procedimiento en el que se utilizan implantes para aumentar el tamaño del pecho. Este procedimiento puede permitir a las personas transfemeninas vivir más fácilmente en su género afirmado. Normalmente se recomienda que tu hija tome estrógenos durante un año o más antes de someterse a esta cirugía. Eso da tiempo a que crezcan las mamas todo lo posible con el tratamiento hormonal, antes de decidir si hay que aumentarlas. Muchas personas quedan contentas con la cantidad de crecimiento mamario que consiguen solo con las hormonas y no recurren a la cirugía, pero para las que no es suficiente o no pueden tomar hormonas de afirmación del género, es una opción de congruencia médica.

Criterios típicos para estas cirugías

La mayoría de los cirujanos para realizar estas cirugías exigen lo siguiente: el adolescente debe tener al menos 15 años, disponer de cartas de profesionales médicos y de salud mental, haber dejado de fumar o vapear durante 60 días antes y después de la operación, tener el peso y otros problemas de salud bajo control. La carta de un profesional de la salud mental tendrá que incluir que tu hijo tiene la capacidad para dar su consentimiento, que se está tratando cualquier problema de salud mental importante, la duración de la relación con el profesional de la salud mental, una explicación de que el adolescente ha cumplido los criterios para la cirugía y una breve descripción de los fundamentos clínicos que apoyan su solicitud. Si se va a utilizar el seguro para cubrir el costo de la operación, debe proporcionarse un diagnóstico de disforia de género.

Consideraciones de las familias

Los jóvenes transmasculinos y algunos no binarios que han pasado por la pubertad suelen experimentar una gran incomodidad con sus pechos. Para solucionarlo, pueden recurrir a métodos para aplanarse el pecho que pueden comprometer su salud, como el uso de cinta adhesiva, vendas o envoltorios de plástico. Incluso las fajas (*binders*) bien ajustadas son calientes, incómodas, dificultan el ejercicio y no deben llevarse durante periodos prolongados, ya que pueden afectar la respiración y causar problemas musculoesqueléticos e infecciones cutáneas. La cirugía de reconstrucción del pecho es una parte médicamente necesaria de la congruencia de género para estos adolescentes y puede mejorar mucho su calidad de vida. Algunos adolescentes están tan acomplejados por tener pechos que apenas pueden ser funcionales. No se duchan, por lo que su aseo e higiene se resienten. Llevan ropa holgada para ocultarse y no participan en la escuela ni en los deportes. Se vuelven muy retraídos, no salen de su habitación y no quieren salir de casa. Si tu hijo tiene una disforia de pecho grave, la cirugía de pecho cuando es joven puede ser un acto que cambie su vida, y podrá recuperarse con seguridad en casa.

Cirugías de reconstrucción genital

La cirugía genital de afirmación del género no es muy común en los menores, pero las clínicas y hospitales donde se atiende a los adolescentes transgénero tienen un aumento de solicitudes. Hacerse o no una reconstrucción genital es una decisión extremadamente personal. Algunas personas transgénero creen que es muy importante para su autoexperiencia someterse a una cirugía de afirmación, mientras que otras creen que están bien con su conjunto original de genitales. No hay una "forma correcta" de posicionarse respecto a la cirugía genital. Los adultos transgénero que no eligen la cirugía aconsejan a las familias que no piensen en la cirugía genital como la "meta", sino como una opción entre muchas. Les sugerimos que no actúen como si su hijo fuera a someterse algún día a esta cirugía, sino que comprendan que se trata de una decisión que él o ella debe tomar sobre su propio cuerpo, a su debido tiempo, y no una elección tomada para ajustarse a su idea de lo que hará que su hijo esté "completo".

La cirugía de afirmación genital puede ser esencial para el adolescente que la necesita y, cuando ese es el caso, someterse a la cirugía mientras aún vive en casa te permite ayudarlo en el prolongado y a menudo difícil proceso de recuperación. Ten en cuenta que conseguir la aprobación de tu seguro o del sistema de salud de tu país para esta intervención puede llevar a veces muchos meses, y los cirujanos también tienen largas listas de espera, de hasta un año o más. Si vives en Estados Unidos y tu seguro médico no cubre este tipo de cirugías, considera elegir una universidad que cuente con un seguro de gastos médicos que las cubra.

Nuestra hija ha sido consistente con su identidad desde que estaba en preescolar. No habíamos imaginado que se sometería a una cirugía de alineación genital cuando aún estaba en casa. Sin embargo, ese era su objetivo desde la escuela primaria, y no se desvió de él. Ganó mucho peso en la preparatoria, de modo que ya no podía ver su pene cuando

se duchaba. Pudo operarse entre el penúltimo y el último año de pre-
paratoria y la transformación fue increíble. Antes de la operación, era
una adolescente tímida y retraída a la que le iba muy bien en la escuela,
pero tenía pocos amigos. Al cabo de un año de la operación ya tenía
citas, había perdido más de cincuenta kilos, mantenía la cabeza alta,
había conseguido un trabajo y era una persona totalmente diferente.
Esta era la última pieza que le faltaba para convertirse en la mujer que
siempre ha sabido que es. Mi consejo a otros padres es que observen
si esta cirugía es adecuada para su hijo y, una vez que lo sepan, apoyen
a su hijo para que se la haga de forma segura y tan pronto como pueda.

PADRE DE UNA HIJA TRANSGÉNERO DE PREPARATORIA

¿Quién puede someterse a la cirugía de afirmación genital?

Para la mayoría de los cirujanos que realizan estas cirugías, tu hijo debe
tener al menos 18 años para la faloplastia (reconstrucción de pene) o la me-
toidioplastia (alargamiento del clítoris) y al menos 17 años para la vagino-
plastia. Sin embargo, algunos podrían realizarlas en pacientes más jóvenes
cuando existan razones de peso.

Criterios típicos para estas cirugías

Los criterios son los mismos que para la reconstrucción del pecho, aunque
existen algunos requisitos adicionales. A menudo se estipula que la carta de
salud mental provenga de alguien que haya trabajado con tu hijo durante al
menos 1 año o 18 meses, que él o ella haya vivido en su género afirmado
durante al menos un año y que comprenda las implicaciones relativas a la
fertilidad, así como las necesidades de recuperación a largo plazo para el
éxito de la cirugía.

Consideraciones de las familias

Algunos jóvenes transgénero experimentan una disforia genital que provoca una ansiedad y una depresión importantes que se convierten en una
barrera para la satisfacción e incluso el compromiso con la vida. La disforia genital puede afectar negativamente las relaciones sociales y provocar
retraimiento, depresión y comportamiento antisocial. La enseñanza media
es una época en la que los jóvenes empiezan a explorar el romance y
la intimidad —tanto física como emocionalmente—, pero para muchos
adolescentes transgénero, especialmente transfemeninos, su disforia genital
hace que la idea de la intimidad sea abrumadora. Para estos jóvenes, salir
con alguien no es una opción y a menudo tienen dificultades para hacer

amigos en persona, perdiendo así la oportunidad de desarrollar habilidades sociales apropiadas para su edad. Dado que cada vez hay más adolescentes transgénero que cuentan con el apoyo de sus familias para vivir con autenticidad, la cirugía de alineación genital se está llevando a cabo, caso por caso, con mayor frecuencia en los estudiantes de preparatoria.

Cirugías de feminización o afirmación facial

Hay una serie de procedimientos y cirugías clasificadas como "feminización facial" o "de afirmación facial" que buscan algunas personas identificadas como no binarias y transfemeninas. Entre estas, se encuentran los trabajos de reestructuración de algunos rasgos faciales, como el levantamiento de cejas, el aumento de los pómulos, la modificación de la línea de la mandíbula, la disminución de la tráquea (manzana de Adán), la rinoplastia (reconstrucción de la nariz) y el aumento de los labios. Estas cirugías no son habituales en los jóvenes menores de 18 años.

Histerectomía y ooforectomía

Algunas personas identificadas como no binarias y transmasculinas, asignadas como mujeres al nacer, deciden extirpar algunos o todos sus órganos reproductores (ovarios y útero). Otras pueden conservarlos porque no les causan disforia y no desean cirugías innecesarias, o para preservar la opción futura de tener hijos biológicos. Estas cirugías no son habituales en jóvenes menores de 18 años.

Consideraciones sobre el costo y la cobertura del seguro para los bloqueadores, las hormonas y la cirugía

Que tu hijo tenga o no cobertura médica para algunos o todos sus medicamentos o cirugías de afirmación del género depende de tu plan de seguro. Si tu plan actual no cubre los tratamientos relacionados con la disforia de género, los médicos pueden utilizar diferentes diagnósticos relacionados con los desequilibrios hormonales o el cambio puberal no deseado para conseguir la cobertura.

Las compañías de seguros pueden exigir que tanto un profesional de la salud mental como un médico declaren que las intervenciones médicas de afirmación del género son médicamente necesarias y que están cubiertas por el diagnóstico de disforia de género.

En Estados Unidos puedes obtener apoyo en cualquier apelación al seguro o cartas de necesidad médica necesarias en TransFamilySos.org

A medida que los niños se acercan a la adolescencia, es probable que estén bien informados sobre sus opciones de tratamiento médico de afirmación del género. Es posible que sepan mucho más que tú. Esto se debe a la abundancia de información disponible en internet. Si aún no lo has hecho, pide a tu hijo que te muestre algunas de las páginas web o personas a las que sigue, incluidos los videos o diarios sobre la transición que haya encontrado informativos o inspiradores.

¿Cómo puedo tomar decisiones médicas para y con mi hija/hijo?

Es muy difícil para cualquier padre de un niño o adolescente transgénero o no binario tomar decisiones médicas para y con su hijo. Para algunas familias, las decisiones médicas representan una especie de frontera final, un indicador de que el cambio de identidad de género de su hijo es permanente y de que lo reconocen como tal. Evita el pensamiento de "espera y verás". Descubrirás que cuanto más tiempo lleve tu hijo viviendo de acuerdo con su identidad de género y más se desarrolle, más clara será la necesidad de tomar decisiones médicas. Cuanto más tiempo lleve tu hijo expresando su género, y cuanto más tiempo hayas tenido para considerar las opciones médicas, más fácil te será hacer las paces con ellas. La intervención médica puede ser una decisión más difícil cuando tu preadolescente o adolescente anuncia repentinamente que es transgénero o no binario. Esta noticia es casi siempre un *shock* y algo difícil de procesar, y es normal que sientas que no te conviene apresurarte a tomar decisiones médicas potencialmente permanentes. Se requiere tiempo para determinar el curso de acción correcto, pero renunciar a la afirmación del género cuando esta se necesita puede tener consecuencias trágicas.

Muchos adolescentes encuentran una forma de obtener hormonas si sus padres niegan su consentimiento. Estos medicamentos son fáciles de conseguir en el mercado negro por internet y en la calle. El problema es que estas hormonas pueden no estar limpias y tu hijo no estará al cuidado de un médico, nadie controlará la dosis o los efectos secundarios.

Por otro lado, no se puede subestimar la importancia de la cohesión familiar durante este momento tan delicado de toma de decisiones. Tómate el tiempo necesario para que tu hijo o hija sepa que le quieres y le apoyas. Mantén abiertas las líneas de comunicación y exploren juntos las opciones, dejando un tiempo de adaptación. Ten en cuenta que la familia y él o ella pueden tener ideas muy diferentes sobre el momento adecuado. Tu hijo podría sentirse rechazado por ti si estas decisiones vitales críticas se retrasan, incluso un año o unos cuantos meses.

Esto se debe a que un adolescente, en medio de la pubertad, puede sentir una fuerte sensación de urgencia como resultado de los cambios que experimenta en su cuerpo. Como padre o tutor, puedes sentir una gran presión por tomar decisiones médicas importantes sin el tiempo suficiente ni la comprensión adecuada. Tu objetivo es apoyar a tu hijo mientras te tomas el tiempo necesario para informar y meditar tus decisiones. Navegar por este terreno sin perturbar a tu hijo puede ser muy difícil, incluso en las mejores circunstancias.

PULSERA DE IDENTIFICACIÓN MÉDICA

Si tu hijo está bajo el cuidado del médico para la administración de terapia hormonal, considera la posibilidad de que lleve una pulsera de identificación como forma de validar su "condición" médica. Esta identificación solo puede dar información genérica —el personal de la sala de emergencias debe llamar al número de teléfono para acceder a la información médica del niño y un operador proporciona los datos del médico, informando del carácter confidencial de la información—. Este recurso puede ser útil en zonas muy conservadoras en las que puedes temer que su condición se revele o que el niño sea discriminado en un entorno médico.

Durante este periodo, no es raro que las familias experimenten conflictos internos y disputas. Es un momento excelente para que las familias reciban apoyo y ayuda para tomar estas complicadas decisiones médicas. Recuerda que, aunque te parezca muy drástico, si permites que tu hijo tome agonistas de GnRH (bloqueadores hormonales), puedes ganar el tiempo necesario para ti y para él o ella.

En el caso de los adultos, las cuestiones relacionadas con la congruencia médica suelen plantear preguntas sobre ética, religión, fertilidad y naturaleza.

Sin embargo, para los jóvenes transgénero y no binarios, estas cuestiones no serán primordiales y pueden sentirse paralizados por estas consideraciones. En cambio, la oportunidad de que sus cuerpos se desarrollen de la forma que les resulte más natural puede ser de los momentos más afirmativos de su vida.

EL MODELO DE AFIRMACIÓN DE GÉNERO: UNA BREVE ENTREVISTA CON LA DOCTORA DIANE EHRENSAFT*

Como una de las fundadoras del modelo de atención afirmativa de género, ¿cómo ayudarías a otros a entender este término?
El modelo de atención afirmativa de género ha sido el esfuerzo colectivo y evolutivo de los especialistas en género de todo el mundo desde principios del siglo XXI. Parte del principio básico de que no son los demás los que deben decidir, sino el niño el que debe decir cuál es su identidad de género, sus modos de expresión de género o los que quiere que sean, y eso puede ocurrir a cualquier edad, ya sea a los 2, 10, 15 o más años. El papel de las personas que rodean al niño, tanto cuidadores como profesionales, no es pedirle que espere y vea que pasa después, sino darle la oportunidad de actuar y que los demás puedan ver a su ser auténtico en su verdadero género. Las infinitas repeticiones del género se consideran saludables y no un problema que deba solucionarse; el género se percibe como algo que se desarrolla a lo largo de la vida de una persona, lo que requiere una sensibilidad cultural e interseccional por parte de los que le ofrecen atención y cuidado. Si hay una patología, por lo general está en el entorno social más que en el niño, lo que involucra a los movimientos legales y el activismo para hacer que este sea un mundo que acepte a las personas de todos los géneros.

Para las familias que son nuevas en este camino y que pueden estar luchando por entender a su hijo, ¿cuál podría ser tu primer consejo o tu mensaje de esperanza para ellas?
En primer lugar, es posible que un niño de cualquier edad conozca su género. Como familia, necesitarás tiempo para adaptarte a este nuevo conocimiento de tu hijo, así que date espacio y apoyo para hacerlo, pero construye un filtro a tu alrededor para que tus ansiedades o preocupaciones

* Autora de libro *The Gender Creative Child: Pathways for Nurturing and Supporting Children Who Live Outside Gender Boxes* [La infancia con ·género creativo: caminos para nutrir y apoyar a los niños que viven fuera de los límites de género] y cofundadora del Centro de Género para Niños y Adolescentes de la Universidad de California en San Francisco (UCSF).

no se filtren a tu hijo; debes saber que las personas a las que se les da la oportunidad de vivir con su auténtico género pueden vivir felices y satisfechas; son las personas a las que se les impide hacerlo las que lo pasan peor.

Mirando hacia el futuro, ¿cuál crees que será la norma de atención para los niños y adolescentes transgénero y de género expansivo?
Creo que el modelo de afirmación de género pronto dictará la norma de atención, con la nueva versión 8 de los estándares de atención de la WPATH. Me complace decir que soy un orgulloso miembro del equipo que ha elaborado el primer capítulo de los estándares de atención de la WPATH dedicado específicamente a los niños prepúberes, un capítulo definitivamente bajo el marco del modelo de afirmación de género. Se eliminará de las normas de atención a los niños y adolescentes transgénero y de género expansivo el anticuado y dañino modelo reparador, en el que se persuadía sin éxito a los niños y jóvenes para que repudiaran su auténtico género a cambio de ponerse un yo falso, agradable para los demás, pero disfórico para ellos mismos.

Obtener un diagnóstico de disforia de género

Es bueno obtener un diagnóstico formal de disforia de género para tu hijo. Este puede abrirles las puertas para conseguir adaptaciones apropiadas en la escuela y atención médica que afirme el género, si es necesario. La disforia de género se creó como un diagnóstico específico para aclarar que ser transgénero no es en sí un trastorno psiquiátrico. El nuevo diagnóstico pretende eliminar el estigma de ser transgénero o no binario y aligera la preocupación de los profesionales de la salud mental por ayudar a aquellos a los que la experiencia de ser transgénero o no binario les ha provocado un malestar importante y un deterioro de su funcionamiento, con frecuencia debido a la falta de conocimiento y tolerancia de la sociedad hacia la diferencia.

El objetivo de un diagnóstico de disforia de género es abordar la angustia asociada al hecho de tener un género que no coincide con el sexo asignado al nacer. Dicho de otro modo, el problema no es la identidad de género del niño, sino el malestar asociado a ella. La disforia de género en la infancia es un diagnóstico que no requiere ningún tratamiento médico, aparte de la posible terapia individual o familiar, hasta que el niño llega a la pubertad, e incluso entonces el tratamiento médico solo es necesario según cada caso. A menudo, la congruencia social ayuda a aliviar el problema.

¿Cómo se diagnostica la disforia de género?

Tu médico familiar o pediatra puede hacer una evaluación preliminar. Sin embargo, la disforia de género suele diagnosticarla un profesional de la salud mental capacitado. Siempre que sea posible, debe hacerlo un terapeuta especializado en trabajar con jóvenes transgénero, de género expansivo y no binarios, y que tenga experiencia en el tratamiento de la disforia de género en niños y adolescentes. Tu médico de cabecera o tu pediatra pueden darte una referencia local, pero tendrás que llamar directamente al terapeuta para evaluar su disponibilidad, ya que algunos especialistas en género tienen las consultas siempre llenas.

También hay algunas bases de datos en línea de médicos especialistas en afirmación del género. Otra buena opción es recurrir a sitios web profesionales como Psychology Today para localizar opciones en tu región ya que los médicos autoseleccionan las especialidades que tienen para trabajar con grupos concretos. Sin embargo, tendrás que examinar con cuidado a esos terapeutas y visitar sus páginas web para asegurarte de que realmente son especialistas y tienen disponibilidad.

Una persona debe cumplir ciertos criterios para que se le diagnostique disforia de género, y los criterios difieren según la edad. Para recibir un diagnóstico de disforia de género, un niño debe tener "sentimientos de incongruencia" entre su género asignado y su género experimentado, y un deseo de ser y ser tratado como un género distinto al que se le asignó al nacer. Además, su angustia alcanza tal nivel que puede ver mermada su capacidad para funcionar en la escuela, en casa o en entornos sociales.

Apoyo psicológico para la disforia de género

El mejor consejo que podría dar a otros padres es que consigan una terapia de género para su hijo.

MADRE DE UNA CHICA TRANS DE 16 AÑOS

Llevamos a nuestra hija con un terapeuta porque tenía algunos problemas de ira explosiva, que pueden o no estar relacionados con la identidad de género. Con más habilidades lingüísticas, eso ha disminuido un poco y es capaz de expresarse con más claridad, también sus necesidades.

MADRE DE UNA HIJA TRANSGÉNERO DE 9 AÑOS

Ojalá nos hubiéramos puesto en contacto con un profesional para tratar los problemas de comportamiento, ansiedad y depresión de nuestro hijo. Mediante el asesoramiento individual para nuestro hijo, en conjunto con sesiones familiares, pudimos ser capaces de labrar tiempos más felices y saludables.

PADRE DE UN CHICO NO BINARIO DE 16 AÑOS

Mi hijo fue a terapia para controlar su ansiedad, y su mamá y yo a diversos cursos para aprender.

PADRE DE UN NIÑO TRANSGÉNERO, URUGUAY

Lo increíble fue empezar a ver cómo disminuyó su ansiedad, con la cual había batallado muchos años. Poder mostrarse como ella se siente segura y feliz.

PADRE DE UNA NIÑA TRANSGÉNERO, MÉXICO

¿Todos los niños transgénero necesitan terapia?

Un terapeuta experimentado puede apoyar a tu hijo y a tu familia en todas las partes del camino de género. Para eso, debe haber trabajado con muchas otras familias en un camino similar y, por lo tanto, conocerá la trayectoria común de las decisiones relacionadas con la transición.

Un psicoterapeuta (consejero o trabajador social) puede ayudar a tu hijo a ordenar y comprender sus luchas con la identidad de género, a sopesar los pros y los contras de las distintas medidas de congruencia, y a encontrar formas saludables de afrontar los retos de vivir como persona de género expansivo, no binaria o transgénero en el mundo actual.

El apoyo a las niñas, niños y adolescentes con disforia de género puede incluir la exploración abierta de sus sentimientos y experiencias con la identidad y la expresión de género, sin que el terapeuta tenga ninguna expectativa predefinida del resultado. Los terapeutas también pueden trabajar con los jóvenes en mejorar su autoafirmación, construir tolerancia y resiliencia, ayudar a la comunicación familiar y apoyarlos para garantizar su seguridad. Pueden validar los sentimientos de frustración, ira y tristeza que los jóvenes experimentan en áreas en las que las leyes regresivas limitan su sensación de seguridad o autoestima, o incluso si presentan una incapacidad para recibir la atención médica adecuada. Del mismo modo, un terapeuta calificado puede infundir esperanza y ayudar a los jóvenes a imaginar un futuro mejor para sí mismos en momentos en los que llega a ser difícil para un adolescente hacerlo por sí mismo.

Un terapeuta calificado está al día en la investigación actual; consulta con sus colegas cuando es necesario; puede ayudar a defender a las escuelas o a los profesionales médicos; puede escribir cartas de apoyo para los bloqueadores, las hormonas y las cirugías, dar espacio a la indecisión, proporcionar psicoeducación y tranquilidad continuas, y evaluar continuamente otros problemas de salud mental, como la ansiedad y la depresión. La mayoría de las madres y padres entrevistados para esta edición actualizada afirmaron sentir que un terapeuta calificado había sido una gran ayuda para su hija o hijo y la familia en su conjunto.

Algunas familias se preguntan si es importante que un niño o adolescente tenga un terapeuta que también sea transgénero o no binario. Para algunos jóvenes, esta puede ser una opción muy útil, si sienten que nadie puede entenderlos salvo otra persona transgénero.

Sin embargo, esta opción puede ser una petición imposible en muchas zonas del país, y el hecho de que un terapeuta se identifique como transgénero no significa que el género sea el centro de su práctica. Además, puede que no sea el mejor terapeuta disponible, o el más adecuado para tu familia, si hay varias opciones.

El doctor Kellen Grayson, psicólogo clínico transgénero, afirma que "las investigaciones demuestran que no es necesario reflejar directamente la experiencia para establecer relaciones con los jóvenes en terapia". El factor más importante, dice, es que el terapeuta comprenda la experiencia de un joven, sea cual sea su identidad de género, y "le proporcione compasión y empatía continuas".

La terapia también puede ser un recurso útil para los hermanos de los niños y adolescentes transgénero. Los hermanos, a menudo una población ignorada, suelen recibir la carga de ser "perfectos" cuando hay un niño con mayores necesidades en la familia, se les pide apoyo inmediatamente, que sean discretos, e ignoren sus propios sentimientos de dolor y pérdida por el hermano que conocían.

Nuestro hijo menor necesitaba en realidad terapia tanto como su hermano mayor no binario. Le resultaba difícil entender lo que estaba pasando y por qué su hermana ya no podía llamarse "hermana" y por qué siempre se metía en problemas por olvidar los nuevos pronombres. Más aún, tenía miedo, ya que su hermana ha entrado y salido de clínicas de trastornos alimenticios y del hospital por intentos de suicidio. Mi consejo es que no te olvides de tus otros hijos ni de sus necesidades emocionales.

PADRE DE UNA CHICA NO BINARIA DE 15 AÑOS
Y DE UN CHICO CISGÉNERO DE 13 AÑOS

Sin embargo, la terapia no es una necesidad para todas las niñas y niños y sus familias. Como afirma el doctor Grayson, la terapia puede ser útil "si el niño tiene síntomas de salud mental que reducen su nivel de funcionamiento y felicidad". Pero si funcionan bien, ¿debe la familia insistir en la terapia? A algunos les gusta vincular al niño con un terapeuta previendo futuras cuestiones o problemas, o porque podrían necesitar una carta de apoyo para un bloqueador hormonal o para iniciar una terapia hormonal más adelante. Sin embargo, a Rachel, en su calidad de terapeuta certificada, a menudo se le acercan madres y padres que tratan de apoyar a sus hijos buscando una terapia de afirmación para un niño de género binario o transgénero que en realidad no la desea. A veces, ha descubierto que, en realidad, son los cuidadores o el sistema familiar los que necesitan apoyo, mientras que el niño en cuestión se siente capaz de manejar sus propios retos, quiere que el género deje de ser un foco familiar y expresa claramente que no quiere una terapia individual. En estas situaciones, Rachel recomienda a los padres que busquen asesoramiento individual o de pareja, que se unan a un grupo de apoyo, que se aseguren de que su hijo tiene compañeros y modelos de conducta adecuados, y que mantengan abiertas las líneas de comunicación con su hijo. Los niños no serán receptivos a la terapia si se les obliga a hacerla. Una mejor opción puede ser sugerir un grupo de compañeros con el que puedan explorar su género o cualquier otra cuestión que surja en compañía de otras personas de su edad. Cuando esto tiene éxito, puede disminuir significativamente los sentimientos de aislamiento y crear asimismo un sentimiento de pertenencia, factores clave para fomentar la resiliencia. Del mismo modo, la terapia familiar, en lugar de la terapia individual solo para el niño, puede ayudar a la familia como un todo a abordar los problemas que surgen en torno al género, facilitar la comunicación entre sus miembros, garantizar que se satisfagan también las necesidades de los hermanos y proporcionar en general un ambiente de confianza y apoyo para el niño.

Hay otras formas de proporcionar apoyo terapéutico a los niños y adolescentes transgénero fuera del marco habitual. Por ejemplo, el *coach* de vida certificado Tony Ferraiolo ha sido pionero por sus innovadores grupos de arte para niños y adolescentes transgénero y no binarios en Connecticut. Programas propositivos como este pueden reproducirse en cualquier lugar. Revisa la entrevista en el siguiente recuadro para obtener más información.

ENTREVISTA A TONY FERRAIOLO

Tony Ferraiolo es un *coach* de vida certificado, entrenador y defensor de los jóvenes transgénero con sede en New Haven, Connecticut. Los grupos de apoyo de Ferraiolo para los jóvenes transgénero y sus familias han atendido a más de 1 200 familias. Las obras de arte creadas en algunos de estos grupos aparecieron en la serie de libros de arte titulada *Expresiones artísticas de los jóvenes transgénero*. Ferraiolo es también el protagonista del premiado documental *A Self-Made Man* [*Un hombre que se ha hecho a sí mismo*], de la cineasta Lori Petchers. Nosotras lo entrevistamos sobre su trabajo creativo y solidario con niños, adolescentes y familias.

¿Qué te inspiró a iniciar tus grupos artísticos?

En agosto de 2008, abrí un grupo de apoyo para adolescentes transgénero. Al cabo de unos meses, empecé a recibir llamadas preguntando si trabajaría con niños más pequeños. Sabía que un grupo de apoyo estructurado no funcionaría para estos niños pequeños, pero entonces pensé, ¿qué tal un grupo de arte? Como artista que soy, recordé cómo el arte me salvó, incluso de las autolesiones, y sabía que podía mostrar a los niños que podemos expresar nuestras emociones a través del arte. El primer grupo de arte, "Créate a ti mismo", se reunió en 2010. Antes de empezar, escribí unas cuantas directrices: la primera y más importante era no sacar a relucir el tema de su género. Quería que los niños estuvieran cerca unos de otros, que se sintieran seguros con el consuelo de que sus compañeros también estaban pasando por las mismas luchas, y permitirles una hora para ser simplemente quienes eran: niños. En ese primer grupo, supe sin duda que este grupo de arte marcaría la diferencia en su vida y en la mía.

¿Qué es lo que más te ha sorprendido del arte que hacen los niños?

Me sorprendió su disposición a profundizar en el dolor que sentían. Sé que, como todos se sentían seguros, aceptados y no juzgados, pudieron abrirse plenamente para dibujar las respuestas a algunas preguntas difíciles como ¿qué te entristece? y ¿cómo se siente la disforia corporal?

¿Cómo sugerirías a las madres, padres, terapeutas y profesores que utilizaran tu serie de libros?
Creo que estos libros pueden utilizarse para educar a muchos grupos de personas. Podemos intentar explicar verbalmente lo que experimentan estos niños, pero ver el dolor en sus dibujos y leer las palabras sobre lo que sienten puede cambiar la perspectiva de una madre o un padre de "no lo entiendo" a "¿cómo puedo apoyarte mejor?".

¿Qué deseas para los jóvenes transgénero y no binarios de hoy en día?
Lo que deseo es que los demás les crean y confíen en que saben quiénes son. Creo que lo más importante es que estos jóvenes tengan un sentimiento de pertenencia en sus hogares, escuelas y comunidades.

¿Qué palabras de ánimo tienes para los cuidadores que luchan con la identidad de género de sus hijos?
A menudo les digo a las familias que el modo en que quieren y aceptan a su hijo marca la pauta de cómo el joven creerá que el resto del mundo lo tratará. Les digo a las familias que recuerden que este proceso lleva tiempo y que hay una diferencia entre aceptar y afirmar. Que recuerden que afirmar va más allá de la aceptación, y significa usar el nombre y los pronombres elegidos, y proporcionar los tratamientos médicos necesarios para su hijo. Cuando no haces estas cosas, no lo estás afirmando. Esto puede sumir a su hijo en un estado depresivo en el que se sienta desesperado, lo que lo llevará a tener pensamientos suicidas, intentos y autolesiones. Como he dicho durante años, cuando das a un niño la esperanza de una vida mejor, no querrá quitarse la vida.

¿Cuál es la mejor manera de que las familias animen a sus hijos a "crearse a sí mismos"?
No obligues a tu hijo a ser lo que pensabas o esperabas que fuera. Deja que tu hijo recorra su propio camino y, como madre o padre, guíalo con comprensión, compasión y amabilidad.

¿Cómo se utiliza tu película para educar a la gente?
Un hombre que se ha hecho a sí mismo tiene una maravillosa capacidad para educar a quienes no pertenecen a la comunidad transgénero o no binaria sobre nuestras experiencias. También ayuda a las familias y a los jóvenes a sentir que no están solos en este camino.

Encontrar un terapeuta

Cuando busques un terapeuta, ten en cuenta que un especialista en salud mental con perspectiva de género utiliza un marco clínico que parte de un lugar de aceptación, honrando el punto en el que se encuentra la persona y proporcionando orientación y apoyo. Recurrir a un terapeuta certificado que afirme el género, si es posible, suele garantizar un alto nivel de atención profesional. Sin embargo, los paraprofesionales bien formados, como los *coach* de vida y los consejeros certificados, también pueden ser elementos valiosos de un equipo de apoyo. Los terapeutas que afirman el género no intentan cambiar la identidad o la expresión de género de una persona; en cambio, la ayudan a cualquier edad a explorar su propia identidad y a descubrir qué pasos son necesarios para alcanzar un lugar de congruencia. El terapeuta también ayudará a tu hijo a navegar por sus relaciones sociales, su relación con su cuerpo y otros retos a los que se enfrenta tanto con su género como en su vida cotidiana.

Es importante tener en cuenta que, aunque la mayoría de los profesionales de la salud mental ha recibido cierta formación sobre el desarrollo del género en el niño pequeño, el alcance de esta y el énfasis en la diversidad natural que implica variará mucho en función de dónde hayan estudiado. Algunas escuelas hacen hincapié en la diversidad, incluso en torno a la sexualidad y el género, en todas las clases. Otras solo incluirán información más limitada sobre la norma de las expectativas, con poca o ninguna discusión sobre la variación natural de esas normas. Lo mismo podría decirse del lugar en el que un terapeuta realiza sus prácticas, si recibe supervisión o realiza una formación de posgrado. No des por sentado que cuantos más títulos tenga un psicólogo o psiquiatra infantil mejor entenderá la divergencia de género o será más probable que trate adecuadamente a tu hijo. Los expertos en este campo insisten en que los conocimientos sobre los niños transgénero no se basan en los títulos académicos, sino en la formación específica, la experiencia y la comprensión de cada médico. Así, un terapeuta especializado o un trabajador social pueden estar mucho más formados en este campo que los terapeutas clínicos con títulos académicos más avanzados.

Además, muchos profesionales no entienden que la orientación sexual y la identidad de género son partes separadas de la identidad básica. Estos médicos bien intencionados, pero equivocados, pueden intentar convencer a sus pacientes (y a sus familias) de que en realidad son homosexuales y no transgénero o no binarios, o simplemente que son de género expansivo. Por supuesto, algunos de estos niños son o serán homosexuales, pero eso no descarta que también puedan ser transgénero o no binarios. La variación de género no es en absoluto un marcador definitivo de la orientación sexual. Tratar de predecir la orientación sexual de una persona desde la primera infancia no sirve para abordar la cuestión de género.

En otras palabras, en esta coyuntura de la historia, fuera de las zonas urbanas, no es fácil encontrar un médico o terapeuta formado en las cuestiones de la variación de género y la identidad transgénero y no binaria en niños y adolescentes. Si vives en una parte del país en la que hay pocos especialistas en género disponibles, puedes intentar tomar terapia en línea con un terapeuta de otra zona. Aunque no haya un terapeuta en tu estado que entienda o se especialice en la diversidad de género, eso no significa que debas perder toda esperanza. Un terapeuta infantil y familiar o un trabajador social de tu propio estado con ganas de aprender —y un corazón y una mente abiertos— puede reunir la información adicional necesaria para ayudar a tu hijo y a tu familia. También pueden inscribirse a distancia en formaciones clínicas sobre la diversidad de género y a grupos de consulta profesional o participar en una tutoría de un especialista en género.

Asegúrate de que eres proactivo a la hora de hacer los mismos tipos de preguntas de detección a las aseguradoras y a los profesionales de la salud que consultes para la atención de tu hijo. Además, según nuestra experiencia, en muchas clínicas urbanas trabajan médicos y clínicos más jóvenes y que están más al día en cuanto a diferencias de género y métodos de tratamiento. Esto se aplica a los internos y residentes que ejercen en clínicas de formación bajo la dirección de médicos autorizados.

TERAPIA PARA TODOS

Dado que la mayoría de los especialistas en género ejerce en zonas urbanas densamente pobladas y progresistas, hay una gran necesidad de más profesionales en las comunidades rurales para apoyar a las niñas y niños transgénero y no binarios y a sus familias. Aquellos que no son especialistas, pero que reúnen más desarrollo profesional y formación, pueden apoyar a los jóvenes transgénero y no binarios y a sus familias en las ciudades más pequeñas y las zonas rurales.

Una terapeuta de este tipo es Amy Boillot, una trabajadora social certificada en terapia clínica en Jackson, Wyoming, y sus comunidades rurales cercanas. Al principio, Boillot, a pesar de llevar más de 20 años en la práctica privada y de ser considerada por su comunidad como una experta local en terapia infantil, juvenil y familiar, no creía tener la formación adecuada para trabajar con jóvenes transgénero y le parecía más ético derivar a esos pacientes. Sin embargo, dice que al final se dio cuenta de que "en nuestra comunidad no hay clínicos con experiencia en cuestiones transgénero, y la mayoría de las familias tienen que viajar fuera del estado para recibir este tipo de servicios".

Comprender que podía ayudar a llenar un gran vacío la inspiró a aprender más y a comprometerse a trabajar en esta comunidad. Ella cita "la falta de información y los estereotipos persistentes, el aislamiento, la accesibilidad limitada para conectar con otras familias en busca de apoyo y el miedo a ser juzgado" como temas recurrentes entre las familias con las que ahora trabaja. Señala "el importante impacto en la salud mental de estos niños y sus familias" y que la intolerancia de las instituciones políticas y religiosas puede dar lugar a un miedo permanente a ser juzgado y discriminado. A pesar de todas las barreras a las que se enfrentan las familias rurales, observa un creciente número de niños y jóvenes transgénero y no binarios en su consulta que necesitan atención y servicios.

Boillot recomienda a las familias de las zonas rurales con menos recursos que se unan a un grupo de apoyo presencial o en línea, que formen un equipo para navegar por el sistema escolar, y que "se arriesguen a compartir su historia con la esperanza de encontrar el apoyo que tú y tus hijos necesitan en tu escuela y tu comunidad". Reconoce que las familias de zonas rurales tal vez tengan que "llevar la antorcha" para descubrir los distintos sistemas necesarios para apoyar a sus hijos, pero añade: "No solo defenderán a su propio hijo, sino que también ayudarán a todas las futuras familias de forma significativa".

ESTADÍSTICAS ACTUALES SOBRE SALUD MENTAL

Las siguientes estadísticas proceden de fuentes como el informe 2021 del Proyecto Trevor. Aunque son duras, se incluyen aquí para ayudar a nuestros lectores a comprender la urgencia de la angustia que experimentan muchos (pero ciertamente no todos) los adolescentes no binarios y transgénero. Utiliza esta información para comprender lo que realmente está en juego mientras trabajas para apoyar mejor a tu hijo:

Los jóvenes transgénero experimentan porcentajes significativamente mayores de depresión, suicidio y victimización en comparación con sus compañeros cisgénero. En concreto, tienen entre dos y tres veces más porcentaje de depresión y suicidio que sus compañeros cisgénero. Los estudios muestran que esto es especialmente grave si no se les permite buscar ninguna forma de congruencia de género.

Más de 75% de los jóvenes transgénero y de género no binario experimentan ansiedad, y más de dos de cada tres jóvenes transgénero y de género no binario declararon síntomas recientes de trastorno depresivo mayor. Más de la mitad de los jóvenes transgénero y no binarios consideraron seriamente la posibilidad de intentar suicidarse el año anterior.

Diagnósticos concurrentes

No es un hecho que los niños y adolescentes transgénero tengan problemas específicos o trastornos de salud mental que requieran atención especializada. Sin embargo, al igual que la población general de niños y adolescentes, no es raro que tengan problemas coincidentes, como ansiedad y depresión. A veces son un síntoma de disforia de género, ya sea por el estrés interno o por las presiones a las que uno se enfrenta por ser transgénero, pero pueden ser manifestaciones más orgánicas procedentes de una predisposición genética. En su trabajo clínico, Rachel suele trabajar con adolescentes y familias para identificar cómo afecciones como la ansiedad han avanzado por varias generaciones de un árbol genealógico. Una vez que se identifican y normalizan, y se utilizan mejores habilidades para enfrentarlas, los síntomas suelen disminuir. Por lo tanto, para apoyar realmente una salud mental óptima, sobre todo en el caso de los adolescentes psicológicamente vulnerables, estas cuestiones deben tratarse en terapia.

Abordar adecuadamente todos los diagnósticos de salud mental y sus formas de tratamiento está más allá del alcance de este libro. Sin embargo, saber que las personas transgénero experimentan porcentajes similares de TDAH, trastornos comunes del estado de ánimo, enfermedades mentales graves como el trastorno bipolar y la esquizofrenia, abuso y adicción a sustancias o al alcohol, trastornos obsesivo-compulsivos, trastornos del aprendizaje, así como porcentajes excesivamente altos de trastornos y desórdenes alimenticios, ayuda a los cuidadores y a los jóvenes a comprender que puede ser necesario un tratamiento específico. Por ejemplo, un adolescente transgénero que se está recuperando de un trastorno alimenticio necesita un programa que pueda abordar con conocimiento de causa su miedo a engordar porque no quiere tener curvas femeninas. Un tratamiento estándar que no aborde las preocupaciones especializadas no será tan eficaz. Si buscas este tipo de atención para un niño o adolescente, asegúrate de que el programa es consciente de los problemas de género de tu hijo y que puede asignarle el profesional más afirmativo y capacitado posible. También deberían estar dispuestos a consultar con expertos externos cuando sea necesario, para que sus servicios sean lo más positivos y afirmativos posibles en cuanto al género.

Mayor nivel de cuidado

Nos preocupa que, debido a la ansiedad de mi hijo y a su angustia por la falta de armonía dentro de su propio cuerpo, no sea capaz de salir adelante. El miedo al suicidio es real para todo el mundo, pero debido a las estadísticas es algo que vigilo de cerca y me preocupa.

MADRE DE UN HIJO TRANS DE 16 AÑOS

En el caso de los adolescentes que requieren un mayor nivel de atención, en varios países hay un número pequeño pero creciente de programas intensivos para pacientes externos (IOP) y programas de hospitalización parcial (PHP). Asimismo, algunos programas residenciales para problemas de conducta y adicciones son sensibles a las cuestiones de diversidad de género. Busca estos programas en tu región. Esta atención más específica puede deberse en parte, al menos en las zonas urbanas, al aumento de la concientización sobre la diversidad de género (tanto a nivel personal como profesional) entre los médicos más jóvenes, y a padres como tú que han defendido con éxito una mayor intersección cultural, racial y de género en los programas de tratamiento. Sin embargo, la conclusión es la siguiente: si tu hijo adolescente es vulnerable a las emergencias de salud mental, investiga un poco sobre cuál sería el lugar adecuado para ella o él antes de que la situación se convierta en una crisis. Aunque es posible que no encuentres un programa o centro con sensibilidad de género en tu zona, intenta encontrar un lugar que, como mínimo, respete el nombre y los pronombres de tu hijo y no intente cambiar su género de forma activa. Esta es un área de crecimiento que necesitan desesperadamente la mayoría de los programas de hospitalización y de tratamiento ambulatorio intensivo fuera de las zonas urbanas progresistas.

Trastorno de espectro autista (TEA)

Mi hijo tenía 14 años y salió del armario hace un año. No tenía ni idea de que era transgénero y me cayó como un rayo. Se le ha diagnosticado TDAH desde segundo año y podría estar en el espectro del autismo. Antes de que saliera del armario, estaba muy disgustado porque tuvo la regla a los 12 años. Una tristeza horrible y sollozos. Algo de ira. Lo atribuimos a problemas sensoriales en ese momento.

MADRE DE UN HIJO TRANS DE 15 AÑOS

Parece haber una notable pero inexplicable sobrerrepresentación de diagnósticos de trastorno del espectro autista (TEA) y de características autistas en los adolescentes transgénero y de género diverso, en comparación con los adolescentes cisgénero. Existen cada vez más pruebas, gracias a múltiples estudios a nivel internacional, de que dentro de la comunidad autista existe una prevalencia de diversidad de género mayor de lo habitual. Los estudios también señalan que las personas con diversidad de género suelen sentir que tienen rasgos de autismo no diagnosticados, como dificultades sensoriales y problemas de comunicación. Por tanto, la disforia de género y el TEA suelen ser diagnósticos concurrentes, un hecho que los profesionales de la medicina y la salud mental deben conocer.

Numerosas teorías intentan explicar el porqué de esto, centradas en hipótesis tanto sociales como biológicas, pero la causa de que se presenten al mismo tiempo aún no se conoce, y quizá tampoco sea tan importante. Lo que sí importa es que tu hijo reciba la atención y el apoyo que necesita en todos los aspectos de su vida, incluido este.

Un diagnóstico de TEA no excluye la necesidad de afirmar el género tanto social como médicamente. Sin embargo, las formas y el orden en que pueden desarrollarse las medidas de congruencia pueden ser ligeramente diferentes debido a las influencias del TEA. Por desgracia, puede ser difícil encontrar especialistas de salud mental que estén familiarizados y se sientan cómodos evaluando y abordando tanto el TEA como la diversidad de género. La mayoría de los terapeutas clínicos tienen uno de estos campos como especialidad profesional, no ambos, debido a la amplia formación que ambos requieren por separado. Esto puede llevar a la necesidad de consultar varios médicos.

Asegurarte de que los profesionales a cargo de la salud de tu hijo están al menos algo versados en la investigación actual sobre esta concurrencia es clave, porque con demasiada frecuencia los médicos generales creen que el autismo (y también algunos problemas de salud mental) deben tratarse primero, antes de que la transición pueda avanzar. Pueden creer que esto "curará" la diversidad de género, cuando en realidad son diagnósticos duales y cada uno de ellos debe de ser tratado, a pesar de que uno pueda informar al otro.

Hay algunas clínicas, como el Hospital Infantil de Seattle y el Hospital Nacional Infantil en Washington, D. C., que están empezando a reconocer cómo estos diagnósticos se entretejen y la dificultad para las familias que buscan una atención adecuada. Por ejemplo, el Hospital Infantil de Seattle ha establecido una clínica de género como parte de su centro de autismo, y su énfasis está en la colaboración profesional, la evaluación y la educación continuas, así como en el desarrollo de habilidades para los adolescentes.

Es de esperar que este modelo sea adoptado por otros centros y clínicas que tienen equipos de especialistas. Por desgracia, es probable que este nivel de coordinación supere con creces la capacidad de los especialistas en la práctica privada, aunque se debe esperar que proporcionen cierto nivel de consulta, colaboración y defensa de los intereses de tu hijo con otros miembros de su equipo.

Terapia para las familias

Las familias también pueden beneficiarse del asesoramiento individual y de pareja o del apoyo pastoral, así como con la asistencia a un grupo de apoyo para madres y padres. Poder estar en la misma frecuencia y trabajar en equipo mantendrá la armonía familiar. Esto también te dará espacio para procesar tus propias emociones y preocupaciones sin llevarlas al hogar. Independientemente de dónde te encuentres en una continuidad de apoyo a tu hijo, la terapia puede darte un lugar para lidiar con tus sentimientos personales. Puede aliviar la sensación de aislamiento y sustituirla por la comprensión y el entendimiento.

Hay retos únicos a los que te enfrentas como progenitor. La terapia puede apoyarte, educarte y capacitarte para manejar los muchos problemas que surgirán. La terapia puede proporcionarte un lugar seguro para procesar tus sentimientos, sentirte bien como padre o madre, y recibir un estímulo compasivo para seguir siendo el padre cariñoso que puede criar y apoyar a un niño sano desde el punto de vista del género.

Si estás separado del progenitor legal de tu hijo o si hay tensión entre ustedes sobre el tema de la expresión e identidad de género de tu hijo, es especialmente importante que el niño acuda a un terapeuta. Además de orientar a tu familia, el terapeuta también puede validar que ni el progenitor que apoya ni el que rechaza está impulsando al niño a expresarse de esta manera. Ninguno de los dos ha provocado que su hijo sea así, ni nadie tiene la culpa de la identidad de género innata de su hijo.

Yo hice mucho trabajo personal en terapia para lidiar con lo que me costaba entender sobre los gustos de mi hijo y su exploración de la identidad de género y la presentación. Como pareja, su padre y yo acudimos a terapia para que nos ayudaran a lidiar juntos con la situación por la que estábamos pasando con nuestro hijo y saber cómo responder día a día a sus intereses, gustos y las cosas que quería hacer. También nuestro hijo fue con una terapeuta para que le explicara sobre la terapia de reemplazo hormonal y lo ayudara a seguir explorando su identidad de género.

MADRE DE UNA NIÑA TRANSGÉNERO, MÉXICO

Mi hija acude con una terapeuta que ha acompañado la transición. De igual manera, nuestra familia nuclear toma terapia y formamos parte de la Red de Familias Trans y Transacompañamiento, donde se realizan sesiones para familias una vez a la semana por Zoom y presencial una vez al mes. Conocer a otras familias y escucharlas ha sido muy provechoso. También acudimos a una clínica donde brindan atención médica para personas trans, ahí nos han apoyado muchísimo.

FAMILIA DE UN NIÑO TRANSGÉNERO, MÉXICO

Terapeuta para su mamá. Poder hacer un duelo de este hijx que muere y el que viene.

MADRE DE UN HIJO TRANSGÉNERO, CHILE

Proteger a tu familia

Otra razón muy importante para considerar un terapeuta para tu hijo es proteger a tu familia. Las personas transgénero y de género expansivo aún no son ampliamente comprendidas en nuestra sociedad. Por eso, es probable que algunas personas piensen que estás causando un gran daño a tu hijo al apoyarlo. Encontrar un terapeuta acreditado que trabaje con tu familia validará tus decisiones frente a esa adversidad.

Si tienes problemas con el otro progenitor de tu hijo por la forma en que manejas la cuestión de género, puedes correr el riesgo de que haga un movimiento para obtener la custodia legal. Para protegerte en esta eventualidad, lo mejor es que el pediatra de tu hijo lo remita a un terapeuta especializado en género. De este modo, los agentes neutrales de tu vida están guiando el curso de la atención de tu hijo, y no parecerá que tú mismo estás diagnosticándolo.

Preparándose para cuidados médicos mayores

Algunos consultorios médicos exigen que los jóvenes con diversidad de género estén bajo el cuidado de un terapeuta y tengan un diagnóstico de disforia de género antes de que puedan comenzar las medidas médicas de congruencia, como los supresores hormonales, la terapia hormonal de afirmación del género o las cirugías de afirmación del género. Otros consultorios médicos no tienen este requisito para los bloqueadores o las hormonas y pueden incluso no exigir una carta de validación de un terapeuta. Sin embargo, muchas compañías de seguros sí tienen este requisito para dar cobertura. Asimismo, la mayoría de los cirujanos (y de las compañías de seguros) exigen una relación de 12 a 18 meses con un profesional de la salud mental para realizar cirugías de afirmación de género. Esta es otra de las muchas razones por las que puede ser útil establecer una atención temprana con un especialista en género. Una vez más, no todos los niños transgénero necesitan terapia, y somos conscientes y sensibles a los muchos problemas que rodean el acceso a la afirmación de género, especialmente para los adultos transgénero. Sin embargo, los beneficios de estar vinculados a un equipo profesional, que puede incluir apoyo de salud mental y conductual, son enormes para muchas familias con niñas, niños y adolescentes transgénero.

Capítulo 10
Cuestiones legales

¡Descubre qué protecciones ya existen en tu país! Como dice tan elocuentemente Gabriel Díaz, psiquiatra infantil en Chile que trabaja con niños transgénero: "Las protecciones existen, pero no son conocidas. Lo que no se difunde, no se lee y lo que no se lee, no existe".

Las cuestiones legales relacionadas con los niños transgénero y no binarios son de especial interés para familias y cuidadores. Este capítulo ofrece una visión general de los tipos de asuntos con los que se pueden encontrar tu hijo y tú. El alcance de las protecciones antidiscriminatorias, los documentos de identidad y la custodia son áreas con las que tienen que lidiar muchas familias de niños trans y no binarios. Conocer los derechos legales de tu hijo, y estar al tanto de los avances en este ámbito jurídico tan cambiante, es fundamental para salvaguardar su capacidad de ser quien es. Las nuevas leyes y políticas se aprueban en gran medida a nivel estatal y local, por eso la mayoría les afectará, a ti y a tu familia, dependiendo del lugar donde vivan.

La mayor parte de la discriminación con la que tu hijo se topará puede resolverse mediante la educación, la información sobre las investigaciones actuales y las directrices de las mejores prácticas, y luego dirigirse a la persona o al programa en cuestión. Es importante recordar que la mayoría de las instituciones tiene poca o ninguna experiencia con menores transgénero y no binarios, y puede que no sepan qué procedimientos deben seguir. Si te mantienes al corriente de las leyes y de las políticas más actualizadas y defiendes a tu hijo cuando sea necesario, no solo te asegurarás de que sea tratado de forma justa y respetuosa, sino que también contribuirás a que nuestra cultura acepte más a las personas de todas las identidades y expresiones de género. Si la educación, los recursos y las referencias no resuelven los problemas a los que se enfrentan tu familia y tú, es posible que necesites buscar asesoramiento jurídico. Ten en cuenta que, en el mejor de los casos, esto significará obtener orientación o representación legal de un abogado o entidad jurídica con experiencia en la representación de personas trans-género o no binarias en ese tipo de asuntos legales.

CONGRUENCIA LEGAL

Por qué la congruencia legal es importante para los jóvenes transgénero y no binarios
El que se refieran a ellos con el género erróneo (*misgender*) es una fuente importante de angustia para la mayoría de los niños y adolescentes trans-género y no binarios.

Hay beneficios tangibles en permitir a estos jóvenes cambiar su nombre legal y su marcador de género. Por ejemplo, muchas escuelas e instituciones médicas exigen un cambio de nombre legal antes de incluir el nuevo nombre en su sistema. Incluso en los distritos escolares que afirman el género, algunos registros tienen el mandato federal de referirse al estudiante por su género legal y su nombre legal.

El cambio del nombre legal de tu hijo reducirá el riesgo de una revelación de género no deseada y de discriminación. Además, la congruencia legal permite que todos los registros oficiales estén en concordancia con su nuevo nombre y su marcador de género correcto. Esto disminuye la posibilidad de que tu hijo sea inadvertidamente señalado con un género erróneo, o que haya una referencia a su nombre legal por parte de los profesores suplentes, el personal del consultorio médico u otras personas que consulten los sistemas de información.

Para los menores transgénero que acceden a la atención médica rutinaria no relacionada con el género o que buscan empleo, tener un nombre legal y un marcador que no coinciden con su expresión de género puede ponerlos en riesgo de que se les niegue la atención o el servicio y que puedan sufrir discriminación.

La falta de congruencia entre el marcador de género y el nombre en los documentos oficiales puede causar una gran cantidad de confusiones no deseadas, innecesarias y potencialmente angustiosas.

En pocas palabras, tener un nombre y un marcador de género legalmente reconocidos es sumamente importante para la vida de un niño transgénero fuera del hogar.

Formatos y documentación

Tener documentos de identidad que reflejen con exactitud quién eres es un elemento de la vida que la mayoría de la gente da por sentado. Hay muchas ocasiones en las que tendrás que asentar el nombre y el género de tu hijo en documentos institucionales o gubernamentales. Para muchas personas transgénero, incluidos los niños, los documentos de identificación emitidos por el Estado (como las actas de nacimiento y las licencias de conducir) no reflejan con exactitud su nombre o género.

Cuando los documentos legales de tu hijo no reflejan su nombre o género auténticos, las familias se enfrentan a muchas preguntas: ¿Qué nombre o sexo debo usar al rellenar los papeles para la inscripción en la escuela? ¿Qué ocurre si tengo que mostrar a alguien el acta de nacimiento de mi hijo y no refleja su nombre o género actual? ¿Puede mi hijo cambiar legalmente su nombre o género, y cómo lo hacemos? Aunque las respuestas a estas preguntas variarán según el lugar donde vivas, la siguiente información general puede servirte de guía.

> Incluso un documento oficial que identifique correctamente el género está relacionado con menores porcentajes de intentos de suicidio y una mejor salud mental para las personas transgénero y no binarias.

El nombre legal de tu hijo

Cambiar su nombre en el seguro y posiblemente cambiarlo de manera legal puede parecer muy abrumador. Quiero esperar un poco y ver cómo van las cosas.

MADRE DE UN HIJO TRANS DE 14 AÑOS

La única cuestión legal con la que nos hemos encontrado ha sido un cambio de nombre, que ha ido sin problemas.

MADRE DE UNA HIJA TRANS DE 18 AÑOS

En retrospectiva, cambiar el nombre legal de nuestro hijo antes habría evitado algunos problemas, sobre todo en su escuela.

PADRE DE UN ADOLESCENTE NO BINARIO DE 17 AÑOS

Mi hija tiene sus documentos legales en regla. El consejo que doy es que no duden a pesar del miedo que tengan. Al inicio de la lucha por los derechos humanos, uno tiene miedo, pero hay una fuerza interior que nos mueve: el amor. Conocer los derechos de nuestrxs hijxs menores de edad nos va abriendo camino y llenando de confianza en cada paso que damos, porque estamos haciendo lo correcto.

PADRE DE UNA NIÑA TRANSGÉNERO, MÉXICO

Hoy es un trámite administrativo de costo prácticamente inexistente, solo con unos sellos, en todo el territorio nacional.

PADRE DE UN NIÑO TRANSGÉNERO, URUGUAY

Sí, haber hecho el cambio le proporcionó a mi hija mayor seguridad. Entiendo que puede ser un paso difícil, pero es necesario e importante. Mi esposo y yo lloramos el día que nos entregaron la nueva acta de nacimiento, tanto por la pérdida como por la felicidad compartida con mi hija.

FAMILIA DE UNA ADOLESCENTE TRANSGÉNERO DE 14 AÑOS, MÉXICO

Cuando una niña o un niño nace, el nombre que figura en el acta de nacimiento es su nombre legal. Este nombre aparece en todos los demás documentos de identificación estatales y federales, como su carnet de seguridad social, su pasaporte y sus tarjetas de la aseguradora; también es el nombre que se utiliza para otros trámites oficiales, como la inscripción en la escuela, la inscripción a programas públicos, una cuenta bancaria, un seguro médico o un trabajo.

En Estados Unidos, como madre o padre, puedes cambiar el nombre legal de tu hijo a cualquier edad. En la mayoría de los estados, tienes que ir al juzgado del condado donde vives y obtener una orden judicial; el proceso para hacerlo depende de dónde vivas. A menudo hay que pagar unos cientos de dólares y esperar una breve comparecencia ante el tribunal.

El uso del nombre y los pronombres de una persona transgénero en todos los aspectos de su vida está asociado a 65% menos de intentos de suicidio, 34% menos de pensamientos suicidas y 71% menos de síntomas de depresión.

Si tu hijo ha encontrado un nombre que refleja mejor quién es que el que le diste, y la decisión es estable, entonces recomendamos mucho que cambie su nombre legalmente. Es el primer paso para actualizar otros documentos oficiales para cambiar tanto su nombre como su marcador de género.

El proceso de cambiar de nombre legal permite un cambio no negociable en los registros escolares que refleja con exactitud la identidad de tu hijo ¡y hace que pasar lista sea mucho más fácil! Para algunos niños, esto por sí solo aumentará su confianza y autoestima, y te dará tiempo para determinar qué otras correcciones de documentos son necesarias y qué pasos debes dar para realizarlos.

Si decides no cambiar legalmente el nombre de tu hijo, hay otras acciones que puedes intentar para facilitarle la vida cotidiana. En muchos casos puedes simplemente dirigirte a un programa, agencia u organización y explicar la situación para pedir que en todos los formularios se haga referencia a tu hijo por el nombre que haya elegido. En Estados Unidos no hay ninguna ley que prohíba a las entidades hacer esto. A veces, incluso en situaciones en las que se requiere el nombre legal, pueden poner el nombre elegido en la categoría de apodo o entre comillas, como "Isabella 'Pablo' García". Averigua cuáles son los criterios legales que aplican en tu país.

Cambios de nombre legal

A veces puede ser difícil obtener un cambio de marcador de género formal. En esos casos, un cambio de nombre legal puede ser muy útil para un niño, ya que en la escuela lo llamarán constantemente por su nombre.

¿CÓMO PUEDE UN MENOR TRANSGÉNERO CAMBIAR SU SEXO EN SU CERTIFICADO DE NACIMIENTO Y OTROS DOCUMENTOS DE IDENTIFICACIÓN?

- *Argentina*: con el consentimiento de la madre, padre o representante legal.

- *Chile:* la Ley de Identidad de Género permite que las personas trans mayores de 14 años y menores de 18 puedan acudir a un juzgado de familia con su madre, padre o representante legal para que actualicen su nombre, género e imagen en los documentos legales. Este cambio se puede realizar a través de un sencillo procedimiento administrativo. Por otro lado, aunque esta ley no proporciona ningún procedimiento legal para que los niños menores de 14 años rectifiquen su nombre y sexo, existe otro procedimiento que se puede realizar en tribunales civiles con la representación de un abogado y un par de testigos.

- *Uruguay:* los menores pueden cambiar sus documentos legales (nombre y sexo registral) con la firma de uno de los progenitores. En el caso de que ninguno de los dos progenitores lo acepte, se deberá iniciar un proceso judicial en el que se tendrá en cuenta el interés superior del menor, aplicando las disposiciones que garanticen sus derechos.

- *México:* la Suprema Corte de Justicia de la Nación declaró en 2019 que el derecho a la libre determinación de la identidad de género es un derecho humano fundamental. El fallo incluyó lineamientos claros sobre el reconocimiento legal del género. En 2022, la Corte amplió el derecho al reconocimiento legal de género para incluir a niñas, niños y adolescentes. De acuerdo con la Constitución, los estados tienen el deber de crear legislación y políticas en consecuencia, pero no todos tienen leyes consistentes con estos fallos de la Suprema Corte. Hasta el momento han establecido procedimientos formales para cambios de documentos: la Ciudad de México, para niños de 12 años en adelante; Oaxaca, para niños de 12 o mayores, y Jalisco, que no tiene límite de edad. En todos los casos se pueden solicitar formalmente cambios en los documentos con el consentimiento de la madre, el padre o el representante legal.

- *España:* muchos estudiantes de género diverso cuentan con el apoyo de sus compañeros, profesores y directores de escuela, pero aún pueden experimentar discriminación y estigma. Las escuelas en al menos 14 de las regiones autónomas de España cuentan con protocolos que les indican respetar los deseos de un niño en lo que respecta a su nombre. Aunque un número creciente de escuelas respetan los deseos de sus alumnos transgénero y usan su nombre preferido, algunos inspectores y directores de escuela solo lo hacen después de que haya un cambio formal en los registros civiles autorizado por un juez. El cambio de nombre en la tarjeta sanitaria de un niño es sencillo, pero para cambiar el documento nacional de identidad (DNI) de un menor, se debe solicitar a los tribunales y, en general, el juez falla a su favor.

- Las personas transgénero nacidas en México que viven en Estados Unidos pueden recibir un certificado de nacimiento enmendado en cualquiera de los consulados mexicanos en ese país.

Los marcadores de género en los documentos de identificación

Los organismos públicos y estatales se fijan en los documentos de identificación legal de un niño para saber su sexo con fines oficiales, como su registro para prestaciones o servicios públicos, su inscripción a deportes u otras actividades, el servicio militar y la admisión a la universidad. Una vez que tu familia esté segura de que el marcador de género de tu hijo es diferente del que figura en su acta de nacimiento, debes cambiar todos los documentos de identificación que sea posible. Cambiar el nombre y el marcador de género del acta de nacimiento suele ser la forma más directa e infalible de garantizar que los documentos de identidad y los registros de tu hijo reflejen mejor su identidad de género. Sin embargo, como las dificultades y los costos asociados a la obtención de un acta de nacimiento corregida varían mucho según el lugar en el que vivas y el lugar en donde haya nacido tu hijo, hay otras formas de cumplir los requisitos de los documentos de identidad de un menor transgénero o no binario.

Pasaportes

Nunca se insistirá lo suficiente en la importancia de conseguir un pasaporte para tu hijo, ya que este puede utilizarse como documento de identidad sustitutivo del acta de nacimiento en casi todas las circunstancias a las que tu hijo se enfrentará en la vida. Una vez en mano, un pasaporte válido puede utilizarse como prueba de identidad para la edad, el sexo y la ciudadanía.

Primer pasaporte: Es un proceso sencillo que los menores transgénero obtengan un pasaporte estadounidense con un marcador de género preciso, siempre que los padres legales den su consentimiento. Incluso si el género que seleccionas no coincide con el marcador de género de tu documentación de apoyo, como el acta de nacimiento, un pasaporte anterior o un documento de identidad estatal, actualmente es posible obtener un pasaporte afirmativo. Hoy día no hay ningún requisito médico o quirúrgico ni se requiere la carta de un médico. En octubre de 2021, mientras actualizábamos esta edición, el Departamento de Estado emitió su primer pasaporte con un marcador no binario, o "x", este es el resultado de una larga labor de los defensores del género. El sitio web del Departamento de Estado dice que esta nueva opción es para apoyar a las personas "no binarias, intersexuales o no conformes con el género" y que será una opción de selección propia, además de las opciones habituales de "M" y "F". Probablemente será una opción estándar para todo el mundo para cuando estés leyendo esto, a menos que los vientos del cambio político se desvíen drásticamente en los próximos años.

Si tu hijo ya tiene pasaporte: Si tu hijo tiene un pasaporte emitido con base en su acta de nacimiento original, puedes solicitar un pasaporte nuevo actualizado. Tanto el nombre (si tu hijo ha cambiado de nombre) como el marcador de género pueden modificarse. Presentando un cambio de nombre ordenado por el tribunal, poniendo el marcador de género de tu hijo y rellenando un formulario de consentimiento por parte de los tutores legales, se emitirá un nuevo pasaporte con el marcador de género actual y el nuevo nombre legal del niño.

Si tu hijo viaja fuera de tu país y el marcador de género de su pasaporte no coincide con su apariencia, los profesionales del derecho recomiendan que lleve consigo una carta notarial del médico en la que explique que está bajo su cuidado y donde aclare que dicho tratamiento incluye vestirse y presentarse de acuerdo con su identidad de género afirmada.

Credencial de seguridad social

Si el nombre de tu hijo ya está legalmente modificado, puedes conseguir que se actualice el nombre de su credencial de seguridad social (servicios médicos y asistenciales brindados por el gobierno) presentando un sencillo formulario. Aunque a veces no hay un marcador de género en este documento, sigue siendo aconsejable que los registros oficiales reflejen su identidad de género.

Para efectuar este trámite procura contar con los siguientes documentos para evitar rechazos o retrasos del trámite:

- Pasaporte que muestre el género correcto.
- Un acta de nacimiento emitida por el estado que muestre el género correcto.
- Una orden judicial que reconozca el género correcto.
- Una carta firmada por un especialista que confirme que tu hijo ha recibido un tratamiento clínico adecuado para la congruencia de género.

Si utilizas la carta de un médico, debe ser de un médico titulado con el que sostengas una relación médico-paciente y que esté familiarizado con el proceso de congruencia de tu hijo.

Actas de nacimiento

Si quieres cambiar el nombre o el marcador de género en el acta de nacimiento de tu hijo en Estados Unidos, tendrás que trabajar con el departamento de registros del estado en el que nació. Todos los estados permiten un cambio de nombre en el acta de nacimiento tras una orden de un tribunal. Aunque casi todos los estados permiten que una persona cambie el marcador de género en su acta de nacimiento, algunos solo lo harán tras recibir una verificación en forma de orden judicial que indique que el sexo de la persona ha cambiado mediante un procedimiento quirúrgico. Cabe señalar que algunas familias optan por que su hijo se someta a un implante quirúrgico de supresores hormonales para cumplir este requisito. En esos casos, el médico de tu hijo da fe de un procedimiento quirúrgico de alineación de género. Sin embargo, la mayoría de los estados con un requisito de cirugía interpretan que esto se limita a las cirugías que alteran las características del sexo primario o secundario.

Algunos estados han adoptado políticas en las que se verifica un "tratamiento clínico adecuado" para la afirmación del género, sin especificar cuál, y puede incluir desde terapia hasta cirugía. Cada vez en más estados no se exige un tratamiento médico, sino se basan solo en la autoafirmación. Al escribir este libro, todavía hay estados que prohíben explícitamente el cambio de marcadores de género, pero esas prohibiciones se impugnan ante los tribunales.

IDENTIFICACIÓN DE GÉNERO NO BINARIO

Muchos países revisan y actualizan sus leyes para dar cabida a las opciones no binarias y de género fluido. Algunos solo permiten actas de nacimiento de género neutro, mientras que otros únicamente admiten identificaciones estatales donde se puede marcar género neutro, y otros ofrecen tanto licencias de manejo y documentos de identidad estatales como certificados de nacimiento. En algunos países, las personas tienen que tener 18 años para solicitar un cambio de género neutro en su acta de nacimiento, identificado como "x". En otros, los padres pueden ayudar a los menores que deseen modificar su acta de nacimiento.

La identidad legal para personas transgénero en América Latina

Chile: Ley de Infancia

En Chile existe la Ley 21.430, sancionada en 2022, Garantías y Protección Integral de los Derechos de la Niñez y la Adolescencia. Esta es una ley pionera que protege a las niñas, niños y adolescentes transgénero y de género diverso. Brinda protección contra la discriminación y la violencia, y reconoce el derecho de las niñas, niños y adolescentes a desarrollar su propia identidad de género.

Países latinoamericanos que reconocen legalmente un tercer género

El reconocimiento legal de la diversidad de género va en aumento en el mundo y se considera clave para proteger los derechos humanos.

En América Latina, Uruguay abrió el camino en 2009 para el establecimiento de la igualdad de derechos para las personas transgénero al permitir el cambio legal de nombre y marcador de género en los documentos oficiales. Después, en 2012, Argentina aprobó un proyecto de ley que permitió cambios legales de marcador de género para personas transgénero con una simple autodeclaración. Fue el primero de su tipo en todo el mundo y fue aprobado por unanimidad.

Más aún, Argentina es uno de los países que lidera el camino al convertirse en el primer país de América Latina en reconocer oficialmente a las personas no binarias. Los ciudadanos no binarios y los residentes no nacionales pueden optar por marcar su género con una "X" en sus documentos nacionales de identidad y pasaportes. Este importante avance provino de un decreto emitido por el presidente Alberto Fernández, quien explicó así la decisión: "Tenemos la necesidad de expandir nuestra mente y darnos cuenta de que hay otras formas de amar y ser amados y hay otras identidades además de la identidad del hombre y la identidad de la mujer".

México y Brasil también han dado algunos pasos hacia un futuro reconocimiento legal de una tercera opción de género. Al momento de escribir estas líneas (2022), algunos de los tribunales han reconocido identificaciones no binarias, como los estados mexicanos de Guanajuato y Nuevo León. Esto se ha realizado caso por caso. Brasil también ha tenido fallos de tribunales que permiten a ciudadanos específicos, en los estados de Río de Janeiro y Bahía, modificar legalmente sus certificados de nacimiento y documentos de identidad.

Chile también se ha unido a las filas de los fallos de los tribunales al permitir no solo a un adulto, sino también a un joven no binario entre 14 y 17 años cambiar su certificado de nacimiento para reflejar su identidad no binaria.

En Colombia, la Corte Constitucional de Colombia ha reconocido legalmente un marcador de género no binario. Este es el primer país latinoamericano en adoptar una ley nacional para marcadores de género no binarios. Las opciones son "no binario" o "NB". Esto marca un importante precedente legal de diversidad de género en América Latina.

Otros países de la región pueden unirse a este movimiento para reconocer legalmente a los ciudadanos con diversidad de género. Esto contribuirá en gran medida a la inclusión y la igualdad para todos.

Licencias de manejo y tarjetas de identidad estatales

Si tu hijo tiene un pasaporte con su marcador de género congruente, puede utilizarlo para solicitar una licencia de manejo original o un documento de identidad estatal, sin necesidad de presentar el acta de nacimiento. La mayoría de los estados tienen procedimientos para cambiar el nombre y el marcador de género en una licencia de manejo o documento de identidad estatal ya existente. Estas leyes varían, por lo que debes comprobar la legislación de tu estado. Al escribir este libro, veintiún estados, y más en proceso, permiten una tercera opción de marcador de género neutro "x" para las personas intersexuales y no binarias. Hay un número creciente de estados en los que puedes cambiar el marcador de género de tu licencia de manejo basándote únicamente en la autodeclaración. En algunos estados, para actualizar el marcador de género se requiere una orden de cambio de nombre legal (si se cambia el nombre del documento de identidad anterior) y una carta o declaración jurada por escrito de un especialista en salud mental,

médico o trabajador social que afirme la identidad de género del solici-
tante. En algunos estados, se requiere la verificación de una intervención
quirúrgica. El procedimiento médico necesario para insertar un implante
supresor de hormonas puede considerarse una intervención quirúrgica.

> Para actualizar el nombre y el género de tu hijo en los registros escolares,
> considera que la Ley de Derechos Educativos y Privacidad de la Familia (FER-
> PA) es una ley federal que protege la privacidad de los registros educativos
> de los estudiantes y también da a los estudiantes actuales y antiguos el de-
> recho de enmendar esos registros para que coincidan con sus documentos
> legales si son "inexactos, engañosos o violan los derechos de privacidad".

Actividades, formatos y documentos de género

Si tienes un pasaporte actual que refleje con exactitud el nombre y el
género de tu hijo, normalmente puedes utilizarlo para todos los casos en
los que se requiera un acta de nacimiento. Sin embargo, si no tienes documentación de un cambio de nombre legal o de un cambio de género,
o si quieres estar más preparado, es útil obtener una carta de su médico
tratante. Si este indica claramente que el acta de nacimiento de tu hijo es
inexacta, que se trata de una asignación de género errónea, y que el verdadero género del niño es diferente del sexo asignado al nacer, la mayoría
de las organizaciones lo respetarán. Pide también que señale en la carta la
naturaleza confidencial de esta información, pues se trata de una cuestión
de privacidad médica. Debido a su confidencialidad, las organizaciones no
pueden compartir legalmente la información con nadie más. Consulta el
sitio web de Gender Spectrum para ver un ejemplo de la carta.

Consideraciones sobre la migración

Si tu hijo es un migrante indocumentado, probablemente tendrá más obstáculos para obtener documentos de identidad que reflejen su identidad
de género. Si vives en un estado que ofrece documentos de identidad y licencias de manejo para migrantes indocumentados, sigue el procedimiento
establecido para cambiar el marcador de género en ese estado o territorio.

Deportes en equipo

Un número cada vez mayor de deportes recreativos y escolares están desarrollando y aplicando políticas de elegibilidad que incluyen a las personas transgénero. Estas políticas no suelen aplicarse hasta que el niño comienza la pubertad. Antes de inscribir a tu hijo en un deporte, debes comprobar si el distrito escolar, la organización deportiva local o estatal o la asociación deportiva nacional tienen una política de este tipo.

Antes de la pubertad, deberías poder asegurar un lugar para tu hijo en un equipo deportivo juvenil acorde con su identidad de género. Esto puede hacerse normalmente conversando con los entrenadores y los directivos de la liga o asociación, proporcionando una carta de un médico o terapeuta, o mostrando documentación sobre el cambio de nombre. Si sigue sufriendo discriminación o tienes problemas para inscribirlo en algún deporte, debes saber que existen recursos legales para ayudarte.

Una vez que tu hijo entre en la pubertad, puede haber más requisitos para demostrar que puede jugar en un deporte que coincida con su identidad de género, especialmente si no tomó bloqueadores de la pubertad al inicio de esta. Esto no debería ser un problema en la clase de educación física: en las escuelas públicas, las niñas y niños tienen derecho a participar en este tipo de acondicionamiento físico de acuerdo con su identidad de género. También tienen derecho a un lugar adecuado para cambiarse en los vestidores.

Sin embargo, los estados tienen diferentes normas de elegibilidad para los deportes competitivos. Aunque las normas de elegibilidad que incluyen a las personas transgénero y que no exigen un tratamiento específico para la disforia de género son la mejor práctica en el nivel de la escuela secundaria o preparatoria, hay muchos estados que tienen mayores requisitos, como exigir una terapia de reemplazo hormonal o prohibir que los estudiantes deportistas transgénero participen o compitan fuera de su sexo biológico asignado. Si tu hijo pasa a la élite de los deportes de nivel universitario u olímpico, los requisitos de esas políticas serán aún más estrictos, pero seguirán garantizando que los atletas transgénero y no binarios tengan la oportunidad de competir. Asimismo, el Comité Olímpico Internacional reconoce la existencia de atletas transgénero y tiene una política según la cual un atleta transgénero puede competir como su género afirmado. En las Olimpiadas de 2021 compitieron tres atletas abiertamente transgénero y no binarios.

Mi entrenador de lucha libre me ha permitido entrar en el equipo. Sabe que soy trans, pero no le importa. Se lo guarda para sí mismo.

CHICO TRANSGÉNERO DE 14 AÑOS

Mi hijo necesitaba un acta de nacimiento para apuntarse al T-ball [beisbol para niños pequeños]. Por supuesto, esta dice que es una mujer, así que lo pusieron en un equipo de niños y niñas, como una niña. Le dije al entrenador que mi hijo es en realidad un niño: es una niña físicamente, pero tiene disforia de género y es transgénero. El entrenador se portó muy bien. Sin hacer preguntas, mi hijo se convirtió en un niño más jugando al T-ball. Cuando quisimos apuntarnos a los Lobatos, nos dijeron que mientras el acta de nacimiento dijera "mujer", no se le permitiría, así que en su lugar hará natación y artes marciales.

PADRE DE UN NIÑO TRANS DE 7 AÑOS

Disputa por la custodia y divorcio

Ya no estoy con el padre de mi hijo, por lo que la transición social ha sido muy diferente entre casas. Mi hijo es pequeño, así que la transición médica no es necesaria en este momento, pero me imagino que en el futuro tendré que acudir a los tribunales.

MADRE DE UN HIJO DE GÉNERO EXPANSIVO DE 6 AÑOS

Es importante recordar que acudir a los tribunales para resolver las disputas familiares no suele ser el enfoque más eficaz para ninguna familia, y esto es especialmente cierto para las familias con hijas o hijos de género expansivo, no binario o transgénero. Si tu hijo vive en dos hogares y estás experimentando un desacuerdo sobre la expresión o identidad de género de tu hijo y sobre lo que es mejor para ella o él, deberías probar la terapia y la mediación como primeros pasos. Es aconsejable conseguir el apoyo profesional de médicos y terapeutas capacitados y con la experiencia necesaria para abordar las preocupaciones del otro progenitor con respecto al apoyo a la exploración de género de tu hijo o la congruencia social o médica. Contar con un equipo de tratamiento experimentado también será útil si no consiguen resolver el desacuerdo entre ustedes, ya que esos profesionales pueden informar al tribunal sobre las infancias de género expansivo, no binario y transgénero, las mejores prácticas reconocidas y lo que creen que es lo mejor para tu hijo con respecto a su género. Estos profesionales deben ser capaces de trabajar con todo tu sistema familiar para llegar a un entendimiento y acuerdo mutuos sobre la mejor manera de apoyar a tu hijo. De hecho, lo mejor es que toda la familia intente llegar a un entendimiento sobre cómo afirmar a tu hijo fuera del juzgado. Si eres el progenitor más solidario, esto puede significar tener que hacer concesiones, sobre todo si tu hijo es pequeño. Aunque tal vez no sea lo ideal, es preferible a acudir a los tribunales.

La mayoría de los abogados y jueces no tienen experiencia en cuestiones relacionadas con la disforia de género y los niños. Si tu familia ya está en el sistema judicial de lo familiar, debes buscar inmediatamente el consejo de un abogado que esté familiarizado con las cuestiones relacionadas con los menores no binarios y transgénero. Si te preocupa la forma en que el otro progenitor de tu hijo puede presentar tus elecciones educativas con relación al género de tu hijo, es esencial ser proactivo y cubrir todas tus bases en cada paso del camino.

Preocupaciones legales por la educación

> *Cuando se lo contamos a mi familia, fue mi propio padre, el abuelo de mi hijo, quien tuvo la peor reacción. De hecho, llamó a Servicios de Protección de Menores para decir que estaba convirtiendo a mi hijo en una niña. Ya no forma parte de nuestras vidas.*
>
> MADRE DE UN NIÑO DE GÉNERO EXPANSIVO DE 6 AÑOS

Como una madre o padre que está criando a un niño transgénero o de género expansivo, puede ser prudente prepararse para la posibilidad de reacciones negativas a su decisión de apoyar el género de tu hijo. Aunque no es habitual, ha habido casos en los que los servicios de protección infantil han recibido acusaciones de maltrato infantil por la decisión de una familia de querer y afirmar a su hijo por lo que es. Asimismo, en algunos casos polémicos de custodia, el apoyo a tu hijo puede ser utilizado en tu contra.

Es comprensible que la idea de responder a las acusaciones de maltrato infantil pueda ser aterradora y abrumadora. Hay medidas que puedes tomar para estar preparado en el improbable caso de que los servicios de protección de menores se pongan en contacto contigo. En una época en la que las niñas y niños transgénero y de género expansivo no son ampliamente comprendidos, documentar por qué apoyas a tu hijo y por qué estás educándolo bien al hacerlo puede ser tu salvación.

Lleva un diario de género

Un diario de género registra el camino de tu hijo en cuanto a su exploración de género. Esta recopilación incluye:

- Citas de tu hijo sobre su género a lo largo del tiempo.
- Tus observaciones sobre las preferencias de tu hijo para jugar y expresarse.
- Conversaciones con tu hijo sobre su género.
- Tus respuestas como madre o padre a lo largo del tiempo. No es necesario que sean positivas, simplemente documenta todo lo que has intentado a lo largo de tu trayectoria como progenitor de este niño, incluyendo los diferentes enfoques en tu familia y cómo responde tu hijo a cada uno de ellos.
- Observaciones o comentarios que recibes de otros sobre tu hijo.
- Observaciones sobre su estado de ánimo, especialmente si este mejora cuando se le permite la libre expresión de género.
- Documentación de los profesionales, incluidos los profesores, que los hayan apoyado en este proceso; apunta también sus observaciones sobre los cambios en el bienestar de tu hijo a lo largo del tiempo.·
- Fotos familiares a lo largo del tiempo que documenten la evolución en la presentación de tu hijo.
- Cualquier escrito o dibujo que haga tu hijo que demuestre su género o sus sentimientos sobre su género.
- Los libros leídos, los grupos a los que haya asistido y otros enfoques de aprendizaje sobre el género que hayan realizado a lo largo de los años.

El objetivo de este diario es demostrar que tu enfoque como madre o padre ha seguido una curva de aprendizaje típica y comprensible para cualquiera que aprende a responder a las necesidades inesperadas de un niño transgénero o no binario y que está siguiendo lo que él o ella marcan.

Construye un equipo de salud calificado en género

Cuando sospeches que tu hijo de género expansivo puede ser transgénero o no binario, busca el consejo de especialistas médicos y de salud mental con experiencia en el trato con infancias transgénero y de género expansivo.

Cuando sea posible, visita una clínica de género en un hospital infantil. Lo ideal es que establezcas relaciones profesionales de apoyo con personal de salud que pueda ofrecerte un asesoramiento adecuado para navegar por este viaje de género con tu hijo. Trabajar con especialistas te ayudará a guiarte como madre o padre y a documentar continuamente que sigues las mejores prácticas recomendadas para tu hijo. Si es necesario, estos consejeros pueden corroborar su trabajo con tu hijo y que estás manteniendo el nivel de apoyo adecuado para él.

Apóyate en tu comunidad

Aunque los especialistas en atención médica y mental son importantes, tu comunidad también puede ser un recurso increíble para disipar cualquier preocupación que pueda surgir de las denuncias de abusos. Las experiencias de los miembros de tu comunidad pueden corroborar y validar tu labor como madre o padre.

Recoger cartas de la familia extensa, de las familias de los amigos de tu hijo, de sus profesores, de los monitores de los campamentos, de los directivos de los centros comunitarios y de los miembros de tu comunidad religiosa que detallen sus experiencias con tu hijo fuera de tu presencia ofrecerá una perspectiva adicional sobre su proceso de género y demostrará que solo actúas para promover su interés mayor.

Ten una "carpeta segura"

Se trata de una carpeta de fácil acceso llena de documentos que demuestren el historial de género de tu hijo y de tu buena crianza, por si los servicios de protección de menores de tu localidad llaman inesperadamente a tu puerta.

Como mínimo, en esta carpeta de fácil acceso debes tener una carta del terapeuta de tu hijo y del especialista en género de atención básica que documente el género de tu hijo. Esto debería demostrar que tu apoyo a su género es médicamente apropiado y necesario, y se basa en las mejores prácticas actuales de todos los clínicos implicados. Asegúrate de que estas cartas tienen membrete. Recuerda que debes actualizarlas una vez al año y guardarlas en el archivo por seguridad.

Busca ayuda

Preparar este tema antes de que lo necesites puede ayudar a aliviar tu ansiedad parental y a darte seguridad si alguna vez necesitas estos recursos. Si alguna vez se ponen en contacto contigo los servicios de protección de menores, y no has hecho ninguna consulta previa, ponte inmediatamente en contacto con un abogado que te explique el proceso y te asesore sobre tus derechos como progenitor durante cualquier investigación.

Elección de un abogado

Si te encuentras en una situación en la que necesitas un abogado en derecho familiar, es imperativo que encuentres uno que tenga experiencia con niños de género expansivo y transgénero. Hay demasiado en juego en situaciones de custodia o en las acusaciones de maltrato como para adoptar un enfoque ingenuo o imprudente basado en la inexperiencia. Tu abogado actual o tú pueden ponerse en contacto con organizaciones transgénero para una consulta y para que los ayuden a localizar a expertos locales en cuestiones relacionadas con la infancia transgénero y no binaria.

Somos conscientes de que esto es solo un punto de partida para las cuestiones legales a las que puedes enfrentarte en nombre de tu hijo. Dado que las actitudes y las leyes cambian con tanta rapidez, esperamos que las cosas sean más fáciles para los niños transgénero y sus familias, pero también hay momentos de retroceso frente al progreso. Recuerda que madres y padres deben defender los derechos de sus hijos y abrir el camino a los que les siguen. No estás solo en esto; miles en todo el país, y de todo el mundo, también están criando a niños con diversidad de género y luchando por los mismos derechos para sus hijos. Hay un número creciente de organizaciones y sitios web para ayudarte o aconsejarte. Te deseamos que encuentres apoyo en cualquier lucha que enfrentes y que te alegres de cualquier progreso que seas capaz de hacer.

Conclusión

Es un momento extraordinario para criar a niñas y niños de género expansivo, no binario y transgénero. Por primera vez, la gente quiere entender y aprender más sobre este tipo de infancias. Con la sola lectura de este libro estás en camino de comprender mejor lo que puedes hacer como madre, padre, educador o cuidador para ayudar a esa persona en tu vida que te ha inspirado a aprender más sobre este tema. ¡Enhorabuena! Estás ayudando a cambiar el mundo.

Cuando una niña, niño o adolescente de género expansivo o transgénero ha tocado tu vida, llegas a comprender muy rápidamente que son tus creencias las que deben cambiar, no este niño. Son estos niños los que inspiran este movimiento y son sus amorosas familias las que lideran el cambio social.

Se necesita un niño especialmente valiente para seguir afirmando su verdad ante el mundo, una verdad que va en contra de la corriente. Estos niños transgénero y de género expansivo —a menudo niños inteligentes, artísticos y sensibles— están haciendo precisamente eso. Su integridad interior los guía. Luchan una y otra vez para mostrar a todos quiénes son. Lo único que piden es ser ellos mismos.

Como esperamos que ya te hayas dado cuenta a estas alturas, las madres y padres tienen una capacidad asombrosa para influir positivamente en la vida de estos niños todos los días. Asimismo, los educadores, los entrenadores, los médicos, los terapeutas, los vecinos, los miembros de la familia extensa, biológica y elegida, y todas las demás personas que trabajan y pasan tiempo con ellos comparten la responsabilidad de comprender e interactuar respetuosamente con la próxima generación para una mayor conciencia y sensibilidad hacia la diversidad de género.

Tú y tu familia pueden dar a estas niñas y niños transgénero, no binarios y de género expansivo el espacio para ser exactamente quienes son. Dales amor, apoyo, compasión y ánimo; enséñales que merecen vivir; demuéstrales que importan defendiéndolos, y asegúrales tu apoyo al luchar activamente contra la discriminación de género. Nunca subestimes lo que puede hacer el amor. Utiliza tu amor como inspiración para pasar a la acción. No importa a qué escala trabajes. Si te sientes orgulloso de tu hijo y honras lo que es, sin vergüenza alguna, estarás cambiando el mundo. Al nutrir y alimentar sus espíritus valientes, alimentas y alientas un futuro más diverso.

Hay una curva de aprendizaje, por supuesto. El crecimiento siempre va acompañado del dolor. También es el camino para ampliar las perspectivas y alcanzar niveles más profundos de satisfacción en la vida.

Todos queremos mantener nuestra mente y nuestro corazón flexibles a medida que crecemos y maduramos. Como adultos, debemos desaprender lo que creíamos que era verdad para abrazar una verdad nueva y más completa. No hay nada como una niña, niño o adolescente de género expansivo, no binario o transgénero para sacudir cualquier creencia rígida que hayas tenido.

Así que, incluso después de leer este libro, puede que haya cosas que no sepas, miedos que todavía tengas y cuestiones que aún tengas que afrontar. Sin embargo, con educación, ánimo, las herramientas adecuadas y una comunidad de apoyo, estarás a la altura.

Te animamos a que sigas luchando por la equidad y la diversidad de género y por los derechos de tu hijo. Únete a otras madres y padres y trabajen juntos por los derechos legales, sociales, médicos y educativos de sus hijos. Apóyenlos en su autoexpresión y observen cómo crecen y se fortalecen.

Esperamos que este libro te resulte útil. Lo hemos escrito pensando en ti y en tu familia. También lo hemos escrito para que los profesionales tengan más información y empatía con las necesidades de las infancias de género expansivo, no binario y transgénero y sus familias. Haznos saber lo que te ha parecido más útil, y lo que te gustaría ver en una futura edición, poniéndote en contacto con nosotros a través de Gender Spectrum, en www.genderspectrum.org. Por favor, asegúrate de solicitar que tus mensajes se envíen a Stephanie y Rachel.

Este libro está dedicado a las niñas, niños y adolescentes transgénero, no binarios y de género expansivo de hoy, que insisten en que estemos a la altura de las circunstancias. También está dedicado a los que los quieren y apoyan. Nos quitamos el sombrero ante todos ustedes. Recuerden que realmente podemos cambiar el mundo… Y lo haremos.

Stephanie Brill y Rachel Pepper

Glosario

En los distintos países de habla hispana se usan diferentes términos para referirse a una misma persona o condición, por lo que nuestra sugerencia es que, si no estás seguro de qué palabra usar, preguntes a la persona en cuestión; esta acción denotará respeto hacia los demás y tu intención de educarte sobre el tema. Ante todo, la regla de oro es la siguiente: la persona es quien tiene el derecho a autodefinirse y no tú a ella o a él.

Agénero: Es un término de identidad de género utilizado por una persona que se considera a sí misma sin género. Algunas personas identificadas como agénero se ven a sí mismas como de género neutro (en lugar de no tener ningún género), pero, en cualquier caso, no se identifican con un género.

Cisgénero: Se ha convertido en un término más común en los últimos años. Es el nombre que se da a la identidad de género de una persona cuya identidad de género, autoexpresión y experiencia vivida se alinea con lo que se suele asociar al sexo que se le asignó al nacer. *Cis* viene del latín y significa "de este lado [de]" en contraste con *trans*, también de raíz latina, que significa "a través", "más allá" o "en el lado opuesto [de]".

Congruencia: Se describe mejor como el sentimiento que tiene cada persona de estar en armonía con su propio género. La congruencia de género incluye la comodidad en el propio cuerpo, tener un nombre para el propio género que se sienta bien, ser capaz de expresarse a través de la ropa, el pelo, los gestos y otras formas de expresión e intereses personales, y ser visto por los demás como uno mismo se ve. Esto incluye que los demás utilicen el nombre y los pronombres correctos de la persona. Encontrar la congruencia es un proceso continuo para todos, no solo para las personas con diversidad de género. Para algunos, alcanzar la congruencia es sencillo, pero para otros es un proceso mucho más complejo. La necesidad fundamental de encontrar la congruencia de género es universal y cualquier grado en que una persona no la experimente puede ser desconcertante y, para algunos, puede provocar angustia.

Disforia de género: La disforia de género es el sentimiento que tiene una persona de sentirse muy infeliz, incómoda o insatisfecha en relación con su género. La disforia de género incluye la sensación de tensión entre lo que una persona siente por su cuerpo y cómo la sociedad lo clasifica, o bien, hay un conflicto en torno al sentido interno de la persona y las expectativas externas relacionadas con su comportamiento o rol de género. La disforia puede variar mucho de una persona a otra y abarca una amplia gama de sentimientos que van desde una leve incomodidad hasta una angustia insoportable. El sentimiento de disforia de una persona disminuye a medida que se consigue una mayor congruencia. Cuando la disforia de género interfiere en la capacidad de funcionamiento de una persona y provoca un alto nivel de angustia, puede convertirse en una condición clínica que requiere un profesional de la salud mental. Este diagnóstico puede utilizarse para conseguir medidas legales y médicas de congruencia, como cambiar el certificado de nacimiento o acceder a la atención médica de afirmación del género.

Diversidad de género: Es un término general que engloba a todos los que tienen una expresión o identidad de género que no encaja con las normas de género y los estereotipos de género esperados para el sexo que se les asignó al nacer. Incluye a las personas transgénero y no binarias, pero también a las personas que son expansivas o no conformes con el género en su apariencia o comportamiento.

Expresión de género o estilo de comportamiento: La expresión de género incluye todas las formas en que una persona comunica su género. A diferencia de la identidad de género, que es un sentimiento interno, la expresión de género es la forma en que una persona exterioriza su género. Abarca todo lo que el género comunica a los demás: la ropa, los peinados, los gestos y el lenguaje corporal, los estilos de juego, la expresión emocional y las interacciones sociales. La autoexpresión y el estilo de comportamiento de una persona son interpretados por los demás a través de las expectativas de género interiorizadas de su sociedad y cultura. La expresión de género de una persona no determina, ni refleja necesariamente, su identidad de género ni su orientación sexual.

Género expansivo: Es un término general que se utiliza para las personas que amplían las expectativas habituales sobre la expresión de género o los estilos de comportamiento de su propia cultura. Este término se refiere a comportamientos e intereses que se salen de lo que se considera típico para el sexo biológico asignado a una persona. Puede indicarse mediante elecciones de ropa, accesorios, peinado, juegos y compañeros de juego. Ejemplos de esto pueden ser una niña que insiste en llevar el pelo corto y prefiere jugar de forma brusca o un niño que lleva vestidos y desea llevar el pelo largo. Hay que tener en cuenta que la expansión de género no suele aplicarse a los niños que solo tienen una curiosidad breve y pasajera por probar estos comportamientos o intereses.

Género fluido: Las personas de género fluido experimentan su género como algo dinámico y cambiante, en lugar de estático. La fluidez de género transmite una gama amplia y flexible de identidad o expresión de género, con apariencia personal, comportamientos o sentimientos internos de género que fluctúan y cambian. Para algunos niños, la fluidez de género representa su comportamiento e intereses, en cuyo caso puede ser sinónimo de género expansivo. Para algunos niños puede servir para definir específicamente su identidad de género. Para algunos otros refleja tanto su expresión de género como su identidad de género. Un niño de género fluido puede sentir que es una niña unos días y un niño otros, y otros días sentir que ninguno de los dos términos lo describe con exactitud.

Identidad de género: La identidad de género se refiere a la sensación más íntima y a la experiencia personal de género de una persona. Puede corresponder o ser diferente del sexo que se le asignó al nacer. Dado que la identidad de género es interna y está definida personalmente, no es visible para los demás, sino que la determina solo el individuo. Una persona no elige su identidad de género, ni se le puede obligar a cambiarla. La mayoría de las personas tiene un sentido temprano de su identidad de género y, si no es congruente con su sexo anatómico, puede empezar a expresarlo muy pronto, incluso a los 2-4 años. Hay un número creciente de términos para las identidades de género. Las palabras que una persona utiliza para comunicar su identidad de género pueden evolucionar y cambiar con el tiempo, sobre todo a medida que se accede a un vocabulario de género más amplio. Las identidades suelen ser binarias (hombre, mujer), no binarias (género fluido, no binario, bigénero, etcétera) o sin género (agénero, sin género, género neutro, etcétera). Las personas utilizan pronombres para reflejar su identidad de género ante los demás.

Niña transgénero: Criatura a la que se le asignó un sexo masculino al nacer, pero que tiene una identidad de género femenina.

Niño transgénero: Criatura a la que se le asignó el sexo femenino al nacer, pero que tiene una identidad de género masculina.

No binario: Se trata de una identidad de género en sí misma y de un término que engloba todas las identidades de género que no son exclusivamente masculinas o femeninas y todas las identidades que quedan fuera del género binario. Cada vez más, es una identidad adoptada por personas para las que el esquema binario ha resultado opresivo, pero que no se identifican como transgénero. Las personas no binarias pueden tener o no una expresión de género no binaria. Muchas personas no binarias utilizan "elle o elles" como pronombres.

Orientación sexual: La orientación sexual se refiere al género de las personas por las que alguien se siente atraído romántica o sexualmente. La orientación sexual y la identidad de género son dos partes distintas, aunque relacionadas, de la identidad básica general de una persona. El género es personal (cómo se ve una persona a sí misma), mientras que la orientación sexual es interpersonal (por quién se siente atraída física o románticamente). La orientación sexual está relacionada con el género porque se define por el propio género de la persona y por el género o los géneros de las personas que le atraen. En consecuencia, a medida que se amplían los nuevos términos de identidad de género, también se amplían los de orientación sexual. Aunque antes de que comience la pubertad un niño puede no ser consciente todavía de su orientación sexual, suele tener un fuerte sentido de su identidad de género.

Sexo biológico o asignado: El sexo biológico se refiere a la anatomía física de una persona y se utiliza para etiquetar a un recién nacido como "hombre" o "mujer" (algunos estados de Estados Unidos y otros países ofrecen una tercera opción) al nacer. Aunque a la mayoría de la gente se le enseña que solo hay dos opciones —hombre y mujer—, esto no es cierto. Existe una gama de posibles variaciones en la anatomía humana y en la composición cromosómica. La gente suele utilizar los términos "sexo" y "género" indistintamente. Sin embargo, aunque estén relacionados, ambos términos no son equivalentes.

Trans: Prefijo o adjetivo usado como abreviatura de transgénero, transexual o travesti.

Trans*: Término utilizado para significar una serie de identidades bajo el paraguas de personas transgénero; por ejemplo, transmujer, género *queer*, tercer género, dos espíritus, etcétera.

Transexual: En algunos países, este término se usa en lugar de *transgénero*. Sin embargo, *transexual* es un término similar a *transgénero*, en el sentido de que indica una diferencia entre la identidad de género y el sexo asignado al nacer; pero también implica que una persona se ha sometido a cirugías de confirmación de género. Cuando se trata de hablar de niñas o niños, siempre es más preciso usar *transgénero, no binario* o *género expansivo*.

Transgénero: Es un término de identidad de género que se utiliza principalmente para referirse a un individuo cuya identidad de género no coincide con su sexo asignado al nacer. Por ejemplo, un niño transgénero se autoidentifica como niña, pero se le asignó el sexo masculino al nacer. Ser transgénero no implica ninguna orientación sexual o expresión de género o estilo de comportamiento específicos. *Transgénero, trans* o *trans** también se utilizan como términos globales para las personas que desafían las categorías binarias de género.

Travesti: En algunos países, este término se usa en lugar de *transgénero*. Sin embargo, un travesti es una persona que se viste como la expresión binaria del género opuesto por muchas razones. Cuando se trata de hablar sobre niños, siempre es más preciso usar *transgénero, no binario* o *género expansivo*.

Recursos

Organizaciones y grupos de apoyo para personas transgénero y no binarias

Argentina
SECRETARÍA DE INFANCIAS Y ADOLESCENCIAS TRANS Y SUS FAMILIAS
Organización. Asesoramiento y acompañamiento a niñes
y adolescentes trans y sus familias
🌐 www.falgbt.org/nineces-y-adolescencias-trans/
✉ infanciasyadolescenciastrans@lgbt.org.ar

Chile
FUNDACIÓN JUNTOS CONTIGO, A.C.
Organización. Capacitación en temas clínicos, médicos, jurídicos
y sociales de infancias trans
🌐 www.fundacionjuntoscontigo.org
✉ info@fundacionjuntoscontigo.org

EDUCACIÓN PARA UN CHILE INCLUSIVO
Organización. Capacitación en temas clínicos, médicos, jurídicos
y sociales de infancias trans
🌐 www.identidadymas.cl
✉ info@identidadymas.cl

Colombia
FAUDS
Organización y grupo de apoyo. Capacitación en temas clínicos,
médicos, jurídicos y sociales de infancias trans
🌐 www.fauds.org
✉ grupodeapoyo@fauds.org

Costa Rica
GAFADIS
Grupo de apoyo. Espacio seguro y confiable para apoyar a familias con hijxs trans o de género no binario
✉ gafadis.grupo@gmail.com

Ecuador
FUNDACIÓN AMOR Y FORTALEZA
Organización y grupo de apoyo. Asesoramiento y acompañamiento a niñes y adolescentes trans y sus familias
🌐 www.amoryfortaleza.org

España/Cataluña
EUFORIA FAMILIAS TRANS ALIADAS
Organización y grupo de apoyo. Espacio seguro y confiable para apoyar a familias con hijxs trans o de género no binario
🌐 www.euforia.org.es
✉ info@euforia.org.es

Guatemala
FAMILIAS POR LA DIVERSIDAD GT
Grupo de apoyo. Espacio seguro y confiable para apoyar a familias con hijxs trans o de género no binario
✉ familiasporladiversidadgt@gmail.com

México
TRANSFORMANDO FAMILIAS
Grupo de apoyo. Espacio seguro y confiable para apoyar a familias con hijxs trans o de género no binario
✉ transfamilias@gmail.com

TRANS INFANCIA
Organización
Capacitación en temas sociales de infancias trans
✉ transinfancia@gmail.com

Asociación por las Infancias Transgénero, A.C.
Organización. Asesoramiento y acompañamiento a niñes
y adolescentes trans y sus familias
✉ hola@infanciastrans.org

Asociación Internacional de Familias por la Diversidad Sexual
Organización. Asesoramiento y acompañamiento a niñes
y adolescentes trans y sus familias
🌐 www.familiasporladiversidad.org
✉ fds.familiasdsx@gmail.com

Panamá
PFLAG Panamá
Grupo de apoyo. Espacio seguro y confiable para apoyar a familias con
hijxs trans o de género no binario
🌐 www.pflagpanama.wordpress.com
✉ pflagpanama@gmail.com

Perú
Asociación de Familias por la Diversidad Sexual Perú
Grupo de apoyo. Espacio seguro y confiable para apoyar a familias con
hijxs trans o de género no binario

Uruguay
Trans Boys Uruguay
Organización. Asesoramiento y acompañamiento a niñes
y adolescentes trans y sus familias
🌐 www.transboysuruguay.org
✉ transboysuru@gmail.com

Estados Unidos
American Civil Liberties Union (ACLU)
Organización y grupo de apoyo
🌐 https://www.aclu.org/

Campus Pride Index (Índice de Orgullo Universitario)
Organización y grupo de apoyo
🌐 https://www.campusprideindex.org/

Consortium of Higher Education LGBT Resource Professionals (Consorcio de Educación Superior Profesionales LGBT)
Organización y grupo de apoyo
🌐 https://www.lgbtcampus.org/

Gay, Lesbian, Straight Educational Network (GLSEN)
Organización y grupo de apoyo
🌐 https://www.glsen.org/

Gender Spectrum
Organización y grupo de apoyo
🌐 https://genderspectrum.org

Human Rights Campaign (HRC)
Organización y grupo de apoyo
🌐 https://www.hrc.org/

National Center for Transgender Equality (NCTE)
Organización y grupo de apoyo
🌐 https://transequality.org/know-your-rights/schools

PFLAG
Organización
Asesoramiento y acompañamiento a niñes y adolescentes trans
y sus familias
🌐 www.pflag.org
✉ lgaleano@pflag.org

Somos Familia
Grupo de apoyo
Espacio seguro y confiable para apoyar a familias con hijxs trans
o de género no binario
🌐 www.somosfamiliabay.org
✉ info@somosfamiliabay.org

Transfamily
Organización y grupo de apoyo
🌐 https://transfamilysos.org/services/insurance-assistance/

Apéndice 1

Plan de comunicación de género/ Plan de cambio de estatus de género*
(Confidencial)

Este documento apoya la planificación necesaria para que un estudiante realice un cambio en uno o más aspectos de su condición de género en la escuela. Resume los pasos necesarios para que este cambio se realice de la forma más fluida posible, incluyendo la posible necesidad de cualquier comunicación sobre este cambio con los miembros de la comunidad escolar. Su propósito es identificar las necesidades específicas, caso por caso, para crear las condiciones más favorables en consecuencia. El plan identifica las diversas acciones que llevarán a cabo el alumno, la escuela, la familia y otras personas de apoyo.**

Nombre que usa el estudiante: Fecha de hoy:

_____   _____

Pronombres que usa el estudiante: Participantes de la reunión:

_____   _____

Nombre en el acta de nacimiento: Sexo asignado al nacer:

_____   _____

Grado escolar actual del estudiante: Consejero del estudiante (si tiene uno):

_____   _____

Grados escolares de los hermanos: Madre, Padre/Tutor(es)/Cuidador(es):

_____   _____

*Traducido y adaptado con la autorización de Gender Spectrum.
** Este formulario debe ser rellenado en parte por el alumno o la familia y llevado a la reunión del equipo de apoyo al género.

Tenga en cuenta que hay un documento separado, un plan de apoyo al género, para crear un entendimiento compartido de cómo el género auténtico del estudiante se registrará y apoyará en la escuela. Todos los alumnos con un Plan de comunicación de género deben tener también un Plan de apoyo al género.

Equipo de apoyo al género

¿Quiénes son los miembros del equipo que apoya al estudiante? (Marque todos los que correspondan.)
- ☐ Estudiante
- ☐ Madre, Padre, Tutores
- ☐ Personal de la escuela: _____
- ☐ Otros: _____

Propósito de la reunión

¿Qué desea cambiar el alumno sobre su género en la escuela (cambio de identidad, expresión, nombre, pronombres, uso del baño, etc.)?

_____

_____

¿Qué tan urgente es la necesidad del estudiante? ¿Está experimentando actualmente angustia con respecto a su género?

_____

_____

Compromiso de familia y tutores

¿Son conscientes la madre, padre, tutores de que se está creando un plan de apoyo al género?
- ☐ Sí
- ☐ No

¿Están la madre, padre, tutores presentes hoy?

_____

Si el nivel de apoyo es bajo, ¿qué consideraciones deben tenerse en cuenta al aplicar este plan?

_____

Detalles de la comunicación: ¿cuál es el escenario ideal del estudiante?

¿Cuáles son los cambios específicos que se producirán?

_____

_____

¿Qué peticiones se están haciendo a los demás (nuevo nombre, pronombres, uso de las instalaciones, etc.)?

_____

_____

¿Se compartirá esta información?
- ☐ Sí
- ☐ No

En caso afirmativo, ¿con quién y cuándo se compartirá esta información?

_____

_____

¿Cuál es la información específica que el estudiante desea que se le transmita al respecto? (Si la hay, sea específico).

_____

_____

Imagine que este proceso se desarrolla _exactamente_ como el estudiante desea. ¿Cómo sería? Describa cómo se compartirá esta información (por ejemplo, en una lección sobre el género combinada con un anuncio del profesor o los profesores; una asamblea en la que el alumno compartirá la información; una comunicación escrita; etc.). Sea lo más específico posible sobre lo que va a ocurrir.

☐ Solo con sus compañeros de clase   Fecha: _____

☐ Con sus compañeros de todo el grado   Fecha: _____

☐ Con compañeros de la escuela (especifique)
                                          Fecha: _____
_____

☐ Otros (especifique) _____   Fecha: _____

¿Quién dirigirá las lecciones/actividades que aborden el cambio de género del alumno?

_____

¿En qué consistirán las lecciones/actividades?

_____

_____

¿Estará el alumno presente en la lección/divulgación de información sobre su género?
      ☐ Sí
      ☐ No

En caso afirmativo, ¿qué papel quiere desempeñar el alumno en el proceso?

_____

_____

¿Estarán la madre, padre, cuidadores presentes en la clase/divulgación de información?
      ☐ Sí
      ☐ No

En caso afirmativo, ¿qué papel desempeñarán en el proceso?

_____

_____

_____

Una vez que se comparta la información, ¿qué parámetros/expectativas se establecerán en relación con quienes se acerquen al alumno para hablar de su cambio de género?

_____

_____

¿Existe ya una política de pronombres? ¿Cuáles son las expectativas sobre su uso por parte de los estudiantes y del personal (cuando sea pertinente)?

_____

Otras notas, consideraciones o preguntas:

_____

Decisiones clave

Formación para el personal de la escuela
¿Qué tipo de formación va a recibir la escuela para desarrollar la capacidad de trabajar con estudiantes de género expansivo? ¿Cómo trabajará la escuela para crear condiciones más inclusivas en materia de género para todos los estudiantes?

_____

¿Se impartirá una formación específica sobre el género de este alumno con el personal de la escuela? ¿Cuándo?

_____

¿Quién impartirá la formación?

_____

¿Cuál será el contenido de la formación?

_____

Otras preguntas/notas:

_____

_____

Noche de familias / Reunión de clase con las familias
sobre la diversidad de género
¿Habrá formación específica para los miembros de la comunidad escolar? ¿Cuándo? _____

¿Quién la impartirá?
_____

¿Hará referencia al género de este estudiante? _____

¿Cuál será el contenido de la formación?
_____

Otras preguntas/notas:
_____
_____

Comunicación con otras familias
¿Se compartirá algún tipo de información con otras familias sobre el género del alumno? _____

¿Con quién? Familias de compañeros de grado _____

Toda la escuela _____ Otro (especificar): _____
¿Quién será el responsable de crearla?
_____

¿Cuándo se enviará?
_____

¿Cómo se distribuirá?
_____

*¿Qué información específica se compartirá?
_____
_____

Otras preguntas/notas:

_____

_____

Identificación y reclutamiento de madres, padres aliados
¿Hay alguna madre, padre, adulto en la comunidad que el estudiante o su familia quiera reclutar como apoyo?
☐ Sí
☐ No

Si es así, ¿quién? _____

¿Cuándo se hablará con él/ella/ellos?

_____

¿Qué papel desempeñará? ¿Qué le gustaría al alumno o a su familia que comunicara a los demás?

_____

Otras preguntas/notas:

_____

Identificación y reclutamiento de compañeros aliados
¿Hay otros estudiantes a los que el estudiante o su familia les gustaría reclutar para apoyar la comunicación del niño?
☐ Sí
☐ No

Si es así, ¿a quién?

_____

¿Cuándo se hablará con él/ella/ellos?

_____

¿Qué querrían el alumno o su familia que comunicaran a otros alumnos?

_____

Otras preguntas/notas:

_____

Hermanos
¿Tiene el alumno algún hermano en el colegio?
☐ Sí
☐ No

¿Qué hay que tener en cuenta para ellos?

_____

_____

¿Formación en su(s) clase(s)? _____

¿Apoyo emocional? _____

Otras preguntas/notas:

_____

Otras consideraciones clave

¿Tiene el estudiante actualmente un plan de apoyo al género?
☐ Sí
☐ No

En caso afirmativo, ¿es necesario modificar algo?
☐ Sí
☐ No

¿Qué?_____

En caso negativo, ¿cuál es el plan para crear uno? (Todos los estudiantes con un Plan de comunicación de género deben tener también un Plan de apoyo al género.)

_____

_____

¿Qué medidas se tomarán para comprobar el estado/bienestar del estudiante?

Si el alumno ha solicitado un grado de privacidad, ¿qué medidas se tomarán si esa privacidad se ve comprometida, o si se cree que está comprometida?

¿De qué otras formas debe anticiparse la escuela para evitar que la privacidad del alumno se vea comprometida? ¿Cómo se tratarán estos casos?

¿Cómo se tratarán los casos en los que los miembros del personal utilicen el nombre o el pronombre incorrectos?

¿Por parte de los alumnos?

Otras preguntas/notas:

Tiempos

¿Cuáles de las siguientes acciones se llevarán a cabo en relación con la comunicación de género de este alumno, cuándo se llevarán a cabo y quién será el responsable de llevarlas a cabo?

X	Actividad	Fecha	Responsable
	Reunión de planificación inicial		
	Elaboración de un plan de apoyo al género		

X	Actividad	Fecha	Responsable
	Formación del personal de la escuela		
	Lecciones/actividades con otros estudiantes		
	Comunicación con otras familias		
	Noche de familias sobre la diversidad de género		
	Identificación y reclutamiento de madres, padres aliados		
	Identificación y reclutamiento de aliados entre los compañeros		

¿Cuáles son las acciones específicas que surgen de esta reunión y quién es responsable de ellas?

Acción específica	¿Cuándo?	¿Quién?

Preguntas adicionales y otras consideraciones:

_____

_____

Apéndice 2

Plan de apoyo al género*
(Confidencial)

El objetivo de este documento es crear un entendimiento compartido sobre cómo se tendrá en cuenta y se apoyará el auténtico género del alumno en la escuela. El equipo de apoyo al género (véase más abajo) debe trabajar conjuntamente en la elaboración del documento. Utilice la sección de planificación de acciones que hay al final del documento para hacer un seguimiento de los puntos que así lo requieran. Tenga en cuenta que hay un documento aparte que se puede utilizar en la planificación de un alumno que desea comunicar formalmente un cambio de género en la escuela (Plan de comunicación de género).

Nombre que usa el estudiante: Fecha de hoy:

_____   _____

Pronombres que usa el estudiante: Escuela/Distrito o zona escolar:

_____   _____

Nombre en el acta de nacimiento: Sexo asignado al nacer:

_____   _____

Fecha de nacimiento: Grado escolar actual del estudiante:

_____   _____

Consejero del estudiante (si tiene uno):   Madre, Padre/Tutor(es)/Cuidador(es):

_____   _____

Hermano(s) / Grado(s):   Participantes en la reunión (al menos un miembro del equipo de apoyo al género): _____

_____

*Traducido y adaptado con la autorización de Gender Spectrum.

Participación de las familias y tutores

¿Son conscientes la madre, padre, tutores de que se está creando un plan de apoyo al género? _____

¿Están la madre, padre, tutores presentes hoy? _____

Si el nivel de apoyo es bajo, ¿qué consideraciones deben tenerse en cuenta a la hora de aplicar este plan? _____

Equipo de apoyo al género

¿Quiénes son los miembros del equipo que apoyan al alumno? (Marcar todos los que correspondan.)

- ☐ Alumno _____
- ☐ Madre, Padre/ Turor(es) _____
- ☐ Personal de la escuela: _____
- ☐ Otros: _____

Privacidad: confidencialidad y divulgación de información

¿Qué tanto se hará pública la información sobre el género del alumno? (Marcar las opciones que correspondan.)

- ☐ El equipo de apoyo al género (indicado arriba) lo sabrá. Especifica cualquier otro miembro del personal adulto:

_____

- ☐ Los profesores y el resto del personal de la escuela lo sabrán.
- ☐ El estudiante no lo divulgará abiertamente, pero otros estudiantes conocen su género. Especifica los estudiantes:

_____

- ☐ El alumno es abierto con los demás (el resto del alumnado) sobre su género.
- ☐ Los miembros de la comunidad escolar en general lo sabrán (invitados a la escuela, miembros del consejo, madre, padre, etc.).

1. Cuando rellene el formulario con el alumno, le será útil compartir con ella o él lo siguiente: "La siguiente información que recogemos aquí es para que, cuando el estudiante lo desee, se pueda mantener su privacidad en torno a su sexo asignado al nacer. Las preguntas están diseñadas para que sepamos hasta qué punto le gustaría ser abierto sobre su género en la escuela".

2. Notas sobre la confidencialidad y para otros miembros del personal que pueden, en cumplimiento de sus responsabilidades laborales, tener acceso a parte de la información de este plan: Si el estudiante no ha tenido un cambio legal de nombre o de género, hay algunos casos en los que personal administrativo específico necesitará saberlo. Ellos mantendrán la confidencialidad de esta información. El personal que participa en las admisiones, la inscripción, el mantenimiento, la facturación, las pruebas estándares, etc., puede tener acceso a parte de la información de este documento debido a la naturaleza de su trabajo y su función. Se mantendrá la confidencialidad de acuerdo con las normas si esos miembros del personal tienen acceso a la información mencionada.

Privacidad: nombres, pronombres y registros estudiantiles

Nombre que se utilizará para referirse al alumno: _____

Pronombres: _____

Nombre/marcador de género que figura en los documentos legales:
_____

Nombre/marcador de género introducido en el Sistema de Información Escolar (SIE): _____

Si es necesario, ¿existe un proceso/formulario para cambiar el nombre/marcador de género del alumno en el SIE?

☐ Sí
☐ No

En caso afirmativo, ¿cómo se accede/utiliza y cuáles son los pasos para realizar los cambios?
_____

Si no es así, ¿cómo se mantendrá la confidencialidad para garantizar que al estudiante no se le registra con otro género en el SIE?
_____
_____

Nombre/marcador de género actualmente en el historial médico del alumno: _____

Si es necesario, ¿existe un proceso/formulario para cambiar el nombre/marcador de género del alumno en el historial médico?
- ☐ Sí
- ☐ No

Si no, ¿cómo se mantendrá la confidencialidad?

_____

¿Quién del equipo de apoyo al género de la escuela se encargará de garantizar estos ajustes en el expediente del estudiante y de comunicarlos cuando sea necesario?

_____

¿Cómo se tendrá en cuenta y se mantendrá la privacidad del alumno en las siguientes situaciones o contextos?

Comunicación de datos al Gobierno/otras entidades _____

Durante la inscripción _____

Durante los preparativos del ciclo escolar _____

Expediente escolar del alumno _____

Alojamiento/Otros servicios _____

Registro de asientos/Toma de asistencia _____

Con los profesores sustitutos _____

Boletas de calificaciones o libreta de apuntes del profesor _____

Pruebas estándares _____

Fotos de la escuela _____

Credencial de estudiante/credencial de la biblioteca _____

Anuario _____

Asignación de cuentas informáticas/dirección de correo electrónico _____

Distribución de libros de texto u otros materiales escolares _____

Programas extraescolares _____

Comunicación oficial entre la escuela y el hogar _____

Comunicación no oficial entre la escuela y el hogar (asociación de madres y

padres/otros) _____

Personal o proveedores externos _____

Listas publicadas _____

Convocatoria a la oficina _____

Anuncios públicos _____

Diplomas _____

Uso de las instalaciones

El alumno utilizará los siguientes baños del campus: _____
El alumno se cambiará de ropa en los siguientes lugares:
_____
_____

¿Cuáles son las expectativas en cuanto al uso de las instalaciones para
cualquier viaje o paseo escolar?
_____
_____

¿Hay alguna pregunta o preocupación sobre el acceso del alumno a las instalaciones?

_____

_____

Actividades extracurriculares

¿En qué programas o actividades extracurriculares participará el alumno (deportes, teatro, clubes, etc.)?

_____

_____

¿Qué medidas serán necesarias para apoyar al alumno en estos espacios?

_____

_____

¿Participa el alumno en un programa extraescolar? ¿Cuál o cuáles?

_____

¿Qué medidas serán necesarias para apoyar al alumno en estos espacios?

_____

_____

_____

¿Hay alguna otra pregunta o preocupación sobre las actividades extraescolares?

_____

_____

Alojamiento e instalaciones en estadías nocturnas

¿Cuáles son las expectativas en cuanto al alojamiento/campamento para cualquier viaje en donde se pase la noche?

_____

_____

¿Cuáles son las expectativas sobre el uso de las instalaciones para cualquier viaje escolar largo?

_____

_____

¿Cuáles son las expectativas en cuanto al cambio de ropa en los viajes largos?

_____

_____

_____

Otras consideraciones

¿Tiene el alumno algún hermano en la escuela?
- ☐ Sí
- ☐ No

¿Hay factores para tener en cuenta en relación con las necesidades de los hermanos?

_____

_____

¿Tiene la escuela un código de vestimenta?
- ☐ Sí
- ☐ No

¿Cómo se manejará esto?

_____

_____

¿Hay que tener en cuenta algunas clases u otras actividades específicas de este año (clase de educación de la salud, unidad de natación, proyecto sobre el significado de los nombres, clases de baile, celebraciones, etc.)?

_____

_____

¿Hay alguna dinámica social específica con otros estudiantes, familias o miembros del personal que deba ser discutida y tenida en cuenta?

_____

_____

¿Utiliza el alumno servicios de transporte proporcionados por la escuela? Si es así, ¿cómo se tendrá en cuenta el género del alumno?

_____

_____

Requerimientos adicionales

Si el alumno ha solicitado cierto grado de privacidad, ¿qué medidas se tomarán si esa privacidad se ve comprometida, o si se cree que lo está?

_____

_____

¿De qué otras formas debe prever la escuela que la privacidad del alumno no se vea comprometida? ¿Cómo se gestionarán?

_____

_____

¿Cómo se tratarán los casos en los que el nombre o pronombre incorrecto sea utilizado por los miembros del personal?

_____

_____

¿Por los alumnos?

_____

_____

¿Cómo se gestionarán las comunicaciones entre la escuela y el hogar, incluso cuando los miembros del personal deban ponerse en contacto con la madre, padre o tutores?

_____

_____

¿Hay otras preguntas, preocupaciones o cuestiones que deban discutirse?
_____
_____

¿Qué deben hacer la madre o el padre del alumno si están preocupados por su hijo en la escuela?
_____
_____

Bienestar del estudiante

¿Tiene el alumno un "adulto al que acudir" en el campus? En caso afirmativo, ¿quién o quiénes son?
_____
_____

Si estas personas no están disponibles, ¿con quién debe ponerse en contacto el alumno?
_____
_____

¿Cuál será, en su caso, el proceso de comprobación periódica sobre cómo van las cosas con el estudiante o la familia?
_____
_____

¿Con quién debe ponerse en contacto el estudiante o la familia/tutor si se necesitan/desean controles más frecuentes?
_____
_____

¿Cuáles son las expectativas de que el alumno se sienta inseguro y cómo mostrará su necesidad de ayuda?

Durante la clase _____
_____

En el patio _____

En los pasillos _____

Otros: _____

Otras preocupaciones/preguntas sobre seguridad y bienestar:

_____

Pasos siguientes: revisión y supervisión del plan de apoyo

¿Cuáles son las medidas específicas de seguimiento o acción que surgen de esta reunión y quién es responsable de ellas?

Acción específica	¿Cuándo?	¿Quién?

¿Cómo se supervisará este plan a lo largo del tiempo?

_____

_____

¿Cuál será el proceso en caso de que el alumno, la familia o la escuela deseen volver a revisar algún aspecto del plan (o quieran hacer adiciones al plan)?

_____

_____

¿Dónde se guardará este plan de apoyo al género?

_____

_____

3. Consejo: Los datos que forman parte del expediente de un alumno pueden variar según el caso y la autoridad. Si la confidencialidad en torno al género es primordial para este alumno, asegúrese de tener en cuenta dónde se guarda esta información.

Fecha y hora de la próxima reunión o supervisión _____

Lugar de la reunión _____

Acerca de las autoras

Stephanie Brill es una de las expertas en diversidad de género e infancia más importantes y reconocidas en el mundo. Es fundadora y directora de Gender Spectrum, la organización líder en Estados Unidos dedicada a niños, jóvenes y género. En 2020 cofundó Reimagine Gender, agrupación hermana que colabora con empresas, ONG, legisladores, entidades sin fines de lucro y promotores de políticas públicas para impulsar una comprensión más amplia de la cultura de género en todos los ámbitos. El modelo de enseñanza de Brill se ha convertido en el más importante referente sobre diversidad.

Stephanie es autora y coautora de algunos de los libros fundamentales sobre género e infancia, entre los que destacan *The Transgender Teen* (2016), con Lisa Kenney, y *The Transgender Child* (2008), con Rachel Pepper. Quince años después de la primera edición de este último título, aparece ahora *The Transgender Child: A Handbook for Families and Professionals*, la primera guía de este tipo traducida a varios idiomas y que se publica en Hispanoamérica bajo el sello Pax de Editorial Terracota.

🌐 www.genderspectrum.org

Rachel Pepper es consejera en psicología egresada del Institute of Integral Studies y ejerce como terapeuta familiar y de parejas en Sacramento, California. Estudió Ciencias Políticas en la Universidad de Toronto y obtuvo una maestría en periodismo en el Columbia College de Chicago. Ha colaborado con las principales agencias gubernamentales y organizaciones para el fomento de la salud en Estados Unidos. En su práctica clínica, destaca su trabajo con la comunidad LGBTQ+, especialmente con adolescentes y adultos que sufren depresión y ansiedad. También es experta en el desarrollo de la identidad de género en niños y adolescentes, y trabaja como profesora adjunta en el Institute of Integral Studies de San Francisco.

Rachel es autora de cuatro libros, incluida la galardonada colección de ensayos sobre madres de hijos transgénero *Transitions of the Heart*, y coautora, con Stephanie Brill, de *The Transgender Child*, obra emblemática sobre género e infancia. Sus libros se han traducido al alemán, islandés y español. Tiene más de cuarenta años de experiencia como escritora en la prensa alternativa. Fue fundadora y editora de la revista *Curve*.

🌐 www.rachel-pepper.com

Infancias trans
se terminó de imprimir en la Ciudad de México
en febrero de 2024 en los talleres de Impregráfica Digital,
SA de CV, Av. Coyoacán 100-D, Col. Del Valle Norte,
Alcaldía Benito Juárez, 03103 Ciudad de México.
En su composición se utilizaron tipos
Bembo Regular y Bembo Italic.